Boris Vormann

Zwischen *Alter* und *Neuer Welt*

Nationenbildung im transatlantischen Raum

Eine Publikation des CIFRAQS
Centrum für interdisziplinäre franko-kanadische und franko-amerikanische Forschungen/Québec – Sachsen der Technischen Universität Dresden

Herausgegeben von
Ingo Kolboom

Boris Vormann

Zwischen *Alter* und *Neuer Welt*
Nationenbildung im transatlantischen Raum

Mit einem Vorwort von Ingo Kolboom

SYNCHRON
Wissenschaftsverlag der Autoren
Synchron Publishers
Heidelberg 2012

Gedruckt mit freundlicher Unterstützung
des Ministère des Relations internationales, Gouvernement du Québec

Bibliografische Information der Deutschen Nationalbibliothek
Die Deutsche Nationalbibliothek verzeichnet diese Publikation in der Deutschen Nationalbibliografie; detaillierte bibliografische Daten sind im Internet über http://dnb.dnb.de abrufbar.

Synchron Publishers GmbH, Heidelberg
www.synchron-publishers.com
Umschlaggestaltung: Reinhard Baumann, München
Titelfoto: DeMakeUp (sharing flags) © Jan Vormann
(http://www.janvormann.com)
Satz: Katharina Berndt, Bremen
Druck und Weiterverarbeitung:
docupoint GmbH, Barleben
Printed in Germany
ISBN 978-3-939381-47-1

IN MEMORIAM
DIETER PFEIFER

als rein deskriptive Kategorie – ein Volk erkennt sich selbst und bezeichnet sich nun als Nation –, sondern hat stark normative Züge, da ihre Verfechter Werturteile darüber fällen, was nun einer homogenen Nation entspräche, wie sie der Tradition nach schon immer gewesen sein solle und was deshalb als opportunes politisches Handeln in der Gegenwart zu verstehen sei.

Mit der Unterscheidung zwischen zivilem und ethnischem Nationalismus und der für die Nationenbildung wichtigen Hervorhebung der kommunikativen, politisch-territorialen und identitären Aspekte der Nation sind auch die zentralen Elemente zur Formulierung einer Arbeitsdefinition genannt. Die Nation wird demnach als ein Konstrukt verstanden, das keine ewige oder universelle Notwendigkeit darstellt. Sie entstand im Zuge des historisch gewachsenen, administrativen Territorialstaates, der Aufklärung und Emanzipation der Bürger sowie der Ausweitung lokal und regional begrenzter Kommunikationsnetzwerke und ist damit historisch bedingt.[35] Sie ist Konsequenz einer im Verfassungsakt symbolisierten gemeinsamen Willenserklärung von Individuen, sich als nach außen hin abgegrenzte Gruppe zu begreifen – dies durchaus auch mit militärischen und ökonomischen Motiven. Innerhalb dieser Gruppe herrscht dem Prinzip nach, mitunter aber eingeschränkt, Gleichheit. Eine gemeinsame (erfundene) Vergangenheit[36], die ein ›historisches‹ oder ›antizipiertes‹ Territorium einbegreifen kann, verleiht der Nation gesellschaftliche Kohäsion.[37]

In dieser Arbeitsdefinition darf eine wichtige Unterscheidung jedoch nicht vergessen werden. Im Gegensatz zur Nation ist der *Staat* eine politisch-juristische Einheit. Er ist die politische Instanz, die innerhalb eines abgegrenzten Territoriums als legitimes Gewaltmonopol Macht über eine dazugehörige Staatsbevölkerung ausübt.[38] Die beiden Konzepte sind nicht als Synonyme zu verstehen. Nicht jede Nation verfügt über einen eigenen Staat und nicht jeder Staat ist deckungsgleich mit einer Nation. Nach Ernest Gellner ist der *Nationalismus* damit das politische Prinzip, das die Übereinstimmung der politischen und der nationalen Einheit fordert.[39]

---

35 Zugleich füllte die Nation die durch die Aufklärung geschaffene ideologische Lücke, die die christliche Religion und der Monarch mit ihrem Bedeutungsverlust hinterlassen hatten; O'Brien 2004, 188, vgl. auch Anderson 2006, 11. Die Nation als moderne Religion zu verstehen ist zum Klischee geworden. Von einer »Heiligsprechung des Säkularen« zu sprechen ist dabei jedoch keineswegs abwegig, wie die aktuelle Diskussion in der Nationalismusforschung zeigt; vgl. z. B. Greenfeld 2006, 93 f.

36 Auf die Tatsache, dass diese Geschichte oder Tradition selektiv entsteht und zum Teil erfunden ist, soll an späterer Stelle eingegangen werden; vgl. hierzu Hobsbawm 2007 und Geary 2002.

37 Anthony D. Smith betont die Rolle von Institutionen, indem er den Idealtypus einer Nation definiert als »named human population sharing an historic territory, common myths and historical memories, a mass, public culture, a common economy and common legal rights and duties for all members.« Smith 1991, 43. Im Entstehungsprozess einer kanadischen und US-amerikanischen nationalen Identität muss das territoriale Element jedoch als Sonderfall betrachtet werden, da sich der geopolitische Bezugsrahmen in dieser Zeit fortwährend veränderte.

38 Vgl. Gellner 1992, 3.

39 Beispielsweise Gellner 1992. Obgleich gewisse strukturelle Überschneidungen nicht zu verleugnen sind, ist mit dem Begriff ›Nationenbildung‹ im Kontext der vorliegenden Argumentation weder die Konstruktion von Nationen gemeint, wie sie beispielsweise während und nach dem Ende der Kolonialzeit in afrikanischen Ländern betrieben wurde, noch das *Nation-Building,* wie es nach einem Militäreinsatz zur Stabilisierung von fremden Staaten angestrebt

Inhalt

Vorbemerkung und Danksagung 9

Vorwort des Herausgebers 11

Kapitel I
Was ist eine Nation? 19

Die Nation: Problematisierung eines vielschichtigen Konzepts 22

Perspektiven auf die Nation 32

Aufbau des Buches 38

Kapitel II
Vom Staat zur Nation– England und Frankreich 43

Handel und Macht 46
- Administrative Zentralisierung – Das Konzept des souveränen Staates 46
- Industrieller Kapitalismus und gesellschaftlicher Umbruch 64

Kommunikation und Technologie 69
- Kommunikationsnetzwerke und die industrielle Revolution 69
- Sprachwandel und Standardsprache 71

Gesellschaft und Gedächtnis 78
- Das kollektive Gedächtnis 81
- Mythen, Traditionen und Historiographie 83

Zwischenfazit – Das transatlantische Moment 91

Kapitel III
Von der Kolonialbevölkerung zur Nation – Nordamerika 97

Handel und Macht 107
- (Wirtschaftliche) Unabhängigkeit 110
- Loyalität zur Krone 116

Kommunikation und Technologie 121
- Westerweiterung und Industrialisierung der USA 121
- Kanadas Nation als Notwendigkeit 128

Gesellschaft und Gedächtnis 138
- Gründungsmythen in Nordamerika 138
- Opfer- und Einheitsmythen in den USA und Kanada 149

Kapitel IV
Wandel oder Ende der Nation? 171

Nationale Konstruktion zwischen Alter und Neuer Welt 177

Nation und Identität im 21. Jahrhundert 183

Literatur 195

Summary 217

Résumé 218

Vorbemerkung und Danksagung

In englischsprachigen Ländern erfreut sich das Forschungsfeld der Nationalismusstudien reger wissenschaftlicher Aufmerksamkeit. Und das trotz der nun frühreif erscheinenden Totsagungen der Nation, die von verschiedenen Stimmen in den 1990er Jahren verlautbart wurden. War mit dem Ende des Kalten Krieges und im Zuge fortschreitender Globalisierungsprozesse von Autoren wie Francis Fukuyama, Thomas L. Friedman und Samuel P. Huntington vor allem in der angloamerikanischen Literatur auch das Ende des Nationalstaats und damit eine post-historische, weil ausschließlich liberale, ›flache Welt‹ vorausgesehen worden – in der sich ›Zivilisationen‹, nicht Nationen, bekriegen würden –, konstituiert sich der im 19. Jahrhundert zu seiner modernen Form gereifte Nationalstaat angesichts der Krisen des frühen 21. Jahrhunderts neu. Er besteht weiterhin als identitätsstiftende Instanz und bildet nach wie vor eine entscheidende Einheit im internationalen System.

Wer die Entstehung moderner Nationen in Europa und Nordamerika genauer betrachtet, sieht, dass gerade die Krise der Nation, als Prüfung und Übergangsritual, eine Bestärkung existierender Narrative und Mythen der Nation mit sich bringen kann. In diesen Momenten werden Utopie und Wirklichkeit in Kontrast gesetzt, Irrgänge der Nation verworfen, alte Ideale als Wegweiser für die Zukunft umformuliert. Auch deshalb behält die Untersuchung der Nation einen Reiz, der über ein unmittelbar geschichtswissenschaftliches Interesse hinausreicht. Nationale Narrative dienen der Orientierung für politisches Handeln in einer komplexen Gegenwart und der spekulativen Interpretation einer unklaren Zukunft. Denn während gesellschaftliche Utopien stets die Möglichkeit bieten, »sich einfach eine Situation zu erträumen, in der das Unrecht der Gegenwart nicht mehr existiert«, wie uns auch Jane Jenson in einem anderen Kontext vergegenwärtigt, »so wird das Neue oftmals aus dem Alten erwachsen, da Erfahrung üblicherweise die beste Orientierungshilfe für die Zukunft bietet.«[1] Damit bleibt für den, der heute Frankreich und Großbritannien, die Vereinigten Staaten und Kanada – politisch, ökonomisch und kulturell – verstehen möchte, kein Weg, der an einer Auseinandersetzung mit der Entstehung des nationalen Selbstverständnisses vorbeiführt.

Wie entstand die Idee der Nation? Wie formierte sie sich institutionell und territorial? Welche Unterschiede existieren im Entstehungsprozess verschiedener Nationen? Inwiefern unterscheiden sich Nationen in Europa und in Nordamerika? Und wo liegen die Gemeinsamkeiten zwischen Alter und Neuer Welt? Mit diesen und verwandten Fragen befasst sich das vorliegende Buch. Die Untersuchung von Nationenbildungsprozessen in Europa und Nordamerika wird an den Fallbeispielen Frankreich und England sowie den Vereinigten Staaten und Kanada unternommen. Dabei wird von einer uni-disziplinären – also von einer rein ökonomischen, medientheoretischen oder

1 Jenson 1989, 75; Übersetzung des Autors. Im Original: While utopia is a »possibility of taking a leap of faith, of simply dreaming of a new situation in which the wrongs of the present disappear [...] the new will often arise out of the old, because it is, after all, experience which is usually the best guide to the future.«

kultursoziologischen – Perspektive Abstand genommen, zugunsten eines holistischeren Verständnisses des Nationenbildungsprozesses, der den geschichtlichen Dynamiken Rechnung tragen möchte und Ungleichzeitigkeiten in der Entstehung von Nationen und Nationalstaaten berücksichtigt.

Wie bereits Ernest Renan in seiner bekannten Rede vor der Sorbonne im Jahre 1882 konstatierte, ist der Mensch kein »Sklave seiner Rasse, seiner Sprache, seiner Religion noch des Laufs der Flüsse oder der Richtung der Gebirgsketten« – und damit wollte er die Nation weder als ewige Kategorie verstehen, noch geographisch oder ethnisch begründet wissen. Sie entstehe vielmehr aus einer Willenshandlung Einzelner, einem ›täglichen Plebiszit‹ für eine ›Solidargemeinschaft‹. Diese Nuancierung, der Voluntarismus von Individuen innerhalb einer größeren Gruppe, führt uns von der Frage ›Qu'est-ce qu'une nation?‹ – Was ist eine Nation? – zur historisch kritischen Frage ›Warum die Nation?‹ Die Antwort auf diese Frage, die auf die historische Bedingtheit und die verschiedenen Entstehungsfaktoren der modernen Nation abzielt, ist nur komparativ, im Vergleich zwischen verschiedenen Beispielen zu ergründen, und liegt damit ›Zwischen *Alter* und *Neuer Welt*‹.

Es bleibt mir die angenehme Aufgabe, denen zu danken, ohne die dieses Buch nicht entstanden wäre. Meiner Familie, Joëlle Vormann-Pfeifer und Dieter Pfeifer, dem ich dieses Buch widme, für ihr uneingeschränktes Vertrauen und ihren steten Rückhalt über die vielen Jahre meines Studiums sowie Horst und Heidi Vormann für ihre ebenso treue Unterstützung. Meinem akademischen Lehrer Ingo Kolboom für seinen wissenschaftlichen und freundschaftlichen Rat in vielen Situationen, für seine unbeirrbare Menschlichkeit und das Vertrauen, das er stets in mich gesetzt hat, und dessen Lehre und in Dresden begründete Frankreich- und Kanadaforschung für mich wegweisend waren. Angelika Gleisberg, Julia Püschel, Michael Kleinod, Maren Freudenberg, Felicitas Jaima und Ralf Kastenholz danke ich für geduldige Korrektur- und Lektoratsarbeiten in unterschiedlichen Stadien der Manuskriptbearbeitung und Katharina Berndt für ihre professionelle Arbeit an Satz und Layout. Johann S. Koch vom Synchron Verlag danke ich für die vertrauensvolle Zusammenarbeit. Und ich danke dem Künstler – und meinem Bruder – Jan Vormann für die von ihm zur Verfügung gestellte Abbildung seiner Installation »DeMakeUp (sharing flags)«, die als Titelbild dient. Sein Kunstwerk verweist auf symbolische Art und Weise auf Fragen, die den Rahmen der vorliegenden Untersuchung bilden. Denn dort wird die Gültigkeit des Konzepts der Nation sowohl angezweifelt – die abgebildeten Flaggen sind verblichen und ähneln Friedensflaggen –, gleichzeitig aber wird die Unüberwindlichkeit der Symbole und Narrative der Nation zum Ausdruck gebracht, indem die Flagge selbst, als Grundlage der Kritik, fortbesteht.

New York City, im Dezember 2011 *Boris Vormann*

Vorwort des Herausgebers

Akademische und populärwissenschaftliche Abhandlungen zur Nation haben in jüngsten Jahren eine Renaissance erlebt, auch und insbesondere in Deutschland. Die neue Wahrnehmung einer ›deutschen Nation‹ und das Überkommen historisch bedingter Tabus wurde von vielen Kommentatoren begrüßt und nicht zuletzt auch als Folge der Fußballweltmeisterschaft wahrgenommen, die 2006 in Deutschland stattfand und der deutschen Bevölkerung einen neuen Zugang zu ihrer schwierigen Geschichte zu erlauben schien. Das in jenem Jahr erschienene DVD-Paket ›Wir Deutschen‹ zeugt von diesem breiten Interesse an der eigenen Geschichte ebenso wie die im Zweiten Deutschen Fernsehen ausgestrahlte und 2008 als DVD erschienene zehnteilige Serie ›Die Deutschen‹. Aber auch Herfried Münklers ›Die Deutschen und ihre Mythen‹[1] und Alexander Dumandts kleine Kulturgeschichte ›Über die Deutschen‹[2] sind Ergebnis einer neuen Form der Auseinandersetzung mit der eigenen Geschichte in Deutschland.

In diesen neuen Geschichten Deutschlands wird die kollektive Vergangenheit, in der Mehrzahl mit Betonung auf die Zeit vor dem Zweiten Weltkrieg, neu erinnert. Ohne diese selektive Neuauslegung bewerten zu wollen, zeigt sich einmal mehr, dass das Geschichtsbild einer gegebenen Zeit fast mehr über den jeweiligen historischen Kontext der Publikation aussagt, als über die »tatsächlichen« geschichtlichen Ereignisse, die in ihr beschrieben werden. Die deutsche Nation dient in diesem Sinne als Anker in einer Welt undurchsichtiger globaler Dynamiken. Die Vermutung eines postnationalen Zeitalters, die von vielen mit Blick auf kulturelle, politische und ökonomische Globalisierungsprozesse geäußert worden ist, scheint damit verfrüht. In Deutschland nicht zuletzt deshalb, weil man gerade als nationales Kollektiv einen Drang nach Versöhnung und eine Müdigkeit des *mea culpa* innerhalb der internationalen Staatengemeinschaft zu verspüren scheint.

Darüber hinaus wird der Mangel an deutschen Gründungsmythen häufig als nationales Defizit wahrgenommen. In einem Interview mit der ZEIT[3] argumentiert der Politologe Herfried Münkler diesbezüglich: »1945 ist den Deutschen ein Großteil ihrer politischen Mythen aus gutem Grund abhandengekommen. Seitdem sind wir ein mythenarmes Land. Zumindest im Westen war das gewollt, dort hat man sich nach Kriegsende erst mal in mythenpolitische Quarantäne begeben. Die Gründung der Bundesrepublik basierte zu großen Teilen allein auf dem Versprechen einer stabilen Währung – der guten alten D-Mark, die dann selbst zum Mythos wurde.« Während die nüchterne Orientierung der Deutschen am ökonomischen Wohlbefinden in der historischen Ära des Kalten Kriegs für ausreichend soziale Kohäsion in der Bundesrepublik gesorgt habe, hätten sich die Vorzeichen im Zuge der Globalisierung gewandelt. Münkler verweist deshalb auf das neue Potenzial gemeinschaftlicher Mythen im krisenhaften Kontext der globalen Märkte: »Heute reicht das [gemeint ist die Orientierung an der nationalen

---

1 Reinbek: Rowohlt, 2. Aufl. 2010.

2 Berlin: Propyläen, 3., durchges. Aufl. 2009.

3 »Ossis werdet eitler!« DIE ZEIT, 03.11.2011, Nr. 45. Vgl. auch ebd.: Dorn, Thea: Die deutsche Seele… [http://www.zeit.de/2011/45/index].

Währung und Ökonomie] nicht mehr aus: In der jetzigen Krise Europas merken wir, welche Kraft von großen Erzählungen gerade in schwierigen Zeiten ausgehen könnte.«

Nun könnte man meinen, Deutschland sei ein Einzelfall. Der deutsche ›Sonderweg‹ eine paradoxe Gegentendenz inmitten einer globalen Auflösung nationaler Identitäten und nationalstaatlicher Institutionen. Tatsächlich argumentieren manche Beobachter der Globalisierung genau so. Das vergangene erste Jahrzehnt des 21. Jahrhunderts verdichtete mit seinen politischen Umbrüchen und ökonomischen Verwerfungen Entwicklungen, deren Brisanz in der Tat die Wichtigkeit inter- und supranationaler Verständigung unterstreichen. Die Anschläge des 11. September 2001 und die internationale Terrorbekämpfung, der sich zuspitzende Klimawandel und die Ressourcenverknappung, die jüngste globale Finanzkrise aber auch der noch ungewisse Fortgang des »arabischen Frühlings« und anderer demokratischer Bewegungen sind nur einige der Ereignisse, die politische Koordination in neuen Bündnissen und Interessensgemeinschaften erfordert haben. »Globalisierung – das ist der Prozess fortschreitender Expansion unserer kollektiven wechselseitigen Abhängigkeiten«, argumentiert auch Hermann Lübbe.[4] Was die demokratisch notwendige Legitimation und den politischen Handlungsradius betrifft, stellt sich in diesem Kontext die Frage nach neuen Rechenschaftsmechanismen und Institutionen auf sub- und supranationaler Ebene. Können wir aber, in Anbetracht dieser Tatsachen – angesichts der ›disziplinierenden‹ Kräfte des internationalen Finanzmarktes, der kommunikativen Transparenz neuer Internetmedien und ihrer basisdemokratischen Sprengkraft und angesichts der nur auf globaler Ebene zu lösenden Probleme – tatsächlich von einem postnationalen Zeitalter sprechen?

Wenn wir uns beispielsweise die Vereinigten Staaten ansehen, dann kann insbesondere seit den Terroranschlägen des 11. September 2001 auf das World Trade Center in New York City und auf das Pentagon in Washington D.C. vom Ende der Nation keine Rede sein. So wurden die Anschläge umgehend als nationale Krise gedeutet und nicht etwa als Angriffe auf Symbole des globalen Kapitalismus und Militarismus. Nationale Gedenkstätten und Erinnerungsorte, die 9/11 ästhetisch und ikonographisch in die nationale Mythologie der Vereinigten Staaten einordnen, sind in den letzten Jahren überall in den USA aus dem Boden geschossen. Im Hinblick auf die militärisch hegemoniale Position der USA, die von George W. Bush noch in seinem Krieg gegen den Terror ausgebaut wurde, scheint auch Barack Obama nur rhetorische Lippenbekenntnisse gegenüber multilateralen Allianzen zu machen – ganz zu schweigen von einer Koordination auf globaler Ebene. Und nicht nur in den USA, die aus ›realpolitischen‹ Interessen an ihrer nationalen Position im internationalen System festhalten, behält der Nationalstaat zentrale politische und wirtschaftssteuernde Kapazitäten. Nicht nur im ›Empire for Liberty‹ bildet die Nation das Forum demokratischer Deliberation und politischer Auseinandersetzung. Ähnliches gilt für Kanada, wo der politische Betrieb nach wie vor von nationalen Differenzierungen und Differenzen geprägt ist – zwischen Anglophonen und Québécois, zwischen föderaler, provinzialer Regierung und amerindianischen Ersten Nationen. Und auch wenn wir unseren Blick nach Europa schweifen lassen, können wir in Großbritannien und Frankreich ebenso wenig von einem Ende der Nation sprechen. Großbritannien hat sich im Bezug auf die Europäische Union bewusst gegen eine integrative Politik ausgesprochen und scheint bilateral, zwischen zwei

4 Lübbe, Hermann: Vereinigte Staaten von Europa?, Frankfurter Allgemeine Zeitung, 04.11.2011, 31.

Nationalstaaten, den USA in einer privilegierten Partnerschaft näher zu stehen als dem Kontinent. Und auch in Frankreich bildet man, nicht ohne wirtschaftliche nationale Eigeninteressen, in der Gemeinsamen Agrarpolitik (GAP) der Europäischen Union den Hauptantriebsmotor und besinnt sich zu Hause, überspitzt gesagt, auf die pittoresken Landschaften der bukolischen französischen Kultur. Fragen nach der Rolle der Nation und des Nationalstaats sind also heute, gut zwanzig Jahre nach dem Ende der Sowjetunion und den Erwartungen einer Unterwanderung und Überholung des nationalen Konzepts, eher wichtiger geworden. Dies steht in keinem Gegensatz zur Globalisierung oder – auf wissenschaftlicher Ebene – in keinem Widerspruch zum Recht auf transnationale oder globale Geschichtsschreibung.[5] Um es ebenfalls mit Hermann Lübbe zu sagen, der einen in Europa oft verdrängten Tatbestand des 20. Jahrhunderts anmahnt: »Wie nie zuvor in der neuzeitlichen Geschichte hat sich im vergangenen Jahrhundert die Staatenwelt pluralisiert. [...] Diese neuen Staaten kleiner oder mittlerer Größe sind inzwischen ausnahmslos Mitglieder der Vereinten Nationen und damit völkerrechtlich wirksam in ihrer Unabhängigkeit geschützt.«[6] Dass diese neue Staatenvielfalt und damit auch Vielfalt neuer Nationen mit deren selbstreferentiellen Bewertungen unter- und gegeneinander ein »Hindernis jeder wirksamen Organisation einer internationalen Gemeinschaft« darstellen kann, lehrte schon der preußische Staatsrechts-Gelehrte Hugo Preuß (1860 – 1925), wie jüngst Lothar Albertin in Erinnerung rief.[7] Die von Hugo Preuß kritisierte, der Nation inhärente »Kampfwut atavistischer Gewalt«[8] dürfte sich mit der Globalisierung genauso wenig erledigt haben wie die in ihr angelegten Demokratisierungsprozesse.

Und auch breiter kann man argumentieren, dass Globalisierungsprozesse nicht als externe Kraft zu verstehen sind, die über die Länder fegen und hinter sich eine Spur der Verwüstung oder der Verzauberung lassen. Globalisierung funktioniert nur mittels einer technologischen, wirtschaftspolitischen und kulturellen Infrastruktur, die aus dem Nationalstaatensystem erwächst. Akteure der Globalisierung wie Internationale Unternehmen benötigen, um nur einige wenige Beispiel zu nennen, die Sicherung von Eigentumsrechten, die Reproduktion einer wettbewerbsfähigen Arbeiterschaft durch staatliche Institutionen sowie die Investitionssicherheit, die mit sozialer Kohäsion und sozialem Frieden einhergeht. Trotz der abstrakten Idee der Globalisierung leitet sich deshalb das Verstehen heutiger inter-*nationaler* Politik aus einem Verstehen geschichtlicher Zusammenhänge ab, die sich, in ihrer modernen Form, vom Nationalstaat her greifen lassen. Nur mit einem Blick auf ein historisch gewachsenes Gesamtbild lässt sich die Gemengelage zwischen nationaler Politik und supra-nationaler Koordination entwirren und kann gesellschaftlicher Wandel untersucht werden. Um es mit Tobias Werron zu sagen: »Der Nationalstaat ist kein Container, der sich jetzt aufzulösen be-

---

5 Aktuell dazu: Pernau, Margrit (2011): Transnationale Geschichte. Grundkurs Neue Geschichte. Göttingen: Vandenhoeck & Ruprecht; sowie Sachsenmaier, Dominic (2011): Global Perspectives on Global History. Theories and Approaches in a Connected World. New York: Cambridge University Press.

6 Hermann Lübbe, ebd.

7 Albertin, Lothar (2011): Zwischen Preußen, Reich und Nation. Zum Profil von Hugo Preuß im akademisch-politischen Streit. In: Lehnert, Detlef (Hrsg.): Hugo Preuß 1860–1925. Genealogie eines modernen Preußen. Köln u.a.: Böhlau, 165–185, hier 177 (Zitat von L. Albertin).

8 Zitiert in Lothar Albertin, ebd.

ginnt, er ist nie ein Container gewesen. Er war vermutlich nie so stark und homogen, wie er im Rückblick häufig dargestellt wird, und ist vermutlich heute nicht so schwach und inhomogen, wie er im Lichte angeblich früherer Stärke erscheinen mag. [...] [Dies legt] zwei vorläufige Schlüsse nahe: Erstens, dass eine Globalisierungstheorie, die sich kompetent zur heutigen Lage des Nationalstaatssystems äußern will, ›den Nationalstaat‹ als Produkt langfristiger historischer Globalisierungsprozesse analysieren muss; und zweitens, dass nur die nähere Untersuchung dieser vielfältigen historischen Prozesse wird klären können, inwiefern es gerechtfertigt ist, ihn auch als Opfer ›der Globalisierung‹ zu sehen.«[9]

Boris Vormanns Buch ›Zwischen *Alter* und *Neuer Welt*‹ widmet sich der Entstehung dieses Nationalstaatensystems im transatlantischen Raum – und eröffnet damit einer deutschen Leserschaft den Zugang zu einer Literatur, die auch aus historischen Gründen von anglo-amerikanischen Autoren dominiert worden ist. Er untersucht den Bildungsprozess nationaler Identitäten und Faktoren, die auf dem europäischen und nordamerikanischen Kontinent zur Ausprägung unterschiedlicher Nationalismen beigetragen haben. Wirtschaft und Politik, Technologie und Kommunikation sowie das kollektive Gedächtnis der untersuchten Gesellschaften deuten auf strukturell ähnliche Dynamiken der Nationenbildung hin, die jedoch abhängig vom spezifischen Raum und dem historischen Entstehungszeitraum unterschiedliche Formen annehmen konnten und sich gegenseitig beeinflussten. Eine der Hauptthesen Vormanns ist damit, dass »Geburtsort und -datum« der Nation *weder* auf dem europäischen *noch* in der Neuen Welt zu finden seien. Vielmehr sei die Nation als »relationale Kategorie« zu verstehen – die Nationenbildung und das moderne Verständnis der Nation also Konsequenz der Wechselwirkungen zwischen den Gesellschaften und nicht die ausschließliche Folge innergesellschaftlicher Entwicklungen. Boris Vormann entwickelt die Beweisführung dieser These in einer vergleichenden Geschichtsbetrachtung Frankreichs und Englands, der USA und Kanadas und erweist sich als subtiler Kenner aller vier »Nationalgeschichten«, besser gesagt: aller fünf *romans nationaux*, denn im Gegensatz zu vielen Kanadisten beziehungsweise Quebezisten weiß er die »deux solitudes« (Anglokanadier versus Frankokanadier) gleichgewichtig zu unterscheiden und stimmungsneutral zu analysieren. Als Konsequenz eines Beziehungsgeflechts politischer, wirtschaftlicher und kultureller Dynamiken entstand damit das moderne Konzept der Nation im transatlantischen Diskurs. Dieser von Vormann konzipierten Mehrdimensionierung des Nationsbegriffes und seiner Einbettung in eine konsequente komparatistische Betrachtung von vier, ja fünf (Staats-)Nationen auf zwei Kontinenten, die auf den ersten Blick unterschiedlicher nicht sein können, ist es auch geschuldet, dass er in seiner Arbeit nicht von »Nationsbildung« sondern von »Nationenbildung«, also konsequent im Plural, spricht.

In diesem Kontext ist auch seine zweite These zu verstehen. Mit kritischem Blick auf übliche Erklärungsweisen der Nationenbildung argumentiert Boris Vormann, dass ein Verständnis, das sich ausschließlich entweder auf politökonomische oder auf kulturelle Dynamiken festlegt, die Entstehung moderner Nationen nicht ausreichend darstellen kann. Er verbindet daher drei Kategorien der Nationenbildung, die Raum sowohl für materialistische Ansätze (*Handel & Macht*) als auch für ideelle Argumen-

9 Werron, Tobias (2011): Ist ›der Nationalstaat‹ ein Produkt oder ein Opfer ›der Globalisierung‹? Sieben Thesen zur Beziehung von Nationalstaatsmodell und Globalisierungsprozessen. In: Recherche. Zeitung für Wissenschaft 1/2011, 10–12, 12.

tationsweisen (*Gesellschaft & Gedächtnis*) lassen. Mit einem Ansatz, der darüber hinaus die Bedeutung größerer Kommunikationsnetzwerke für die Entstehung von Nationen herausarbeitet (*Kommunikation & Technologie*), wird zudem die binäre Gegenüberstellung der Polit-Ökonomie und Kultur verhindert und die Neudimensionierung der Nation als Loyalitätsgegenstand im Industriezeitalter erklärbar. Wir wollen dieses Argument mit Blick auf den nordamerikanischen Kontinent, die »Neue Welt«, in gebotener Kürze erläuternd einführen.

Die erste Variable (*Handel & Macht*) umfasst die staatliche und wirtschaftliche Zentralisierung, die größere gesellschaftliche Gruppen entstehen ließ und den souveränen Staat als neuen Ausgangspunkt zur Identitätsstiftung und (in Europa) als Alternative zur hierarchisierenden Funktion der Religion im gesellschaftlich zerklüfteten Feudalwesen etablierte. In den USA war laut Vormann die Abkapselung von der britischen Krone nicht nationalistisch, sondern wirtschaftlich inspiriert. Neu entstehende Hierarchien und die Organisation in einem föderalen Zentralstaat nach der amerikanischen Revolution stießen mit einer nationalen Symbolik und mit neuen, nationalen Riten einen Nationenbildungsprozess an, der sich im 19. Jahrhundert im Zuge der Industrialisierung neu dimensionierte, aber auch zwei getrennte nationale Narrative entstehen ließ. Die Bevölkerung Britisch-Nordamerikas hingegen, die seit der *Conquête* 1759/60 auch die frankophone Population einschloss, ordnete sich als Mitglied des britischen *Empire* der britischen Krone unter. Während daher für anglophone Bevölkerungsteile bis in die zweite Hälfte des 19. Jahrhunderts kein Anlass zur Entwicklung nationaler Tendenzen bestand, legitimierte die römisch-katholische Kirche um des eigenen Machterhalts willen und in Kollaboration mit der britischen Elite den Status quo in der frankophonen Bevölkerung. Die Niederschlagung der Rebellion der (liberalen, vorwiegend frankophonen) Patrioten durch das britische Regime speiste in der Folgewirkung einen frankokanadischen Nationalismus, der insgesamt aber bis in das 20. Jahrhundert vor allem von der loyalen römisch-katholischen Kirche besetzt wurde.

Die zweite Kategorie (*Kommunikation & Technologie*) untersucht die Neudimensionierung der nationalen Projekte im Zuge der Industrialisierung. Durch den Anstieg gesellschaftlicher Mobilität und ein vom Staat finanziertes öffentliches Schulsystem sowie durch neue Kommunikationstechnologien und -kanäle ließen sich nationale Ideologien deutlich flächendeckender verbreiten, zumal die alphabetisierte und staatlich erzogene Bevölkerung dafür nun zugänglich wurde. Während in den USA wirtschaftliche und technologische Entwicklungen zwischen den Nord- und Südstaaten divergierten und damit bis zum Bürgerkrieg zwei nationale Narrative entstanden, bot die Expansion des südlichen, US-amerikanischen Nachbars den kanadischen Provinzen einen Anlass, sich institutionell als Konföderation zu vereinen. Dies hatte vor allem auch ökonomischen Nutzen und förderte in der zweiten Hälfte des 19. Jahrhunderts die Industrialisierung (v.a. des anglophonen Teils) Kanadas. Spannungen zwischen föderaler und Provinzebene, zwischen frankophonen und anglophonen Bevölkerungsteilen erschwerten jedoch die Entstehung einer pankanadischen – im herkömmlichen Sinne nationalen – Identität beträchtlich.

Die mit der Industrialisierung zunehmende Zirkulation nationaler Mythen und Traditionen sowie die Entstehung einer nationalen Historiographie führten zur Ausprägung eines kollektiven nationalen Gedächtnisses (*Gesellschaft & Gedächtnis*). In den betrachteten Fällen wurden geschichtliche Ereignisse aus nationaler Perspektive neu ausgerichtet und zu Gründungs- und Opfermythen der Nation umfunktioniert. In den USA bedeutete dies nach dem Bürgerkrieg die Deutung der Historie als schicksalshafte und gottgewollte schrittweise Entwicklung der amerikanischen Nation, von den *Pilgrim Fathers* über die *Founding Fathers*, und als konstante Zementierung der nationalen Ideale der Freiheit und der Gleichheit. Mangels einender Gründungs- und Opfermythen im gesamtkanadischen Kontext bildeten sich in Kanada im 20. Jahrhundert partikularistische beziehungsweise parallel bestehende Mythen. Während die anglophone Historiographie bis nach dem Zweiten Weltkrieg die Zugehörigkeit zum britischen Empire glorifizierte und autochthone und frankophone Geschichtsperspektiven ausklammerte, entwickelte sich mit der Stillen Revolution ab den 1960er Jahren aus dem ultramontanen frankokanadischen Nationalismus ein nunmehr säkularer und auf die Provinz Québec fixierter Nationalismus, in dem die gründungsmythischen Traumata von 1837/38 (und durch dieses Prisma die Niederlage von 1759/60) sowie das Scheitern des *Canada français* nationalgeschichtlich aufgearbeitet werden konnten. Trotz der Entstehung quebecer Separatismusbestrebungen, die ihrerseits im Gegenzug die Entwicklung eines kanadischen Nationalgefühls beschleunigte, kann jedoch, laut Vormann, unter anderem die Multikulturalismuspolitik der Bundesebene insgesamt als Erfolg gewertet werden, da Kanada sich letzten Endes institutionell einheitlich und historisch ohne Blutvergießen zu einem wichtigen Akteur der Weltpolitik hat entwickeln können.

Die Konsequenzen dieser nationalen Entstehungstableaus für die Gegenwart bespricht Boris Vormann im Abschlusskapitel ›Wandel oder Ende der Nation?‹ Ohne vorwegzugreifen kann man bereits hier, im Vorwort zur Erstausgabe von ›Zwischen *Alter* und *Neuer Welt*‹, auf den Kern dieser Skizze der Globalisierung verweisen, der auch den Rahmen für die vorliegende Untersuchung der Nationenbildung absteckt. Der Autor warnt dort vor einem teleologischen und linearen Geschichtsverständnis, dass sich im Zuge der Rationalisierung der »Akademie«, d.h. der Wissenschaften als Institution, für politische und ökonomische Zwecke auch in den Geisteswissenschaften einzuschleichen droht. Er plädiert dafür, aus der Geschichte abgeleitete Zukunftsprognosen nur dann zu machen, wenn aus ihnen explizit die Position des Beobachters selbst hervorgeht. Wenn wir uns also heute – ob als Wissenschaftler, ob als Bürger – Fragen der (internationalen) Politik immer noch aus einem nationalen Blickwinkel annähern, dann sollten wir uns als kritische Beobachter auch der Implikationen unseres eigenen Standpunktes bewusst sein.

›Zwischen *Alter* und *Neuer Welt*‹ sollte daher auch nicht als enzyklopädischer Abriss einzelner Nationenbildungsprozesse in Europa und Nordamerika missverstanden werden. Vielmehr soll es einem deutschen Publikum einen systematischen Zugang zu einem Thema eröffnen, das in der deutschen Literatur häufig gemieden worden ist. Es eröffnet den Blick auf Entwicklungen, die man diesseits des Atlantiks – und diesseits des Rheins – als Ursprung des eigenen nationalen Sündenfalls sieht und vor denen man sich daher bis vor kurzem gescheut hat. Die Enttabuisierung der Nation in Deutschland, aber auch das Wiedererstarken der Nation und des Nationalstaats im 21. Jahrhundert, geben der ernsthaften Auseinandersetzung mit der Nationenbildung im transatlantischen Raum eine Aktualität, die noch vor einigen Jahren so nicht denkbar gewesen wäre. Nicht zuletzt deshalb, um nicht die (nationalen) Fehler der Vergangenheit zu wiederholen.

Die Nation nicht als essenzielle oder notwendige Kategorie zu verstehen, aber dennoch ihre historische Bedeutung einschätzen zu können – zugleich deren transnationale Dimensionen in einem internationalen Kontext zu würdigen, wie es Boris Vormann in der vorliegenden Analyse exemplarisch an vier, ja fünf (Staats-)Nationen diesseits und jenseits des Atlantiks aufzeigt –, bleibt daher nach wie vor eine wichtige Aufgabe verschiedener wissenschaftlicher Disziplinen, aber auch eines kritischen öffentlichen Diskurses. Die Frage, die Boris Vormann am Ende seiner Schrift stellt – »Die Frage ist daher nicht so sehr: was kommt nach der Nation? Sondern vielmehr: was passiert mit der Nation?« –, ist daher alles andere als eine rein akademische Herausforderung!

Ohne zu Zögern ergriffen wir daher die Möglichkeit, Vormanns Untersuchung der transatlantischen Nationenbildung, die auf einer an meinem Lehrstuhl entstandenen Magisterarbeit fußt und den von mir stets gelehrten transatlantischen Vergleich vertieft (discipulus est alter ego!), in unserer Reihe des Centrums für interdisziplinäre franko-kanadische und franko-amerikanische Forschungen/Québec–Sachsen (CIFRAQS) zu veröffentlichen; ein Vorhaben, in dem sich die Beschaffung der notwendigen finanziellen Mittel angesichts schrumpfender Budgets als die größte Herausforderung erwies. Denen, die uns halfen, diese Hürde zu nehmen, gilt unser herzlichster Dank! In diesen Dank schließen wir Frau Angelika Gleisberg für die technische Betreuung des Manuskripts und für ihre unermüdlichen Korrekturarbeiten ein.

Dresden, im Dezember 2011

Prof. Dr. Dr. h.c. Ingo Kolboom
Direktor des CIFRAQS

Kapitel I

Was ist eine Nation?

> Was ist also eine Nation? Warum ist Holland eine Nation, während Hannover oder das Großherzogtum Parma nicht als solche zählen? Wie kann Frankreich weiterhin eine Nation sein, wenn das Prinzip, das sie geschaffen hat, keine Geltung mehr besitzt? Inwiefern ist die Schweiz, in der drei Sprachen gesprochen werden, zwei Religionen und drei oder vier Rassen existieren, eine Nation, wohingegen beispielsweise die Toskana, die so homogen ist, keine Nation darstellt? Wie grenzt sich das Prinzip der Nationalitäten von dem der Rassen ab?
>
> *Ernest Renan,* 1882[1]

Heimgekehrt von seiner Amerikareise blickt der französische Aristokrat Alexis de Tocqueville (1805–1859) 1835 in seinem Werk *Demokratie in Amerika* zurück auf 700 Jahre französischer Geschichte. Er versteht deren Entwicklung als unaufhaltsamen Vormarsch der Demokratie und der Gleichheit. Zunächst ist der Grundbesitz in Frankreich die »einzige Quelle der Macht« und von Generation zu Generation aufgeteilt unter einer »kleine[n] Zahl von Familien [...], die den Boden besitzen und über die Einwohner herrschen.«[2] So gilt Ruhm und Macht im Mittelalter hauptsächlich denjenigen, denen sowohl das Sozialprestige durch ihre Ahnen per Namen und Herkunft in die Wiege gelegt wurde als auch Reichtümer und Mittel zur Verfügung stehen.[3] Doch schon bald, konstatiert Tocqueville, reift auch die Religion und Geistlichkeit zum politischen Instrument heran und »durch die Kirche dringt die Gleichheit langsam in die Regierung ein.«[4] Als die Gesellschaft stabiler und »gesitteter« wird, etablieren sich ziviles Recht und Tribunale, Rechtsgelehrte »verlassen das Dämmer der Gerichtshöfe und das verstaubte Gewinkel der Kanzleien und nehmen am Hof des Fürsten ihren Platz neben den hermelin- und eisenbedeckten Feudalherren ein.«[5] Auch der aufkommende Handel erlaubt dem Bürger, seine Stellung in der Gesellschaft zu heben. Financiers erlangen durch ihre Geschäfte politische Macht, während Könige und Adlige sich in »großen Kriegszügen« und »persönlichen Fehden« zugrunde richten.[6] Letztendlich wird die Geistesbildung im Zuge der Aufklärung zum Schlüssel zur Macht, so dass der junge französische Entdeckungsreisende und Staatstheoretiker Alexis de Tocqueville

1 Übersetzung des Autors; im Original: »Mais qu'est-ce donc qu'une nation ? Pourquoi la Hollande est-elle une nation, tandis que le Hanovre ou le grand-duché de Parme n'en sont pas une ? Comment la France persiste-t-elle à être une nation, quand le principe qui l'a créée a disparu ? Comment la Suisse, qui a trois langues, deux religions, trois ou quatre races, est-elle une nation, quand la Toscane, par exemple, qui est si homogène, n'en est pas une ? Pourquoi l'Autriche est-elle un État et non pas une nation ? En quoi le principe des nationalités diffère-t-il du principe des races ?«

2 Tocqueville 1987, 10.

3 Althoff 2003, 3–5.

4 Tocqueville 1987, 10.

5 Ebd., 10.

6 Ebd., 10.

unweigerlich zu dem Schluss kommt, dass man auf die Geschichte zurückblickend »auf kein einziges bedeutendes Ereignis [trifft], das sich im Laufe von siebenhundert Jahren nicht zum Vorteil der Gleichheit ausgewirkt hätte.«[7]

Tocquevilles Geschichtsanalyse gewinnt aus einer heutigen Perspektive betrachtet weitere Facetten. So sind Grundbesitz, Religion, Recht, Reichtum und Bildung nicht nur auf die Entwicklung des Menschen hin zur Gleichheit gerichtete Schritte, sondern ebenso Grundpfeiler und Zeugnis der allmählichen Entstehung des Staates und der Nation in Europa. Jeder neue Legitimationsversuch von Seiten der Machthabenden stieß die Zugangspforte zur gesellschaftlichen Gewaltausübung ein Stück weiter auf und eröffnete neuen Bevölkerungsteilen, zumindest theoretisch, den Weg in ihren Zirkel. Die Veränderung der Machtstrukturen war einerseits gekennzeichnet von ebendieser graduellen Universalisierung des Zugangs zur Macht. Andererseits aber schlug sie sich in neuen sozialen Ordnungssystemen nieder, die die Gesellschaft für neue Formen der Arbeitsteilung, der institutionellen Organisation und der Selbstwahrnehmung öffneten. Die Nation, genauer der zivile Nationalismus, bildete das Dach, unter dem sich die in der Aufklärung errungenen, eurozentrisch-universalistischen Ideale entfalten konnten. Sie war die Projektionsfläche, auf der die Hoffnungen auf Gleichheit und gerechten Zugang zur Macht geträumt werden konnten. Doch die Wesensmerkmale der Nation konnten nicht erträumt werden. Die Nation musste sich der Werkzeuge bedienen, die ihr den Weg zum bestimmenden gesellschaftlichen Prinzip geebnet hatten, und sich notwendigerweise nach der Grundlage des jeweiligen Raumes und seiner spezifischen Vergangenheit formen.

Was genau meinen wir aber, wenn wir von einer Nation sprechen? Wie unterscheiden sich Nationen voneinander? Welche tieferliegenden historischen Dynamiken haben sie hervorgebracht? Und wo nimmt das Konzept der Nation seinen Ausgang? Tocqueville deutet mit seinem Verweis auf die zunehmende Gleichheit und die damit verbundenen gesellschaftlichen Prozesse auf wichtige Aspekte des modernen Konzepts der Nation hin. Doch wie kam es zu dieser Gleichheit? Auf wen bezog sie sich? Und was an ihr war *national?*

Wie diese Fragen bereits andeuten, soll es sich trotz der Bedeutung gewisser historischer Ereignisse für die Entstehung der Nation – die in der Tat mit der Idee der Gleichheit erst möglich wurden, man denke beispielsweise an die französische und amerikanische Revolution – und trotz der wichtigen Rolle, die in diesem Kontext die Historiographie eingenommen hat, bei der vorliegenden Betrachtung nicht um eine ausschließlich historische Analyse handeln. Das Flickwerk der entstehenden Nationen soll nicht rein chronologisch, sondern strukturell untersucht werden; ihre wirtschaftlichen, politischen und kulturellen Aspekte als sich gegenseitig bedingende und ergänzende Elemente der Nationenbildung verstanden werden. Wenn also die Gleichheit unter den (zunächst weißen und landbesitzenden) Bürgern ein zentrales Konzept der modernen Nation darstellt und in verschiedenen Verfassungsakten als Prinzip schriftlich verstetigt wurde – wenn also das Unterzeichnen der Verfassung selbst zu einem symbolischen Akt werden konnte, in dem das Volk sein Schicksal als Nation wahrnahm –, dann fragen wir hier nach den Veränderungen in der Politik, Wirtschaft und Kultur, die zu diesem symbolischen Akt führten, welche internationalen Entwicklungen dazu beitrugen und

7 Ebd., 12.

wie sich der Kontakt zwischen verschiedenen Gesellschaften auf die Wahrnehmung der eigenen Gesellschaft auswirkte.

Wer sonst könnte passender am Ausgang einer derartigen Untersuchung stehen als der Begründer der vergleichenden Politikwissenschaften? Was Tocqueville zu Lebzeiten nicht beschieden war, nämlich die Entstehung einer US-amerikanischen und kanadischen Nation im Erreichen ihrer territorialen und ideologischen Integrität zu untersuchen, soll an dieser Stelle im Kontrast zur französischen und englisch-britischen Nationenbildung unternommen werden.

Im vorgegebenen Rahmen lassen sich die Entstehungsprozesse mehrerer Nationen selbstverständlich nicht erschöpfend untersuchen. Das Streben nach einer möglichst detaillierten Aufschlüsselung historischer Details in diesen Entwicklungen ist aber auch nicht Gegenstand dieser Untersuchung. Das eigentliche Ziel liegt darin, vor dem Hintergrund des heutigen Diskussionsstandes in der Nationalismusforschung, strukturelle Ähnlichkeiten in der Nationenbildung in Europa und Nordamerika auszumachen und in ihrem jeweiligen Kontext zu analysieren. Es wird sich zeigen, dass die französische und die englische, die US-amerikanische und die kanadische Nation nicht aus sich selbst heraus Bedeutung schöpfen konnten. Anders ausgedrückt: Die Nationen des 18. und 19. Jahrhunderts entstanden aus dem historisch bedingten Beziehungsgeflecht zueinander und sind nicht aus eigenem Gutdünken entstanden oder etwa gar als immer schon bestehende Volksgemeinschaft zu verstehen.

Die Nation: Problematisierung eines vielschichtigen Konzepts

Worum handelt es sich bei dem im Alltag so griffig scheinenden Konzept der Nation? Bei genauerer Betrachtung zeigt sich, selbst bei den Experten der Nationalismusforschung, dass der Begriff schwer zu fassen ist. Definitionen der Nation sind so zahlreich und komplex wie die Ansätze und Perspektiven der Nationalismusforschung selbst. Sie sind, wie wir sehen werden, mitunter widersprüchlich und betonen unterschiedliche Aspekte des menschlichen Zusammenlebens, woraus wiederum unterschiedliche deskriptive oder normative Schlüsse gezogen werden. Distinkte, aber unscharfe Begriffe wie Nation, Nationalismus, Ethnie und Rasse sorgen auch unter etablierten Forschern für rigorose und letztlich doch verzweifelt wirkende Klarstellungsversuche. Das terminologische Chaos wäre in der Tat als Untersuchungsgegenstand selbst schon ausreichend, da es sehr anschaulich auch politische Verwundbarkeiten offenlegt. Gerade aus einer deutschen Perspektive ist die Definition der Nation problematisch, da sie sich allzu leicht in die politisch sensiblen Gefilde der Rasse und Ethnie verirrt.

Eine Schwierigkeit bei der Definition der Nation ergibt sich aus dem Problem der Verortung des untersuchenden Beobachters: Analysiert er aus der Ferne ein historisches Phänomen, eine vorübergehende Gesellschaftsform, eine soziale Legitimation von Machtstrukturen? Schreibt er als Forscher oder als Nationalist? Kann er sich (überhaupt) vom methodologischen Bezugsrahmen der eigenen Nation lösen? Ein weiteres Problem ergibt sich außerdem daraus, dass eine Nation sich zumeist selbst als solche beschreibt, sie sich also zunächst erfinden muss, indem sie sich von anderen Nationen oder Bevölkerungsgruppen abgrenzt und daher, von einer Außenperspektive betrachtet, formale und ›objektive‹ Bestimmungsgrößen der Nation nur schwierig auszumachen sind, wie auch Ernest Renan im oben genannten Zitat anschaulich erläutert.[8]

Auch die Daten, die man in der Geschichtsschreibung dem Ursprung einer Nation zuordnet, sind keineswegs so eindeutig wie man annehmen könnte. Der 4. Juli 1776 oder der 14. Juli 1789 lesen sich heute wie Geburtstage der US-amerikanischen und französischen Nation, doch ist ihnen diese Bedeutung erst im Nachhinein verliehen worden. Interpretieren wir diese Daten, als sei inmitten der Gefechte schon das Banner der Nation gehisst worden, dann sitzen wir gewissermaßen der sich diesen Ereignissen anschließenden Mythenbildung der Nation auf.[9]

Arbeitsdefinitionen der wichtigsten Begrifflichkeiten sind angesichts dieser konzeptuellen Vielschichtigkeit und des überaus flüchtigen Terrains unbedingt notwendig. Ohne die Fixierung der zentralen Konzepte droht sonst der Untersuchungsgegenstand zu verschwimmen. Daher sei nachstehend der Versuch einer Begriffsfindung und einer Definition der Nation unternommen, der zugleich auch dazu beitragen soll, die historischen Wandlungen des Begriffs zu problematisieren.

Etymologisch stammt das Wort *Nation* aus dem Lateinischen, wo es vom Verb nasci (»geboren werden«) abgeleitet wurde und zunächst das Konzept der Blutsverwandtschaft

8 Vgl. Calhoun 1997, 5.

9 Siehe Sewell 2005 zur Symbolik der nationalen Revolutionen und zur Logik sozialen Wandels.

(natio) ausdrückte.[10] An einigen mittelalterlichen Universitäten bezeichnete dann später das nationem eines Studenten seine Herkunftsregion; das Konzept wurde polysem.[11] Als der Begriff im späten 13. Jahrhundert erstmals in der englischen Sprache verwendet wurde, um den Machtanspruch gesellschaftlicher Eliten zu untermauern, lehnte er sich jedoch an die ursprüngliche Wortbedeutung der gemeinsamen (Bluts-)Herkunft an. Die terminologische Unklarheit, die immer auch politisch determiniert war, wurde im 17. Jahrhundert verstärkt, als der Begriff der Nation dann in England auf die Bürgerschaft ausgeweitet wurde.[12] Mit diesem konzeptuellen Umbruch, der im Folgekapitel genauer zu betrachten sein wird, verlagerte der zuvor noch auf die aristokratischen Eliten verweisende Begriff der Nation seine Bedeutung auf Teile des Volkes, das zumindest dem Prinzip nach zum Träger der Souveränität erhöht wurde. Damit wurde dem Bürger – diese Einschränkung ist entscheidend – grundsätzlich das Prinzip der Gleichheit eingeräumt und das Konzept der Nation nahm seine moderne Bedeutung an.[13] Die Idee einer gemeinsamen Herkunft blieb jedoch bis auf weiteres zentral in diesem Konzept der Nation verankert. Es ist damit, in der heutigen Forschungsterminologie, als *ethnischer Nationalismus* zu verstehen. Auch die Legitimation von Macht durch Herkunft, wie sie die europäischen Königsdynastien ihren Völkern demonstriert hatten, trug zu diesem frühen Nationsverständnis bei. Ebenso wie der König, der seinen Herrschaftsanspruch (neben göttlicher Bestimmung) auf seine Familienherkunft stützte, grenzte sich das sich im 18. und 19. Jahrhundert emanzipierende Volk durch seine vermeintliche kollektive Herkunft von anderen Völkern ab.

Wenn wir diese ethnische Variante der Nation beim Wort nehmen, werden gewisse Widersprüche deutlich. Dies ungeachtet der Tatsache, dass das Konzept der Ethnizität selbst schon ebenso unpräzise ist wie das der Nationalität. Nehmen wir aber diesen Blickwinkel dennoch ein, ist es dann die ›Rasse‹, die Religion, die Sprache oder die territoriale und historische Verankerung, die die ethnische Herkunft ausmacht und für das Entstehen einer Nation ausschlaggebend ist? Stehen diese Kriterien nicht in gewissen Punkten miteinander im Konflikt, wenn wir uns die Geschichte genauer ansehen und beispielsweise Migrationsströme, Gebietsabtretungen und sprachlichen Wandel in Erwägung ziehen?

Bereits im Jahre 1882 stellte der schon genannte französische Historiker und Theologe Ernest Renan (1823–1892) mit Verweis auf ebendiese Bestimmgrößen die Frage, was denn eine Nation sei (»Qu'est-ce qu'une Nation?«).[14] Statt sich um eine unmittelbare Antwort auf diese Frage zu bemühen, argumentierte Renan im Ausschlussverfahren. So sei der Mensch weder »der Sklave seiner Rasse, seiner Sprache, seiner Religion noch des Laufs der Flüsse oder der Richtung der Gebirgsketten.« Vielmehr bilde eine »große Ansammlung von Menschen [...] ein Moralbewusstsein, welches sich eine Nation nennt.« Sie gewinne ihre Kraft und Legitimität aus dem bereitwilligen Verzicht des Einzelnen für das Gemeinwohl. Aus diesen Opfern entstehe eine »Solidargemeinschaft«, die auf den

---

10 Merriam-Webster 2011, siehe auch Zientara 1986, 12.
11 Connor 1994, 94.
12 Vgl. ebd., 95.
13 Greenfeld 1997, 20.
14 Renan 1882 in Jeismann 1993, 290. Einen aktuellen Blick auf die Frage ›Was ist eine Nation?‹ bieten Timothy Baycroft/Mark Hewitson 2006, die versuchen die Frage Renans ein Jahrhundert nach ihm zu beantworten und die damit einen guten Überblick über die Entwicklung der Nationalismusforschung leisten.

gemeinsamen »Besitz eines reichen Erbes an Erinnerungen« zurückgreifen könne und sich in der Gegenwart durch gegenseitiges Einvernehmen zum Zusammenleben selbst bestätige. Somit ist für Renan die Nation »ein tägliches Plebiszit«, mit dem der Wille, das gemeinsame Erbe zu erhalten, stets neu eingegangen wird.[15] Sie bildet keine von der kollektiven Herkunft bestimmte Gemeinschaft – einer Herkunft, die allein schon angesichts der historischen Völkerwanderungen ohnehin nicht zurückzuverfolgen wäre –, sondern eine Willensgemeinschaft. Dieser voluntaristische Zug des Renanschen Nationsbegriffs ist charakteristisch für einen *zivilen Nationalismus,* der dem ethnischen Nationalismus häufig entgegengestellt wird und von späteren Nationalismusforschern durch weitere typologische Nuancierungen ergänzt worden ist.

Die Unterscheidung zwischen ethnischem und zivilem Nationalismus ist trotz häufiger Kritik[16] für die Nationalismusforschung nach wie vor von zentraler Bedeutung und muss an dieser Stelle kurz ausgeführt werden. Im zivilen Nationalismus wird die Nation nicht als natürliche Kategorisierung der Menschheit verstanden. Sie existiert in der Vorstellungskraft der Menschen, ist aber für ihr Leben nicht (überlebens-)notwendig. Im zivilen Nationalismus, einem Geisteskind der französischen und amerikanischen Revolutionen, ist der Wille zur Zugehörigkeit damit zumindest prinzipiell das entscheidende Zugangskriterium zur nationalen Gemeinschaft. Die im zivilen Nationalismus konstruierte nationale Identität ruht auf vier Säulen: auf einem »historischen« Territorium, einer Reihe von Gesetzen und politischen Institutionen, dem Prinzip gleicher politischer und ziviler Rechte für alle Bürger und auf einer gemeinsamen Zivilkultur, welche als Bindemittel zwischen Bürgern und staatlichen Institutionen dient.[17] Die konstruierten Faktoren, die die Nation bestimmen, sind zumindest aus einer analytischen Perspektive klar.

Der ethnische Nationalismus verhüllt hingegen seinen konstruierten Charakter. Er baut auf Kategorien wie Hautfarbe und Rasse auf und verbindet seine Existenz auf diese Weise unmittelbar mit mehr oder minder differenzierbaren, vermeintlich unveränderlichen menschlichen Äußerlichkeiten. Während der zivile Nationalismus sich durch seinen voluntaristischen Charakter, also durch den willentlichen Beitritt zu einer Gemeinschaft definiert, lässt sich die Zugehörigkeit zur ethnischen Nation nur durch Geburt erwerben. Es ist diese Kopplung äußerlicher Unterscheidungskriterien mit kollektiv ausgelegten charakterlichen Eigenschaften, die den ethnischen Nationalismus in der politischen Praxis im Laufe der letzten zwei Jahrhunderte so gefährlich haben werden lassen. Doch auch er ist nicht weniger konstruiert. Mit anderen Mitteln als im zivilen Nationalismus wird durch ihn ein Kollektiv erschaffen, um politische Absichten umzusetzen.[18]

---

15 Ebd., 309.

16 Für eine Kritik der Dichotomie ethnischer versus ziviler Nationalismus vgl. beispielsweise Baycroft/Hewitson 2006.

17 Karmis 2011. Die Idee der Dreiteilung von Gesellschaften in eine politische, eine ökonomische und eine zivilgesellschaftliche Sphäre, die bis heute das Verständnis von Gesellschaften prägt, wurde bereits im 18. Jahrhundert vom britischen Proto-Soziologen Adam Ferguson (1980) geprägt und später von Hegel übernommen und von ihm in seinen ›Grundlinien der Philosophie des Rechts‹ ausgebaut. Für einen Überblick zur ›Theorie und politischen Praxis‹ der Zivilgesellschaft von der Antike bis in das 20. Jahrhundert vgl. Adloff 2005.

18 Provokativ ausgedrückt: Sich derartig ins Detail gehend mit einer Sache auseinanderzusetzen, die an sich nicht existiert, liegt wohl in der Ironie und Widersprüchlichkeit des Un-

Über dieses grundlegende Begriffspaar hinaus sind einige weitere Aspekte der Nation von Bedeutung, die von Renan teils ausgeschlossen, teils nicht erwähnt wurden, und die dennoch für die Nationen*bildung* wichtig waren. Damit ist die Nation als Kommunikationsnetzwerk gemeint, ihr Bezug auf ein Territorium und einen (existenten oder angestrebten) zentralen Staatsapparat, sowie ihre distinkt *nationale* Identität. Wenn also am konstruierten Charakter der Nation – an der Nationalsprache, am nationalen Territorium, an ihrer Identität – aus unserer Perspektive kein Zweifel besteht, wir also in diesem Punkt mit Renan einverstanden sind, dann müssen wir dennoch diese Aspekte mit einbeziehen, wenn wir die Entstehung der Nation begreifen wollen. Anders ausgedrückt: Bei Nationalsprache, -gebiet und -identität handelt es sich nicht um Essenzen, die wir durch eine entsprechende Untersuchung verdinglichen, sondern um wichtige Identitätsstifter in der Gesellschaft, die wir als solche zu untersuchen haben. Wir wollen uns diese Elemente mit Blick auf die Argumentationsweisen verschiedener Autoren kurz genauer vor Augen führen und damit den Standpunkt Renans weiter differenzieren.

Miroslav Hroch gehört zu einer Gruppe von Nationalismusforschern aus der jüngeren Vergangenheit, die mehr noch als Renan die konstruierte Natur der – sowohl ethnischen als auch zivilen – Nation hervorgehoben hat. Hroch geht davon aus, die Nation sei in Europa das Resultat langer und komplexer geschichtlicher Entwicklungen, durch die eine große soziale Gruppe mittels der Verflechtung mehrerer objektiver Beziehungsverhältnisse (wirtschaftlich, politisch, sprachlich, kulturell, religiös, geographisch, historisch) und »deren subjektive[r] Widerspiegelung im kollektiven Bewusstsein« geschaffen wurde.[19] Er unterteilt diese objektiven Beziehungsverhältnisse in drei Hauptkomponenten: (1) ein kollektives Gedächtnis an eine gemeinsame Vergangenheit, die als Schicksal der Gruppe ausgelegt wird, (2) sprachliche oder kulturelle Bindungen, die innerhalb der Gruppe einen höheren Grad an sozialer Kommunikation zulassen als außerhalb und (3) ein allgemeines Einvernehmen bezüglich der Gleichheit aller Mitglieder innerhalb einer zivilgesellschaftlich organisierten Gruppe.[20] Während (1) und (3) die zentralen Elemente der Renanschen Definition reflektieren, geht der Aspekt eines erhöhten Kommunikationsgrades innerhalb einer Nation über die Basisdefinition Renans hinaus. Hroch unterstreicht damit die Bedeutung der sprachlich-kommunikativen und soziopolitischen Einheit sowie der Abgeschlossenheit der Nation.[21] Wir werden auf diesen sozialen und kommunikativen Charakter der Nation in Kapitel II im Detail

---

tersuchungsgegenstandes. Der konstruierte Charakter der Nation bedeutet aber nicht, dass sie keinen Einfluss auf die menschliche Geschichte ausgeübt hat. Ganz im Gegenteil: Der Glaube an die Existenz der Nation hat, vielleicht wie kein zweites gesellschaftliches Prinzip, die Entwicklung der Menschheit grundlegend beeinflusst.

19 Vgl. Hroch 1996, 79.

20 Ebd., 79.

21 Greenfeld unterscheidet darüber hinaus zwischen einem individualistischen, von den einzelnen Mitgliedern der Nation in einer Art sozialem Vertrag beschlossenen und einem kollektivistischen Nationalismus, dessen Gestalt von einer häufig autoritären Elite ausgelegt und von den Massen zwangsweise mitgetragen wird; vgl. Greenfeld 1997, 20. Individualistischer Nationalismus ist daher immer auch zivil, doch ein ziviler Nationalismus kann auch kollektivistisch sein. Der kollektivistische Nationalismus nimmt jedoch oftmals die Gestalt des ethnischen Partikularismus an, während der ethnische Nationalismus notwendig auch kollektivistisch ist. Für Greenfeld ergibt sich die Besonderheit des US-amerikanischen Nationalismus aus der Tatsache, dass er möglicherweise als einziger den individualistischen und zivilen Typus in sich vereint; vgl. Greenfeld 1997, 20 f.

zu sprechen kommen und wollen ihn an dieser Stelle lediglich als Teilaspekt unserer Arbeitsdefinition hervorheben.

Nicht weniger wichtig ist in diesem Kontext auch das Territorium, auf das sich die Nation bezieht.[22] Trotz dessen in der Tat konstruierten und formbaren Charakters müssen wir es ebenso wie die Nationalsprache in unsere Analyse der Nationenbildung einbeziehen. Nicht als gegebenes Faktum, sondern als eines unter mehreren identitätsstiftenden Elementen. Diese Komponente der Nationenbildung ist auch in der Nationalismusforschung Konsens. Benedict Andersons Erläuterungen sind diesbezüglich hilfreich. Er begreift die Nation als abgegrenzte und souveräne, »erfundene« politische Gemeinschaft.[23] Abgegrenzt deshalb, weil selbst die größte Nation sich durch ihre Differenz zu anderen Nationen, also durch die Unterscheidung des Fremden vom Eigenen, definiert. Souverän, da das Konzept der Nation im Zeitalter der Aufklärung und Revolution geboren wurde, in dem göttlich legitimierte Herrschaftshierarchien außer Kraft gesetzt wurden.[24] Die Freiheit der Nation verwirklichte sich somit im souveränen und *territorial* realisierten Staat.[25] Auch Eric Hobsbawm betont die Bedeutung eines geopolitischen Referenzrahmens, wenn er zustimmt, dass es nur dann sinnvoll sei, von einer Nation als gesellschaftlicher Einheit zu sprechen, wenn »sie sich auf eine bestimmte Form des modernen Territorialstaates bezieht, auf den ›Nationalstaat‹ […].«[26] Auch dieser Aspekt wird im Kontext der einzelnen Fallstudien, insbesondere mit Blick auf die machtpolitischen und wirtschaftlichen Zusammenhänge, die diese Territorialität beförderten, im Detail zu erläutern sein.

Und schließlich müssen wir spezifizieren, inwiefern sich die nationale Identität von anderen Formen der Gruppenzugehörigkeit unterscheidet, um ihre Entstehung zu begreifen. Die Loyalität zu einer Gruppe ist nämlich keineswegs eine Erfindung der Moderne. Sie bestand bereits im Tribalismus (Zugehörigkeit zu einem Stamm), im

---

22 Und nicht weniger ist es konstruiert. Dies wird beispielsweise klar, wenn wir uns die Ausdehnungspolitik der USA vor Augen führen, in der weniger ein angestammtes Territorium die Nation, als vielmehr, umgekehrt, der Glaube an eine US-amerikanische Nation, die Erschließung des Territoriums rechtfertigte.

23 Vgl. Anderson 1988. Im Deutschen lautet der Titel »Die Erfindung der Nation. Zur Karriere eines folgenreichen Konzepts« und ist unter anderem erschienen beim Campus Verlag (in dritter Auflage, 2005).

24 Das Moment der Abgrenzung ist für die Bestimmung der Identität entscheidend, denn sie stiftet sich aus der Unterscheidung des Eigenen und des Fremden. Dies trifft sowohl für Individuen als auch für Kollektive zu, die sich selbst nur über das Andere definieren können, darüber, was sie unterscheidet und ihnen, zumindest in der eigenen Wahrnehmung, eine gewisse Einzigartigkeit und eigene *Gleichheit* verleiht; vgl. Cobabus 1996, 157 f. Den entscheidenden Schritt zur Entkopplung des Souveränitätsprinzip von der göttlich legitimierten Monarchie ging Thomas Hobbes mit seinem Leviathan, welcher an späterer Stelle zu erläutern sein wird.

25 Anderson 2006, 6 f.

26 Hobsbawm 1992, 20 f.; Im Deutschen wird innerhalb des zivilen Nationalismus oftmals zwischen ›Kulturnation‹ und ›Staatsnation‹ unterschieden. Während die Kulturnation idealtypisch auf »-vermeintlich- objektiven Kriterien wie gemeinsame Herkunft, Sprache, Religion, Geschichte, Kultur, Bräuche etc.« beruht und »nicht zwangsläufig über einen eigenen – identitätsstiftenden – Staat« verfügt, fußt die *»Staatsnation* auf dem subjektiven Bekenntnis und dem freien Willen der Angehörigen eines Staates eine Nation zu bilden bzw. *einer* Nation anzugehören, gekennzeichnet durch ein einheitliches Rechts- und Verwaltungssystem, gemeinsame (politische) Ideale und dem Prinzip der Volkssouveränität.« Pinkert 2000, 20 f.

Metropolitanismus (Verbundenheit mit einem Stadtstaat oder einem Kulturzentrum) und auch im Lokalismus (Überordnung des Dorfes oder der Region).[27] Verschiedene Zeitalter brachten verschiedene Formen von ›Zugehörigkeit‹. Die Gefolgschaft der Athener und Spartaner in der Antike etwa galt der Polis; die Römer zwangen andere Völker Europas in ihrem gewaltigen Reich zur Loyalität. Im Mittelalter bestimmten die Grundherrschaft und der Feudalismus die Gesellschaftsordnung Europas und damit auch die Zugehörigkeiten innerhalb kleinerer gesellschaftlicher Enklaven.[28]

Der Begriff der *nationalen Identität,* dessen Bedeutung erst noch zu erklären ist, wird oftmals auf Erik H. Erikson und John Armstrong zurückgeführt. Das Konzept bahnte sich seinen Weg von der Sozialpsychologie in die Geschichts- und Sozialwissenschaften erst in den 1990er Jahren, als es systematisch in den Werken Anthony D. Smiths, William Blooms und Bernhard Giesens gebraucht wurde.[29] Auf deren spezifisches Verständnis der nationalen Identität beziehen wir uns hier. Zusammengefasst lässt sich dieses Verständnis wie folgt erläutern. Die nationale Identität grenzt sich von anderen Gruppenidentitäten insofern ab, als sie mehrere (soziale und persönliche) Identitäten in sich vereint und sich auf ein Volk bezieht, das als tragende Instanz der Souveränität, als oberster Bezugspunkt der Loyalität und als Grundlage für eine kollektive Solidarität verstanden wird.[30] Im Vergleich zu anderen Makroidentitäten, also Identitäten größerer Gruppen, fällt vor allem die Vielseitigkeit der Nation als kollektiver und individueller Identitätsstifter auf. Bereits im 19. Jahrhundert verleibte sich die Nation angrenzende Identitätsinstanzen wie ›Rasse‹, Religion, Ethnizität und Klasse ein und ordnete sie sich unter.[31] Religiöse Motive wurden in die Nationalgeschichte eingeflochten. So wurde beispielsweise Polen in seiner Historiographie als »Christus unter den Nationen« bezeichnet.[32] Und auch der Klassenkampf ließ sich in die nationale Historie einbetten, indem nämlich »soziale Konfliktlinien innerhalb der Nation als sichtbarstes Zeichen« dafür interpretiert wurden, »dass die Nation innerlich unvollendet blieb.«[33] Auch territoriale Identitäten wurden zu Komponenten des gesamtnationalen Projekts umgedeutet. In Frankreich wurden zum Beispiel Regionen und »Stämme« zu Untereinheiten der Nation stilisiert. Imperiale Nationen schufen eine »Kernnation« mit zivilisatorischer Mission für die peripheren Regionen des Imperiums.[34]

Die nationale Identität ist also auch in dem Sinne ein flexibles Konzept, als sie die sprachlichen und territorialen Charakteristika eines gegebenen Raumes in sich aufgehen lassen kann, wenn sie sich als Diskurs etabliert hat. Die Nation dient demnach nicht nur

---

27 Snyder 1990, 247 f.; vgl. auch Geary 2002, 53.

28 Vgl. Snyder 1990, 248. Und obgleich der Lokalismus zu diesem Zeitpunkt noch dominierte, waren ähnliche Sprachgruppen, Sitten, Traditionen sowie ein Gefühl der Abgrenzung zu anderen Bevölkerungsgruppen erste Ursprünge eines größeren, die Religion allmählich als Herrschaftsmittel außer Acht lassenden Loyalitätsgegenstandes.

29 Vgl. Hroch 2005, 32 f.

30 Greenfeld 1997, 19.

31 Berger 2008, 10. Das Konzept der Nation, das zunächst noch fast synonym mit dem der Ethnizität verwendet wurde, nahm beispielsweise im ausgehenden 19. Jahrhundert eine Wendung hin zu rassischen Zugangskriterien. Laut Max Weber bezeichnet »Ethnizität« das Konzept einer Gruppe, im Glauben an eine gemeinsame Herkunft und Kultur, eine homogene Gruppenidentität zu bilden; vgl. Streck 2000, 53.

32 Berger 2008, 11.

33 Ebd., 11.

34 Ebd., 11; hierzu auch Wallerstein 2004, insbesondere Kapitel 3.

Und auch eine weitere Einschränkung sollte mit Nachdruck betont werden. Der Historiker Howard Zinn weist in seiner ›People's History of the United States‹ auf dieses zentrale Problem der Untersuchung von Nationen und Nationalstaaten hin. In seinem einleitenden Kapitel schreibt er:

> Meiner Meinung nach dürfen wir, wenn wir die Geschichte der Vereinigten Staaten erzählen, nicht die Erinnerungen des Staates als unsere eigenen Erinnerungen akzeptieren. Wenn sie als Geschichte einer Familie dargestellt wird, verschleiert die Geschichte eines jeden Landes tiefreichende Interessenskonflikte (die manchmal explodieren, meistens aber unterdrückt werden) zwischen Eroberern und Eroberten, Herren und Sklaven, Kapitalisten und Arbeitern, Dominierenden und Dominierten in Rasse und Geschlecht. Und in einer solchen Welt des Konflikts, einer Welt von Opfern und Henkern, ist es die Aufgabe denkender Menschen, wie Albert Camus angedeutet hat, nicht auf der Seite der Henker zu stehen.[40]

Ich stimme völlig mit Zinns Meinung überein, denke aber, dass Pierre Bourdieus Begriff des ›starken Diskurses‹, den er in einem anderen Kontext benutzt, hilfreich sein kann, um dennoch dem selbstgesetzten Ziel nachzugehen – nämlich die Struktur der Nationenbildung in unterschiedlichen Kontexten zu untersuchen –, ohne dabei die Unterdrückung der nicht Erwähnten und nicht Anerkannten zu reproduzieren.[41] Der nationale Diskurs ist gerade deshalb als ›stark‹ zu bezeichnen, da er andere Diskurse in sich aufgehen lässt, Partikularismusforderungen absorbiert oder ›ungestraft‹ ignoriert. Der von staatlichen Institutionen gestützte nationale Diskurs, der in diesem Sinne auch als hegemonial bezeichnet werden könnte, hat Fortbestand, auch wenn sich Teile der Bevölkerung von ihm abwenden. Im Gegenteil, könnte man sogar argumentieren: Kritik an der Nation, selbst in der tiefsten Krise, ist immer auch eine Wiederbestätigung der Nation.

Mit anderen Worten: im Namen der Nation wurden immer Gruppen der Gesellschaft ausgeschlossen, im schlimmsten Fall unterdrückt und unter der eigenen Ideologie zermalmt – und darauf werde ich im Laufe der Argumentation wiederholt eingehen.[42] Unter ihrem Banner wurden allerdings auch die Werte der Aufklärung so universell

---

wird. Hier geht es vielmehr um die Schaffung neuer Nationen in der Vorstellungswelt größerer Menschengruppen vorrangig im 18. und 19. Jahrhundert. Die Untersuchung schließt daher auch nicht die seit den 1980er Jahren als *First Nations* bezeichneten Autochthonen Kanadas mit ein (obschon die Streitigkeiten bezüglich der Terminologie noch heute zeigen, wie eurozentrisch der Begriff der Nation ist).

40 Zinn 2005, Übersetzung des Autors; im Original: »My viewpoint, in telling the history of the United States, is [...] that we must not accept the memory of states as our own. Nations are not communities and never have been. The history of any country, presented as the history of a family, conceals fierce conflicts of interest (sometimes exploding, most often repressed) between conquerors and conquered, masters and slaves, capitalists and workers, dominators and dominated in race and sex. And in such a world of conflict, a world of victims and executioners, it is the job of thinking people, as Albert Camus suggested, not to be on the side of the executioners.«

41 Bourdieu benutzt den Begriff des ›starken Diskurses‹ in Bezug auf den Neoliberalismus, den er als System bezeichnet, das strukturell ausschließlich auf seine empirische Selbstbestätigung ausgelegt ist und alternative Bezugssysteme oder Erklärungsansätze für irrelevant erklärt; vgl. Bourdieu 1998.

42 Vgl. außerdem zu den damit verbundenen Themen Pluralismus und nationale Diversität Gagnon 2011b. Gegennarrative und Kritiken des (weißen und männlichen) Mehrheitsnationalismus in den USA bieten Robinson 2001, Deburg 1996, White 1990 und Moses 1988.

verschriftlicht, dass spätere Generationen für ihre eigenen Emanzipationsforderungen an sie appellieren konnten. Kurzum, wir wollen, trotz des blutigen Erbes der Nation, zunächst von einer moralischen Einschätzung Abstand halten und uns auf die strukturellen Dynamiken der Nationenbildung konzentrieren. Auf das Problem von individueller Handlungsmöglichkeit und strukturellen Sachzwängen, das sich aus einer solchen Perspektive ergeben kann, komme ich im abschließenden Kapitel (IV) zu sprechen.

Wie wir im folgenden Abschnitt sehen werden, liegt die Gretchenfrage der Nationalismusforschung darin, den Nationalismus entweder als rein modernes Phänomen oder als Form einer (zyklisch wiederkehrenden) undenkbar alten menschlichen Gemeinschaftsbildung zu interpretieren. Ihrer ungeachtet ist man sich in beiden Lagern doch zumindest weitestgehend über die konstruierte Natur der Nation einig; eine Einschränkung, die auch im Kontext der Arbeitsdefinition und angesichts der Zinnschen Kritik nochmals hervorgehoben werden soll. Wir machen also keineswegs die ›Erinnerung des Staates‹ zu unserer eigenen Erinnerung, sondern betrachten sie als Herrschaftsinstrument, das aber nichtsdestotrotz Handlungsspielräume für neue Akteure eröffnete. Im Sinne Schütz' soll die Sichtweise des Konstruktivismus hier daher als Prämisse verstanden werden, dass »unser gesamtes Wissen von der Welt, sei es im wissenschaftlichen oder im alltäglichen Denken, [...] Konstruktionen [enthält], das heißt einen Verband von Abstraktionen, Generalisierungen, Formalisierungen und Idealisierungen, die der jeweiligen Stufe gedanklicher Organisation gemäß sind.«[43] Wir müssen also historische Gebilde ebenso wie unsere eigene Position stets auf deren Kontextualität hin überprüfen.

Diese aus konstruktivistischer Perspektive gebotene Vorsicht bedarf einer letzten, genaueren Erläuterung. Denn ein vergleichender und besonders ein kulturvergleichender Ansatz, wie er hier vorgenommen wird, birgt die Gefahr, Gesellschaften und Kulturen in ihrem Entwicklungsprozess nach pseudodarwinistischen Kriterien bewerten zu wollen. Die Forschung kann in ihrer Wertung zum politischen Instrument verkommen, wenn sie den technischen Fortschritt einheitlich und normativ allein auf die kulturellen oder gesellschaftlichen Besonderheiten zurückzuführen versucht. Dieses Problem, wertende Urteile über andere Kulturen aus der Position der eigenen Kultur zu fällen, wird als *Ethnozentrismus* bezeichnet.[44] Beim *Eurozentrismus* handelt es sich, genauer, um eine Sichtweise, die alles Europäische zum Betrachtungsmittelpunkt erhebt. So kann beispielsweise die ›Entdeckung‹ Amerikas auch nur aus europäischer Perspektive als solche bezeichnet werden, denn entdeckt war Amerika bereits vor ihrer europäischen

---

43 Schütz zitiert nach Flick 2007, 153.

44 Vgl. Rippl et al. 2008, 13. Auch der problematische Begriff der ›Kultur‹, der ebenso bei der Definition der Nation eine wichtige Rolle einnimmt, darf nicht undefiniert bleiben. Während eine deskriptive Definition alle Aspekte des menschlichen Lebens umfasst und Kultur als »de[n] menschengemachte[n] Teil der Umwelt« auslegt (Rippl et al. 2008, 15, nach Berry et al. 1992), geht es einer normativen Definition um kodifizierte gesellschaftliche Regeln. Im Kontext dieser Arbeit sollen, Rippl et al. und Trommsdorff 1989 folgend, als Inhalte von Kultur »die von einer sozialen Gruppe verwendeten Deutungs- und Handlungsmuster, Wissen, Sprache und Techniken zur Bewältigung von Anpassungsproblemen im Umgang des Menschen mit seiner Umwelt« verstanden werden: »Mitglieder einer Kultur zeichnen sich somit durch eine gewisse Homogenität ihrer Einstellungsmuster und Handlungsweisen aus, die sie von anderen sozialen Einheiten unterscheiden.« Vgl. Rippl et al. 2008, 16; sowie Hall 1997.

Kolonisierung.[45] Es scheint naheliegend, dass auch die vorliegende Betrachtung der Nationenbildung in Nordamerika »vor dem Hintergrund Europas« vorschnell als eurozentrische Geschichtsauslegung missverstanden werden könnte. Zwar geht es darum, die europäische Kolonialisierung Amerikas zu untersuchen, worin in der Tat auch der eurozentrische Horizont der Händler und Siedler eine gewichtige Rolle spielt. Allerdings soll dabei unter keinen Umständen der Eindruck entstehen, diese Innenperspektive decke sich mit dem Blickwinkel der Analyse. Vielmehr wird gerade dieser eurozentristische Diskurs, der sich mit der transatlantischen Expansion europäischer Staaten in die Neue Welt herausbildete, zum Gegenstand der Betrachtung.

45 Genauer wäre es darüber hinaus von einer ›reziproken Entdeckung‹ zu sprechen, da beide Seiten ihnen neue Erfahrungen machten, die für ihr eigenes Weltbild passend gemacht werden mussten; Cohen 1993, 37. Das Gefühl der Überlegenheit leitete sich der Kolonisator aus dem eigenen wissenschaftlichen und industriellen Fortschrittsglauben ab und verband den verspürten Evolutionsfortschritt und Rationalismus mit einem missionarischen Bekehrungseifer. Aufklärerische Ideale und die Kritik an der industriellen Gesellschaft äußerten sich mitunter auch als romantisierende Nostalgie gegenüber den ›traditionellen‹ und ›naturverbundenen‹ ›noblen Wilden‹, welche aber nicht minder eurozentrisch war.
Ihr eurozentrischer Charakter lässt auch den Rationalismus der Aufklärung porös erscheinen. Denn wie könnte das in der französischen und amerikanischen Revolution beschworene Credo der Gleichheit des Menschen noch deutlicher unterlaufen werden, als durch die Versklavung und den willkürlichen Totschlag anderer Völker. So bedarf es vor der folgenden Untersuchung der Klarstellung, dass sich die Ideale der Revolutionen zunächst ausschließlich auf die europäisch-weißen Kolonialherren bezogen.

Perspektiven auf die Nation

Aus mehreren Gründen hat sich das Gebiet der Nationalismusforschung in divergierende Richtungen entwickelt. Die Grundfragen der Nationalismusforschung sorgen allein schon für eine ausreichende Diversifizierung des Untersuchungsgegenstandes wie die vorangehenden Betrachtungen offenbaren und wie sich in einigen Fragen summarisch darstellen lässt: Ist die Nation Mittel oder Zweck? Ist sie eine ethno-kulturelle Gemeinschaft, die – ob zu Unrecht sei erst einmal dahingestellt – vom Verwandtschaftsgrad, von einer gemeinsamen Geschichte oder von der Kultur her verstanden wird? Oder handelt es sich um eine soziopolitische Gemeinschaft, der man sich aus freien Stücken anschließen kann?

Die Fragmentierung der Nationalismusforschung geht aber über die Polysemie der Begrifflichkeiten hinaus. Wie bereits angedeutet, wirft der Begriff der Nation außerdem auch weitere Fragen auf, die eher die Genese der Nation betreffen. Handelt es sich um eine undenklich alte Gemeinschaft oder ein modernes Phänomen und damit um ein vergleichsweise junges, soziales Konstrukt?[46] Neben diesen so genannten *modernistischen* und *perennialistischen* Ansätzen ergänzen heute auch die Perspektiven des Feminismus, des Postmodernismus und Postnationalismus den Flickenteppich der Nationalismusforschung.[47] Mit dem neueren, transnationalen Blickwinkel in den Geistes- und Sozialwissenschaften ergeben sich ferner kosmopolitische Betrachtungsweisen der Nation, die die nationale Territorialität in Frage stellen.[48] Auch der Soziologe Craig Calhoun weist darauf hin, dass sich aus diesen verschiedenen Perspektiven völlig unterschiedliche Fragen stellen, die schwerlich von nur einer einzigen ›Theorie der Nation‹ zu beantworten wären. »Eine Frage zu beantworten, wie etwa: ›Warum scheinen sich Nationalbewegungen in Wellen zu formieren?‹ wird eine andere Theorie benötigen, als die Frage nach den Zusammenhängen zwischen nationaler Ideologie, Sexualität und Gender.«[49]

Die Flüchtigkeit des Nationsbegriffes, die aus diesen Fragen hervorgeht, mag mitunter auch darin begründet sein, dass Forscher es seit dem 19. Jahrhundert versäumt haben, sich auf einen Definitionskern des Untersuchungsgegenstands und der wichtigsten

---

46 Smith 1998, 8. Zu dieser Debatte vgl. auch Smith 1993, Geertz 1996, Eller/Coughlan 1996, Connor 1996 sowie Calhoun 1997. Zur aktuellen Diskussion über verschiedene Nationalismus- und Multikulturalismus-Typen mit einem speziellen Fokus auf Entwicklungen in Québec und Kanada vgl. Karmis 2011. Der von Anthony D. Smith in der Zeitschrift *Studies in Ethnicity and Nationalism* geleistete Überblick über die Entwicklungstendenzen der Nationalismusforschung diente als Orientierungshilfe für diesen Abschnitt. Seine Werke zum Nationalismus (allem voran Smith 1991 und 1998) sind für einen vertieften Überblick besonders empfehlenswert. Vgl. außerdem Zuelow 2011 für die wohl umfassendste Webseite zum Thema Nationalismus im Internet.

47 Diese neuen Richtungen generieren wiederum Kritik aus anderen Lagern und stoßen weitere Debatten an; z.B. Calhoun 2007. Für eine kritische Auseinandersetzung mit den aktuellen Debatten und Schlüsselkonzepten der Nationalismusforschung vgl. Hearn 2006.

48 Vgl. Bender 2006 für eine Untersuchung mit einer transnationalen Perspektive auf die USA.

49 Im Original: »To address a question like, ›Why do nationalist movements seem to come in waves?‹ will require a different theory from the question, ›Why is nationalist ideology bound up with sexuality and gender?‹« Calhoun 1997, 8.

Konzepte zu einigen. Wie der emeritierte Professor für Nationalismus und Ethnizität an der London School of Economics Anthony D. Smith richtig bemerkte, existieren daher, eher »multidisziplinär« als »interdisziplinär«, parallele Erklärungsansätze, die sich lediglich in gewissen Punkten schneiden, sich aber nicht oder nur selten gegenseitig stützen. Ein konstantes Spannungsfeld tut sich zudem zwischen deskriptiven und normativen Ansätzen der Nationalismusforschung auf, welche wiederum Erklärungsmethoden bevorzugen, die dem eigenen Zweck entgegenkommen. Zur Zersplitterung der Definitionen und Methoden, die nicht zuletzt auch Ergebnis fortschreitender Spezialisierung und einer professionalisierten Ausrichtung an wissenschaftlichen Nischengebieten innerhalb der akademischen Welt ist, kommt auch eine immer noch existente Tendenz zum Ethnozentrismus, die einen Keil zwischen westliche und nicht-westliche Sichtweisen treibt.[50] Der folgende kurze Überblick über Entwicklungstendenzen in diesem Forschungsgebiet lenkt die Aufmerksamkeit auf einen Mangel an Verbindungsgliedern zwischen den einzelnen Erklärungsansätzen für die Nationenbildung; Blindflecken in der Menge veröffentlichter Artikel und Werke, denen sich die vorliegende Publikation zuwendet.

Der Beginn der Nationalismusforschung lässt sich in einem Bogen bis zu den Aufklärern Charles-Louis de Secondat, Baron de La Brède et de Montesquieu (1689–1755), Jean-Jacques Rousseau (1712–1778) und John Locke (1632–1704) – und eher indirekt zu Jean Bodin (1529–1596) und Thomas Hobbes (1588–1679) – als den Vordenkern des (Staats-)Nationalismus zurückspannen.[51] Diese frühen Staats- und Vertragstheoretiker artikulierten die Notwendigkeit und Form des Staates und befassten sich aus verschiedenen Blickwinkeln und mit teils gegensätzlichen Annahmen mit den Charakteristika moderner Gesellschaften. Ein hypothetischer ›Naturzustand‹ wurde von der Mehrzahl dieser Autoren einem ›Gesellschaftszustand‹ gegenübergestellt, um den Funktionsweisen einer als neuartig empfundenen Gesellschaftsform Kontur zu verleihen.[52] Die komparatistischen Studien Montesquieus und (später) Tocquevilles entwickelten darüber hinaus ein Verständnis für die Unterschiedlichkeit *zwischen* Gesellschaften – und damit für unterschiedliche Kulturen, Gesellschafts- und Regierungsformen, die zunehmend als Nationen im modernen Sinne verstanden wurden.

Von der Nähe zum Untersuchungsgegenstand konnte man sich jedoch erst deutlich später lösen, so dass eine eher analytische Betrachtungsweise des Nationalismus mit dem frühen 20. Jahrhundert Einzug erhielt, sozusagen in Retrospektive auf die im

50 Vgl. Smith 2008, 318.

51 Ebd., 318. Die Bedeutung Johann Gottlob Fichtes als Vordenker des Nationalismus-Konzepts hebt insbesondere Kedourie (2000) hervor.

52 Während Thomas Hobbes, auf den wir an späterer Stelle detaillierter eingehen, den Naturzustand als Krieg aller gegen alle begriff und daher den Staat als vermittelnde Instanz für notwendig erklärte, kritisierte Rousseau das negative Menschenbild, das diesen Annahmen zugrunde lag. Er stellte in seiner 1755 publizierten ›Abhandlung über Ursprünge und Grundlagen der Ungleichheit unter den Menschen‹ die Vorzüge gesellschaftlichen Fortschritts gegenüber dem Naturzustand des ›Wilden‹ in Frage. Bei dieser Betrachtung des Gesellschaftszustands bewegte sich Rousseau, trotz seiner Kritik, bereits im theoretischen Paradigma des Staates und unterstrich damit, ebenso wie Hobbes, den Unterschied zwischen den Gesellschaftsformen. Wie sich bereits an diesen zwei Beispielen, die hier nicht weiter ausgeführt werden sollen, erkennen lässt, zielt die Frage nach der Form gesellschaftlichen Zusammenlebens weniger auf ein nationales Volk als vielmehr auf Gesellschaft und Staat im theoretischen Sinne ab.

19. Jahrhundert konsolidierten Nationalstaaten.[53] Erste Schritte in diese Richtung nahm bereits Ernest Renan in seiner erwähnten Vorlesung an der Sorbonne im Jahr 1882 vorweg. Marxistische Analysen von »Schicksalsgemeinschaften« durch Karl Renner und Otto Bauer ebenso wie Webers soziologische Analyse verschiedener ethnischer Gruppen und Nationen waren jedoch immer noch dem eigenen, unmittelbaren Bezugsrahmen verhaftet.[54] Erst nach dem Ersten Weltkrieg und damit mit dem Ende des ›langen 19. Jahrhunderts‹ entfernten sich Wissenschaftler in ihrer analytischen Vorgehensweise von ihrem Betrachtungsgegenstand. Die Unterscheidung Hans Kohns zwischen einer westlichen und einer nicht-westlichen Art des Nationalismus ist in diesem neuen Kontext der Nationalismusforschung zu verstehen. Mit der Dichotomie eines »rational-verbindenden« Nationalismus einerseits und eines »organisch-autoritären« Nationalismus andererseits zeichnete Kohn bereits das zentrale Gegensatzpaar (ziviler vs. ethnischer Nationalismus) der heutigen Nationalismusdebatte vor.[55]

Wie sich aus dem Gesagten erkennen lässt, stand das Feld der Nationalismusforschung seit seinen Anfängen in enger Wechselbeziehung mit historischen Ereignissen und Entwicklungen. Dies trifft auch auf das 20. Jahrhundert zu. Der Zweite Weltkrieg und die Gräueltaten des Holocausts veranlassten eine klare Trennung des Konzepts der Nation von dem der Rasse. Die Debatte, die aus einem heutigen Blickwinkel als »klassisch« bezeichnet werden kann, interpretiert seither überwiegend die Entstehung der Nation als modernes Phänomen. Die Massenmobilisierung in modernen, urbanen Zentren während des 19. Jahrhunderts, so argumentierten beispielsweise Karl Deutsch und Ernest Gellner, ließ eine neue Art der Gesellschaft entstehen, die von Intellektuellen und städtischem Proletariat angeführt wurde.[56] Sowohl die neu erlangte Mobilität, als auch die massenhafte, säkulare Erziehung der Bevölkerung waren in Gellners Augen Grundpfeiler der Modernisierung.[57] So folgern auch andere Anhänger der Schule der Modernisten, dass die Entstehung des zentralisierten und homogenisierenden Staates den Rahmen für das Aufkommen der modernen Nation schuf – nicht etwa die ›Rasse‹ oder ›Ethnizität‹.

In diesen Kontext ist auch die These von Eric Hobsbawm einzuordnen, der den Nationalstaat als Versuch der neuen Eliten des späten 19. Jahrhunderts versteht, anhand »erfundener Traditionen«, also selektiver, zweckgebundener Geschichtsschreibung, die Massen in einem neuen Werte- und Gesellschaftssystem zu kontrollieren.[58]

---

53 Was Georg Wilhelm Friedrich Hegel in seiner berühmten Vorrede zu den ›Grundlinien der Philosophie des Rechtes‹ mit Blick auf die Philosophie feststellte, trifft zweifelsohne auch auf die Nationalismusforschung zu: »Dies, was der Begriff lehrt, zeigt notwendig ebenso die Geschichte, daß erst in der Reife der Wirklichkeit das Ideale dem Realen gegenüber erscheint und jenes sich dieselbe Welt, in ihrer Substanz erfaßt, in Gestalt eines intellektuellen Reichs erbaut. Wenn die Philosophie ihr Grau in Grau malt, dann ist eine Gestalt des Lebens alt geworden, und mit Grau in Grau läßt sie sich nicht verjüngen, sondern nur erkennen; die Eule der Minerva beginnt erst mit der einbrechenden Dämmerung ihren Flug.«

54 Vgl. ebd., 319.

55 Ebd., 320; vgl. auch Kohn 1962.

56 Smith 2008, 320.

57 Gellner 1983, 34.

58 Hobsbawms Ansatz, der im Abschnitt *Gesellschaft & Gedächtnis* genauer untersucht werden soll, versteht die Entstehung symbolhafter Praktiken und Artefakte (Flaggen, Hymnen, Rituale etc.) als Äußerung jener erfundenen Traditionen; Hobsbawm 2007.

Benedict Anderson hingegen erklärt die Entstehung von Nationen als Folge des Zusammenspiels der Drucktechnologie und des Kapitalismus. Laut Anderson konnte bereits deutlich vor dem 19. Jahrhundert (und dennoch in der ›Moderne‹) mit der kapitalistischen Verbreitung gedruckter Texte und der Entstehung von Hochsprachen die Vorstellung einer gemeinsamen Herkunft, einer einheitlichen Nation, entstehen und zur politischen Wirklichkeit umgemünzt werden.[59]

Diesen Standardwerken der Nationalismusforschung ist die den 1980er Jahren folgende Fragmentierung der Perspektiven entgegenzustellen. Die Nationalismusforschung bekam durch den Kollaps der Sowjetunion und die daraus resultierende Entstehung neuer politisch-territorialer Einheiten einen neuen Schub, die Forschung wurde unter neuen Gesichtspunkten intensiviert.[60] Dieser frische Blick resultierte jedoch auch in der tief greifenden Fragmentierung eines ohnehin zersplitterten Forschungsbereichs. Die Abkehr von einer makroperspektivischen und kausal-historischen Methodologie, so auch Anthony D. Smith, ist eines der wenigen gemeinsamen Merkmale jener Betrachtungsansätze, die so verschiedene Richtungen wie den Feminismus, die postmoderne Dekonstruktion und den Post- und Transnationalismus umfassen.[61]

Ungeachtet aller Differenzen in den verschiedenen Positionen und Ansätzen lassen sich laut Miroslav Hroch grundsätzlich dennoch etwa fünf Themenfelder abgrenzen, die heute den Kern der Nationalismusforschung ausmachen. In unterschiedlicher Gewichtung befassen sich Forscher mit der Rolle der Geschichte für die Nation, der Bedeutung der Ethnizität, den Auswirkungen der Industrialisierung und Modernisierung auf die Nationenbildung, den Interessenskonflikten sozialer Gruppen und, verstärkt, mit den sozial-psychologischen Entstehungsgründen für die Nation.[62] Neben der fragmentierten Betrachtungsweise liegt eine weitere Schwäche der Nationalismusforschung daher in einem recht gegenläufigen Unterfangen, nämlich vor allem darin, ›*die* Nation‹ und ›*den* Nationalismus‹ weltweit als ein und dasselbe Phänomen zu untersuchen, so dass, wie auch Miroslav Hroch meint, »die deutlichen Phasenverschiebungen in der Entwicklung einzelner Makroregionen und Kontinente und die daraus folgende Unterscheidung, was sich wo als ›Nation‹ bezeichnen lässt, [...] gewöhnlich nicht beachtet« werden.[63]

Zudem scheint für Autoren im Feld der Nationalismusforschung ein gewisser Reiz darin zu liegen, sich auf ein ›Geburtsland‹ der Nation festzulegen. Dies gilt logischerweise vor allem für Modernisten, die die Geburt der Nation in der (Früh-)Moderne und nicht in einem mystischen vormodernen Zeitalter suchen.[64] Zwei Beispiele sollen genügen, um diese Tendenz zu illustrieren. Für die Politologin und Soziologin Liah Greenfeld liegt der Beginn der Nation eindeutig in England, »Gottes Erstgeborenem«:

---

59 Smith 2008, 321; Anderson 2006.

60 Zuelow 2011; Gagnon 2011b.

61 Vgl. Smith 2008, 323 f.

62 Vgl. Hroch 2005, 38.

63 Ebd., 38.

64 Andere wie beispielsweise Dann (1986) suchen den Beginn der Nation im vorindustriellen Zeitalter. Auch mit dem ausschließlichen Blick auf einzelne Nationen gibt es widersprüchliche Annahmen bezüglich ihres Entstehungszeitpunktes. Den Ursprung der französischen Nation sieht Weis (1986) beispielsweise bereits im 9. und 10. Jahrhundert; ebd., 101. David A. Bell (2001) hingegen argumentiert, die französische Nation sei im zentralisierten Staatsapparat Ludwigs XIV. entstanden.

> Der Begriff »Nation«, der in seiner konziliarischen und zu dem Zeitpunkt vorwiegenden Bedeutung auf eine Elite angewandt wurde, wurde auf die Bevölkerung eines spezifischen Landes (England) angewendet und damit kognitiv mit den existierenden (politischen, territorialen und ethnischen) Konnotationen einer Bevölkerung und eines Landes assoziiert. Während sich das Verständnis der Letzteren [gemeint ist die Bevölkerung], was das Konzept der »Nation« anging, änderte, wurde auch das Konzept der »Nation« selbst verändert und [...] bedeutete nun »ein souveränes Volk.« Diese neue Bedeutung ersetzte die frühere, die sich auf »eine Elite« bezog, ursprünglich nur in England.[65]

Der bereits erwähnte Historiker und Politikwissenschaftler Benedict Anderson betont hingegen, dass die moderne Nation erst in der Neuen Welt entstanden sein könne – und nicht etwa in England. Erst das kollektive Bewusstsein, parallel zu ›alten‹ Gesellschaften in einer ›Neuen Welt‹ zu leben, die Duplizierung und Doppelheit (»doubleness«) der Amerikas und damit deren bewusstes Anderssein, würden erklären, »warum Nationalismus zunächst in der Neuen Welt entstanden [sei] und nicht in der Alten.«[66]

Wir haben bereits angedeutet, dass die Entstehung eines modernen Nationenkonzepts nicht als Folge eines punktuellen Ereignisses festgemacht werden kann. Das gilt zeitlich, aber auch räumlich. Sicher könnte man sich auf die englische *Glorious Revolution* von 1688, auf den amerikanischen Unabhängigkeitskrieg und die *Declaration of Independence* von 1776 oder die französische Revolution und die Stürmung der Bastille 1789 als Ursprungsdatum und -ort des modernen, *nationalen* Zeitalters festlegen. Ebenso könnte man weiter zurückgreifen und das Jahr 1492, in dem Christoph Kolumbus (1451–1506) Amerika ›entdeckte‹, als Beginn der Moderne und damit den Beginn des modernen Systems hervorheben; oder aber 1648 und den Westfälischen Frieden, der gerade in den Politikwissenschaften als Ursprung des modernen Staatensystems angesehen wird. Kritischer könnte man auch den Ausgangspunkt der modernen Nation in der historischen Zeit suchen, in der nicht mehr nur die männliche Bourgeoisie von den Rechten der ›Gleichheit und Freiheit‹ profitierte, sondern auch Frauen – in vielen Ländern nach dem Ersten Weltkrieg – und Minderheitengruppen – mit dem Ende der (traditionellen Form der) Kolonialisierung und den aufflammenden sozialen Bewegungen der 1960er Jahre.

---

65 Greenfeld 2003, 8; Übersetzung des Autors, im Original: »The word ›nation‹ which, in its conciliar and at the time prevalent meaning of an elite, was applied to the population of a specific country (England) became cognitively associated with the existing (political, territorial, and ethnic) connotations of a population and a country. While the interpretation of the latter in terms of the concept ›nation‹ modified their significance, the concept ›nation‹ was also transformed and – as it carried over the connotations of a population and a country, which were consistent with it – came to mean ›a sovereign people‹. This new meaning replaced that of ›an elite‹ initially only in England.«

66 Anderson 2006, 191; im englischen Original: »The doubleness of the Americas [...] help[s] to explain why nationalism emerged first in the New World, not the Old.« Anderson hebt in seiner Argumentation drei Punkte hervor, die die historische Besonderheit der Neuen Welt erläutern. Zum einen habe der durch den atlantischen Ozean geschaffene Abstand zur Alten Welt dazu geführt, dass, im Gegensatz zu Europa, politiko-kulturelle Einheiten nicht in größere Gruppen absorbiert wurden. Ferner konnte die Masseneinwanderung aus Europa sowie deren »militärische, ökonomische und technologische«Überlegenheit gegenüber der autochthonen Bevölkerung die »kulturelle Kohärenz«und »lokale politische Vorherrschaft« der Immigranten sichern. Und schließlich nennt Anderson die Macht der imperialen Metropolen, die den Kreolen über mehrere Jahrhunderte den Willen des eigenen »bürokratischen und ideologischen Apparatus«aufzwängen konnte. Vgl. Anderson 2006, 188 f.

Noch kritischer könnte man behaupten, dass die universalen Prinzipien der Aufklärung eigentlich bis heute noch nie und nirgends umgesetzt worden seien. Dass der Kapitalismus als nun weltumspannendes System nur wegen ungleicher und ungleichzeitiger Entwicklungen funktionieren könne und daher auch ein globales Miteinander mit Recht auf Gleichheit und Freiheit eine Illusion sei – wodurch uns auch die Nation als Chimäre erscheint.

Zweifelsohne ist an all diesen Sichtweisen etwas Wahres zu finden. Und es stimmt, dass der Fokus, den wir mit der Betonung der Entwicklungen im 18. und 19. Jahrhundert einnehmen, Gefahr läuft, die Bürgerrevolutionen und deren Ideale für bare Münze zu nehmen. Nichtsdestotrotz konnten die in der Aufklärung formulierten Ideale erst nach diesen Revolutionen das politische Regime wandeln. Denn so viel sollte trotz aller Kritik feststehen: die Ära, mit der wir uns befassen, brachte den Übergang vom Absolutismus zur Republik. Inwiefern nun alle in den Verfassungen und Erklärungen artikulierten Werte und Rechte tatsächlich auf das Volk ausgeweitet wurden, werden wir an gegebener Stelle besprechen. Es sollte aber klar sein, dass es erst die Verschriftlichung und Verstetigung der aufklärerischen Ideale waren, die eine Grundlage für weitere Partikularismusforderungen von Minderheitengruppen und kritische Auseinandersetzungen mit deren Wahrheitsgehalt boten.

Darüber hinaus möchte ich mich weder auf die Seite jener schlagen, die behaupten, die Nation sei in Europa entstanden, noch auf die Seite derer, die die Neue Welt als deren Geburtsort ansehen. Die Strukturen, die eine nationale Gemeinschaft erst denkbar machten, sind grundsätzlich im absolutistischen Zentralstaat zu finden; daher tendiert das vorliegende Argument eher in Richtung der ersten Gruppe. Allerdings lag die Entstehung der Nation aus mehreren Gründen *zwischen* Neuer und Alter Welt. Zum einen war die kapitalistische Expansion der merkantilistischen Mächte in Europa – und damit die Festigung der absolutistischen Zentralstaaten – erst mit der Kolonialisierung der neuen Welt möglich. Außerdem führte die Begegnung mit dem ›Fremden‹ und ›Wilden‹ auf dem amerikanischen Kontinent zu einem Überdenken der eigenen Gesellschaft; Denker des 17. und 18. Jahrhunderts wie Thomas Hobbes, Jean-Jacques Rousseau und Montesquieu stellten, wie bereits erwähnt, ihren eigenen ›Gesellschaftszustand‹ dem ›Naturzustand‹ der amerindianischen Völker entgegen, um daraus – recht unterschiedliche und teils widersprüchliche – Handlungsmaximen für die eigene europäische Gesellschaft zu formulieren, was unter anderem auch die Staats- und Regierungsform beinhaltete. Und auch jenseits der Thesen der ›großen‹ Denker wurde die göttliche Ordnung und die gegebene gesellschaftliche Hierarchie durch den Kontakt mit fremden Lebenswelten in Frage gestellt, wodurch Forderungen nach der Emanzipation des Volkes erst denkbar wurden.

Mit anderen Worten, die Nation ist keine Kategorie, mit der sich eine Gesellschaft sui generis hätte bezeichnen können. Insofern ist die Festlegung auf England als Ursprungsnation nur bedingt sinnvoll – ganz abgesehen von der gerechtfertigten Kritik an dem bourgeoisen und exklusiven Charakter dieses Nationenverständnisses. Die Nation ist eine *relationale* Kategorie, die erst in Abgrenzung zu anderen Nationen, Staatsformen und Gesellschaften Sinn gibt. Sie entsteht nicht ex nihilo, kann sich also nicht selbst aus dem Boden stampfen, sondern gewinnt erst im Wechselspiel an Bedeutung.

Aufbau des Buches

Der vorliegende Band wendet sich den genannten Schwachstellen der Nationalismusforschung zu. Ziel ist es, die später genauer erläuterten Untersuchungskriterien (*Handel & Macht, Kommunikation & Technologie, Gesellschaft & Gedächtnis*) des Nationenbildungsprozesses zu kontrastieren und in gegenseitiger Abhängigkeit in den verschiedenen nationalen Kontexten zu analysieren. In Hinblick auf eine mangelnde Differenzierung des Nationsbegriffes soll das Konzept der Nation damit im spezifischen Zusammenhang der Alten und Neuen Welt untersucht werden, wodurch zeitliche Verzögerungen sowie die Bedeutung des Raumes in die Analyse einbezogen werden. Im Versuch, verschiedene Erklärungsansätze der Nationenbildung auf ihre idealtypische Komplementarität hin zu untersuchen, gleichzeitig aber einzelne geschichtliche Entwicklungen räumlich und zeitlich gegenüberzustellen, liegt damit der Kern dieses Buches und des Versuchs, den Mängeln der Nationalismusforschung Rechnung zu tragen.

Die beiden Hauptthesen lassen sich wie folgt zusammenfassen. Erstens ist die Entstehung der Nation weder rein materiell, noch rein ideell zu begreifen. Anders ausgedrückt haben sowohl politökonomische als auch kulturelle Faktoren die Nationenbildung in den verschiedenen Kontexten gleichermaßen bedingt. Eine Trennung der einen Perspektive von der anderen ist willkürlich und absurd. Beide Sichtweisen hängen unmittelbar miteinander zusammen, sind also nicht bloß einzelne Faktoren im Nationenbildungsprozess. Zweitens liegt der Ursprung der Nation weder in der Alten noch in der Neuen Welt, sondern in deren epistemologischem Zwischenraum. Erst das Abgrenzungsmoment zwischen dem Eigenen und dem Fremden, der Ideenaustausch über Gesellschaftsgrenzen hinweg und die gegenseitigen Einflüsse der bürgerlichen Revolutionen konnten zur Formung des modernen Konzepts der Nation führen, das damit als *relationale* Kategorie begriffen wird.

Zwei Fragestellungen stehen somit im Zentrum. Zum einen soll der Frage nachgegangen werden, welche strukturellen Elemente die Entstehung der Nation ermöglicht haben. Mit ›Struktur‹ sollen hierbei wiederkehrende Mechanismen im Nationenbildungsprozess gemeint sein, die sowohl materialistische als auch ideelle Erklärungen für die Entstehung von Nationen bieten. Im Rahmen des ersten Hauptteils (Kapitel II) werden Konzepte der jüngeren Nationalismusforschung, die sich eigentlich voneinander abzugrenzen suchen, als sich ergänzende Perspektiven eingebettet, um diese Frage zu präzisieren und strukturelle Ähnlichkeiten im nationalen Entstehungsprozess herauszuarbeiten. In einem zweiten Schritt (Kapitel III) werden diese Erklärungsmodelle auf die Nationenbildung in den Vereinigten Staaten von Amerika und in Kanada übertragen. Zum anderen wird nach der gegenseitigen Einflussnahme zwischen den untersuchten Nationen gefragt. Wie entstanden Ideen der ›nationalen‹ Gemeinschaft? Wie beeinflusste liberales Gedankengut der Aufklärung die gesellschaftlichen Entwicklungen in den unterschiedlichen Fallbeispielen? Welche Auswirkungen hatten die räumlichen Bezüge der einzelnen Nationen zueinander auf deren jeweilige Entwicklung? Während also der erste Fragenkomplex sich direkt im Aufbau des Arguments (und damit im Inhaltsverzeichnis) widerspiegelt, wird letzterer innerhalb der Behandlung der einzelnen Beispiele thematisiert und untersucht.

Der besondere Charakter Kanadas und der Vereinigten Staaten Amerikas drängt sich, gerade vor dem Hintergrund der vorhergehenden Erläuterungen, förmlich auf. Würde man einer ethnisch-nationalistischen Argumentation folgen, wäre die Bildung von Nationen im nordamerikanischen Kontext, wenn nicht völlig ausgeschlossen, so doch zumindest analytisch verzerrt. Denn wie kann eine Nation ohne Vergangenheit und ohne historisch fixiertes Territorium entstehen? In Kanada gestaltete sich die Bildung einer nationalen Identität gerade wegen dieser fehlenden Voraussetzungen in der Tat schwierig; die nationale Bewusstwerdung musste in anderen Bahnen verlaufen. In den Vereinigten Staaten hingegen wurden die Metaphorik des Neuanfangs und des daraus erwachsenden Exzeptionalismus, sowie der Bezug auf Freiheit und Gleichheit gerade aus diesem Grund zu tragenden Gründungsmythen.

Es muss außerdem darauf hingewiesen werden, dass unter dem Begriff der Nationenbildung in Nordamerika der Entstehungsprozess einer kanadischen und US-amerikanischen nationalen Identität und damit einhergehender nationaler Institutionen gemeint ist. Geopolitisch und historisch korrekt dürfte bei einer solchen Betrachtung Mexiko nicht ausgeschlossen werden, da jene drei Länder eine ineinander verwobene politische, wirtschaftliche und kulturelle Geschichte teilen. Sowohl der Umfang der Betrachtung, als auch der Versuch einer vergleichenden Analyse lassen jedoch den Einbezug Mexikos nicht zu. Außer diesen eher formalen Gründen spricht auch die historische Entwicklung gerade in der zu untersuchenden Zeitspanne des 18./19. Jahrhunderts gegen die Einbindung Mexikos, da es geschichtlich betrachtet engere Beziehungen zu Lateinamerika als zu Nordamerika pflegte.[67] Aus dieser notwendigen Einschränkung, aber auch auf Grund der historischen Gegebenheiten ergibt sich im Umkehrschluss auch der Fokus auf England und Frankreich in Kapitel II. Sowohl der Ideenaustauch als auch die noch unmittelbareren politischen Verbindungen zwischen diesen europäischen Ländern und den Kolonien auf dem nordamerikanischen Kontinent bieten Grund genug für diesen Blickwinkel.

Auch die Notwendigkeit eines interdisziplinären Blickwinkels soll an dieser Stelle betont werden. Wie bereits angemerkt, spiegelt sich die Vielschichtigkeit ihres Untersuchungsgegenstandes vermehrt auch in der Nationalismusforschung selbst wider. Dies gilt auch für die Disziplinen, die sich mit der Nation auseinandersetzen. So können die Geschichtswissenschaften keineswegs einen alleinigen Anspruch auf die Analyse der Nation und der Nationenbildung geltend machen.[68] In gleichem Maße treiben Politikwissenschaftler, Soziologen, Psychologen und Kulturwissenschaftler die Forschung aus ihrer jeweiligen Perspektive voran, allerdings selten in einer übergreifenden Analyse. Herkömmlicherweise stützen sich akademische Disziplinen, die sich mit dem Betrachtungsgegenstand der Nation und des Nationalismus befassen, auf Erklärungen, die innerhalb ihres jeweiligen Horizonts Gültigkeit besitzen. Doch auch Felder, die seltener mit der Nationenbildung in Zusammenhang gebracht werden, können wertvolle Einsichten liefern. So kann beispielsweise die Wirtschaftsgeschichte und -philosophie dazu dienen, die Verfestigung nationalstaatlicher Gebilde anhand merkantilistischer und klassisch-liberaler Paradigmen zu untersuchen; die Nation als Kommunikationsnetzwerk zu begreifen, hilft, sie in die historischen Umbrüche einzubetten, die mit dem Übergang von einer Agrargesellschaft zur Industriegesellschaft einhergingen.

67 Croucher 2001, 552.

68 Snyder 1990, IX.

Wie bereits angedeutet sollte in einer Untersuchung, die diese unterschiedlichen Ansätze einzubeziehen gedenkt, schnell klar sein, dass es sich bei der Nationenbildung kaum um ein punktuelles Ereignis handeln kann. Es gilt daher, aus unterschiedlichen Perspektiven die verschiedenen Anstoßbewegungen aufzuzeigen, die zu ihrer graduellen Entstehung und zu ihrer Verankerung im kollektiven Bewusstsein beigetragen haben. Anders ausgedrückt: Es handelt sich bei der Nation um eine Konstruktion, die gerade auf Grund ihres polyvalenten Charakters nur aus mehreren Blickwinkeln erfasst werden kann. Dieser Umstand wird umso klarer, wenn man sich vergegenwärtigt, dass ihre historische Entstehung in enger, wechselseitiger Abhängigkeit mit anderen Entwicklungen der Moderne wie der Säkularisierung, dem Kapitalismus, der Industrialisierung und der Kolonialisierung stand. Doch wie kann man diese Entwicklungen operationalisieren? Welche Priorität sollen wir welchem historischen Paradigma beimessen?

Drei Ansätze zur Untersuchung der Nationenbildung scheinen mir besonders vielversprechend, da sie, wie an späterer Stelle im Detail gezeigt werden soll (Kapitel II ›Vom Staat zur Nation‹), die verschiedenen Dimensionen der Nation am treffendsten reflektieren.[69] Sie beziehen materielle und ideelle Erklärungsansätze mit ein, rekurrieren also zur Analyse der Nationenbildung sowohl auf Dynamiken in der Polit-Ökonomie als auch auf kulturelle Entwicklungen. Dies aber nicht in einer simplen Konfrontation zweier sich gegenüber stehender Ansätze, sondern in einer triangulierenden Analyse. Während der Fokus der Kategorie *Handel & Macht* also auf ökonomisch-politischen Entwicklungen liegt, die die Rolle des Staates durch den Außenhandel ebenso wie durch die neu entstehenden politischen Machtansprüche bestimmter sozialer Gruppen restrukturierten, stützt sich der Ansatz *Kommunikation & Technologie* auf im Rahmen der Nationalismusforschung gebildete Theorien, die die Bedeutung der Industrialisierung und der technologischen Innovation für die Entstehung nationaler Gemeinschaften hervorheben. Die kulturalistische Perspektive (*Gesellschaft & Gedächtnis*) nimmt vereinend Argumentationsstränge aus der Soziologie, den Geschichtswissenschaften und den Kulturwissenschaften auf, um die Nationenbildung mit der Entstehung eines kollektiven nationalen Gedächtnisses und der Erfindung historischer Kontinuität und Gleichzeitigkeit erklärbar zu machen.

---

69 In den Sozialwissenschaften hat sich seit geraumer Zeit die Methode des Vergleichs etabliert. Bereits Montesquieu und Tocqueville, Marx und Weber erkannten ihren Wert vor allem darin, Eigenschaften des Betrachtungsgegenstandes im Kontrast besser verstehen zu können. Als Leitspruch für diese Vorgehensweise könnte auch Rudyard Kiplings berühmte rhetorische Frage gelten: ›And what should they know of England who only England know?‹ Eine ergänzende Gegenüberstellung der verschiedenen Forschungsdisziplinen lässt sich am vielversprechendsten mit dem Ansatz der Triangulation erzielen, der hier als Vorbild für die Dreiteilung der Blickwinkel dient. In den späten 1950er und frühen 1960er Jahren wurde die Triangulation in methodologischer und metaphorischer Analogie aus der Geodäsie in die Sozialwissenschaften übertragen. Als konzeptuelles Modell umfasst sie eine Betrachtungsweise aus zwei oder mehr Blickwinkeln, um mittels der Sammlung und Kontrastierung von Inhalten, die aus unterschiedlichen Quellen stammen und mit unterschiedlichen Methoden gewonnen wurden, die Wahrscheinlichkeit einer verfehlten Interpretation zu reduzieren. Zum vollständigeren Verständnis des wissenschaftlichen Gegenstands erlaubt die Triangulation eine Kombination wissenschaftlicher Ansätze, die eine Vielzahl unterschiedlicher quantitativer und qualitativer Methoden komplementär anwenden; hierzu Berg 2004 und Flick 2004.

Diese drei Perspektiven werden im Hauptteil mit Blick auf die einzelnen Nationen in Zusammenhang gebracht. Die verschiedenen Ansätze ergänzen sich und tragen zu einem umfassenderen Verständnis des Nationenbildungsprozesses bei. Zum einen durch die Vermeidung eines rein materialistischen oder ideell-kulturalistischen Erklärungsansatzes. Zum anderen durch die Umgehung einer nicht minder vereinfachenden und der Komplexität der Prozesse nicht gerecht werdenden dialektischen Darstellungsweise. Während Handel und Macht also als Antriebsfeder staatlicher Expansion und territorialer Konsolidierung interpretiert werden, sind es erst die neuen Kommunikationsmedien und die Industrialisierung des 19. Jahrhunderts, die – weder kulturell noch materialistisch im eigentlichen Sinne – eine Neudimensionierung des nationalen Projekts herbeiführten: weiter durch die Tragweite nationaler Inhalte über fernere Distanzen und tiefer durch die Absorption immer breiterer Bevölkerungsschichten in staatlichen Bildungsanstalten und städtischen Zentren im Zuge der Industrialisierung. Letztlich waren eine gewisse kulturelle Haftung, die manche Mythen in bestimmten Kontexten über andere erhob, und die Plausibilität von Herkunfts-Narrativen in einem spezifischen politisch-kulturellem Umfeld weder an den kapitalistischen Akkumulationsprozess gebunden noch waren sie eine mechanische Anpassung an neue Produktionsprozesse. Um die Nationenbildung zu verstehen, bedarf es also diesbezüglich einer eigenen Kategorie, die den kulturellen Dynamiken des kollektiven Gedächtnisses Rechnung trägt. Mit der Klärung dieser inhaltlichen und methodologischen Fragen können wir uns nun den einzelnen Fallbeispielen zuwenden.

Kapitel II

Vom Staat zur Nation
Nationenbildung in England und Frankreich

> Bei dem nächsten Besuche führte mein Gelehrter mich in ein besonderes Zimmer. »Hier erblicken Sie die Bücher der neueren Geschichte,« sagte er mir. [...] »Dort stehen die Bücher, welche über den Verfall des furchtbaren römischen Weltreiches geschrieben worden sind, das sich aus den Trümmern so vieler Monarchien gebildet hatte und aus dessen Sturz so viele neue entsprangen. Eine unzählige Menge barbarischer Völker, eben so unbekannt wie die Länder, in denen sie gewohnt hatten, erschienen plötzlich, überschwemmten, verheerten und zerstückelten es, und gründeten all' jene Reiche, welche sie heutzutage in Europa erblicken.«
>
> *Rica* im 136. Brief, Montesquieu 1721[1]

In seinem anonym in Amsterdam veröffentlichten Briefroman ›Lettres Persanes‹ beschreibt Montesquieu die politische Lage Europas im beginnenden 18. Jahrhundert. Die Persischen Briefe schildern Kriege und Bündnisse, Wirtschafts- und Gesellschaftsformen, die den Nährboden der entstehenden Nationen und Nationalstaaten bilden. Das Europa, in das Usbek und Rica, Montesquieus fiktive Perser, zu Anfang des 18. Jahrhunderts einreisten, befand sich in einer Phase des grundlegenden Wandels. Nachdem der Westfälische Frieden 1648 in Osnabrück und Münster den Dreißigjährigen Krieg beendet hatte, zerfiel im Verlauf des 17. Jahrhunderts die mittelalterliche Feudalordnung zusehends zugunsten einer Stärkung der Zentral- bzw. Territorialstaaten. In Frankreich entwickelte sich der von Colbert zur Erhöhung der Staatseinnahmen eingeführte Merkantilismus schnell zur weit verbreiteten Wirtschaftsform und stützte auf politischer Ebene den Absolutismus, der sich zur typischen Regierungsform ausbildete.[2] Die mächtigsten Staaten Europas unterstanden den Königen Frankreichs, Spaniens und Englands, die nach der Expansion ihrer Imperien trachteten. Die territoriale Zersplitterung des ›Heiligen Römischen Reiches deutscher Nation‹ bzw. Italiens hingegen lieferte beide Länder dem Wohlwollen einer Vielzahl mehr oder minder einflussreicher Fürsten aus, wodurch merkantilistisch-imperiale Gebaren ein Stück weit eingeschränkt wurden.[3]

---

1 Stern 1866, 250. Man beachte auch bei Montesquieu die Nostalgisierung des ›freien‹ Naturzustands.

2 Wagner 1968, 105 f.

3 Montesquieu 1973, 235. Der spanische Erbfolgekrieg endete 1713/1714 mit dem Friedensschluss Frankreichs mit England und Österreich; Spaniens Erbmasse wurde geteilt. Während Philipp V. die spanische Krone behielt, musste er auf sein Erbe in Frankreich verzichten. Darüber hinaus trat Frankreich Neufundland und Akadien an England ab, die österreichischen Habsburger erhielten den Machtanspruch in den Niederlanden und in den italienischen Besitzungen; Babel 2008, 426. Aus der Konfrontation zwischen dem französischen Königshaus und der Koalition aus Kaiser und Reich, Niederlanden, Großbritannien, Preußen und Savoyen ging letztlich niemand als Sieger hervor. Das durch den Frieden von

Dass Montesquieus Wahl für das Herkunftsland seiner Protagonisten auf Persien fiel, war keineswegs ein Zufall. Persien diente den *Philosophes* in Frankreich, aber auch den schottischen Aufklärern als Fremdbild zum eigenen Gesellschaftszustand. Galt Persien Montesquieu vor allem als despotische Tyrannei – die Regierungsform, die er in seinem ›Esprit des Lois‹ am geringsten schätzte –, so diente es in den ›Lettres Persanes‹ als Kontrastfolie zu dem von ihm und anderen europäischen Denkern als Vorbild verstandenen England mit seinen als fortschrittlich erachteten politischen Idealen und Institutionen. Durch die Form des fiktiven Briefromans ließ sich von Montesquieu eine Fremdperspektive auf Europa konstruieren, die einen kritischen Blick auf Europas Gesellschaften erlaubte – und Zensoren den Wind aus den Segeln nehmen sollte. Dabei verlor aber Montesquieus beißende Kritik an Frankreich oder an der Kirche keineswegs an Schärfe. Den scheinbar naiven Rica lässt er in einem Brief an Abben (24. Brief) schreiben:

> Der König von Frankreich ist der mächtigste Fürst Europas. [...] Übrigens ist dieser König ein großer Zauberer; er übt seine Herrschaft selbst über den Geist seiner Unterthanen aus; er zwingt sie zu denken, wie er will. Hat er nur eine Million Thaler in seinem Schatze und bedarf deren zwei, so braucht er sie nur zu bereden, daß ein Thaler zwei gilt, und sie glauben es. [...] Ja, er geht so weit, ihnen weiß zu machen, daß er durch seine Berührung alle Arten von Krankheiten heilen könne, so groß ist die Macht und Gewalt, welche er über ihre Geister ausübt.[4]

Die Heilung durch Auflegen der Hand und die Darstellung des Königs als Thaumaturgen, die Montesquieu hier beschreibt, hat eine Tradition in Frankreich und England, die in das frühe 11. Jahrhundert zurückreicht. Die Legendenbildung um diese Wunderkräfte des Königs, der mit bloßer Berührung seiner Hand Skrofulose (Gesichtstuberkulose) heilen könne, diente zur Untermauerung seiner gottgewollten Machtausübung im Absolutismus.[5] Das Zerbröckeln der göttlichen Ordnung im Zeitalter der Aufklärung ließ neben der Unterwanderung der königlichen Autorität auch eine Kritik an zuvor nicht hinterfragten Ritualen in der Kirche zu. Rica schreibt im selben Brief:

> Was ich von diesem Fürsten [dem König Frankreichs] erzähle, darf Dich nicht sehr verwundern, denn es giebt noch einen andern Zauberer, der weit mächtiger ist als er, und nicht minder seinen Geist, als den aller Uebrigen beherrscht. Dieser Zauberer nennt sich Papst. Bald zwingt er ihn, zu glauben, daß Drei nicht mehr sei, als Eins; bald wieder, daß das Brod, welches man ißt, nicht Brod, und der Wein, welchen man trinkt, nicht Wein sei, und hundert andere Dinge dieser Art.[6]

Utrecht 1713 erreichte Gleichgewicht der europäischen Mächte sollte Europa jedoch bis zum Ersten Weltkrieg prägen; Schulze/Paul 1994, 164 f. Darüber hinaus konnten die frankophonen Siedler in Nordamerika bereits erahnen, wie es um das zukünftige Herrschaftsgefüge stand, dem sie sich zwangsläufig unterstellen mussten.

4 Stern 1866, 46 f.

5 Hinrichs 2000, 155. Vgl. hierzu vor allem Marc Blochs klassische Studie ›Les rois thaumaturges: Étude sur le caractère surnaturel attribué à la puissance royale particulièrement en France et en Angleterre‹ (Paris: Istra, 1924); in deutscher Übersetzung ›Die wundertätigen Könige‹ (München: C.H. Beck, 2001).

6 Stern 1866, 46 f.

Mit dem Blick des Fremden – den Montesquieu als Finte für seine direkte Kritik am Absolutismus und an den kirchlichen Hierarchien konstruiert – gerät im Europa des 17. Jahrhunderts auch das feudale Weltbild aus den Fugen. Dies war nicht allein das Resultat der europäischen Wahrnehmung Persiens. Im Zeitalter der Kolonialisierung stieß auch der Kontakt mit ›Fremden‹ aus der Neuen Welt tiefergehende Reflexionen über das Eigene an. Die Begegnung mit ›Wilden‹ in Nordamerika warf Fragen über das Selbstverständnis der eigenen ›zivilisierten Gesellschaft‹ auf. Althergebrachte Traditionen wie beispielsweise das paternalistische Familienbild, das sich in der Struktur der Politik widerspiegelte, wurden in Zweifel gezogen, da diese und andere Hierarchien nicht mehr als einzig legitime Modelle der Lebensführung gelten konnten.[7] Anders ausgedrückt: Der Unterschied zu anderen Gesellschaften – den man in den kolonialen Eroberungsfeldzügen zu erkennen glaubte – veranlasste die Frage nach der Gleichheit innerhalb der eigenen Gesellschaft, eine wichtige Frage auf dem Weg zu den Bürgerrevolutionen des 18. Jahrhunderts.

Auf andere, tiefgreifende gesellschaftliche Umwälzungen in Europa wie die Reformation, die wissenschaftliche Revolution und die ›Entdeckung des Ichs‹ in der Renaissance, die allesamt ebenso zur Unterwanderung nur durch Autorität oder Tradition legitimierter Hierarchien beitrugen, soll erst an gegebener Stelle eingegangen werden. Für den Moment sei nur betont, dass die Briefe Usbeks und Ricas historische Entwicklungen skizzieren, die für den Nationenbildungsprozess grundlegend waren. Mehr noch, sie kritisieren aktiv eine Gesellschaftsordnung, die nicht länger von allen akzeptiert werden kann. Während Montesquieu in seiner Kritik noch vor allem die Zentralisierung der Macht durch den absolutistischen Herrscher und seine merkantilistische Wirtschaftspolitik vor Augen hatte – wichtige Faktoren, auf die gleich eingegangen wird –, möchte ich mich in den darauf folgenden Abschnitten auf zwei weitere, für die Nationenbildung notwendige Entwicklungen des 18. und 19. Jahrhunderts konzentrieren: Das ist zum einen die Bildung größerer sozialer und kommunikativer Gruppen im Zuge der Technisierung des sich wandelnden Kapitalismus und der Industrialisierung sowie zweitens der kollektive Rückbezug von Gesellschaften auf eine gemeinsame Geschichte der Nation. Diese drei Blickwinkel fügen sich zu einem Mosaik zusammen, das den graduellen Wandel der Bevölkerung vom Staatsvolk hin zur Nation im modernen Sinne beschreibt.

---

7 Während diese Gleichsetzung familiärer und gesellschaftlicher Ordnung aus heutiger Perspektive befremdlich wirken mag, bleibt dieser Vergleich nach wie vor aktuell. In seinem jüngst erschienenen Buch ›The Sibling Effect. What the Bonds among Brothers and Sisters Reveal about Us‹ (2011) schreibt beispielsweise Jeffrey Kluger in unverkennbarer Analogie zur wirtschaftspolitischen Ideologie des freien Marktes. Kleine Geschwister, so Kluger, stünden in der ›Verteilung knapper Ressourcen‹ hinten an und müssten von einem frühen Alter an auf andere Weise als ihre anderen Geschwister um die Aufmerksamkeit ihrer Eltern buhlen. Älteste Geschwister seien im Gegensatz dazu ›sunk costs‹ – ›Istkosten der Vergangenheit‹. Das heißt, in dieses Kind seien bereits, vor seinen anderen Geschwistern, einige Jahre Investitionen getätigt worden, die, wie in einem Unternehmen, problemloser weitergetragen werden, als die zusätzlich anfallenden Kosten neuer Kinder. Aus dieser Argumentation geht natürlich eher die Übertragung wirtschafts-rationaler Denkmuster auf die Familie hervor als umgekehrt.

Handel und Macht

Administrative Zentralisierung – Das Konzept des souveränen Staates

Die Infragestellung des absoluten Monarchen als unumschränktem Herrscher war ironischerweise bereits im Konzept des souveränen Herrschers angelegt. Ironischerweise deshalb, weil Vordenker des Absolutismus wie Jean Bodin und Thomas Hobbes eigentlich die Rolle des Monarchen mit dem Konzept der Souveränität bestärken wollten. Gehen wir aber zunächst auf den historischen Kontext der Entstehung monarchischer Souveränität ein.

Souveränität, die höchste Gewaltbefugnis über ein Territorium, lässt sich am besten aus ihrer geschichtlichen und theoretischen Entwicklungsgeschichte heraus fassen. Zwar ähnelten England und Frankreich bereits um 1300 souveränen Staaten, doch spätestens mit dem Beginn der Reformation im Jahr 1517 war die in einer Instanz vereinigte Herrschaft über das Territorium in weite Ferne gerückt.[8] Selbst das enorme Habsburger-Reich Karls V. und dessen machtvolle Position innerhalb Europas war keineswegs eine lückenlos souveräne Herrschaft. Der Augsburger Religionsfrieden (1555) regelte zwar mit dem Diktum *cuius regio, eius religio* (wessen Land, dessen Religion) zunächst, dass der Fürst als Herrscher des Territoriums auch die Religion seiner Untertanen festlegte. Dieser Frieden war jedoch labil und so führten im 16. und 17. Jahrhundert ungelöste religiöse Machtansprüche an verschiedenen Orten Europas zu kriegerischen Auseinandersetzungen. Den historischen Schlusspunkt dieser gesellschaftlichen Entwicklung Europas von mittelalterlichen Lehnsfürstentümern zum souveränen Staatensystem setzte der Westfälische Friede von 1648, in dem die Loyalität zu einer irdischen Überinstanz, dem Staat, anderen Zugehörigkeiten wie der der Religion im Bereich des Weltlichen übergeordnet wurde. Sowohl in Frankreich als auch in England veranlassten vorangehende, ähnliche Umstände, wenn auch mit einer gewissen zeitlichen Verzögerung, die zwei Rechtsgelehrten Jean Bodin und Thomas Hobbes zur Artikulation des Souveränitätskonzeptes.[9]

Der Formulierung des Souveränitätsprinzips stand die Kirche nach der Reformation nicht weiter im Wege; im Gegenteil, die Religionskriege wirkten als Katalysator für

8 Vgl. hierzu Schulze 2000.

9 Wenn auch Bodin und Hobbes es waren, die die Souveränität als erste staatstheoretisch formulierten, so waren sie nicht deren alleinige ›Erfinder‹. Bernardo Machiavelli (~1429–1500) hatte vor ihnen die Stadtstaaten Italiens untersucht und war zu dem Schluss gekommen, der Fürst müsse seine Vormacht in seinem Territorium nutzen, sich dabei auch über ethische Normen hinwegsetzen und gar Gewalt anwenden, um die Ordnung innerhalb des Fürstentums aufrechtzuerhalten. Die Erhaltung des Staates um jeden Preis (*raison d'état*) als politische Handlungsmaxime hält den herrschenden Fürsten dazu an, unethisches Handeln um der staatlichen Einheit willen in Kauf zu nehmen. Auf seine Weise trug auch Martin Luther (1483–1546) zur Konsolidierung des Staats bei. Die Reformation schloss den weltlichen Besitz der katholischen Kirche aus. Ohne zu besteuernde und verteidigende Ländereien hatte sie damit keine Legitimität, politische und wirtschaftliche Macht auszuüben, womit die Fürstentümer an ihre Stelle treten konnten; siehe Stanford Encyclopedia of Philosophy 2003.

die Notwendigkeit souveräner Staaten. Nicht zuletzt bedurfte die Aufstellung militärischer Heere zum Führen der religiös motivierten Kriege eines Staatsapparates, den sie im Gegenzug festigten. Zerrüttet von einem Bürgerkrieg zwischen kalvinistischen Protestanten (Hugenotten) und der katholischen Monarchie bedurfte es auch im französischen Kontext einer politischen Einheit, die die individuellen Loyalitäten neu in sich bündeln konnte und jenseits des religiösen Eifers stand. Die seit der Reformation in Europa tobenden Religionskriege, so auch die Einsicht Jean Bodins, konnten erst mit einer den religiösen Loyalitäten übergeordneten Instanz, dem souveränen Staat, beendet werden.[10]

In seinem 1576 erschienenen Werk ›Les Six Livres de la République‹[11] definiert Jean Bodin den Staat als eine »dem Recht gemäß geführte, mit souveräner Gewalt ausgestattete Regierung einer Vielzahl von Familien und dessen, was ihnen gemeinsam ist.«[12] Was den Staat von »Räuberbanden oder Piratenhorden« abhebt, sei seine »rechte Regierung gemäß den Gesetzen der Natur« und seine ihn konstituierenden drei Grundeinheiten: »Familie, Souveränität, gemeinsame Dinge«.[13] Mit ›Recht‹ meinte Bodin also etwas sehr Bestimmtes. Es war nicht die Souveränität, die den König vom Tyrannen unterscheidet, sondern das moralische Prinzip, sich an das Gottes- und Naturgesetz zu halten. Dieses System fußte auf einer Art Pakt zwischen Regierten und Regierenden, in dem die Idee der »Protektion« entscheidend ist. Während sich der Fürst verpflichtete, »die Sicherheit seiner Untertanen, ihres Besitzes und ihrer Familien mit Waffengewalt und Gesetzeskraft zu gewährleisten«, schuldeten die Untertanen[14] ihm im Gegenzug »Treue, Unterwerfung, Gehorsam, Hilfe und Beistand.«[15] Souveränität darf hier – auch mit Blick auf die verwirrende Redewendung der »Vielzahl von Familien« – nicht als rechtliche Selbstbestimmungsfähigkeit des Volkes missverstanden werden. Sie beinhaltet ausschließlich »die absolute und dauernde Gewalt eines Staates«, die »höchste Befehlsgewalt« eines Fürsten oder Königs, des Souveräns, der »allein Gott als größeren über sich anerkennt.«[16] Dabei ist der König, Souverän auf Lebenszeit, (selbstverständlich) seinen eigenen Gesetzen und denen seiner Vorgänger nicht unterworfen und auch die Verträge, die er mit seinen Untertanen abschließt, kann er willkürlich aufkündigen. Gesetze und Ordonnanzen endeten laut Bodin dementsprechend mit den Worten: »Car

10 Die religiöse Homogenisierung der Bevölkerung im Zuge der Religionskriege, so viel sei ergänzend gesagt, formte auch die Grundlage für die Wahrnehmung einer Ethnie, die später als ›nationales‹ Charakteristikum gedeutet werden konnte.

11 Die deutsche Übersetzung ›Sechs Bücher über den Staat‹, und die englische Version ›The Six Books of the Commonwealth‹ machen deutlich, dass es sich bei der »République« nicht um die Republik im modernen Sinne, sondern um die »res publica«, also um das institutionalisierte öffentliche Gut handelt.

12 Bodin 2005, 8.

13 Ebd., 9.

14 Bürger sind Einheimische (die innerhalb des Staats geboren wurden, »wobei beide Eltern oder nur ein Elternteil ebenfalls Bürger sind«; vgl. Bodin 2005, 16), Naturalisierte (»vom Souverän als Untertan aufgenommen«, ebd., 16) und freigelassene Sklaven (ebd., 16). Jean Bodin ist überzeugt, dass der Souverän das Recht des Einzelnen auf Privatbesitz nicht ohne guten Grund antasten sollte, während für Hobbes das Eigentum selbst, ebenso wie jegliches Recht, dem Willen des souveränen Herrschers unterliegt; vgl. hierzu Dunning 2008, 95.

15 Bodin 2005, 17.

16 Ebd., 19 f.

tel est nostre plaisir.«[17] So war der absolutistische Herrscher niemandem verpflichtet als den Natur- und Gottesgesetzen, doch »das Wort eines Fürsten gleicht einem göttlichen Ausspruch«; was im Umkehrschluss bedeutete, dass sein Herrschaftsanspruch nur durch seinen eigenen Tod delegitimiert wurde.

Die historische Situation zur Erscheinung des ›Leviathan‹[18] des englischen Philosophen Thomas Hobbes im Jahre 1651 ähnelte der Lage zu Zeiten Bodins 60 Jahre zuvor. Der englische Bürgerkrieg von 1642–1649 war ebenso auch eine Konfrontation zwischen verschiedenen Glaubensströmungen – zwischen Katholiken, Anglikanern, Puritanern und Presbyterianern. Dabei standen die kriegerischen Schauplätze den Gräueltaten der Bartholomäusnacht in nichts nach.[19] Thomas Hobbes' Theorie unterscheidet sich jedoch von Bodins Analyse in ihrer Grundannahme zur Entstehung des Staates. Aus einem Naturzustand der Anarchie – man beachte die Gegenüberstellung von Natur und Gesellschaft, die auch viele andere europäische Denker beschäftigte – in dem jeder Mensch dem anderen ein Wolf sei, übertrage das Individuum in einem Gesellschaftsvertrag seine Rechte auf den höhergestellten Leviathan, der den Staat verkörpernd über dem Gesetz und sogar über jedem natürlichen und göttlichen Recht stehe. Alles Gesetz entspringe also einzig dem Willen des souveränen Herrschers.[20] Legitimiert werde er letztendlich durch die Angst der Individuen untereinander und durch deren Selbsterhaltungstrieb in einem »Krieg aller gegen alle«.[21]

Während Bodin die Berechtigung des Souveräns also aus der historisch dynamischen Entwicklung der Kriege, aus Unterwerfungen und Versklavungen ableitet, ist sie bei Hobbes das Resultat einer symbolischen und individuellen Willenshandlung.[22] Aber wir können im Übergang von Bodin zu Hobbes neben der Abstrahierung auch einen weiteren – subtilen, aber entscheidenden – epistemologischen Wandel erkennen, nämlich die Lösung des Souveränitätskonzeptes von der Person des Monarchen. Dessen Funktion als souveräner Herrscher konnte theoretisch nämlich auch vom Staatsapparat selbst erfüllt werden, war also nicht unmittelbar an eine Staatsform oder eine Person gebunden.[23] Ironisch war an dieser Situation also, dass zwar im historischen Kontext des entstehenden Souveränitätskonzepts der Monarch gerade die Rolle des Leviathans

17 Bodin 2005, 26. Bodins Befürwortung des Absolutismus und auch seine Rechtfertigung patriarchalischer Familienkonstellationen (die für ihn eine Art Mikrokosmos des absolutistischen Staats ausmachen) sind ein Spiegelbild seiner gesellschaftlichen Wirklichkeit. Bodins Abhandlung zum Prinzip der Souveränität ist die erste systematische Analyse ihrer Art in der modernen europäischen Philosophie; vgl. Stanford Encyclopedia 2003.

18 Der Leviathan, ein Seeungeheuer aus der biblischen Mythologie, stand metaphorisch auch für die herausragende Bedeutung der Seemacht Englands. Ich danke Craig Calhoun für diesen Hinweis.

19 Dunning 2008, 87.

20 Vgl. Stanford Encyclopedia 2003.

21 Dunning 2008, 99 f.

22 Vgl. Bodin 2005, 15.

23 Ich danke Craig Calhoun für diesen Hinweis. Wie auch andere Denker der Aufklärung stellte Thomas Paine (1736/37–1809) im 18. Jahrhundert das göttliche Recht des Königs auf seine gesellschaftliche Macht in Frage. Mit Blick auf die Eroberungsfeldzüge Wilhelms des Eroberers im 11. Jahrhundert argumentierte Paine in seinem 1776 erschienenen Werk ›Common Sense‹: »A French bastard landing with an armed Banditti and establishing himself king of England against the consent of the natives, is in plain terms a very paltry rascally original. It certainly hath no divinity in it.« Paine zitiert in Zinn 2005, 69.

erfüllte – was auch die Absicht Hobbes gewesen war. Die Formulierung und Umformung des Konzepts der Souveränität konkretisierte damit die Machtansprüche des absolutistischen Herrschers. Sie war aber zugleich die Grundlage für das entstehende Konzept der Volkssouveränität, welches von Denkern wie Rousseau, Montesquieu und Locke aufgegriffen werden konnte, um aus ihm heraus Forderungen nach Freiheit und Gleichheit zu postulieren.

Jene Forderungen konnten im französischen und englischen Kontext gemäß den administrativen und politischen Gegebenheiten aus mehreren Gründen zu verschiedenen historischen Zeitpunkten unterschiedlich umgesetzt werden. Die Wechselwirkungen zwischen diesen beiden Gesellschaften ebenso wie die (auch zeitlichen) Unterschiedlichkeiten nahmen Einfluss auf die Nationenbildung in Europa und Nordamerika, wie wir im Folgenden sehen werden.

Sonderfall England

Die Entstehung der modernen Nationen wird aus heutiger Perspektive von vielen Autoren im England des 17. und 18. Jahrhunderts verortet.[24] Von dort aus, so das Argument, verbreitete sich das von den jeweiligen territorialen, historischen, kulturellen und wirtschaftlichen Vorbedingungen geprägte Konzept auf Kontinentaleuropa sowie durch die europäische Kolonialisierung und andere Kontaktformen auf andere Kontinente.

Einige wichtige Einschränkungen sollten hier jedoch getroffen werden. Zum einen muss man hervorheben, dass in England *und* Frankreich bereits im Spätmittelalter zur Legitimation der Machtverhältnisse auf die Nation rekurriert wurde, allerdings nur von bestimmten Schichten wie dem Adel und dem Klerus. Die Verwendung des Begriffes selbst ist also keinem Land allein zuzuordnen. Wichtiger ist aber, dass die Nation zu diesem Zeitpunkt nie die Gesamtheit des Volkes einschloss, sondern nur jene Bevölkerungsschichten, die »nationales Bewusstsein entwickelt hatten«, um dieses in »soziale Aktion« umzusetzen.[25] Sie diente also zur Machtlegitimation der führenden Aristokratie. In diesem Kontext bildeten sich zweifelsohne bereits erste heroische Symbolfiguren heraus, auf die im 18. und 19. Jahrhundert mit nationalem Blick zurückgegriffen werden konnte – aber eben erst im Nachhinein. Wie wir bereits an anderer Stelle betont haben, war es erst der Aufstieg des Bürgertums, der dem Nationenbegriff seine moderne Wendung brachte. Die Nation bezog sich nun nicht mehr ausschließlich auf die aristokratischen Führungsschichten, sondern wurde auf das (bürgerliche) Volk als neuem Souveränitätsträger ausgeweitet.[26] Das heißt im Umkehrschluss, dass die Nation also nicht in England ›entstanden‹ ist, sondern sich dort die Bedeutung des Begriffes nur früher verschoben hat als anderswo. Dies festzustellen ist insofern wichtig, als dort durch das Ventil des frühen englischen Parlamentarismus tiefergreifenden gesellschaftlichen Umbrüchen vorgebeugt wurde und die Monarchie somit als konstitutionelle Monarchie intakt bleiben konnte.

Vielleicht sollten wir zunächst einen Schritt zurückgehen und uns ansehen, wie es dazu kam, dass England sich vergleichsweise früh als Gemeinschaft wahrnehmen

---

24 Vgl. beispielsweise Greenfeld 2003, 8 sowie ebd., Kapitel 1.
25 Dann 1986, 8.
26 Vgl. ebd., 9.

konnte. England war dem restlichen Europa auf dem Weg zur modernen Nation zwei Schritte voraus. Zum einen führten Kriege mit kontinentaleuropäischen Armeen vor allem während des Hundertjährigen Krieges (1337–1453) mit Frankreich zu einem Abgrenzungsmoment, was freilich nicht minder auf Frankreich zutraf. Zum anderen aber unterstrich die insulare Abgelegenheit – nach dem Verlust der englischen Besitzungen in Frankreich – eine territoriale Unterschiedlichkeit, die die Vorstellung eines ›Vaterlandes‹ begünstigte und die eine frühe Zentralisierung der staatlichen Gewalt vereinfachte. In Frankreich, wo die zahlenmäßig größere Bevölkerung verschiedensten äußeren Einflüssen ausgesetzt war, konnte sich ein solches Konzept erst bedeutend später durchsetzen. Auch die administrative Zentralisierung verlief dort weniger geradlinig, wie an späterer Stelle dargelegt wird.

Doch auch andere Entwicklungen trugen zur Sonderstellung Englands bei. Bereits der Bruch Heinrichs VIII. (1502–1547)[27] mit Rom durch die am 3. November 1534 im Parlament durchgesetzte Suprematsakte und die damit verbundene Anerkennung des Königs als »supreme head in earth of the Church of England« bekräftigte endgültig den Aufbruch in die Moderne. Damit entstand das Konzept einer souveränen Staatshandlung schon deutlich vor dem Westfälischen Frieden.[28] Die Souveränität der englischen Monarchen ging einher mit einer frühzeitigen administrativen und machtpolitischen Zentralisierung, wodurch ein Gefühl der Zusammengehörigkeit in England bereits im frühen 17. Jahrhundert größere Verbreitung finden konnte. Auch die Tatsache, dass der Feudalismus auf der Insel eine weniger zersetzende Wirkung hatte als auf dem Kontinent, führte zu einem gesamtheitlicheren Staatsverständnis, innerhalb dessen die lokalen Gemeinden einen gewissen loyalen Bezug zueinander entwickeln konnten.[29] Ferner ist für den relativ frühen Nationenbildungsprozess Englands der im europäischen Vergleich verfrühte Aufstieg des englischen Bürgertums zu nennen, der von diesen Entwicklungen begünstigt wurde und neuen Forderungen gegenüber der Monarchie Auftrieb gab.

In seinem Werk ›Two Treatises of Government‹ (1690) formulierte und verteidigte John Locke das Recht des Volkes auf Souveränität und forderte im selben Jahr mit seinen ›Letters of Toleration‹ die Religionsfreiheit in England.[30] Nicht zuletzt legte Locke den Grundstein für einen liberalen Nationalismus englischer Machart, der, basierend auf einem funktionierenden Rechtssystem, mit der englischen Revolution von 1688 aufkam. Wilhelm von Oranien, der 1688, als er in England einfiel, von den Engländern mit offenen Armen empfangen wurde, vertrieb in der Glorious Revolution König Jakob II. (1685–1701) nach Frankreich in den Schutz Ludwigs XIV. (1643–1715) und wurde 1689 selbst zum Monarchen Englands ernannt. In der darauf vom Parlament erlassenen Bill of Rights wurde die königliche Macht erheblich eingeschränkt. Die Ernennung eines Königs bedurfte nun der Zustimmung des Parlaments, was die Bevölke-

27 Herrschernamen sind im Gegensatz zu den Namen anderer historischer Persönlichkeiten nicht mit ihrem Geburtsdatum, sondern mit dem Jahr ihres Regierungsantritts versehen.

28 Motyl 2001b, 143; Gelfert findet den Beginn der Moderne in England (auch) nicht im Jahre »1492 mit der Entdeckung Amerikas, sondern sieben Jahre früher auf dem Schlachtfeld von Bosworth, wo Heinrich Richmond am 22. August 1485 Richard III. besiegte und mit seiner Thronbesteigung die neue Dynastie der Tudors begründete.« Gelfert 1997, 53.

29 Snyder 1990, XV.

30 Vgl. ebd., XVIII.

rung der politischen Mitbestimmung einen entscheidenden Schritt näher brachte.[31] Das unvergleichbare Maß an Volkssouveränität im England des späten 17. Jahrhunderts, wie auch das Bewusstsein einer gemeinsamen Sprache, Kultur und Geschichte – Punkte, die wir im folgenden Abschnitt genauer betrachten – legen nahe, dass die englische Nation sich begrifflich bereits zu diesem frühen Zeitpunkt nicht mehr ausschließlich auf die Oberschicht bezog, sondern den Zugang anderer Bevölkerungsschichten einschloss.

Die englische Monarchie hatte eine zentralisierte Regierungsform bereits in der Frühmoderne auf Wales und ab 1707 mit dem *Act of Union* auf Schottland ausgeweitet. Zudem war das Parlament nun an der Steuerung der administrativen Zentralisierung beteiligt. So konnte es auch im Bürgerkrieg zur einzigen Institution avancieren, mittels derer Protest gegenüber der Monarchie geäußert wurde – daher auch die enge Bindung des englischen Nationalkonzepts an den Parlamentarismus. Das spezifisch Englische gewann die englische Gesellschaft aus der Opposition zum absolutistischen und katholischen Kontinent.[32] Das steigende Ausmaß an kriegerischen Auseinandersetzungen innerhalb Europas und auch jenseits des Kontinents sowie die hiermit zusammenhängende Bildung eines Empires half, schottische und walisische Eliten im 18. Jahrhundert in die Führungseliten eines *britischen* Nationalprojekts zu integrieren. Mit anderen Worten war von frühem Anbeginn die Idee der englischen Nation an den Erfolg des britischen Empires gekoppelt und damit an dessen Kolonialisierungsstrategien in Übersee. Die nationale Abgrenzung wurde in diesem Kontext auch durch anti-spanische und später anti-französische Ressentiments verstärkt – also gegenüber Staaten, die sich im kolonialen Wettstreit mit dem Empire befanden.[33]

Das Parlament als Relaisstation eines frühnationalen Aufbegehrens in England setzte jedoch auch Grenzen. Der Protest verlief innerhalb des Systems, formulierte keine Alternative zur Monarchie und brachte daher keinen völligen Umsturz der Regierungsform und des Machtzugangs. Der nationale Gedanke war außerdem gebunden an Grundbesitz und eingeschränkte Partizipation. Die Ausweitung der Wählerschaft in der Glorious Revolution legitimierte graduell die Nation, die sich als ein Gleichgewicht zwischen parlamentarischer und königlicher Macht verstand. In welchem Grad die frühe (teilweise) Demokratisierung Englands daher Teil späterer Legendenbildung oder historische Tatsache ist, soll uns in diesem Kontext aber weniger interessieren. Wichtiger ist die mit diesen historischen Dynamiken einhergehende Formulierung demokratisch-nationaler Ideale, die von Denkern in anderen Gesellschaften aufgegriffen worden sind – und dort in anderer Form umgesetzt wurden.

Es ist wenig verwunderlich, dass der demokratische Geist Englands im aufgehenden Zeitalter der Aufklärung auch jenseits des Kanals Anklang fand und die Philosophes in Frankreich beflügelte – zumal die Geisteseliten der beiden Länder in einer Art intellektuellen Aristokratie miteinander im Austausch standen. Auch in Frankreich nahm man Verschiedenheiten zwischen den Engländern und Kontinentaleuropäern wahr. Laut Montesquieu unterscheide die Engländer vor allem ihre ungeduldige Natur, die ihrem König wenig Raum zur Machtentfaltung ließe. So schrieb er in seinen bereits an frühe-

---

31 Hines 1999.

32 Vgl. hierzu Colley 1992, die argumentiert, dass die Selbstdefinition der ›Britons‹ als ein Volk nicht aus einem politischen oder kulturellen Konsensus entstand, sondern vielmehr aus einem Abgrenzungsmoment zu fremden Einflüssen von jenseits der Inseln.

33 Vgl. Breuilly 1993, 84 f.

rer Stelle zitierten Persischen Briefen, Engländer seien nicht im Geringsten unterwürfig oder folgsam.[34] Angelehnt an seine Klimatheorie führte Montesquieu diese »ungeduldige Stimmung« auf das Inselklima zurück, das in ihnen den Spleen, die Melancholie und eine ständige Besorgtheit auslöse.[35] Sie äußere sich in Form einer regen Wachsamkeit gegenüber dem Herrscher. Denn obgleich der englische Staat auf der Freiheit seiner Individuen und auf deren Vaterlandsliebe fuße, so sei dem Gehorsam die Grundlage entzogen, sollte ein Herrscher seine Macht missbrauchen und seinen Subjekten unzumutbare Lasten aufbürden.[36] In diesem Falle würde der Einzelne seine »liberté naturelle« zurückerlangen, da das englische Volk laut Montesquieu von der Grundannahme ausginge, dass keine Macht legitim sein könne, solange sie uneingeschränkt sei.[37]

Man könnte also durchaus argumentieren, dass Montesquieu, aber auch andere kontinentale Beobachter, gewissermaßen eine frühe Mythenbildung um den Zustand der Demokratie in England betrieben. Dies aber nicht aus blinder Bewunderung, sondern um die Staatsform der eigenen Gesellschaft an den Pranger zu stellen. Die Freiheit diente als Schlüsselkonzept dieser Kritik und wurde von Montesquieu wie folgt erklärt: Die insulare Abgeschiedenheit und die damit einhergehende weitgehende Sicherheit vor kriegerischen Übergriffen benachbarter Staaten sah auch er als einen begünstigenden Faktor für das englische Verständnis von Freiheit. Aber nicht nur die ›natürlichen‹, geographischen – und in dem Sinne unveränderlichen – Bedingungen, sondern auch die traditionsreiche Repräsentation des Volkes und dessen Beteiligung in Rechtsfragen und Regierungsgeschäften (*Common Law, Magna Carta*) waren in Montesquieus Augen Gründe für die politisch nachahmenswerte Situation in England. Darüber hinaus leisteten die englische Verfassung und die Fixierung der Gewaltenteilung gepaart mit einem Rechtssystem außerhalb des Regierungseinflusses – Institutionen wie sie Montesquieu auch in seinem ›Esprit des Lois‹ forderte – einen entscheidenden Beitrag zur Freiheit in England. Kurzum, die gesellschaftlichen und politischen Institutionen gewährleisteten einen Grad an bürgerlicher Freiheit, der von Menschen gemacht war und den Montesquieu und die Philosophes daher in der Tat auch auf Frankreich übertragen wollten. Diesem Vorhaben liefen jedoch die Interessen der absolutistischen Monarchie diametral entgegen.[38]

---

34 Montesquieu 1973, 239.

35 Starobinski 1994, 115. Auch Bodin hatte, im Übrigen, ähnlich wie Montesquieu, die Staatsformen von den klimatischen Bedingungen abgeleitet.

36 Ebd., 118.

37 Montesquieu 1973, 239.

38 Grabb/Curtis 2005, 33 f. Montesquieu betrachtete zudem die Seeaktivitäten der Engländer als entscheidenden Faktor zur Verbreitung englischer Konzepte und Ideologien. Dies bezog er sowohl auf religiöse Traditionen aber auch auf die parlamentarische Regierungsform und jenes Prinzip der Freiheit. Wie auch Montesquieu leitete Max Weber aus der Isoliertheit der Insel ab, dass die mangelnde Furcht vor Invasionen und Krieg, sowie der Schutz vor autoritären Tendenzen aus Nachbarstaaten, eine Möglichkeit für England bot, sich früher als andere Staaten an einer kapitalistischen Marktwirtschaft zu versuchen; vgl. Grabb/Curtis 2005, 36. Weber war es auch, der den Protestantismus als dem Kapitalismus förderliche Wirtschaftsethik erkannte. Durch den Übertritt Heinrichs VIII. zur Reformation und seine Auflösung von Klöstern ab 1536 wurde das emporstrebende Bürgertum damit auf zweierlei Weisen gestärkt, zum einen durch ebenjene Eigenschaft des individualitätsbetonenden und dieseitsbezogenen Protestantismus und zum anderen durch die sich für reiche Bürger eröffnende Möglichkeit, durch den Erwerb von Grundbesitz (der ursprünglich den Klöstern

Staatsbildung Frankreichs

Der Staats- und Nationenbildungsprozess in Frankreich war nicht wie in England durch territoriale Abgeschiedenheit und die frühe Machteinschränkung des Königs begünstigt. Allerdings konnten die aufklärerischen Philosophes in ihren Argumenten für die Gleichheit des Menschen bereits auf das Konzept der englischen Bürger-Nation, die Glorious Revolution, auf den Parlamentarismus und die tragende Rolle des englischen Volkes verweisen. Die amerikanische Revolution und die Unabhängigkeitserklärung von 1776 hatten nicht minder Vorbildcharakter, so dass es Ende des 18. Jahrhunderts keineswegs an Inspiration mangelte. Zunächst sei erklärt, wie sich der französische Staat institutionell entwickelte. Dabei liegt das Hauptaugenmerk auf der Zentralisierung der Macht und der entstehenden Verwaltung, die systematisch den Machtausbau des Königs an sein wachsendes Königreich anpasste. Mit diesen formalen Strukturen entwickelte sich allmählich auch der Rahmen für ein gewisses Zusammengehörigkeitsgefühl innerhalb bestimmter Teile der Bevölkerung und damit die institutionellen Gegebenheiten für eine Machtübernahme der Bürger in einer Revolution, welche letzten Endes mangels einer Reformierung der absolutistischen Monarchie ausbrach.

Konsolidierung des französischen Territoriums und Zentralisierung der Macht

Obgleich Franz I. (1515–1547) mit dem Konkordat von Bologna im Jahre 1516 noch die Superiorität des Papstes anerkannte, vollendete er den Prozess zur Zentralisierung der Macht innerhalb Frankreichs. Gute 500 Jahre hatte damit der Weg von dem kleinen, aber als königliche Domäne anerkannten Herzogtum Francien, dem »duché de France« in der Île de France, zur expandierten territorialen Integrität Frankreichs und zur Fokussierung machtpolitischer Instrumente auf einen Monarchen gedauert.[39] Nicht nur vereinte Franz I. als unumschränkter weltlicher Herrscher das alleinige Recht der Gesetzgebung und -auslegung, sowie das Recht der Besteuerung und das ausschließliche Kriegs- und Münzrecht auf sich. Darüber hinaus unterstellte ihm das Konkordat von Bologna von 1516 auch organisatorisch die französische Kirche, ein erster Höhepunkt der »Gallikanismus« genannten französischen Form des Episkopalismus. Denn im Austausch für die Anerkennung des Papstes erhielt der französische König das Recht, ohne die Einflussnahme des katholischen Kirchenoberhauptes Bischöfe und Prälaten zu ernennen.[40] Franz I. gelang der »faktische Sieg des monarchischen Einheitswillens gegenüber der Feudalität und der römisch-päpstlichen Kirche.«[41]

Die institutionelle Grundlage für diese neue Machtposition des Königs, die die ersten absolutistischen Merkmale aufwies, hatten jedoch andere geschaffen – welche später wiederum, je nach politischer Dienlichkeit, als Gründungsahnen in das Pantheon der französischen Nation eingereiht werden konnten. Wenn wir uns die Hauptetappen

gehörte) den Anschluss an die Gentry zu finden; vgl. Gelfert 1997, 53.

39 Hintze 1989, 10. Nicht wenige sehen den Ursprung der französischen Nation bereits in diesen frühen Anfängen im 9./10. Jahrhundert; vgl. z. B. Weis 1986, 101; Rosenstock 1931.

40 Hintze 1989, 31.

41 Ebd., 31.

dieser Zentralisierung kurz vor Augen führen, wird deutlich, dass die Zusammenführung territorialer und administrativer Einheiten auch mit der allmählichen Entstehung einer französischen Gesellschaft einherging, die sich zunehmend nach außen hin von anderen Staaten und Staatsgebieten abgrenzen konnte. Zudem verdeutlicht der folgende knappe Abriss, dass die Entwicklung hin zur territorialen Integrität Frankreichs keineswegs linear verlief und in der Tat historische Zufälle zu dem beitrugen, was später rückwirkend als determinierte nationale Schicksalsfügung ausgelegt wurde.

Bereits Chlodwig (482–511) hatte durch seine Konversion zum römischen Christentum die Formung eines vereinheitlichenden Reichsgedankens begünstigt. Seine und die Taufe von 3.000 seiner Krieger in der Kathedrale von Reims erlaubte es »den herrschenden Klassen der fränkischen Krieger und der gallisch-römischen Großgrundbesitzer und Beamten«, untereinander zu heiraten.[42] Wenn sich sein Reich, das sich zum Zeitpunkt seines Todes im Jahre 511 von den Pyrenäen bis jenseits des Rheins erstreckte, durch die fränkische Tradition der Erbteilung auch zerstückelte, trug die Dynastie der Merowinger vor allen Dingen zu ebenjener Assimilierung der ethnischen Vielfalt, also zur Verschmelzung der Bräuche und Sitten von römischen Galliern und Franken bei.

Zur Zeit Hugo Capets (987–996) verstärkten sich zwei seit dem fränkischen Lehnswesen bestehende Arten des Vasallenstatus, die der gesellschaftlichen Ordnung von oben durch den König sowie von unten durch das Volk eine Form gaben. Die *Commendatio,* also ein Treueid eines Schwächeren (mit all seinen Gütern) gegenüber einem Stärkeren, der ihm im Gegenzug dafür Schutz für gewisse Dienstleistungen bot, schuf einen Teilaspekt der Beziehung zwischen Vasallen und Herrn. Mit dem *Benefizium* band der König oder Fürst »Krieger, Soldaten oder lokale Repräsentanten« dadurch an sich, indem er »ihnen Land zu Lehen« gab.[43] Die verstärkte Position des Adels äußerte sich in dessen Fähigkeit, sich in die Beziehung zwischen Vasallen und Herrn einzuschalten und damit als Oberherren die Funktion und den Machtanspruch des Königs zum eigenen Vorteil zu schmälern. Innerhalb einer agrarischen Gesellschaft mit territorial versprengten Einflussbereichen hatte sich die Machtordnung den wirtschaftlichen Gegebenheiten angepasst: Nur die unmittelbare Autorität konnte in der »Gestalt eines physisch vorhandenen Herrn« begriffen werden; »die abstrakten Ideen des Staates und der Monarchie«, wie sie in Rom vor- und im karolingischen Reich weitergedacht worden waren, verloren daher vorerst ihre Tragfähigkeit.[44] Doch Hugo Capet selbst verfügte in seiner *domaine royal* im Gebiet der Île de France über ein sehr kleines Territorium, auf dem im direkten Verhältnis zu seinen Vasallen keine weite-

42 Bertier de Sauvigny 1980, 40.

43 Ebd., 47. Auch dem von Karl dem Großen (768–814) wiederhergestellten und erweiterten Reich war in den seinem Tod folgenden Jahrhunderten ein ähnliches Schicksal beschieden. Besonders die zur Überwachung seines enormen Reiches eingeführten Königsboten, die so genannten *missi dominici,* bedeuteten eine politische Innovation, die die Stabilität einer solchen territorialen Ausdehnung erst ermöglichte. Neben der Teilung des Territoriums im Vertrag von Verdun (843) beschleunigten im 9. und 10. Jahrhundert die Normanneneinfälle an der Nordküste und interne Machtkämpfe den Zerfall der Reichseinheit. Die einheitliche, monarchische Staatsform löste sich in kleinere Herzogtümer und Grafschaften auf. Das neue Gesellschaftssystem, das der Feudalordnung, etablierte sich innerhalb der zerstückelten Territorien; vgl. Bertier de Sauvigny 1980, 47.

44 Ebd., 61.

ren Oberherren zwischengeschaltet waren.[45] Vor allem ein Trumpf bevorteilte ihn aber gegenüber anderen, größeren Fürstentümern. Die *sakrale Salbung* erhob ihn zu einem Erwählten Gottes, so dass »die Bischöfe und Klöster des ganzen Königreiches ihn als ihren natürlichen Beschützer und die großen Fürstenfamilien [...] in ihm einen höchsten Schiedsrichter« sahen.[46] Der konstante Machtausbau dieses kapetingischen Geschlechts über die folgenden Jahrhunderte ist, neben der königlichen Apotheose, nicht zuletzt auch auf die Abkehr der Kapetinger vom karolingischen Erbrecht zurückzuführen. Statt der Erbteilung und der damit verbundenen territorialen Zerstückelung etablierte sich mit Capet die sakrale Salbung des Nachfolgers noch zu Lebzeiten des Königs.[47]

Doch erst Philipp II. August (1180–1223) konnte eine föderale Staatenbildung mit ebenbürtigen und selbstständigen Territorialherren in der Schlacht bei Bouvines 1214 verhindern. Der Sieg gegen den »gefährlichsten Lehnträger«, den König von England und die Grafen von Boulogne und Flandern, bestätigte die Legitimität des frühen Machtzentrums der Île de France und unterstrich diese mit einer beträchtlichen territorialen Expansion um die Gebiete der Plantagenet (Normandie, Anjou, Touraine, Poitou, Saintonge und Aunis).[48] Der Sieg des französischen Königs führte damit nicht nur zu einer knappen Vervierfachung seines Reiches, sondern auch zu einem bemerkenswerten Prestigegewinn innerhalb der Bevölkerung.[49]

Im Nachgang zum Kreuzzug gegen die Albigenser (1209–1229) im Süden des Landes setzten die Unterwerfung des Grafens von Toulouse und der Friede von Lorris (1243) unter Ludwig IX. (1226–1270) den Vasallenaufständen ein Ende, so dass auch die Eroberung des okzitanischen Languedoc letztendlich mit einer »resignierte[n] Ruhe« gegenüber dem ›franzischen‹ Norden hingenommen werden musste.[50] Ferner vertiefte ›Saint Louis‹ die Institutionalisierung des königlichen Rechts durch die Schaffung eines Gerichts- und Rechnungshofs und veranlasste die Prägung königlicher Münzen, die zu einem festen Umtauschkurs zu anderen Münzen im ganzen Reich gültig waren.[51] Sein ihm nachgesagtes Streben nach »christlicher« Gerechtigkeit und Ordnung sowie insbesondere sein als märtyrerhaft empfundener Tod während des letzten Kreuzzugs im Jahre 1270 statteten die französische Krone mit einer religiösen Legitimität aus, die innerhalb Europas ihresgleichen suchte.[52] So war die Macht der kapetingischen Monarchen bereits im 13. Jahrhundert recht gefestigt. Früher als in anderen Ländern Europas findet das Konzept einer einheitlichen Regierung daher unter der »öffentlichrechtliche[n] Gewalt« des Königs bereits beim ersten »rex modernus«, Phillip IV. (1285–

45 Analog zum kapetingischen »duché de France« vertieften im 10. und 11. Jahrhundert auch andere Lehnsfürstentümer ihre Einflusssphären. Die Herzogtümer Normandie, Burgund, Aquitanien und die Grafschaften Flandern, Champagne, Bretagne, Anjou und Toulouse konsolidierten ihre Machtstellung und erwuchsen zu ernstzunehmenden Rivalen um Land und Macht; Bertier de Sauvigny 1980, 61.

46 Bertier de Sauvigny 1980, 62.

47 Ebd., 65.

48 Hintze 1989, 11.

49 Bertier de Sauvigny 1980, 70.

50 Hintze 1989, 12.

51 Bertier de Sauvigny 1980, 73.

52 Ebd., 75.

1314) Gefallen.[53] Seine neue Macht gewinnt er aus seinen Rechten als Oberlehnsherr und der »Immediatisierung der Aftervasallen«,[54] aus dem königlichen Beamtenapparat und der *Curia Regis*,[55] sowie aus seiner gesetzgebenden und richterlichen Gewalt.[56] Auch unter seiner Herrschaft ist die Vereinigung christlicher Legitimation und bürokratisch getragener Macht als Leitmotiv der territorialen Konsolidierung und Ausdehnung Frankreichs zu erkennen.

Im darauf folgenden Jahrhundert wurde die Vormachtstellung des Monarchen unter Karl V. (1364–1380) und Karl VII. (1422–1461) vor allem in den Bereichen des Militärs und der Finanzen weiter ausgebaut. Während Karl V., der »Weise«, die Finanzbeamten in vollständige Abhängigkeit zur Person des Königs brachte und somit die Zentralisierung des Steuerwesens und der Finanzverwaltung einleitete, schaffte Karl VII., der »Siegreiche« (er beendete den Hundertjährigen Krieg), die finanzielle Unabhängigkeit der Provinzen ab und vereinfachte zentral kontrollierte Finanzströme zwischen ihnen. Die Entwicklung eines Heeres in direkter Abhängigkeit vom König als Kriegsherr stellte einen Prozess dar, der nicht ganz zufällig parallel zur Zentralisierung des Finanzsystems verlief und der zugleich die Steigerung von Steuern und Abgaben in eigener Sache vorantrieb. Nicht zuletzt der Hundertjährige Krieg trug dazu bei, die regelmäßige Abgabe der »Taille« genannten direkten Steuer in den letzten Jahren der Herrschaft Karls VII. vollends zu etablieren.[57] Neben dieser institutionellen Verfestigung innerhalb des Königreichs brachte der Hundertjährige Krieg jedoch auch auf der Seite der Bevölkerung einen Stein ins Rollen: In Abgrenzung zum Feind England konnte – nicht zuletzt auch gefördert durch das Heldentum der 1456 rehabilitierten Jeanne d'Arc – eine Art patriotisches Zusammengehörigkeitsgefühl entstehen, das die dynastische Loyalität ergänzte.[58]

Mit dem anfangs erwähnten Franz I. bestieg damit nicht nur ein absolutistischer Herrscher *avant la lettre* den Thron, der alle weltlichen und kirchlichen Mächte in sich vereinigte. Auch die territoriale Integrität nahm mit dem Einschluss der Bretagne 1532 einen weiteren Schritt in Richtung eines modernen Staatsgebiets. Doch erst Ludwig XIV. stabilisierte etwa 130 Jahre nach ihm endgültig den absolutistischen Zentralstaat. Er war es auch, der 1682 eine Versammlung des französischen Klerus zusammenrief, die die »gallikanischen Freiheiten« gegenüber dem Papst in vier Artikeln festlegte. Das königliche Edikt vom 22. März 1682 statuierte diese »Charta des Gallikanismus« zum Gesetz. Darüber hinaus trug Ludwig XIV. unter dem starken Einfluss Colberts vor

53 Hintze 1989, 15.

54 Vgl. ebd., 12; Das heißt aus einem direkten Verhältnis des Suzerän (des Königs) mit den Aftervasallen unter Auslassung der Vasallen (der Schlossherrn), womit sich der König ein Mitspracherecht in der Justiz und der Verwaltung der Lehnsfürstentümer erheischte. Diese Immediatisierung ist damit auch als Umkehrung der spätkarolingischen Machtzerfalls zu verstehen. Auch das »droit de déhérence«, das Heimfallsrecht, stärkte den Suzerän, da ledige Grundstücke automatisch seinem Herrschaftsbereich zufielen; Hintze 1989, 13.

55 »Das eigentliche Regierungsorgan«, die Curia Regis, vereinigte in sich: »Gerichtshof, Kriegsrat, Wahlversammlung« und war »mit politischen und administrativen Befugnissen ausgestattet.« Hintze 1989, 14.

56 Das aus italienischen in französische Universitäten importierte römische Recht und eine »neubelebte römische Staatsidee« kürten den König zur »fontaine et mer de tout droit.« Auch im Volksmund äußerte sich die Erkenntnis: »Que veut le roi, ce veut la loi.« Hintze 1989, 15 f.

57 Hintze 1989, 26 f.

58 Kimmel 2008, 550.

allem im ersten Teil seiner Regierungszeit (1661–1683) zur Bewusstwerdung einer französischen Gemeinschaft bei[59]: »Der König schaffte Ordnung nach dem Elend der Fronde-Kriege, er förderte Wirtschaft und Gewerbe, domestizierte den Adel weiterhin, indem er dessen mächtigere Vertreter an den Hofdienst band, er modernisierte Regierung, Verwaltung, Justiz, Armee und auswärtigen Dienst mit Hilfe fähiger, meist aus dem *Bürgertum* kommender Minister«[60]:

> Die feudalen Provinzgouverneure entmachtete er mit Hilfe der von der Zentralregierung abhängigen Intendanten. Neben der neuen Beamtenschaft lebte allerdings die alte, auf der Ämterkäuflichkeit beruhende weiter. [...] die Franzosen [wurden] jetzt endgültig daran gewöhnt, daß sie einem großen und mächtigen Staat angehörten [...].[61]

Mit dem 17. Jahrhundert war demnach sowohl in England als auch in Frankreich die administrative Zentralisierung weit vorangeschritten. In unterschiedlichem Ausmaß ging mit ihr auch eine kognitive Zentralisierung, die Konzentration auf einen Loyalitätsgegenstand, einher. Was in England bereits der Fall war, konnte der Absolutismus in Frankreich jedoch nicht leisten. Er bot zwar den strukturellen Rahmen für die Entstehung der Nation. Ein Nationalismus von Seiten der Bevölkerung war aber im *Ancien Régime* noch nicht denkbar, denn der Begriff der Nation ließ für das Volk noch weniger Raum als in England, zumal die von der 1635 gegründeten *Académie française* ›zentralstaatlich‹ geförderte französische Sprache immer noch vor allem eine Sprache des Adels und der Oberschicht war, worauf noch einzugehen sein wird. Das zur Zeit des Absolutismus vorherrschende Nationsverständnis drückte Ludwig XIV. selbst aus, als er behauptete: »La nation ne fait pas corps en France. Elle réside tout entière dans la personne du roi.« Oder, wie Ludwig XI. noch trockener formuliert hatte: »Je suis France.«[62]

Wirtschaftliche Konsolidierung des Zentralstaates

Für die Zentralisierung der Macht in der staatlichen Regierung spielten wirtschaftliche Faktoren einen entscheidenden Part, wovon auch die bereits angesprochenen engen wechselseitigen Verflechtungen zwischen immediatisiertem Finanz- und Steuerapparat und der Zentralisierung der staatlichen Institutionen in Frankreich zeugen. In diesem Kontext ist eine recht generelle Einsicht von großer Bedeutung:

Erst mit der Erfindung des Geldes hatten sich größere gesellschaftliche Gruppen durch zweckgerichtete Arbeitsteilung überhaupt erst bilden können. Es bedurfte eines »Circulations-Mediums«, um »Täusche untereinander zu bewerkstelligen und so ihre Arbeiten zu combinieren« konstatierte Henry Charles Carey, einer der berühmtesten

---

59 Vgl. Weis 1986, 103 f.

60 Ebd., 104; Kursivierung des Autors.

61 Ebd., 104.

62 Ebd., 105; ins Deutsche übersetzt sagte Ludwig XIV.: »die Nation bildet in Frankreich keine Einheit. Sie ruht ganz in der Person des Königs.« Und Ludwig XI: »Ich bin Frankreich.« Im Gegensatz zu anderen Frankreichforschern argumentiert David A. Bell (2001), dass der Ursprung der französischen Nation nicht in der französischen Revolution, sondern tatsächlich im zentralen Staatsapparat Ludwigs XIV. zu finden sei.

Ökonomen der Vereinigten Staaten im 19. Jahrhundert.[63] Diese Rolle erfüllten nach Careys Meinung vor allem die Edelmetalle, die indes zur Grundvoraussetzung für das Fortbestehen der Gesellschaft geworden waren:

> Die edlen Metalle sind für den socialen Körper, was die atmosphärische Luft für den physischen ist; beide liefern den Circulationsmechanismus, und die Auflösung des physischen Körpers in seine Elemente, wenn ihm die Luft entzogen wird, als die Auflösung des socialen Körpers, wenn ihm die edlen Metalle entzogen werden. [64]

Wenn auch nicht in anderen Punkten, so überschneiden sich Careys Annahmen in der Analogie zwischen Individuum und Gruppe ebenso wie in der Hervorhebung der Bedeutung der Edelmetalle mit denen der europäischen Merkantilisten, deren wirtschaftsphilosophische Traktate dem sich bildenden Zentralstaat in die Hände spielten. Dabei ist es jedoch nicht nur der Handel von Waren innerhalb bestimmter Fürstentümer oder Königreiche, der die von den Merkantilisten gewünschten ökonomischen Zentralisierungsprozesse beschleunigte, sondern vor allem der Außenhandel und seine Prägung der gesellschaftlichen Strukturen.

In der folgenden Herausarbeitung wirtschaftlicher Entwicklungen, die zur Formung der Nation beigetragen haben, liegt das Hauptaugenmerk darauf, wie sowohl ökonomische Beziehungen zwischen und innerhalb der Staaten als auch wirtschaftsphilosophische Ansätze in der merkantilen und später dann im Übergang zu einer industriekapitalistischen Gesellschaft die Entstehung der Nation begünstigten.[65] Was in Frankreich zur Verschärfung der gesellschaftlichen Ungleichheiten beitrug, war in England bereits früher an die reglementierende Kraft des Parlaments gekoppelt. Das absolutistische Regime konnte sich ohne parlamentarische Einschränkungen uferlos verschulden, was die Schere zwischen Staatsgewalt und Bevölkerung im Frankreich der frühen Aufklärung immer weiter auseinander klaffen ließ und Spannungen schuf, die sich schließlich in der französischen Revolution entluden.[66]

Merkantilismus und Außenhandel

Vom 16. bis zum 19. Jahrhundert stärkten Entwicklungen im Handel und in der Wirtschaftspolitik kontinuierlich die Stellung des Staates innerhalb Europas. Der Fernhandel und die territoriale Expansion wurden durch soziopolitische Umstände begünstigt. Rechtliche Institutionen (*Common Law* und Römisches Recht) sicherten Eigentum und Grundbesitz. Die Grundzüge eines individualistischen Kapitalismus, die Entstehung von Reichtümern und die gesellschaftlichen Aufstiegschancen waren unmittelbare Konsequenzen dieser rechtlichen Absicherung, die sich in den verschiedenen europäischen

---

63 Carey 1870, 319; ähnlich argumentieren auch Karl Marx und Adam Smith.

64 Ebd., 324; für einen aktuellen historischen Überblick über die Geschichte des Geldes siehe Ferguson 2010.

65 Die Auswirkungen der Industrialisierung auf Kultur und Sprache werden im folgenden Kapitel *Kommunikation & Technologie* ausführlicher behandelt. Im Gegensatz dazu beschränkt sich dieses Kapitel inhaltlich auf die Auswirkungen wirtschaftlicher und wirtschaftsphilosophischer Entwicklungen auf die Expansion des europäischen Handelsnetzes der Zentralstaaten und auf die Entstehung neuer Klassen und Machtansprüche.

66 Weis 1986, 106.

Staaten unterschiedlich ausformten. Die Konsolidierung nach innen wurde ergänzt durch eine Expansion nach außen. Die Bildung von Aktiengesellschaften (z.B. der holländischen *Ostindienkompanie)* förderte den Fernhandel. Jene Kompanien erlaubten eine Bündelung von Kapital für Großinvestitionen. Zudem wurden sie üblicherweise vom Staat mit Hoheitsrechten und Handelsmonopolen ausgestattet, wodurch das Investitionsrisiko gemindert wurde. Neue Finanzinstitutionen sowie die Entstehung von Banknoten und Krediten resultierten in einem flexibleren Markt, der auch einen erhöhten Profit aus dem Außenhandel ermöglichte.[67] Mit anderen Worten: Der ökonomische Wohlstand innerhalb der europäischen Staaten wurde zunehmend mit den Expansions- und Erschließungsbemühungen hinsichtlich außerterritorialer Räume verknüpft; die wirtschaftlichen Geschicke der Alten immer mehr an die der Neuen Welt gekoppelt.[68]

Der Merkantilismus vereint eine Reihe wirtschaftspolitischer Maßgaben und Zielsetzungen, die diese Entwicklungen europäischer Staaten in der Frühmoderne stützten. Wenn manche auch meinen, dass der Merkantilismus weniger als Wirtschaftstheorie denn als reaktionäre, an der Praxis orientierte Politik zu verstehen sei, so lässt er sich dennoch in seinen verschiedenen Kontexten (beispielsweise der Colbertismus in Frankreich oder der Bullionismus in England) als generischer Term für eine Wirtschaftspolitik und das »dahinterstehende wirtschaftspolitische Denken in der Epoche des europäischen Fürstenabsolutismus« definieren, wie auch Kellenbenz zusammenfasst.[69] Ziel der Merkantilisten war, wie bereits erwähnt, die Konsolidierung der regionalen Machtzentren des feudalen Zeitalters zu größeren Staaten. Dazu trugen maßgeblich die Entstehung von Kolonialreichen außerhalb Europas, das Wachstum von Industrie und (internationalem) Handel sowie die steigende Nutzung von Münzgeld bei. Merkantilisten beabsichtigten, den Reichtum des Staates durch die Einfuhr von Gold und Silber zu steigern. Sie maßen ihn an der Höhe des »Profits, der sich durch eine Verwendung des Geldkapitals erzielen ließ.«[70] Aus dieser Prämisse folgten als Hauptziele des Merkantilismus das Erzielen eines Handelsbilanzüberschusses (durch ein staatlich gewolltes und gefördertes Senken der Importe und die Steigerung der Exporte), die Entwicklung des inneren Marktes (vor allem durch die Beseitigung von Binnenzöllen und durch den Schutz neuer Industrien), der Ausbau der Infrastruktur (Straßen- und Kanalnetz) sowie die Vereinheitlichung des Münzwesens und von Maß und Gewicht.[71]

---

67 Bayly 2006, 2 f.

68 Das wohl überzeugendste Argument über die Verbindungen zwischen Nationenbildung und Kolonialisierung liefert Craig Calhoun in seinem Buch ›Nationalism‹ (1997). Laut Calhoun ist die Entstehung europäischer Nationalstaaten in unmittelbarem Zusammenhang mit der kapitalistischen Expansion und globalen Kolonialisierung einiger europäischer Staaten zu verstehen. Für eine weitere Analyse des Zusammenhangs zwischen kapitalistischer Expansion und Nationenbildung vgl. auch Greenfeld 2001; sowie Wallerstein 2004 im Kontext seiner Analyse von Weltsystemen, insbesondere Kapitel 3.

69 Kellenbenz zitiert in Blaich 1973, 9. Als Ansatz einer Wirtschaftstheorie ist er ein Meilenstein auf dem Weg hin zur »klassischen bürgerlichen Ökonomie.« Blaich 1973, 8.

70 Blaich 1973, 12.

71 Ebd., 19. Vereinheitlichungen, die allesamt auch Einfluss auf das Zusammenhörigkeitsgefühl der Gesellschaften hatten und die wir im Abschnitt *Kommunikation & Technologie* in größerem Detail betrachten werden. Das »wirtschaftspolitische Arsenal« des theoretischen Merkantilismus wurde komplettiert durch »die Förderung des Manufakturwesens, die Senkung des Lohnniveaus« und »die Anwerbung ausländischer Facharbeiter«; vgl. Blaich 1973, 19. Es wurde jedoch auch die Auswanderung eigener Fachkräfte ins Ausland untersagt, um andere

Diese Zielsetzungen orientierten sich vor allem an der im Zuge des merkantilen Frühkapitalismus entstehenden großkaufmännischen Klasse. In der Annahme, alles, was dem merkantilistischen Kaufmann diene, würde auch den Reichtum und die Macht des Staates fördern, wurde dessen Streben nach Anhäufung von Edelmetallen nachgeahmt und (mehr noch) aktiv unterstützt. Der Erfolg merkantilistischer Aktivitäten wurde von Seiten des Staates protegiert, indem ihre Geschäfte vom abträglichen (ausländischen) Wettbewerb durch strikte Regulierung des Außenhandels, insbesondere durch die Einschränkung der Einfuhren, abgeschirmt wurden.[72]

Diese Interessensgemeinschaft von Kaufleuten und Staat sollte sich in ihrem gegenseitigen Zutrauen auch nicht beirren lassen, als es um die Erschließung neuer Märkte und um territoriale Expansion ging, wie oben bereits angedeutet wurde. Um den Fernhandel von Übersee im 17. Jahrhundert zu erleichtern, war die Entstehung von Handelskompanien in England und Frankreich ein entscheidender organisatorischer Schritt. Was zunächst als kaufmännische Ad-hoc-Gesellschaft für einzelne Handelsreisen begonnen hatte, entwickelte schnell gefestigte Strukturen und wurde vom Staat mit Handelsmonopolen in den betroffenen Regionen ausgestattet. Eigentliche Vorrechte des Staats (so das Recht zum Einsatz des Militärs), die nun den Handelskompanien eingeräumt wurden, gewährten der von Elisabeth I. (1558–1603) im Jahre 1600 gegründeten *East India Company* oder der von Karl II. (1660–1685) 1670 ins Leben gerufenen *Hudson's Bay Company* großzügige Handlungsfreiheiten. Im Gegenzug stärkten diese Kompanien die imperiale Macht der Metropolen und sondierten die wirtschaftliche Verwertbarkeit des Übersee-Terrains.[73]

Kurzum, der Merkantilismus stärkte die Stellung des absolutistischen Staates und ermöglichte neuen Gesellschaftsgruppen, allem voran einer sich herausbildenden merkantilen Klasse, den Zugang zur Macht. Während der Merkantilist dem absolutistischen Herrscher das verschaffte, was zu jenem Zeitpunkt als Reichtum des Staates verstanden wurde, konnte er selbst unter dessen schützender Hand seinen gesellschaftlichen Rang heben. Ob dem geteilten Interesse dieser neuen Klasse und der absolutistischen Fürsten am Wohlbefinden des Staates bereits ein nationaler Patriotismus zu unterstellen sein könnte, ist höchst zweifelhaft. Zu sehr noch steht die Sicherung der eigenen Macht im kleinsten Kreise im Vordergrund, so dass nicht einmal in der Theorie das Ideal der Gleichheit des gesamten Volkes formuliert werden konnte.[74]

Der Merkantilismus war aber in einem anderen Sinne wichtig für die Nationenbildung. Das Streben nach dem Reichtum des Staates sorgte für einen gewissen Einheitssinn, der den eigenen Staat von anderen abgrenzte und dessen Gewinn in einem Nullsummenspiel – fälschlicherweise, wie Adam Smith später argumentierte – als Verlust der anderen wahrnahm. Die Konsolidierung des Staates durch merkantilistische Wirtschaftspolitik und die administrative Zentralisierung bedingten damit eine kognitive Zentralisierung um den Machtkern, die auch an der Bevölkerung nicht unbemerkt vorbeiging. Neuen Gesellschaftsschichten gelang in begrenztem Maße – aber vor allem nicht mehr von Geburts wegen – der soziale Aufstieg, mit dem sich auch ihre Forderungen auf ein

Staaten daran zu hindern, auf Grund der mitgebrachten Expertise konkurrenzfähig zu werden.

72 Vgl. Galbraith 1983, 103.

73 Vgl. ebd., 104 f.

74 Breuilly 1993, 88; Weis 1986, 106; Bulst 2008.

politisches Mitspracherecht mehrten. Die Wahrnehmung des Staates sickerte allmählich zur Bevölkerung hindurch, die mit ihm, wenn auch noch kein weitreichendes Identifikationspotenzial, so doch zumindest ein einheitliches Gegenüber ausmachen konnte.

Auch Frankreich und England, die zunehmend im kolonialen Wettstreit miteinander standen, erlebten mit ihrer merkantilistischen Außenhandelspolitik den Aufschwung einer kaufmännischen Bürgerschaft. Eine konstitutionelle Monarchie, die die Energie des aufstrebenden Bürgertums, wie etwa in England, im Parlamentarismus hätte kanalisieren können, war im französischen Kontext aber undenkbar, da die Schwächung der absoluten Monarchie in Frankreich seit Ludwig XIV. eine Reform im Sinne eines aufgeklärten Absolutismus ausschloss. Die seit 1302 bestehenden Generalstände waren zwischen 1614 und 1789 nicht einberufen worden, so dass auch die verspäteten Neuerungsversuche von 1787 letztlich nur noch von der Adelsrevolte und schließlich von der Revolution überrollt werden konnten.

Während also in England die Glorious Revolution eine relativ abgemilderte, weil frühzeitige Konsequenz der gesellschaftlichen Verschiebungen innerhalb Englands darstellte, wurde in Frankreich die alte Monarchie in einer Blut- und Schreckensherrschaft verworfen und ein Staat auf nationalen Grundfesten errichtet. Die römisch-katholische Kirche wurde nationalen Bestrebungen nachgeordnet und während Aristokratie und Adel ihre Vormachtstellungen einbüßten, zog die Bourgeoisie in die Manege der Machthaber ein. Dass dabei aber die Strukturen des Ancien Régime durchaus bis ins 19. Jahrhundert hinein fortbestehen sollten (und erst allmählich in den verschiedenen Regimes vom napoleonischen Empire bis zur Dritten Republik nivelliert wurden) war nicht im Sinne der revolutionären Rhetorik.[75] Dennoch – und trotz des Terrors, der auf die Stürmung der Bastille folgte und trotz des mehrfachen Rückfalls in nicht-demokratische Staatsformen – konnte die französische Revolution als erste wahrhaft moderne Revolution und, wie von Johann Wolfgang von Goethe (1749–1832), der der Revolution von Anfang an skeptisch gegenüberstand, »als Zeichen einer neuen Epoche der Freiheit« verstanden werden.[76] Um eine solche Symbolfunktion einzunehmen, musste eine Reihe von Ereignissen – nicht nur die Stürmung der Bastille – erfolgen, wie der Politikwissenschaftler und Historiker William H. Sewell Jr. wichtigerweise betont. Denn die Attacke auf die Bastille als einen reinen Gewaltakt der Auflehnung zu deuten, hätte alleine nicht gereicht, um das moderne Konzept der Revolution aus der Taufe zu heben:

> Eine Revolution ist nicht lediglich ein gewaltsames Ereignis, das den Willen des Volkes ausdrückt, sondern ein Ereignis, das zu einem politischen Regimewechsel führt. Erst als klar wurde, dass der Sturm auf die Bastille den König dazu gezwungen hatte, seine Macht auf die Nationalversammlung zu übertragen, konnten die Handlungen des Pariser Volkes als Revolution im neuen Sinne wahrgenommen werden. Der epochemachende kulturelle Wandel – die Erfindung einer neuen und beständigen politischen Kategorie – konnte da-

75 Zur Stürmung der Bastille als historisches Ereignis und struktureller Wendepunkt siehe Sewell 2005, insbesondere Kapitel 7, 197 f. Die Auswirkungen der französischen Revolution im nordamerikanischen Raum werden an späterer Stelle erläutert; hierzu Wood 2009, 174 f. Zur soziologischen Bedeutung radikalen gesellschaftlichen Wandels vgl. Calhoun 2012, insbesondere Kapitel 1.

76 Höfer 1999, 87.

her nur im Tandem mit tatsächlichen Änderungen in den institutionellen und militärischen Machtbeziehungen einhergehen.[77]

Die wirtschaftspolitischen Neuerungen resultierten zwar in Frankreich in gesellschaftlichen Spannungen, die mit der Revolution schrittweise zu einer nationalen Bewusstwerdung führten – allem voran in den Kriegen gegen die antirevolutionäre Koalition sowie in Schlachten wie der Kanonade von Valmy 1792. Dennoch war dem Erfolg der Nation von den Philosophes ideologisch schon viel früher der Weg geebnet worden, was das spezielle Selbstverständnis der französischen Nation in ihren Tiefenstrukturen mitbeeinflusste und was hier, trotz aller Verkürzung, angeführt werden sollte.[78] Wie bereits weiter oben angedeutet, war es das Vorbild Englands, das die französischen Philosophen des 18. Jahrhunderts in ihren Schriften zu Staat und Gesellschaft beseelte. Während aber in England die Kirche, als vormoderne Institution der Macht, gewissermaßen im Staat aufgegangen war und andere Gebiete wie Scotland oder Wales im ethnischen Kollektiv des *British Empire* absorbiert wurden, pochte man in Frankreich, zumindest rhetorisch, auf eine zivile Version des Nationalismus. Diderot hatte die Nation in der *Encyclopédie* definiert als einen »kollektive[n] Ausdruck, dessen man sich bedient, um eine größere Anzahl von Menschen zu bezeichnen, die ein bestimmtes, durch feste Grenzen eingeschlossenes Gebiet bewohnen und ein und derselben Regierung gehorchen.«[79] Dieser Definition fehlte, wie auch Eberhard Weis anmerkt, schon zu jenem, vorrevolutionären Zeitpunkt ein ethnischer Zugehörigkeitsrahmen: »Da ist nichts von gemeinsamer Sprache, gemeinsamer Kultur, gemeinsamer Geschichte oder gar einer Mystik des Blutes [...]«[80] Dieser rein politische oder, anders ausgedrückt, zivile Charakter der französischen Nation wurde im Laufe der Jahrhunderte beibehalten. Auch das laizistische Element, seither fester Bestandteil der französischen nationalen Identität und in seiner Vorgeschichte nicht vom Gallikanismus zu trennen, wurde von einem der Philosophes vorwegnehmend formuliert. Voltaire sprach sich, ähnlich wie Montesquieu, gegen den »Aberglauben« der Kirche und des Pontifikats aus. Seine Religionskritik inspirierte die antiklerikale Bewegung in Frankreich maßgeblich und förderte nachdrücklich die Trennung von Kirche und Staat.[81]

Es sei auch angemerkt, dass die Folgen der französischen Revolution für die Nationenbildung innerhalb Europas von besonderer Bedeutung waren. Die ersten Jahre nach der französischen Revolution und die Schrecken der Anarchie und Willkür öffneten die

77 Sewell 2005, 237; Übersetzung des Autors, im englischen Original: »A revolution is not just a forceful act that expresses the will of the people, but such an act that puts into place a new political regime. Only when it became clear that the taking of the Bastille had forced the king to yield effective power to the National Assembly could the acts of the Parisian people be viewed as a revolution in this new sense. The epoch-making cultural change – the invention of a new and enduring political category – could therefore only take place in tandem with practical changes in institutional and military power relations.«

78 Kimmel 2008, 550.

79 Weis 1986, 111. Montesquieu hingegen untersuchte in seinem Werk ›Geist der Gesetze‹ politische, gesellschaftliche, religiöse und wirtschaftliche Beziehungen und zog daraus Rückschlüsse auf eine bestmögliche Staatsstruktur, die er vor allem im Vorbild Englands verwirklicht sah; vgl. Snyder 1990, XIX.

80 Weis 1986, 111.

81 Snyder 1990, XX. Eine Trennung, die allerdings erst 1905 in der Dritten Republik umgesetzt wurde.

Tore für einen dominanten Herrscher, dessen starke Hand ohne Verzicht auf die Errungenschaften der Revolution für ›Recht und Ordnung‹ in Frankreich sorgen konnte. Napoleon reihte sich als logischer Nachfolger der aufgeklärten Monarchen ein und sah sich als Herrscher, nicht als Diener des Staates. Dem selbst ernannten Kaiser, dem ein paneuropäisches Staatengebilde unter eigener Herrschaft vorschwebte, gelang es, wenn auch eher versehentlich, den Samen nationalen Aufbegehrens in anderen europäischen Ländern zu säen. Erst seine Eroberungsfeldzüge konnten erreichen, was die *levée en masse* als der in der Nationalversammlung konzertierte Versuch Frankreichs, die Werte der Revolution, auch mit Gewalt, auf den Rest Europas zu übertragen, nicht vermocht hatte.[82] Napoleon wirkte in Italien, Spanien, Preußen und Russland als Katalysator defensiver Nationalbewegungen, da jene europäischen Länder sich der französischen Vorrangstellung widersetzten und ihre kleinstaatlichen Gegensätzlichkeiten im gemeinsamen Überlebenskampf überwanden. Wenn England also das Ideal der modernen Nation von außen her wahrnehmbar und abstrahierbar machte – vor allem im Kontrast zur eigenen absolutistischen Staatsform der französischen Beobachter –, dann war es allem voran Frankreichs Revolution und deren Konsequenzen – dazu gehören auch Napoleons territoriale Rationalisierungen des von ihm aufgelösten Heiligen Römischen Reiches deutscher Nation – geschuldet, dass der Nationengedanke in Europa Verbreitung fand.[83]

Und auch in den Vereinigten Staaten, jenseits des Atlantiks, hallte die französische Revolution wider. Zunächst nahm man sie als Bestätigung der eigenen freiheitlichen Werte und des eigenen Unabhängigkeitskrieges wahr. In den frühen Jahren, die auf die Stürmung der Bastille folgten, waren sich die meisten politischen Leitfiguren einig, dass die Ereignisse in Europa nur daraufhin deuten könnten, dass die Vereinigten Staaten als Vorreiter in einer Welt zu gelten hätten, in der zunehmend demokratisch regierte Staaten die Monarchien des Absolutismus ablösen sollten. Einige dieser amerikanischen Wortführer wurden gar von der französischen Nationalversammlung mit der französischen Ehrenstaatsbürgerschaft ausgezeichnet, so zum Beispiel Alexander Hamilton, George Washington und James Madison; andere US-Amerikaner stimmten in geselliger Runde französische Revolutionslieder an und trugen in Solidarität mit Frankreich Kokarden mit der Trikolore.[84] Auch Thomas Paine ging davon aus, dass »nicht daran zu zweifeln« sei, dass »die Prinzipien Amerikas die Bastille öffneten.«[85]

Diese positive Stimmung gegenüber Frankreich und der französischen Revolution kippte allerdings in der zweiten Hälfte der 1790er Jahre und vertiefte Risse zwischen den Föderalisten und den jungen Republikanern, die das Potenzial (und, für manche, die Gefahr) der Volkssouveränität unterschiedlich einschätzen.[86] Wie wir im Folgekapitel genauer betrachten werden, lag in dieser Skepsis gegenüber Europa, die sich dann mit der Wahl Jeffersons zum Präsidenten im Jahr 1800 verschärfte und gegen die eigenen Eliten wendete, auch eine Grundhaltung der Vereinigten Staaten, die sich dagegen

82 Vgl. Snyder 1990, XX f., auch Weber 1925, 53 f.

83 Die Revolution leitete ein, was Eric Hobsbawm als »Zeitalter der Revolution« bezeichnet hat. Dieses dauerte von 1789 bis 1848 an und umschloss die ›doppelte Revolution‹ der Bürger und der Industrie; vgl. Hobsbawm 1962.

84 Wood 2009, 175.

85 Paine zitiert in Elkins und McKitrick 1993, 309; im Original: »that the principles of America opened the Bastille is not to be doubted.«

86 Gauvin 2004, 109. Vgl. Wood 2009, 175.

erwehrten, der Politik und den Klassenkämpfen Europas auf dem neuen Kontinent Einzug zu gewähren und dadurch womöglich von den Visionen und Idealen der Jungen Republik abzukommen.[87]

Und trotz dieser paneuropäischen und transatlantischen Effekte der französischen Revolution war die Nation noch mehr Ideal als Realität. Ebenso wenig wie in England konnte in Frankreich an der Schwelle zum 19. Jahrhundert von einer Durchdringung der Bevölkerung mit den Idealen der Aufklärung und der nationalen Loyalität die Rede sein. Allein auf Grund sprachlicher Unzulänglichkeiten war die Verbreitung einer nationalistischen Ideologie eingeschränkt. Nach der von Abbé Grégoire 1790 begonnenen und 1794 in Form eines ›Rapport sur la nécessité d'anéantir les patois et d'univeraliser l'usage de la langue française‹ veröffentlichten Sprachenerhebung sprachen von den damals 28 Millionen *citoyens* 12 Millionen kein Französisch, nur 3 Millionen sprachen es ›korrekt‹. Anders ausgedrückt: lediglich in 15 der 83 *départements* wurde Französisch gesprochen.[88] Sicher, eine gemeinsame Sprache ist weder ein zwingend notwendiger noch hinreichender Faktor für die Entstehung von Nationen. Um jedoch einen in der Bevölkerung möglichst weit verbreiteten Nationenbegriff und Nationalismus zu etablieren, ist zumindest eine Homogenisierung der Kulturen, für die eine einheitliche Hochsprache ein gewisses Indiz ist, notwendig. Insbesondere in den Beispielen Frankreichs und Englands begünstigten die gesellschaftlichen Umbrüche der industriellen Ära ebenjene Hybridisierung der Kulturen in ungekanntem Ausmaß, wie an späterer Stelle zu zeigen ist. Ebenso wie die Zentralstaatlichkeit und der erste, wenn auch begrenzte Schritt hin zur Demokratisierung einer merkantilistischen Kaufmannsklasse trugen diese Umwälzungen entscheidend dazu bei, dass ein größerer Teil der Bevölkerung sich graduell als Teil einer Nation wahrnehmen konnte. Bevor wir aber auf den Einfluss technologischer Innovation und kommunikativer Erweiterung auf die Nationenbildung zu sprechen kommen, sind die Grundfesten des industriellen Kapitalismus und des mit ihm einhergehenden gesellschaftlichen Wandels kurz darzulegen.

Industrieller Kapitalismus und gesellschaftlicher Umbruch

Es ist strittig, ob der Ursprung der industriellen Revolution und die Anpassung des kapitalistischen Systems von einer neuen Gruppe von Unternehmern (etwa Abraham Dar-

87 Pells 1997, 3 f.

88 Sokol 2001, 204. Im gleichen Atemzug muss hinzugefügt werden, dass die Bildung einer Nation nicht zwangsläufig gleichbedeutend mit der Demokratisierung eines Volkes ist. Dies trifft ebenso auf Frankreich selbst zu, wo sich die Nation nach der Revolution auch unabhängig vom Wandel des Regimes durchsetzte und wo sich im 19. Jahrhundert, unabhängig von den stark unterschiedlichen Regierungsformen, das Projekt der Revolution in nationalen Bahnen ausformen konnte; hierzu auch Calhoun 2012, insbesondere Kapitel 4, 5 und 8. Dies mag auch mit der besonderen Permanenz des französischen Staats als kontinuierlichem Bezugsrahmen zusammenhängen; vgl. Kimmel 2008, 550; Krumeich 2008, 431. Dass eine Demokratisierung nicht hinreichend für die Bildung einer Nation ist, zeigt sich jedoch auch am Beispiel der Frankophonen in Nordamerika, die ihre Nationalität zunächst von der katholischen Kirche verkörpert sahen, nicht aber im Drang nach Volkssouveränität. Wir kommen hierauf in Kapitel III zu sprechen.

by John Kay, James Hargreaves, Richard Arkwright und James Watt) begründet wurde oder Ergebnis einer Reihe technologischer Entwicklungen war, die dann kapitalistisch vermarktet wurden (bspw. die Entdeckung der Roheisenherstellung, der Dampfkraft und die industrielle Produktion in Spinnereien und Webereien).[89] Sicher ist, dass mit ihr auch eine weitere Verlagerung der Machtinstrumente und -quellen einherging. Während Warenbestände und Betriebskapital relativ an Bedeutung verloren, wurden Sachanlagen zentral. Fabriken, Industriewerke und Maschinerie wurden für den Industriekapitalisten unabdinglich. Der merkantilistische Kaufmann hatte Zugangspforten zur Machtausübung geschaffen, die vom Großindustriellen durchschritten werden konnten. Neben dem Privateigentum und einer Umstrukturierung der Arbeitsteilung wurde nun auch die Persönlichkeit des Unternehmers selbst zur Quelle gesellschaftlicher Macht.[90]

Jedoch wirkten sich die Änderungen der Industrialisierung nicht nur auf die Stellung und Definition der Eliten aus. Die neue, industrielle Form der Arbeitsteilung hatte gravierende gesellschaftliche Folgen für breite Bevölkerungsmassen. Aus den freischaffenden Handwerkern, die den Merkantilisten in noch sporadischen Arbeitsaufträgen zur Hand gegangen waren, und den feudalen Landwirten wurden Städte und Fabriken bevölkernde Industriearbeiter.[91] Die Absorption ganzer Bevölkerungsteile in die Industriemaschinerie war selbstverstärkend: Mit dem Markt wuchsen auch die Bedürfnisse der Bevölkerung und umgekehrt. Wenn Kenneth Galbraith in seinem Buch ›The Anatomy of Power‹ daher von einem Rückgang an zwingender Macht (»condign power«) zugunsten einer kompensatorischen und konditionierten Machtausübung im Übergang vom merkantilistischen zum industriellen Zeitalter spricht, dann meint er damit nichts anderes als eine sich neu formierende Unterwerfung der Bevölkerung, nicht durch tyrannische Fürsten oder das Militär, sondern zunehmend durch den eigenen individualistischen Fortschrittsglauben und die Umsetzung der mit Geld kompensierten sozialen Mobilität im Industriekapitalismus.[92] Mit anderen Worten: Die Bevölkerung bekam zumindest die Möglichkeit, sich in ihre Abhängigkeit einzukaufen. Die Dialektik dieser Entwicklungen – die ungeheure Wachstumsmaschine und Fortschrittsdynamik des Kapitalismus einerseits und dessen die Gesellschaft polarisierendes und entfrem-

---

89 Galbraith 1983, 107; sowie Hobsbawm 1962, 44 f.

90 Gerade im US-amerikanischen Kontext ranken sich bis zum heutigen Tag Mythen um die Unternehmerpersönlichkeiten Vanderbilt, Rockefeller, Carnegie und Morgan. Sie spielten eine entscheidende Rolle bei der Finanzierung industrieller Unternehmungen wie beispielsweise dem Ausbau des Schienennetzes. Im ausgehenden 19. Jahrhunderts büßten die Unternehmerfiguren an Prestige ein – nicht zuletzt wegen ihrer ausbeuterischen Praktiken. Die administrative Struktur von Unternehmen änderte sich außerdem und brachte durch das *Management* spezialisierter Arbeitsschritte einen Bedeutungsverlust der Unternehmerpersönlichkeit; vgl. dazu Galbraith 1983, 115. Seit den 1980er Jahren hat der Unternehmergeist und das Lob auf den US-amerikanischen ›entrepreneurialism‹ im Zuge des Abbaus des Wohlfahrtsstaats und ideologischer Grabenkämpfe wieder an Aufwind gewonnen.

91 Ebd., 108. Eine sehr aufschlussreiche Analyse des Wandels von Arbeit und ihrer gesellschaftlichen Funktion über die Jahrhunderte bietet Sennett 2006, 2008.

92 Galbraith unterscheidet *condign power* und *compensatory power* als negative und positive Bestätigung von Handlungen: »Condign power threatens the individual with something physically or emotionally painful enough so that he forgoes pursuit of his own will or preference in order to avoid it. Compensatory power offers the individual a reward or payment sufficiently advantageous or agreeable so that he (or she) forgoes pursuit of his own preference to seek the reward instead.« Galbraith 1983, 14. Konditionierte Macht hingegen, entsteht explizit durch Erziehung und implizit durch Kultur; Galbraith 1983, 24.

dendes Potenzial andererseits – erkannte wohl am deutlichsten Karl Marx (1818–1883), der allerdings umgekehrt argumentiert hätte: Nicht der Arbeiter kauft sich in seine Abhängigkeit ein, sondern er ist, um zu überleben, dazu gezwungen seine Arbeitskraft als Ware an eine Schicht von bourgeoisen Kapitalisten zu verkaufen.

Adam Smiths (1723–1790) Legitimierung dieser neuen, industriellen Arbeitsteilung kann in ihrer Bedeutung kaum überschätzt werden. Sein Hauptwerk ›The Wealth of Nations‹, das im Jahr der amerikanischen Unabhängigkeitserklärung erstveröffentlicht wurde, war ein Angriff auf das ideologische Fundament des Merkantilismus und zugleich eine Bestätigung des frühen Industriekapitalismus. Die regionale und nationale Spezialisierung, so Smith, würde allenthalben Vorzüge bieten.[93] Erst durch einen freien Binnen- und Außenhandel könnte das volle Potenzial dieser Arbeitsteilung genutzt werden; eine Feststellung, die zweifelsohne als Kampfansage gegenüber dem regulierungswütigen, merkantilistischen Protektionismus gedeutet werden muss.[94] Der eintretende Abbau von Handelsschranken lag im Interesse der Industrie, die auf Grund der Masse um einiges kostengünstiger als der örtliche Kaufmann produzieren konnte. Skaleneffekte waren damit ein Grund für das Drängen nach internationalem Freihandel. Besonders in England, wo die Industrialisierung früh vorangetrieben wurde und wo man auf einen dementsprechend ausgebauten Vorsprung gegenüber anderen europäischen Staaten setzen konnte, war die Angst vor ausländischer Konkurrenz denkbar klein.[95] Damit ist zum einen verständlich, dass andere Länder, wie beispielsweise die Vereinigten Staaten, Deutschland und Frankreich, angesichts ihres technologischen Rückstands mit der Abschaffung jeglicher Handelsbarrieren nicht einverstanden sein konnten und Wirtschaftsnationalisten wie Friedrich List (1781–1846) sowie in den USA der bereits erwähnte Henry Charles Carey (1793–1879) und, vor ihm, Alexander Hamilton (1757/55–1804) sich vehement für Außenhandelszölle einsetzten.[96]

Zum anderen aber rechtfertigte Smiths Huldigung des Marktes das Vorgehen der Industrieunternehmer, was besonders in England den ideologischen Unterbau des liberalen Kapitalismus stärkte. Im Sinne Mandevilles, der bereits zu Anfang des 18. Jahrhunderts artikuliert hatte, dass der individuelle Eigensinn sich kongruent zum gesellschaftlichen Nutzen verhalte, dass »private vice« also durchaus zum »public benefit« gereiche, argumentierte Smith, dass der Kapitalist nur seinem eigenen Nutzen nachginge und darin geführt würde von einer »invisible hand to promote an end which was

93 Ähnliche Annahmen über die Vorzüge eines freien Marktes prägen bis heute Debatten über die beste Gesellschaftsform und das Verhältnis zwischen Staat und Wirtschaft. Die Idee des Fortschritts ist entscheidend in diesen Debatten, nicht zuletzt da John Rawls mit seinem Konstrukt des ›Veil of ignorance‹ Ungleichheiten philosophisch gerechtfertigt hat. Nach seinem Dafürhalten sei gesellschaftliche Ungleichheit dann zu rechtfertigen, wenn dennoch der am schlechtesten Gestellte durch den Fortschritt einer Gesellschaft profitiere. Mit seinem bekannten Gedankenspiel des ›Schleier des Nichtwissens‹ behauptet Rawls, eine Gesellschaft sei dann einer anderen vorzuziehen, wenn man sich, ohne zu wissen welchen Rang man in ihr einnehmen würde, für eine solche Gesellschaft entscheiden würde; siehe Rawls (1975). Diese Idee fand ihren Widerhall seit den 1980er Jahren in leicht veränderter Form auch in der von Neoliberalen vertretenen Hypothese des ›Trickle-Down-Effects‹.

94 Galbraith 1983, 111.

95 Ebd., 112.

96 Ebd., 119. Anders ausgedrückt mündete die Besorgnis vor dem Fremden auch aus wirtschaftlicher Perspektive in der Unterscheidung des Eigenen.

no part of his intention.«[97] Obwohl er seine Bedenken gegenüber Handelskompanien und seine Ablehnung von Monopolen deutlich zum Ausdruck brachte, lieferte Smith Industrieunternehmen Argumentationsstoff, der ihnen zur Rechtfertigung des Marktliberalismus diente.[98]

Andere trugen dazu bei, die Kritik an der polarisierenden Kraft des Kapitalismus, die auch Marx äußerte, zu entkräften und damit gesellschaftliche Ungleichheiten zu legitimieren.[99] Nicht etwa das System trage zur Entstehung verarmter Unterschichten bei, so deren Argument, sondern eine Art industriell-gesellschaftlicher Darwinismus, eine »iron law of wages« wie es David Ricardo (1772–1823) formulierte und wie es von anderen wie Thomas Robert Malthus (1766–1834) gestärkt wurde. Übertragen auf die Gesellschaft bedeutete dies nichts anderes, als dass Arme selbstverschuldet arm waren. Ricardo ging davon aus, dass die Fruchtbarkeit und Bevölkerungsexplosion der Arbeiterklasse ihren gesellschaftlichen Aufstieg verhindere. Jeremy Bentham (1748–1832) fügte dem hinzu, dass die Notleidenden als notwendiges Übel in einer Gesellschaft, die nach dem Prinzip des »greatest good for the greatest number« funktionierte, hingenommen werden müssten. Herbert Spencer (1820–1903) trieb dieses Prinzip auf die Spitze, als er behauptete, dass erfolgreiche Industriekapitalisten biologisch fortgeschrittener seien und die Verarmung der schwachen Elemente auf ihre biologische Unterlegenheit zurückzuführen sei.[100]

Trotz jener Ungleichheiten – und trotz des gesellschaftlichen Einflusses ihrer Apologeten – wurde unteren Gesellschaftsschichten die Möglichkeit zum sozialen Aufstieg im Industriekapitalismus aber immer weniger durch gesellschaftliche Schranken und angeborene Privilegien verwehrt. Diese soziale Mobilität wurde insbesondere in den Vereinigten Staaten zu einem gesellschaftsbestimmenden Mythos, doch sie existierte auch in Europa. Nicht unmittelbar in der Mitte des 19. Jahrhunderts, aber zunehmend mit der Annäherung der Arbeiterschicht an eine Mittelschicht, die mit den im späten 19. Jahrhundert beginnenden Sozial- und Arbeitsreformen einsetzte. Die Entstehung sozial durchlässiger Klassen und die Nivellierung gesellschaftlicher Hierarchien war Konsequenz einer Homogenisierung der Kultur, innerhalb derer sich Zusammenschlüsse nicht-elitärer Gesellschaftsschichten erst realisieren ließen.

Der ausschließliche Fokus auf Außenhandel und Staatsmacht erschöpft sich also hiermit. Die Zentralisierung absolutistischer Staatengebilde, die mit einer administrativen Konsolidierung nach Innen und der kolonialen Expansion nach Außen einherging, schuf einheitliche Loyalitätsgegenstände und abstrahierbare Regierungsinstitutionen, die mit den Revolutionen des aufstrebenden Bürgertums übernommen wurden. Diese Bourgeoisie war erst mit dem Merkantilismus entstanden. Listigerweise keimte also be-

97 Mandeville 1970, 52 und Smith 1976, 477. Er wurde also geführt von einer ›unsichtbaren Hand‹ und förderte damit unbeabsichtigt ein gesellschaftliches Ziel.

98 Galbraith 1983, 116.

99 Sehr lesbare und aktuelle Kritiken, die sich mit der Problematik der gesellschaftlichen Polarisierung in den Vereinigten Staaten des 21. Jahrhunderts auseinandersetzen und die teilweise erstaunlich ähnlich klingende Legitimationsversuche der Ungleichheit zu entkräften suchen, bieten Conley 2009, Bartels 2008 und Krugman 2009.

100 Vgl. Galbraith 1983, 116 f.. Ähnliche Argumente gewinnen erschreckenderweise, insbesondere in der angloamerikanischen Literatur, auch heute wieder an Zulauf. In der ›Genopolitik‹ (›Genopolitics‹) und ›Neuropolitik‹ (›Neuropolitics‹) versuchen Wissenschaftler wie James H. Fowler oder Christopher T. Dawes tatsächlich die Stratifizierung der Gesellschaft mit dem genetischen Erbgut der verschiedenen Schichten zu erklären; vgl. Fowler/Dawes 2008, 584.

reits in der Wirtschaftsform des Absolutismus der Samen des eigenen Verfalls. Der Absolutismus wurde nicht etwa wegen einzelner Fehler oder Missgeschicke überwunden, sondern wegen seines durchschlagenden Erfolgs. Mit dem technologischen Wandel und der Ausweitung von Kommunikationsnetzwerken erweiterte sich der Kreis derer, die nach den aufklärerischen Idealen von Freiheit und Gleichheit strebten.

Kommunikation und Technologie

Kommunikationsnetzwerke und die industrielle Revolution

Ein gesamter Zweig der Nationalismusforschung widmet sich der Bedeutung von Kommunikationsnetzwerken für die Entstehung von Nationen in Europa. Das Hauptaugenmerk liegt im Großteil derartiger Argumentationen auf dem erhöhten Grad an Kommunikation innerhalb einer Gemeinschaft und dem daraus potenziell entstehenden nationalen Zusammengehörigkeitsgefühl. Entsprechend der in diesem Kontext formulierten Hauptthesen spielten bei der Ausweitung sozialer Kommunikationsstrukturen der Kapitalismus, die Industrialisierung und damit zusammenhängende Innovationen im Transportwesen eine zentrale Rolle. Dieser kommunikationstheoretische Ansatz ergänzt eine macht- und wirtschaftspolitische Betrachtungsweise vor allem darin, dass er in der Darstellung dieser gesellschaftlichen und kulturellen Veränderungen in Grundzügen eine Erklärung für die Dimensionen und Grenzen der Nation bietet. Außerdem lenkt diese Perspektive den Blick vom entstehenden Staatsapparat – und damit von den Eliten – auf breitere soziale Prozesse und Gesellschaftsschichten im Übergang vom feudalen in das industrielle Zeitalter.

Dieses Verständnis des Nationenbildungsprozesses wurde bereits in der Mitte des 20. Jahrhunderts etabliert. Schon Karl Deutsch definierte das Volk als eine Einheit innerhalb einer Anhäufung, einem Cluster, intensiv(iert)er sozialer Kommunikation. Um also das Phänomen des Nationalismus verstehen zu können, müsse man, laut Deutsch, die Kommunikationsinstanzen einer Gesellschaft untersuchen: das sozial normierte Symbolsystem (u.a. die Sprache) und Hilfscodices wie Alphabete, Schreib- und Rechenformen. Zusätzlich würden Informationen aus dem lebendigen Gedächtnis, aus Assoziationen, Gewohnheiten und Vorlieben der Mitglieder einer Gesellschaft ebenso wie nationale Institutionen (Bibliotheken, Statuten, etc.) Aufschluss über eine gemeinsame Geschichte gewähren, die erst durch ebendiese Kommunikationsinstanzen gemeinsam erfahren werden könne.[101] Sowohl dieser Aspekt der Kommunikation über kulturelle Artefakte als auch die Einbindung einer gemeinsamen Vergangenheit in einen kollektiven Gegenwartshorizont werden vertieft im Folgeabschnitt *Gesellschaft & Gedächtnis* besprochen. An dieser Stelle geht es zunächst um die Rolle der Kommunikation als Deutungs- und Handlungsmuster im Nationenbildungsprozess und in einem zweiten Schritt um die zentrale Bedeutung von Kommunikation für die Industrialisierung. Die Untersuchung der kommunikativen Instanzen, die Deutsch direkt an sein Verständnis des Nationenbildungsprozesses koppelt, wurde in späteren Jahrzehnten zu einem unabhängigen Argumentationsstrang im Feld der Nationalismusforschung, beispielsweise im Werk von Aleida Assmann. An dieser Stelle beschränken wir uns daher zunächst auf das Konzept des Kommunikationsnetzwerkes und der sprachlich ermöglichten und technologisch getragenen Intensivierung sozialer Kommunikation im Zuge der Industrialisierung.

---

101 Deutsch 1953, 189 f. Der Begriff der »Erlebnisgemeinschaft« von Eugen Rosenstock weist in dieselbe Richtung und schließt die Kultur als ausschlaggebenden Faktor in der (revolutionären) Nationenbildung mit ein; vgl. Rosenstock 1931, 55.

Laut Deutsch führte die Fähigkeit eines Individuums, effizienter und weitreichender mit anderen Mitgliedern der Kultur- und Spracheinheit kommunizieren zu können als mit Außenseitern zu einer als kontinuierlich empfundenen Zugehörigkeit zu einem Volk.[102] Der Nationalismus reflektiert damit die gestiegene soziale Mobilität der modernen europäischen Gesellschaften, die lokal begrenzte Kommunikationsnetzwerke im Streben nach »Komplementarität oder kommunikativer Effizienz« aufbrach und auf einer neuen, breiter dimensionierten Ebene neu zusammensetzte.[103] Ähnlich argumentiert auch Eric Hobsbawm, dass sich im absolutistischen Zeitalter kleine Eliten zwar über Fremdsprachen verständigen und organisieren konnten, dass aber mit einer allmählichen Ausweitung der Schulbildung, die ja spätestens mit dem Beginn des 19. Jahrhunderts einsetzte, die Bedeutung der nationalen Sprache und damit des nationalen Raums gegenüber einer elitären Verkehrssprache stieg.[104]

Gerade die durch die technologische Innovation der Industrialisierung bedingten Veränderungen in der Gesellschaftsordnung hatten maßgeblichen Einfluss auf die Ausbildung nationaler Netzwerke. Zum einen durch die Verflechtung territorial versprengter Bevölkerungsgruppen durch neue Transport- und Kommunikationstechnologien, zum anderen durch die fortschreitende Urbanisierung. So bestätigte auch Miroslav Hroch Deutschs Thesen und fügte hinzu, dass, dort wo die Kommunikationsstruktur »bereits hoch entwickelt und weitverzweigt ist, wie in den Zentren von Handel und Dienstleistungen [...] auch der Grad der Nationalisierung hoch [ist], während das flache Land erst vergleichsweise spät erreicht wird.«[105]

Den Ansätzen Hrochs und Deutschs nicht unähnlich erklärt Ernest Gellner die Entstehung des Nationalismus und der Nation als notwendige Konsequenz der Industrialisierung – mehr als die anderen aber aus dem daraus resultierenden Umbruch in der Arbeitsteilung. Die agrarische Gesellschaft war gekennzeichnet von einer in lokale Gemeinden fragmentierten Hauptbevölkerung sowie von horizontal ausgerichteten Schichten der (militärischen, administrativen, geistlichen und mitunter kaufmännischen) Führungseliten.[106] Letzteren war wenig an einer kulturell homogenen Gesellschaft gelegen. Das Lesevermögen war den Eliten vorbehalten und auch sprachlich stärkten sie ihren Führungsanspruch gegenüber dem Volk durch die Verwendung fremder Sprachen. Um die eigenen Machtansprüche zu legitimieren, wurden Ungleichheiten außerdem mit Traditionen gerechtfertigt. Darüber hinaus wurde diese Hierarchie aufrechterhalten, weil sich die voneinander geographisch und arbeitsteilig getrennten Gruppen der Hauptbevölkerung nicht zu einer Gemeinschaft formten. Die rigiden Strukturen der einzelnen lokalen Gemeinschaften, die sich im Feudalismus aus sich selbst heraus reproduzieren konnten, machten die Ausbildung einer flächendeckenden Standardsprache überflüssig und damit auch eine Homogenisierung der Kultur des Staates.

102 Vgl. Snyder 1990, 72.

103 Deutsch zitiert nach Gall 1989, 132.

104 Hobsbawm 1962, 167.

105 Gall 1989, 132/133. Ähnlich argumentierte auch bereits im 18. Jahrhundert Adam Smith, der davon ausging, dass erhöhter Handel, vor allem in küstennahen Hafenstädten zu einer florierenden Zivilkultur beitragen würde – wofür ihm der Mittelmeerraum und die frühen mesopotamischen Kulturen als Beispiel dienten (Buch I, Kap. III). Zu neuerer Literatur bezüglich eines frühen Kosmopolitismus in Hafenstädten vgl. beispielsweise den Sammelband von Amenda/Fuhrmann 2007.

106 Gellner 1983, 9.

Mit den technologischen Errungenschaften der Industrialisierung und mit der gesteigerten Mobilität der Bevölkerung wurde diese Grundstruktur aufgebrochen. Der mit dem schottischen Philosophen und Ökonomen David Hume (1711–1776) aufkommende Fortschrittsglaube, der sich nun auch in der Gesellschaft verbreitete, konnte nur durch wirtschaftliches Wachstum befriedigt werden und bedurfte wiederum einer universell einsetzbaren Arbeiterschaft.[107] Jene musste, laut Gellner, in Institutionen außerhalb ihrer lokalen Gemeinde vielseitiger ausgebildet werden, um folglich in einer sich durch stetige Innovationen ändernden Arbeitsmarktstruktur flexibel und austauschbar zu sein.[108] Die kostenintensive Infrastruktur für die Ausbildung der breiten Bevölkerung konnte in dem Maße aber nur vom Staat geleistet werden. Im Zuge dieser Entwicklungen bedingte eine nun notwendig gewordene, vom Kontext gelöste (schriftliche) Kommunikation zwischen Individuen in der industrialisierten Gesellschaft eine gemeinsame Sprache, die Universalisierung der Lesefähigkeit und die Nivellierung der lokalen Einzelkulturen hin zu einer gemeinsamen Kultur. Eine gemeinsame Kultur wurde zum unabdingbaren Interaktionsvehikel der entstehenden Industriegesellschaften.[109]

Die Sozialisierung außerhalb des unmittelbaren Familien- oder Gemeindekreises wurde daher imperativ.[110] Sie war Anlass zur Kopplung von Staat und Kultur, in der Gellner die Entstehung von modernen Nationen sieht. Zu diesem Modell Gellners muss um der Klarheit willen erneut betont werden, dass die Sprache allein keine Nationen geschaffen hat, sondern vielmehr eines von mehreren Anzeichen kultureller Hybridisierung darstellte. Außerdem war es nicht die Industrialisierung, welche die Standardsprachen erschuf. Wie im anschließenden Abschnitt dargelegt wird, steigerte sie in den Fällen Frankreichs und Englands deren Bedeutung jedoch beträchtlich.

Sprachwandel und Standardsprache

Es ist kein Zufall, dass England zugleich Mutterland der modernen nationalen Idee und der Industrialisierung war. Beide Entwicklungen befruchteten sich gegenseitig: Die Nation und der Protestantismus schufen, wie auch Max Weber argumentierte[111], günstige Vorbedingungen für den Kapitalismus im Allgemeinen und damit für die Industrialisierung im Besonderen; das Konzept der (Bürger-)Nation wiederum wurde in der Zeit der industriellen Revolution weiter gestärkt. Daher muss insbesondere im Sonderfall Englands das Argument Gellners teilweise modifiziert werden. Der Absolutismus und das Feudalwesen waren in England früh zurückgedrängt worden, so dass Handel und Kapital freier walten konnten und technologische Innovation marktwirtschaftlich gefördert wurde. Zwar wirkte die Industrialisierung verstärkend auf das na-

107 Ebd., 22.

108 Die Flexibilisierung der Arbeitskraft, die seit den 1980er Jahren in sogenannten ›Flextime‹-Ansätzen weite Verbreitung in nordamerikanischen und europäischen Unternehmen gefunden hat – und von Autoren wie Richard Sennett (2006, 2008) für ihre negativen Konsequenzen für das gesellschaftliche Miteinander kritisiert worden ist –, nimmt ihren Anfang also bereits im frühen 19. Jahrhundert.

109 Gellner 1983, 32 f.

110 Von Gellner als »exo-socialization« bezeichnet; Gellner 1983, 38.

111 Weber 2005.

tionale Zusammengehörigkeitsgefühl und institutionalisierte die Standardsprache durch die staatlichen Erziehungseinrichtungen auch in der breiteren Masse. Die Nation jedoch hatte im Bürgertum und der Mittelschicht bereits vor ihr Bestand. Mit anderen Worten verlief der Prozess der Nationenbildung in England zeitlich vorverlagert, doch auch hier brachte die Industrialisierung eine Neudimensionierung des nationalen Projekts.

Eine ›Standardsprache‹ entwickelte sich in England zeitiger als anderswo und auch eine homogene Kultur erreichte hier schon früher einen größeren Teil der Bevölkerung. Bis etwa 1200 existierte durch die normannische Eroberung und die Besitzungen des englischen Adels in Frankreich eine Art transkontinentale Aristokratie ohne bestimmte Loyalität zur englischen oder französischen Krone (die aber vorwiegend Anglonormannisch sprach, also ein Französisch, das sich von dem in der Île de France gesprochenen Französisch unterschied). Dies änderte sich nach dem Verlust der Normandie Englands (1204), der nun den englischen König und Adel dazu zwang, seine Hauptaufmerksamkeit dem eigenen Staat zuzuwenden.[112] Seilschaften und Heiraten zwischen dem englischen und dem französischen Königshaus führten während des 13. Jahrhunderts zu Einwanderungen, die in der Insel-Bevölkerung verstärkt Befremdung auslösten. Die Heirat zwischen Eleanor von der Provence, Tochter von Graf Raimund Berengar V., und Heinrich III. im Jahr 1236 brachte einen Strom französischer Einwanderer, die ihrer bevorzugten Behandlung wegen von Engländern beargwöhnt wurden und ein Abgrenzungsmoment auslösten. So schrieb der benediktinische Mönch und englische Chronist Matthew Paris (1200–1259) ein Jahr nach der Hochzeit: »Der englische König [...] hat alle Freunde und Verwandten seiner Frau mit Land, Besitz und Geld gemästet, und hat eine Ehe geschlossen, die ihn nicht bereichern kann, sondern in der er eher verarmt.«[113] Animositäten wuchsen während des 13. Jahrhunderts zu Bekundungen wahrhafter Fremdenfeindlichkeit, so auch in Bezug auf die Kirche:

> Die Kirche wird unterdrückt und abgenützt; der fromme Zweck ihrer früheren Wohltäter wird dadurch zerstört, dass Fremde ihr üppiges Vermögen beschlagnahmen, während die einheimischen Engländer leiden. Diese Fremden sind nicht einfach nur Ausländer [...]; sie verstehen die englische Sprache nicht, vernachlässigen die Seelsorge und machen das Königreich arm.[114]

Diese frühen patriotischen Regungen finden deswegen Erwähnung, weil sie sich auch sprachlich niederschlugen. Im 14. Jahrhundert verlor das Französische in England weiter an Prestige.[115] Auch der Hundertjährige Krieg (1337–1453) führte trotz einer erneu-

---

112 Baugh/Cable 1993, 125.

113 Ebd., 128; Übersetzung des Autors, im Original: »Our English king [...] has fattened all the kindred and relatives of his wife with lands, possessions, and money, and has contracted such a marriage that he cannot be more enriched, but rather impoverished.«

114 Baugh/Cable 1993, 130; im Original: »The church is being worn out by constant oppressions; the pious purpose of its early benefactors are being brought to naught by the confiscation of its ample patrimony to the uses of aliens, while the native English suffer. These aliens are not merely foreigners; not even know the faces of the sheep; they do not understand the English tongue, neglect the cure of souls, and impoverish the kingdom.«

115 Interessanterweise auch deshalb, da das in England gesprochene Französisch nicht dem ›guten‹ Französisch entsprach, wie es unter kapetingischer Herrschaft vorwiegend gesprochen wurde. Fast entschuldigend schrieb ein Dichter der Zeit: »A false French of England I know, for I have not been elsewhere to acquire it; but you who have learned it elswhere, amend it where there is need.« Baugh/Cable 1993, 137.

ten Hinwendung zu Kontinentaleuropa keineswegs zu einer Refranzösisierung, sondern zur Wahrnehmung des Französischen als Sprache des Feindes. Die aufkommende Mittelschicht beförderte darüber hinaus das Ansehen des Englischen in der Bevölkerung. Diese Schicht wurde paradoxerweise von den verheerenden Auswirkungen der Beulenpest ab 1348 gestärkt, da vor allem die Unterschicht von der Epidemie betroffen war (die Oberschicht konnte sich leichter in ihren Schlössern abschotten) und das massenhafte Sterben einen akuten Arbeitermangel besonders in der Landwirtschaft auslöste. Jener wiederum führte zu einem sprunghaften und nachhaltigen Lohnanstieg.[116] Dadurch, dass sich das Geld im Umlauf mit dem Bevölkerungsschwund auf weniger Personen verteilte, stieg der Reichtum pro Kopf. Die Inflation im 16. Jahrhundert, die durch den spanischen Goldimport und Silberfunde aus der Neuen Welt in Mitteleuropa ausgelöst worden war, traf das Bürgertum außerdem wesentlich weniger hart als den Hochadel, »der seine Ländereien langfristig zu niedrigem Zins verpachtet hatte« und trug damit ebenso zu dessen Aufstieg bei.[117] Diese Anfänge einer frühbürgerlichen Geldwirtschaft resultierten in einer schrittweisen Entfeudalisierung. Sie war im 15. Jahrhundert auch dadurch begünstigt, dass der König und der Hochadel im Hundertjährigen Krieg und in den Rosenkriegen (1455–1485) von der Restrukturierung der binnengesellschaftlichen Hierarchien abgelenkt waren.[118] Mit der steigenden Bedeutung der Arbeiterschicht und dem frühen Aufstieg des Bürgertums stieg zugleich die Wichtigkeit ihrer Sprache, nämlich Englisch.

Die mittelenglischen Dialekte wichen jedoch voneinander nahezu von County zu County ab. Es ließen sich im Mittelalter vier größere dialektale Gruppen des Mittelenglischen unterscheiden (Northern, East Midland, West Midland und Southern). Der Midland-Dialekt erwies sich auch als sprachlicher Mittler zwischen den dialektalen Extremen des Südens und des Nordens. Zudem war das Territorium, in dem dieser Dialekt gesprochen wurde, am dichtesten bevölkert, wodurch sich auch seine prominente Stellung im Spätmittelalter sowie die Bedeutung der Universität Cambridge erklären; ferner aber auch die zentrale Stellung Londons, die den East Midland-Dialekt mit dem ausgehenden 15. Jahrhundert in seiner Ausprägung als London Standard – zumindest im Schriftlichen – zum Standardenglisch erhob.[119] Darüber hinaus verhalf Geoffrey Chaucer (~1343–1400) den Engländern zur Wahrnehmung einer einheitlichen Sprache (jedoch mit Einfärbungen des Southern-Dialekts). Auch William Shakespeare (1564–1616) trug später dazu bei, der Bevölkerung zu einem Bewusstsein einer gemeinsamen Sprache und einer gemeinsamen Literatur zu verhelfen. Das Wissen um eine gemeinschaftliche Geschichte und um im Kollektiv bejubelte Helden konnte damit frühnationale Zugehörigkeitsgefühle schaffen.[120] Die Entstehung des Bürgertums war in England also eng mit der Bildung einer homogeneren Kultur verbunden; das aber schon vor der industriellen Ära.

---

116 Baugh/Cable 1993, 138 f.

117 Gelfert 1997, 53.

118 Vgl. Gelfert 1997, 37. Zudem ging der Hochadel aus den Rosenkriegen so geschwächt hervor, dass 1485 nur noch 18 Peers im Oberhaus saßen (gegenüber 53 im Jahre 1454), was dem städtischen Bürgertum und dem niederen Adel Raum zum Aufstieg verschaffte; Gelfert 1997, 53.

119 Vgl. Baugh/Cable 1993, 185 f.

120 Vgl. Snyder 1990, XV.

Das Zeitalter des modernen Englisch wurde von einer Reihe von Faktoren ausgelöst, auch hier früher als in anderen Ländern. Die Erfindung des Buchdrucks, die Ausweitung der Volkserziehung, die zunehmende Spezialisierung von Wissen (und die Abkehr vom Lateinischen in den Wissenschaften), die beginnende Sprachnormierung und eine erhöhte Kommunikation durch die Entstehung neuer Kommunikationskanäle trugen zu diesem radikalen Umbruch bei. William Caxton führte 1476 die Druckerpresse in England ein und während im Jahre 1500 bereits 35.000 Bücher, zugegebenermaßen größtenteils in lateinischer Sprache, gedruckt waren, umfasste die Anzahl englischer Werke schon 1640 über 20.000 Titel.[121] Bücher konnten den beengten Raum sprengen, den sie als Luxusgut der Reichen füllten, indem sie technisch zum Massenprodukt avancierten.

Ohne ein dementsprechendes Erziehungssystems wäre diese Innovation jedoch bedeutungslos gewesen. Nach Schätzungen konnten im England Shakespeares zwischen einem Drittel und der Hälfte der Bevölkerung zumindest lesen. Die Entstehung einer wohlhabenden Handelsklasse im 17. und 18. Jahrhundert äußerte sich in einem wesentlichen Anstieg in der Anzahl der Schulen (die aber dennoch zumeist von kirchlicher Hand geleitet wurden) und daraus hervorgehend in der Popularität journalistischer Berichterstattung und dem raschen Aufstieg des Romans als literarische Gattung.[122] Zudem plädierten Intellektuelle (z. B. John Locke) dafür, die universelle und neutrale Sprache der wissenschaftlichen Revolution der Renaissance auf die Standardsprache zu übertragen und damit die Früchte der wissenschaftlichen Emanzipation auch im öffentlichen Raum ernten zu können.[123]

Eine Standardsprache existierte also bereits spätestens im 17. und 18. Jahrhundert und begünstigte wesentlich die Industrialisierung Englands. In der Tat brachte aber auch hier die Industrialisierung eine Verdichtung des Nationenbegriffs mittels eines erhöhten Kommunikationsnetzwerkes und neuer Interaktionsmöglichkeiten. Insbesondere im 19. Jahrhundert bekräftigte die Entstehung säkularer Schulen den Nationenbildungsprozess, indem über die Schulbuchhistoriographie gemeinsame Gründungs- und Opfermythen weitere Verbreitung fanden. Die Pflichterziehung, die mit dem *Elementary Education Act* von 1870 eingeführt wurde, schloss diesen Prozess der nationalen Konsolidierung flächendeckend ab. Darüber hinaus förderten die Einführung erschwinglicher Zeitungen (1816) und Briefmarken (1840), die verbesserten Reisebedingungen per Eisenbahn und Dampfschiff sowie die Erschließung neuer Kommunikationswege mittels elektrischer Telegraphie die nationale Einheit Englands.[124]

Mit Blick auf Gellners Argumentation müssen also gewisse Abweichungen des englischen Nationenbildungsprozesses von der ›Norm‹ festgestellt werden. Sein Modell lässt sich nicht exakt auf den Fall Englands übertragen, da die Industrialisierung hier nicht die Entstehung einer nationalen Einheitskultur initiierte, sondern diesen Prozess abschloss und neu dimensionierte. In Frankreich hingegen fand eine französische Sprache und Kultur tatsächlich erst mit der Mobilität der industriellen Ära eine weite Verbreitung, was im Einklang mit den Thesen Ernest Gellners steht.[125]

---

121 Ebd., 195.
122 Vgl. Baugh/Cable 1993, 196.
123 Ebd., 250.
124 Ebd., 290. Zu einem breiteren, europäischen Blickwinkel auf diese Entwicklungen vgl. Hobsbawm 1962, 166 f.
125 Fisher 1996, 65.

Zwar existierte in Frankreich eine Hochsprache schon deutlich vor dem 19. Jahrhundert, doch sie wurde nur von wenigen gesprochen. Dies mag überraschend wirken, da in Frankreich der Staat schon zu einem sehr frühen Zeitpunkt auf eine Vereinheitlichung der Sprache hinwirkte. Es ist überliefert, dass bereits im Hochmittelalter die gegenseitige Verständigung von Sprechern in Nordfrankreich problemlos möglich war und sogar »ein Bewußtsein darüber [bestand], daß in Nordfrankreich eine gemeinsame Sprache gesprochen wurde.«[126] Im 14. und 15. Jahrhundert steigerte sich die literarische Produktion beträchtlich und zunehmend entstanden »fachliche und didaktische Abhandlungen in der Volkssprache.«[127] Unter Franz I. wurde 1539 das Französische im Edikt von Villers-Cotterêts zur einzigen Verwaltungs- und Rechtssprache.[128] Im 16. Jahrhundert folgten erste normative Standardisierungsversuche von beruflichen Drukkern und literarischen Kreisen wie dem der *Pléiade;* erste Grammatiken und Wörterbücher erschienen. Wie schnell sich die Emanzipation des Französischen gegenüber dem Lateinischen vollzog, zeigt sich auch an der Forderung Joachim Du Bellays (1522–1560) aus dem Jahre 1549, das Französische als Literatursprache zu verwenden; Henri Estienne (1531–1598) sah es gar als dem Italienischen überlegen, da es dem Griechischen verwandter sei.[129] Auch der absolutistische Zentralstaat unterstützte im 17. Jahrhundert diese frühe französische Tendenz zur Sprachkodifizierung. Der wohl bedeutendste Schritt in diese Richtung war Kardinal Richelieus Erhebung der Académie française zum »königlichen Instrument der Sprachnormierung« im Jahr 1635. Diese war so angelegt, dass sie eigentlich auch Einfluss auf die Bevölkerung nehmen sollte. Laut Marc Fumaroli gründete Kardinal Richelieu (1585–1642) die Académie, »um der von der Politik geformten Einheit des Königreiches eine Sprache und einen Stil zu verleihen, die jenes symbolisiert und zementiert.«[130] Daher auch Artikel XXIV des Statuts der Académie, der ihre Hauptfunktion darin festlegte, der französischen Sprache klare Regeln zu verleihen und sie zu purifizieren.[131]

---

126 Sokol 2001, 199.

127 Ebd., 199 f.

128 Dies findet vor allem in Artikel 110 und 111 Ausdruck: »Art. 110. – Et afin qu'il n'y ait cause de douter sur l'intelligence desdits arrests, nous voulons et ordonnons qu'ils soient faits et écrits si clairement, qu'il n'y ait ni puisse avoir aucune ambiguité ou incertitude ni lieu à demander interprétation.« und »Art. 111. – Et pour ce que telles choses sont souvent advenues sur l'intelligence des mots latins contenus esdits arrests, nous voulons d'oresnavant que tous arrests, ensemble toutes autres procédures, soient de nos cours souveraines et autres subalternes et inférieures, soient de registres, enquestes, contrats, commissions, sentences, testaments, et autres quelconques, actes et exploicts de justice, ou qui en dépendent, soient prononcés, enregistrés et délivrés aux parties en langage maternel françois et non autrement [...]« Vgl. Assemblée Nationale 2011.

129 Im Gegenzug hierzu versuchte man im elisabethanischen England die Überlegenheit der englischen Sprache gegenüber dem Französischen und den anderen klassischen Sprachen hervorzuheben. Der Dichter und Dramatiker John Dryden (1631–1700) war beispielsweise fest von der hohen Qualität des englischen Dramas überzeugt und empfand die Kunst der englischen Dichter als den Werken Aeschylus, Euripides und Sophocles überlegen; vgl. Greenfeld 2003, 78.

130 Vgl. Académie française 2011; Übersetzung des Autors, im Original: pour »donner à l'unité du royaume forgée par la politique une langue et un style qui la symbolisent et la cimentent.« ebd.; zur Académie française vgl. Gauvin 2004, 83–91.

131 Im Originaltext hieß es: »la principale fonction de l'Académie sera de travailler avec tout le soin et toute la diligence possibles à donner des règles certaines à notre langue et à la rendre

Es kann also ebenso wenig wie im Fall Englands behauptet werden, dass eine französische Hochsprache überhaupt erst mit der Industrialisierung ›entstand‹. Der entscheidende Punkt liegt allerdings darin, zu bestimmen, welcher Anteil der Bevölkerung von dieser Standardisierung überhaupt erfuhr. Die französische Sprachnormierung hatte sich nämlich lediglich über die Schriftsprache verbreitet, so dass sie bis 1790, wie bereits angedeutet, nur einen sehr geringen Teil der Bevölkerung betraf. So konstatiert auch die Sprachwissenschaftlerin Monika Sokol, dass in Nordfrankreich »außerhalb der schriftkundigen Sprecher« nur von »vereinzelter passiver Kenntnis der Hochsprache« auszugehen sei.[132] Da die »Sprachgepflogenheiten der großen Masse für die Herrschenden bisher kaum von Belang gewesen waren« wurde im Süden zum Zeitpunkt der Revolution von der »gebildete[n] Oberschicht nach wie vor Okzitanisch« gesprochen, wohingegen man in der Bretagne Bretonisch sprach.[133] Während in England also bereits im 16. Jahrhundert knapp die Hälfte der Bevölkerung lesen konnte und damit eine Mehrheit der Engländer direkt oder indirekt über Geschehnisse in der englischen Gesellschaft erfahren konnte, war man in Frankreich von einem nationalen Diskurs bis zum Ende des 18. Jahrhunderts weit entfernt.

Dies änderte sich erst mit der französischen Revolution und das nicht ohne Grund. »Wenn man über die Ideen der Revolution die gesamte Bevölkerung mobilisieren wollte [...] mußte jeder die Verlautbarungen der Revolutionsregierung und anderer Institutionen verstehen können.«[134] Damit wurde das Beherrschen der französischen Dachsprache zum patriotischen Akt, Regionalsprachen und -dialekte zum Relikt des Ancien Régime. Der Schritt dahin war jedoch größer, als die Revolutionäre vermutet hatten. Die geplante Entsendung französischer Lehrer in die Regionen scheiterte mangels finanzieller Mittel der Regierung. Erst ab 1830 konnten erste staatliche, wenn auch kostenpflichtige Volksschulen allmählich das Französische als ›Distanznorm‹ etablieren.[135] Erst ab 1850 beförderte tatsächlich die »höhere Mobilität der jüngeren Generation (z. B. durch Ortswechsel in die industrialisierten Zentren) [...] die Erlernung des Französischen.«[136] Wenn das Konzept der Nation den Philosophes und den Revolutionären bereits vorschwebte, konnte es sich in der breiten Bevölkerung erst mit dem ab 1881/82 von der Dritten Republik eingeführten unentgeltlichen und obligatorischen Grundschulbesuch und der Konsolidierung des Konzeptes in literarischen und künstlerischen Werken verdichten. Zu diesem Zweck trugen auch die Wiedereinführung der Wehrpflicht 1872 und des allgemeinen Wahlrechts (für Männer) 1875 maßgeblich bei, da Mythen der Nation durch ihre Institutionalisierung an Verbindlichkeit gewannen.[137]

Sowohl in Frankreich als auch in England war die Erhöhung der Mobilität in Industriegesellschaften, die Homogenisierung der Kultur und die Ausdehnung des Gebrauchs von Hochsprachen neben der Entwicklung des Staatsgebiets und staatlicher

---

pure, éloquente et capable de traiter les arts et les sciences«, Académie française 2011.

132 Sokol 2001, 204.

133 Ebd., 204.

134 Ebd., 204

135 Im Sinne der Distanzsprache nach Koch/Österreicher mit Betonung auf die graphische Kodierung, also Schriftsprache, oder was Gellner als ›kontextlose Sprache‹ bezeichnete; Sokol 2001, 184.

136 Sokol 2001, 204. Mit der Einführung der allgemeinen Schulpflicht zwischen 1881–1886 wurde die französische Sprachnorm im Unterricht flächendeckend verbreitet; ebd., 204.

137 Kimmel 2003, 485.

Erziehungs-, Verwaltungs- und Finanzapparate damit ein weiterer, entscheidender Schritt in Richtung einer Durchdringung der Bevölkerungsmassen mit dem Konzept der Nation. Damit ist die Form skizziert, nicht jedoch der Inhalt. Die nationale Identität bedurfte über Fragen der Macht und der Kommunikationsmöglichkeiten hinaus auch des Bewusstseins einer gemeinsamen Vergangenheit. Aus dem Verweis auf ein kollektives Gedächtnis, auf Gründungsmythen und, daraus abgeleitet, aus der Hoffnung auf eine vom Schicksal bestimmte glorreiche Zukunft entstand die neue Legitimierung zur Macht, derer sich das Bürgertum bediente. In einer neu entstehenden nationalen Historiographie wurde der gesellschaftliche Handlungsrahmen für das Volk als neuem Akteur der nationalen Geschichte abgesteckt.

Gesellschaft und Gedächtnis

Um die Bedeutung der Geschichte und des kollektiven Gedächtnisses für die Nationenbildung zu erklären, muss zunächst chronologisch zurückgegriffen werden. Dabei muss insbesondere die neue Bedeutung der Wissenschaft seit der Renaissance kurz Erwähnung finden, die zu einer neuen Wahrnehmung von Raum und Zeit führte und dem feudalen Untertanendasein einen neuen, wenn auch zugegebenermaßen auf gewisse Bevölkerungsgruppen eingeschränkten, Individualismus entgegenstellte.

Die »Entdeckung des Ich« in der Renaissance und der Reformation ging aus einer neuartigen Perzeptionsweise der Wirklichkeit hervor. Die Neuheit dieses Wahrnehmungsmodells lag allem voran darin, natürliche Zusammenhänge durch die Übertragung mathematischer Erkenntnissysteme erklärbar zu machen.[138] Das aristotelisch-teleologische Verständnis, das physikalische wie auch gesellschaftliche Zusammenhänge aus inhärenten Eigenschaften der Dinge, nicht aus objektiven Gesetzmäßigkeiten erklärte, wurde abgelöst von der epistemologischen Revolution Galileis (1564–1642) und Newtons (1642/43–1726), mit der mathematisch bestimmbare Beziehungen an Wichtigkeit gewannen.[139] Damit konnte die Legitimierung der Aristokratie und der Königshäuser auch nicht mehr aus einer Essenz des ›Aristokratischen‹ oder ›Königlichen‹ abgeleitet werden wie noch bei den wunderheilenden Königen des Absolutismus. Menschen konnten als grundsätzlich gleich wahrgenommen und der sich abgrenzende Duktus der Führungseliten in Sprachen und Manieren konnte als arbiträr entlarvt werden, nicht als kosmische Notwendigkeit. Dasselbe gilt selbstverständlich für die Kirche und ihre Würdenträger, wobei hier zusätzlich die Lesbarkeit biblischer Texte, nicht mehr in Latein sondern in der Volkssprache, zu einer kritischen Auseinandersetzung mit den Hierarchien der Kirche führte.

Auch die Wahrnehmung von Zeit und Geschichte wandelte sich in dieser Epoche grundlegend. Neben der Infragestellung althergebrachter Herrschaftsstrukturen eröffnete unter anderem Descartes' analytische Geometrie und Galileis experimentelle Methode einen vollkommen neuen Blick auf die Zukunft, der man sich nun gestalterisch zuwenden konnte, in der Annahme, sie sei »auf ein ganz neues, erst zu findendes Wissen« gestützt.[140] Als Konsequenz erhielt der Fortschrittsglaube Einzug in das dominante Geschichtsbild und fand in allen Lebensbereichen Widerhall. Da die Natur nunmehr kausal verstanden werden konnte, ließ sich das, was für die Zukunft galt, auch auf die Vergangenheit übertragen. Anders ausgedrückt: Aus der Geschichte ließ sich die Gegenwart erklären.

Zum einen konnte damit die ›Great Chain of Being‹ – die göttliche Ordnung, in der jedem Wesen eine festgelegte Position innerhalb einer klaren Hierarchie zugewiesen wurde – bezweifelt werden. Das heißt, dass der König als Repräsentant Gottes auf Erden selbst an Legitimierung verlor. Seine Untertanen, die zunehmend selbst lesen (und denken) lernten, konnten sich als dem Wesen nach gleiche, menschliche Geschöpfe entdecken. Es stellte sich vermehrt die Frage nach dem freien Willen, der von einem

---

138 Schweidler 2004, 133.
139 Haugaard 2006, 347.
140 Schweidler 2004, 133.

von Gott ausgelegten und vorgegebenen Pfad abwich. Mit anderen Worten: Das Auseinanderfallen der göttlichen Ordnung eröffnete – ausgelöst durch die Infragestellung bestehenden Wissens durch beobachtende Empirie und Experimente in der wissenschaftlichen Revolution – »die Möglichkeit für existenzielle Kritik«.[141]

Als dialektische Gegenbewegung zur Erkenntnis hypothetischer menschlicher Gleichheit konnten aber auch die Führungsschichten ihre gegenwärtige Macht als historisch legitimiert darstellen. Letzteres, indem sie ihren Anspruch auf gesellschaftliche Führung geschichtlich zu begründen suchten.[142] Einige dieser Mythen sollen in einem späteren Teil dieses Abschnittes detaillierter untersucht werden.

Wenn die wissenschaftliche Revolution und die damit einhergehenden neuen Sichtweisen und Lebenswirklichkeiten Hierarchien sowohl in Frage stellen als auch kräftigen konnten, so wurde doch insgesamt die Idee der menschengemachten Perfektionierung und des Fortschritts gestärkt. Der Aufstieg der Naturwissenschaften im 17. Jahrhundert, ihre Lösung von den antiken Dogmen, aber auch die Verbesserung der Lebensumstände und schließlich die Rationalisierung von Verwaltung und Recht, von Finanz- und Kriegswesen führten zu der Vermutung, dass Geschichte nicht immergleiche Wiederholung von Aufstieg und Fall von Herrschaft sei, sondern dass ihr eine in die Zukunft weisende eigene Energie zur Verbesserung aller menschlichen Verhältnisse innewohne.[143] Damit wurde Geschichte zur »Bewegung in der Zeit«, mit dem Zweck, die Gesellschaft zu verbessern und den Menschen zu seinem eigentlichen Wesen, nämlich zur Vernunft und Humanität zu verhelfen.[144] Die Möglichkeit der »Perfektibilität« und ein entstehendes universales Weltbild avancierten zum »Projekt der Moderne«, wodurch Geschichte – als »Prozess der Verwirklichung der Vernunft« – sinnstiftend wurde.[145]

In den vorangehenden Abschnitten wurde versucht, materielle Gründe für die Entstehung der Nation zu erläutern. Die Zentralisierung von Macht und Wirtschaft in der Staatsgewalt während der Ära des Merkantilismus und die Ausweitung der Kommunikationsmöglichkeiten im industriellen Zeitalter wirkten als Katalysatoren der Nationenbildung. Und auch ein Teil des von Ernest Renan 1882 formulierten Grundelements der Nation, nämlich der Wille zum Zusammenleben, erklärt sich aus dem Aufstieg des Bürgertums und dem Einschluss des Volkes als potenziellem Souveränitätsträger in England und Frankreich. Der zweite Teil dieser von Renan als »geistiges Prinzip«

141 Dreyfus/Kelly 2011, 19; sinngemäße Übersetzung des Autors. Im Original: The breakdown of a divine order »opened up the possibility for genuine existential questioning«; zur Neuinterpretation althergebrachter Gesellschaftshierarchien als radikale Kritik vgl. Calhoun 2012, insbesondere Kapitel 1.

142 Für eine sehr zugängliche – wenn auch in letzter Instanz problematische – Behandlung der Frage nach individueller Handlungsmöglichkeit und göttlicher Ordnung vgl. (allerdings in englischer Sprache) Dreyfus/Kelly 2011, vor allem Kapitel I ›Our Contemporary Nihilism‹.

143 Jeismann 2002.

144 Ebd.

145 Ebd. Die neue Orientierung an mathematischen Kausalitäten wurde begleitet von einer neuartigen zeitlichen Wahrnehmung, die Benedict Anderson darüber hinaus mit anderen gesellschaftlichen Veränderungen in Verbindung bringt. Er argumentiert, dass erst die Kombination aus Drucktechnologie und Frühkapitalismus das Gefühl der Zeitgleichheit hat entstehen lassen. Für das Bewusstsein einer Nation war diese Idee, sich mit der restlichen Nation simultan durch eine «homogene, leere Zeit« zu bewegen, von entscheidender Tragweite, da sie den Eindruck eines gemeinsam beschrittenen Schicksalsweges erst erlaubte; Anderson 2006, 26.

beschriebenen Grundbedingung der Nation, nämlich »der gemeinsame Besitz eines reichen Erbes an Erinnerungen« und die ›Solidaritätsgemeinschaft‹, die getragen wird »von dem Gefühl der Opfer, die man gebracht hat, und der Opfer, die man noch zu bringen gewillt ist«, erklärt sich damit noch nicht.[146] Der Nation fehlt in einer solchen politökonomischen und kommunikationstheoretischen Perspektive ihre Seele, der Grund, für den Fortbestand der Nation, im Extremfall auch mit dem eigenen Leben einzustehen. Die Bevölkerung spielt eine aktivere Rolle, als aus den vorangegangenen Argumentationen hervorgehen könnte. Sie musste für die nationalen Ideologien empfänglich sein (oder gemacht werden), um deren Verbreitung überhaupt erst zu ermöglichen.

Das widerspricht keineswegs dem von Karl Marx in seiner Kritik an Ludwig Feuerbach (1804–1872) geäußerten Diktum, dass die »Gedanken der herrschenden Klasse [...] in jeder Epoche die herrschenden Gedanken« sind; das heißt, dass »die Klasse, welche die herrschende *materielle* Macht der Gesellschaft ist, [...] zugleich ihre herrschende *geistige* Macht« ist.[147] Die in der ideellen Welt – oder sagen wir in der politischen Rhetorik, die Marx am deutschen Idealismus so scharf kritisiert – entstandenen Ideen der Gleichheit konnten trotz der reell existierenden materiellen Ungleichheiten Einzug in das gesellschaftliche Weltbild und damit allmählich in die politischen Realitäten erhalten.

Der bereits zur Sprache gekommene Nationalismusforscher Miroslav Hroch formulierte neben seiner erwähnten, statischen Definition der Nation auch eine dynamische Hypothese zur Nationenbildung, die diesen Entwicklungen – von Ideologie zu politischer Realität – Rechnung trägt.[148] Er unterscheidet im Prozess der Nationenbildung drei Phasen:

146 Renan 1882 in Jeismann 1993, 309.

147 Kursivierung im Original bei Marx; Abschnitt A.2 ›Über die Produktion des Bewußtseins; Feuerbach. Gegensatz von materialistischer und idealistischer Anschauung‹. Und ferner argumentiert Marx: »Zu einer Zeit [...] und in einem Lande, wo königliche Macht, Aristokratie und Bourgeoisie sich um die Herrschaft streiten, wo also die Herrschaft geteilt ist, zeigt sich als herrschender Gedanke die Doktrin von der Teilung der Gewalten, die nun als ein ›ewiges Gesetz ausgesprochen wird.«

148 Karl Deutsch, der die Entstehung von Nationen als historisch zyklischen Prozess betrachtet, der sich von lokaler Isolation (local isolation) zu ›universellem‹ Reich (›universal‹ empire) ausdehnt und wieder zum Lokalismus zerbricht, nahm an sich schon 1953 die Schlussfolgerungen Benedict Andersons vorweg, nur dass er in der Nationenbildung kein modernes Konstrukt, sondern vielmehr ein wiederkehrendes, gesellschaftliches Strukturmuster erkannte. In Zeiten jener lokalen Dispersion von Agrikultur und Besiedlung, von militärisch und rechtlich aufgesplitterten Gesellschaftsstrukturen und einer klaffenden Machtdiskrepanz zwischen Herrscherschicht und der Bauernbevölkerung, die Deutsch unter dem Begriff »feudale« Epochen zusammenfasst, brachten lose, doch kollektive Erinnerungen an eine »universelle« Vergangenheit das Gefühl einer traditionellen Zusammengehörigkeit. Ein gewisser Universalismus politischer und kultureller Traditionen, ebenjene Erinnerung an einen versunkenen universellen Staat oder das Wissen um eine hoch entwickelte Zivilisation anderswo wurden laut Deutsch durch Institutionen wie die Kirche oder Klosterorden, durch Handelswege- und Netzwerke, Pilgerreisen und Umsiedlung manchmal nur einiger weniger Soldaten oder Industrieller über bemerkenswerte zeitliche und räumliche Distanzen kolportiert; vgl. Deutsch 1953, 171.

> Eine erste [Zeitspanne], in der sich der nationale Gedanke auf eine relativ kleine Gruppe von Intellektuellen beschränkt, die aus Sprache, Kultur und Geschichte des betreffenden Volkes das Bild einer potentiellen größeren Kommunikationseinheit erstehen lässt. Eine zweite Phase, in der dieses Bild von bereits größeren Gruppen agitatorisch verbreitet, die Nation »erweckt« wird. Und schließlich die dritte, in der die Agitation im großen Stil Erfolg hat, die Nationalbewegung zur Volksbewegung wird.[149]

Jene dritte Stufe der »Agitation im großen Stil«, welche auf die Instrumentalisierung des Nationalismuskonzepts anspielt, wird in den folgenden Abschnitten betrachtet. Die Mythen, die im industriellen Zeitalter massenwirksam verbreitet werden konnten und aus denen sich die erfundene Nation eine neue Vergangenheit strickte, waren der notwendige Schritt zur Verfestigung des Nationenkonzepts in der öffentlichen Wahrnehmung und zur Belebung eines sonst blutleeren Konzepts.

Das kollektive Gedächtnis

Um die Rolle der neu entstehenden nationalen Mythen für die europäischen Gesellschaften einzuschätzen, bietet es sich an, zum besseren Verständnis kurz auf einige Modelle des ›kollektiven Gedächtnisses‹ einzugehen. Es handelt sich um einen Begriff, den der französische Soziologe und Philosoph Maurice Halbwachs (1877–1945) in den 1920er Jahren in die Sozialwissenschaften einführte. Halbwachs konzentrierte seine Untersuchungen auf das soziale Gedächtnis in Gruppen mit kollektiven Erfahrungen, wie beispielsweise Schulklassen, Reisegruppen oder Familien.[150] Er ging davon aus, dass Erinnerungen grundsätzlich sozial seien und in Gruppen soziale Kohäsion gewährleisteten. Er ging gar so weit zu behaupten, dass die Erinnerungen von Menschen sich *immer* innerhalb bestimmter »Gedächtnisgemeinschaften« bewegten und damit auch das individuelle Gedächtnis, streng genommen, immer auch kollektiv sei.[151]

---

149 Gall 1989, 132.

150 Assmann 2008b.

151 Assmann 2008b. Insbesondere um die Bedeutung der Conquête in der nationalen Identität Québecs zu begreifen, sind die Erläuterungen Assmanns zum Trauma weiterführend: »Trauma bezieht sich auf ein Erlebnis, das so schmerzhaft ist, dass sich die Pforten der Wahrnehmung vor dieser Wucht schließen. Als etwas, das im Rahmen der Identitätskonstruktion einer Person nicht erzählbar und nicht erinnerbar ist, wird es vom Bewusstsein abgespalten und eingekapselt. Was in der Kapsel oder Krypta verschlossen ist, wird nicht etwa vergessen, sondern im Abseits konserviert und macht sich nach einem gewissen zeitlichen Intervall durch eine bestimmte Symptomatik bemerkbar. Die Therapie zielt darauf, das Trauma in bewusste Erinnerung zu transformieren und mit der Identität der Person zu vermitteln. Dadurch kann es zwar nicht geheilt, aber in seiner destruktiven Kraft entschärft werden. [...] Zur Nachträglichkeit historischer Traumata gehört auch, dass sie von einer Generation zur anderen gewissermaßen vererbt werden. Die Nachgeborenen, die sich mit diesen Familien-Schicksalen identifizieren, werden auf diese Weise zu Mitgliedern einer ›Leidgenossenschaft‹. In diesem Zusammenhang ist es zu einem neuen geschichtspolitischen Problem gekommen: politische Gruppen stützen ihre Identität auf ein ›auserwähltes Trauma‹ (Vamik Volkan) und treten mit anderen in eine Opfer-Konkurrenz.« Assmann (2008b) Auf Québecs ›melancholischen Nationalismus‹, der in ähnlichen Mustern verläuft, gehen wir an späterer Stelle ein.

Das Konzept eines individuellen Gedächtnisses lässt sich jedoch nicht analog auf das kollektive Gedächtnis übertragen. Sowohl das Erinnerte als auch der Prozess des Erinnerns unterscheiden sich. Kollektive wie »Nationen, Staaten, die Kirche oder eine Firma« verfügen per se nicht über ein Gedächtnis. Wie Aleida Assmann betont, »machen« sie sich vielmehr eines, unter Verwendung »memorialer Zeichen und Symbole, Texte, Bilder, Riten, Praktiken, Orte und Monumente.«[152] Diese Art von Gedächtnis kann nur nach selektiven Kriterien operieren. Wie bereits Friedrich Nietzsche feststellte, konstituiert es sich aus einer bewussten, kalkulierenden Auswahl relevanter Bezugspunkte und ›vergisst‹, oder besser: ignoriert willentlich alles, was diesem Narrativ widerspricht oder es zu verwässern droht.[153] Es geht also nicht um die Vollständigkeit, sondern um die Botschaft des Erinnerten, die in der einen oder anderen Form institutionell verstetigt wird. So ist das kollektive Gedächtnis kein rein zufällig entstandenes Speichermedium für die Erinnerungen einer Gruppe. Es hat nicht nur Form, sondern auch (Selektions-)Funktion.

Für die Nation bedeutet dies aber nicht, dass die Gedächtniskonstruktion sich aus bruchstückhaften Versatzstücken formiert. Im Gegenteil, die Konstruktion geschieht auf der Grundlage von Erzählungen mit klarem narrativen Aufbau und leicht fassbarer Botschaft.[154] Außerdem setzt sich das Erinnerte aus Symbolen zusammen, die nicht etwa starr in ihrem jeweiligen historischen Kontext verkantet sind, sondern die sich in verallgemeinerter Form flexibel in den jeweils gegenwärtigen Bezugsrahmen ummünzen lassen. Dies trifft auf die heroischen Aspekte des konstruierten Selbstbildes zu, aber auch auf die historischen Niederlagen, in denen, mit Assmanns Worten, »eine Nation ihre Identität auf ein Opfer-Bewusstsein gründet, das wachgehalten werden muss, um Widerstand zu legitimieren und heroische Gegenwehr zu mobilisieren.«[155]

Eine Form der Narration hat in diesem Zusammenhang eine herausragende Bedeutung gewonnen: Der Mythos. Er soll nach Cassirer als symbolische Form verstanden werden, also »als ein Organ menschlicher Welterfahrung, das in praktischen Lebensformen wurzelt und als Faktor rituell vollzogener Handlungen fungiert.«[156] Es handelt sich beim Mythos um ein »zeitloses Strukturmodell«, das »kosmologisch« den Ursprung und den Raum beispielsweise bestimmter politischer Machtverhältnisse definiert. Die Prinzipien einer Gemeinschaft leiten sich aus dieser »Geographie« des Mythos ab. Jener funktioniert zumeist als binärer Code, der zwischen »Gut und Böse«, »rein und unrein« unterscheidet und daraus Handlungsmaximen und Verhaltensrichtlinien folgert.[157] Verstärkt wird der Mythos in wiederholten (öffentlichen) Riten, die nicht selten sakrale Dimensionen annehmen und die drei Hauptfunktionen des Mythos untermauern: Sinnstiftung, Integration und Legitimation.[158]

---

152 Assmann 2008a.

153 Nietzsche 2005. Mit der plastischen Kraft des Gedächtnisses beschrieb Nietzsche dessen Fähigkeit, »eine möglichst klare Grenze zwischen Erinnern und Vergessen aufzubauen, die das Wichtige vom Unwichtigen, oder, genauer: das Lebensdienliche vom nicht Lebensdienlichen scheidet. Ohne diese Filter [...] könne es keine Identitätsbildung [...] und keine klare Handlungsorientierung geben« Assmann 2008a und Nietzsche 2005.

154 Assmann 2008a.

155 Ebd.; vgl. dazu Schivelbusch 2001.

156 Bizeul 2000, 16.

157 Lévi-Strauss, vgl. Bizeul 2000, 17.

158 Bizeul 2000, 21.

Mythen, Traditionen und Historiographie

Erst mit der Bewusstwerdung einer gemeinsamen Kultur, Sprache und Verwaltung konnten sich die jungen Nationen Herkunftsmythen zurechtlegen. Erst dann konnten die Historiographie, Literatur und Malerei der eigenen, selektiven Geschichtsbildung ein Gesicht verleihen, indem sie Themen wie die »heldenhafte, wenngleich erfolglose Opposition gegen fremde Besatzer«, die »nationale Befreiung«, »Gründungs- und Verfassungsakte«, glorreiche Siegeszüge und heroische Niederlagen zu Legitimationsmythen der Nation erhoben.[159]

Herfried Münkler differenziert zwischen Gründungs- und Opfermythen. Er unterscheidet damit Mythen, die von den Opfern der Vergangenheit berichten, »denen wir so viel verdanken«, von Mythen mit »appellative[r] Dimension«, die dazu verpflichten, sich »der Heroen der Vergangenheit würdig zu erweisen.«[160] Dieser legitimierende Aspekt wird von den meisten Nationalismusforschern hervorgehoben. Manche gehen mit dieser Argumentationsweise jedoch noch einen Schritt weiter. Laut Eric Hobsbawm lassen sich die Symbole, Mythen und Traditionen nicht nur neu kombinieren, sondern auch neu erfinden, daher auch das oft verwendete Schlagwort der »invented tradition«. Sie werden damit zu Instrumenten bewusster und konditionierender Machtausübung. Die konstruierten Traditionen werden anhand einer Reihe gesellschaftlich anerkannter ritueller oder symbolischer Regeln zum Mittel, gewisse Verhaltenswerte und Normen der Zielgruppe durch deren Wiederholung einzuschärfen.[161] Die aus Tradition und Brauch entstehende Kontinuität soll möglichst durch eine dem eigenen Zweck dienende historische Vergangenheit konstruiert werden.[162] Dabei ist die Konstruktion der Vergangenheit jedoch immer ein Anpassungsprozess an die eigene gesellschaftliche Gegenwart, die dadurch Struktur und Kontinuität erhalten soll. Aspekte des flüchtigen, modernen Lebens im Industriezeitalter, beispielsweise, konnten dadurch als konstant und unveränderbar wahrgenommen werden.[163] Kurzum, es geht bei der Erfindung von

---

159 Germer 2001, 36 f.

160 Münkler 2008. Ähnlich wie Aleida Assmann argumentiert Münkler: »Mythen sind nicht eo ipso unwahre Berichte, wie es ein landläufiges Begriffsverständnis nahelegt, sondern Erzählungen, denen es nicht um historische Wahrheit, sondern politische Bedeutsamkeit geht. Sie stiften Bedeutung – im Raum, indem sie Ereignisse mit bestimmten Orten verbinden, und in der Zeit, indem sie Geschichten erzählen, die der Geschichte Bedeutsamkeit verleihen und sie von der Vermutung des bloß Vergangenen befreien.« In der Entstehung der Mythen spielt der Krieg »als äußerste Realisierung der Feindschaft« eine entscheidende Rolle; Leonhard 2008, 3. Vgl. auch Kolboom (2010a und 2010b), der am Beispiel der Akadier und Quebecer nachvollzieht, wie ein Opfermythos eo ipso als Gründungsmythos fungiert.

161 Hobsbawm 2007a, 1.

162 Hobsbawm grenzt diesen Begriff der Tradition vom Brauch (»custom«) ab, der gesellschaftliche Innovation (oder den Widerstand gegen sie) rechtfertigt, indem er den Anschein sozialer Kontinuität mittels vorangehender Beispielfälle legitimiert.

163 Vgl. Hobsbawm 2007a, 2. Cassirer sah Mythos und Ritus als zwei Seiten einer Medaille: den Mythos als epische, den Ritus als dramatische. Auch Durkheim unterstrich die Notwendigkeit »Kollektivgefühle und die Kollektivideen [...] in regelmäßigen Abständen zum Leben zu erwecken und zu festigen.« Wie Claude Rivière schrieb, macht der Mythos »den Ritus glaubhaft und legitimiert ihn, indem er ihm Signifikate zuweist. Dafür vergegenwärtigt der Ritus den Mythos und sorgt für seine Erhaltung, indem er seine Wiederkehr sichert und ihn in einer konkreten wie auch affektiven Form vorführt.« Durkheim und Rivière zitiert nach

Traditionen um einen Prozess der Formalisierung und Ritualisierung durch Wiederholung, bei dem zur eigenen Legitimierung bestimmter Bevölkerungsgruppen auf die Vergangenheit verwiesen wird.[164]

Neben Gründungs- und Opfermythen, die beispielsweise über die Schulbuchhistoriographie verbreitet werden konnten, hatten auch die erfundenen Traditionen ihren Hauptzweck darin, sozialen Zusammenhalt und Gruppenzugehörigkeit zu stiften. Neue Symbole und Hilfsmittel hielten Einzug in die moderne Gesellschaft. Neue Projektionsflächen für das erweiterte Zugehörigkeitsgefühl von Gruppen boten sich, bereits vor der Industrialisierung, durch die Nationalhymne (britische Nationalhymne 1740), die Nationalflagge (Variationen der französischen Tricolore, die während der revolutionären Umbrüche 1790–1794 entstanden war), die Entstehung von Volksliedern sowie die Personifizierung der Nation, offiziell (z. B. Marianne und Germania) oder inoffiziell (z. B. Uncle Sam und deutscher Michel).[165]

Durch diese (nationalen) Traditionen wurde auch das soziale Vakuum gefüllt, das sich mit der Aufklärung auftat.[166] Die Abkehr von der Kirche als Institution gesellschaftlicher Macht und sinnstiftendem Element bedeutete ebenso die Kappung bislang Halt gebender Traditionen. Aufklärer und deren Jünger des Industriezeitalters, ganz gleich ob Liberale, Sozialisten oder Kommunisten, verstärkten diese Tendenz mit ihrem Drang nach Rationalismus und ihrem Spott für allen Aberglauben.[167] Dennoch mussten um des gesellschaftlichen Zusammenhalts willen neue, gemeinsame Referenzpunkte gefunden werden, da der Ausbruch aus der göttlichen Ordnung in eine gesellschaftliche Verunsicherung mündete.[168] Im Gegensatz zu den alten, verbindlicheren religiösen Traditionen waren die neuen und neu erfundenen Praktiken unschärfer formuliert (Loyalität, Patriotismus, etc.). Wie auch Hobsbawm bekräftigt, wurden bestimmte Riten im öffentlichen Raum gleichzeitig aber verbindlicher – sicherlich auch, um dieser mo-

---

Bizeul 2000, 19.

164 Hobsbawm 2007a, 4. Dabei stellen jedoch Konventionen und Routinehandlungen laut Hobsbawm keine »erfundene Tradition« dar, da in diesem Falle der rein technisch-praktische Aspekt die Handlung bestimmt (nicht der symbolisch-rituelle); vgl. ebd., 3. Neue Traditionen entstehen beispielsweise durch die Anpassung alter Traditionen. Alte Interpretationsweisen lassen sich im Analogieschluss auf neue Bedingungen adaptieren, alte Erklärungsmodelle neuen Zwecken zuführen. Stoffe der Vergangenheit werden zu neuen Gewändern umgeschneidert, die dem Geschmack und den Notwendigkeiten der Zeit besser entsprechen. Jede Gesellschaft kann auf derlei Verfahren zurückgreifen: Neue Traditionen werden aufgepfropft oder symbolische, rituelle Elemente diskursiv passend gemacht. In Kontexten, in denen es an ›eigenen‹ heroischen oder mythischen Präzendenzfällen mangelt, kann eine historische Kontinuität schlichtweg erfunden, adäquate Bezugspunkte in ein neues Verhältnis gereiht werden (bspw. Vercingetorix ›nos ancêtres le gaulois‹); Hobsbawm 2007a, 7.

165 Vgl. Hobsbawm 2007a, 7. Zur Figur der Marianne als Symbol des revolutionären Frankreichs von 1789–1880 vgl. Agulhon 2001.

166 Donald Pease (2009) argumentiert darüber hinaus überzeugend, dass der Staat nach der Loslösung vom absoluten und von Gott auserwählten Monarchen – und damit nach der Lossagung von metaphysisch gerechtfertigten Hierarchien – zur Legitimation der eigenen Autorität selbst zur (Staats-)Fantasie wurde, die der Bevölkerung erlaubte, die eigene hierarchische Unterwerfung als von ihr gewollt wahrzunehmen.

167 Vgl. Hobsbawm 2007a, 8.

168 Hierzu Dreyfus/Kelly 2011, 13 f.; außerdem Marshall Bermans exzellente und mittlerweile klassische Abhandlung zur gesellschaftlichen Dialektik des 19. Jahrhunderts und zu den Verwirrungen der Moderne: ›All that is Solid Melts into Air‹ (1988).

dernen Unsicherheit entgegenzuwirken. So wurden beispielsweise das Aufstehen beim Singen der Nationalhymne oder das Flaggenritual in den USA im späteren Verlauf des 19. Jahrhunderts gesellschaftlich nahezu zwingend.[169]

Der entscheidende Aspekt dieser Riten liegt in der Erfindung emotionsgeladener und symbolträchtiger Zeichen der Zugehörigkeit (sozusagen »signs of club membership«).[170] Die (Staats-)Bürgerschaft ist daher verbunden mit Symbolen und semi-rituellen Handlungen (bspw. Wahlen, Flaggen, Zeremonien und Musik), die historisch neu und erfunden sind. Diese Riten, Mythen und Traditionen konnten jedoch nicht von einer Führungselite einfach oktroyiert werden. Die Bevölkerung musste sie akzeptieren und bereit sein, sie in ihren symbolischen und kulturellen Wortschatz zu integrieren. Anders ausgedrückt: Um den Umlauf nationaler Ideologien im großen Stil zu gewährleisten, bedurfte es der Zustimmung der Bevölkerung – einer Zustimmung, die zumeist in Krisensituationen eingefordert wurde. Auf diesem Wege konnten sich eine Reihe nationaler Traditionen und Mythen in Frankreich und England durchsetzen.

Nationale Mythen in Frankreich

Die Institutionen der vorrevolutionären Zeit blieben in Frankreich, wie bereits an anderer Stelle angemerkt, auch nach dem gesellschaftlichen Einschnitt von 1789 und dem darauf folgenden Terrorregime bestehen. So weigerte sich Alexis de Tocqueville im Rückblick, die französische Revolution als vollständige Lossagung vom Ancien Régime zu beschreiben:

> Die Franzosen haben im Jahre 1789 die größte Anstrengung gemacht, der ein Volk sich jemals unterzogen hat, um ihre Geschichte sozusagen in zwei Teile zu spalten und durch eine tiefe Kluft das, was sie bis dahin waren, von dem zu scheiden, was sie fortan sein wollten. [...] Ich war stets der Ansicht, daß ihnen dieses sonderbare Unternehmen weit weniger gelungen sei, als man im Ausland geglaubt und als sie es anfangs selbst geglaubt haben.[171]

Diese Zäsur gelang den Anhängern der Französischen Revolution auch in der Historiographie nur teilweise. Politisch teilte sich das nachrevolutionäre Frankreich des 19. Jahrhunderts in zwei Lager, aus deren Perspektive die Geschichtsschreibung und Mythenbildung betrieben wurde. Auf der einen Seite standen die Republikaner und Liberalen als die Befürworter der Revolution. Monarchisten und Katholiken bildeten als Verfechter der »moralischen Ordnung« die Gegenseite. Diese Uneinigkeit schlug sich auch in der »großen« Geschichtsschreibung, in historischen Mythen der Bevölkerung und in Geschichts(schul)büchern nieder, um nur einige der Hauptschauplätze

---

169 Vgl. Hobsbawm 2007a, 8.

170 Ebd., 11. Hobsbawm sieht darin auch die Legitimierung neu entstehender Führungsklassen: Invented traditions »might foster the corporate sense of superiority of élites – particularly when these had to be recruited from those who did not already possess it by birth or ascription – rather than by inculcating a sense of obedience in inferiors. Some were encouraged to feel more equal than others. This might be done by assimilating élites to pre-bourgois ruling groups or authorities, whether in the militarist/bureaucratic form characteristic of Germany (as with the duelling student corps), or the non-militarized ›moralized gentry‹ model of the public schools.« Hobsbawm 2007a, 13.

171 Tocqueville 1969, 7.

zu nennen, auf denen der Kampf darüber ausgetragen wurde, wie sich die »Essenz Frankreichs« definieren ließe.[172]

Beide Lager erhoben Symbolfiguren der Geschichte, die mitunter aus dem französischen Geschichtsbild verschwunden waren, zu deutungsträchtigen Leitfiguren des eigenen gesellschaftlichen Projekts. Die Gallier zum Beispiel, die aus der monarchischen Historiographie ausgeklammert waren (oder deren Unkultiviertheit hervorgehoben wurde), wurden vom republikanischen Lager im Laufe des 19. Jahrhunderts zu direkten Ahnen der Franzosen (»Nos ancêtres les Gaulois«), der Sieg der Römer über Vercingetorix zum heldenhaften gallischen Opfergang umgemünzt. Die Wiederentdeckung der Gallier und damit auch der Kelten führte zu einer wahren "Gallo-" bzw. "Keltomanie", wobei Letztere nicht zuletzt von einer in diesem Kontext entstehenden Archäologie befördert wurde, die die bretonischen Megalithen ("Dolmen" und "Menhire") fälschlicherweise den Kelten zuschrieb. Ikonographisch sorgten für diese historiographische Zurechtdeutung – wie in England – die Historienmaler, genannt *peintres pompiers*.[173] In den Geschichts- und Schulbüchern wurde Vercingetorix, verstärkt nach der Niederlage gegen Preußen 1870, zum »mutigen, schönen, starken und stolzen Soldaten«, dem »erste[n] Patrioten der französischen Geschichte«, der aus einer hoffnungsvoll unterlegenen Stellung heldenhaft sein Vaterland gegen die römischen Legionen verteidigt und letzten Endes würdevoll kapituliert.[174] Obgleich die drückende Übermacht Roms als eine Ursache der Niederlage wahrgenommen wurde, verwies man zugleich auf die Zerstrittenheit der Stämme, die Vercingetorix' »unbeirrbare Vaterlandstreue« nicht hatte aufwiegen können. Daraus ergeben sich, wie der Soziologe Danny Trom angemerkt hat, zwei moralische Botschaften, die aus der zeitgenössischen historischen Perspektive der Niederlage im französisch-deutschen Krieg verstanden werden müssen: zum einen, dass die nationale Uneinigkeit in der politischen Niederlage mündet, zum anderen aber, dass die Kapitulation in einer Situation militärischer Ausweglosigkeit gerechtfertigt ist.[175]

Das monarchistisch-katholische Lager legitimierte seine Machtansprüche im 19. Jahrhundert beispielsweise mittels der Schlacht von Tolbiac (496) und erhob Chlodwig zur gründungsmythischen Symbolfigur Frankreichs. Dem Mythos nach schwor Chlodwig seine Bekehrung zum Christentum, sollte er die Invasion der Alemannen, wie es letztlich auch geschah, abwenden. Der Triumph der »›fränkischen Rasse‹ über die ›gallische Rasse‹« wurde damit als Beweis für die »natürliche Herrschaft« des Adels gedeutet.[176] Die Liberalen eigneten sich den Chlodwig-Mythos hingegen auf ganz andere Weise an. Sie versuchten, das Band zwischen fränkischem Herrschergeschlecht und französischem Adel zu trennen und im Zuge des eigenen laizistischen Universalismus das Zusammenspiel von Staat und Kirche in der Mythologie zu unterbinden. Statt der Bekehrung Chlodwigs rückt die republikanische Historiographie den Sieg über die

172 Trom 2001, 129; vgl. auch Citron 2000, 47.

173 Cavanna 1991.

174 Trom 2001, 132.

175 Denn die Kapitulation »rettet das Volk und vermeidet ein Blutbad. Vercingetorix vollbringt die Einigung der Franzosen und opfert sich verantwortungsbewusst anstelle des Volkes«; Trom 2001, 133. Zugleich ermöglicht die Niederlage als »notwendiges und bereicherndes Ereignis« den Übergang Galliens zur Zivilisation; ebd., 131.

176 Trom 2001, 134.

Feinde als »Urszene des Patriotismus« in den Vordergrund.[177] Chlodwig selbst wurde damit zur säkularen Heldenfigur, die kraft ihres Glaubens an das Vaterland seine Compatriotes auf den siegreichen Kampf gegen die Feinde der Nation einschwor.

Ganz ähnlich verhält es sich beim Mythos der heiligen Jungfrau Johanna von Orléans (~1412–1431), der von beiden Lagern gegensätzlich ausgelegt wurde. Während Jeanne d'Arc für Konservative zur patriotischen Märtyrerin im Kampf gegen den nationalen Feind England und zum Sinnbild für das Zusammengehörigkeitsgefühl zwischen Volk, König und Kirche avancierte, betonten Liberale ihre Herkunft aus einer Bauernfamilie. Sie wurde damit, durch das liberale Prisma betrachtet, zu einer Schlüsselfigur mit Wurzeln im Volk, die sich losgelöst von jedweder religiösen Symbolik gegen die Gefährdung ihres Vaterlandes auflehnte und trotz ihrer bescheidenen Mittel und niedrigem Bildungsstand ihrem inneren patriotischen Drang gehorchte.[178]

Und auch die Interpretation der französischen Revolution fällt entsprechend in dieselben Betrachtungsschemata. Von den Liberalen als Befreiung des Volkes aus der Tyrannei gefeiert, wurde sie in Darstellungen der Erstürmung der Bastille, die die Willkürherrschaft der absolutistischen Herrschaft symbolisiert, und dem Ballhausschwur des Jeu de Paume versinnbildlicht. Antirevolutionäre Monarchisten hingegen unterstrichen die »gesetzlosen und blinden« Grausamkeiten der postrevolutionären Zeit, setzten sie mit dem »Einbruch des Bösen« in die französische Geschichte gleich und ließen den König als von seinem Umfeld getäuschtes Opfer erscheinen.[179]

Diese »partikularen Geschichtsbilder« erhoben den Anspruch auf Universalität.[180] So sahen insbesondere die Republikaner die Revolution als »das Zeichen des außergewöhnlichen, weil universellen französischen Schicksals.«[181] Mit einem daraus abgeleiteten und selbst erteilten Zivilisationsauftrag legitimierte Frankreich als ›Grande Nation‹ die eigene kulturelle und politische Vorrangstellung in seinem kolonialen Reich sowie das Recht, unter dem Banner der revolutionären Ideen von Freiheit und Gleichheit politisch und militärisch zu expandieren.[182] Trotz der Rufe nach einer laizistischen Trennung von Staat und Kirche und trotz der Abwendung von der absolutistischen Monarchie bezog dieser Zweig der französischen Historiographie den messianischen Charakter dieses Vorhabens also auch aus der königlichen Geschichtsschreibung, die den Monarchen als »sehr christlichen König« oder »Gesalbte[n] des Herrn« bezeichnete und Frankreich zur »ältesten Tochter der Kirche« erklärte.[183]

---

177 Ebd., 135.

178 Trom 2001, 139.

179 Vgl. ebd., 143 f.

180 Vgl. Jeismann 2002. In diesem Kontext nahmen die »großen Nationen – angesichts der industriellen, politischen, demographischen und wissenschaftlichen ›Revolutionen‹ – [...] für sich in Anspruch, an der Spitze der Bewegung der Geschichte zu marschieren.« Eine Wahrnehmung, die von gewichtiger Bedeutung für die Eroberung des nordamerikanischen Kontinents war; Jeismann 2002.

181 Trom 2001, 145.

182 Kimmel 2008, 550; Jeismann 2002.

183 Citron 2000, 49.

Nationale Mythen in England

Auch England verklärte seine Nationalgeschichte zur Legitimation expansionistischer Freiheitsstiftung – wobei auf die ablehnende Haltung gegenüber der französischen Revolution und Republik, der man die eigenen, friedvollen Reformen entgegenstellte, am Rande hingewiesen sei.[184] Als Träger der Aufklärung sah England seine Aufgabe in einer missionarisch-bekehrenden Kolonialisierung, in der die Zivilisierung der Menschheit zum Credo der englischen Nation avancierte, und die als »white man's burden«, als »Dienst an der [weißen] Menschheit«, empfunden wurde.[185] Diese Geschichtsbilder und -mythen hatten weitreichende Konsequenzen in den Kolonialreichen, wo sie die Unterjochung der Urbevölkerung legitimierten und die Grundlage zur Expansion lieferten. Gleichzeitig ignorierten diese linearisierten Darstellungen der Geschichte Englands, dass die englische Nation nicht an sich, quasi frei von äußeren Einflüssen, über die Jahrhunderte in einem graduellen Prozess geboren wurde – und somit zu ihrem vermeintlich wahren Ego fand –, sondern dass beispielsweise kontroverse Reformen des Parlamentarismus im Laufe des späten 18. und frühen 19. Jahrhunderts den Verlauf der englischen Geschichte aktiv mitprägten und die Gründungsmythen neu arrangierten.[186]

Auch im Kontext der Krisen und Umbrüche des 19. Jahrhunderts, die sich in Frankreich im raschen Wechsel der Staatsformen widerspiegelten (zwei verschiedene Kaiserreiche und Königsregime, zwei Republiken), bildete England jedoch einen Sonderfall. Das politische System bewies seine Stabilität, wodurch die Bezugspunkte für die Formulierung der eigenen nationalen Identität in der Tat konsolidiert und die Oberschicht gestärkt werden konnte.[187] Die schnell expandierende Historiographie etablierte ein Narrativ, das die britischen Eliten als Garanten für den steten Fortschritt des Volkes porträtierte. Ein neuartiger Patriotismus begründete sich, wie Athena Syriatou betont, auf einem »Schulterschluss des grundbesitzenden Establishments von Schottland, Wales und Irland, dessen Angehörige sich selbst als eine Elite im Dienste weit aufgefasster ›Britishness‹ verstand.«[188] Schotten und Iren zeigten sich jedoch wenig erfreut darüber, dass die dominante englische Historiographie ›englisch‹ und ›britisch‹ größtenteils nahezu synonym gebrauchten.

Die englische Geschichtsschreibung bemühte sich, die Massen, die die notwendige Grundlage des modernen Staates bildeten, empfänglich für die nationale Mythologie zu machen. Geschichtswissen wurde zur Ursache gesellschaftlichen Prestiges und verbreitete sich im ausgehenden 19. Jahrhundert auch in der Arbeiterklasse und Mittelschicht. Dieses Wissen war nicht weniger mythologisch als die Historiographie Frankreichs. In einer liberalen Verklärung der britischen Geschichte ließen sich historische Gegebenheiten wie die *Magna Charta Libertatum* (1215) und der Parlamentarismus rückwirkend

184 Jeismann 2002; vgl. auch Syriatou 2001, 191 und Calhoun 2012, insbesondere Kapitel 1.

185 Auf der Kehrseite der Medaille entstanden aus dem französischen Projekt der ›Gleichheit‹ und dem englischen der ›Mission‹ nationale Widerstandsbewegungen. »Nationalgeschichtsbilder des 19. Jahrhunderts bildeten sich […] über den Willen zum Widerstand gegen fremde, universale Ansprüche und damit alsbald über den Katalysator von Feindbildern: Vorstellungen vom Feind, der die eigene Art und Unabhängigkeit unterdrückt, wurden zur schwarzen Folie des Selbstbildes.« Jeismann 2002, vgl. auch Rosenstock 1931.

186 Für eine detaillierte Analyse dieser Debatten vgl. Calhoun 2012, insbesondere Kapitel 1.

187 Vgl. Syriatou 2001, 174.

188 Ebd., 174.

und mit moralischem Fingerzeig als Meilensteile in der Verwirklichung britischer Ideale, wie der »politische[n] Freiheit der Angelsachsen«, deuten.[189] Die Historienmalerei, die wie in Frankreich auf Grund der Erfindung der Lithographie massenweise Verbreitung in Geschichtsbüchern fand, illustrierte Momente der britischen Geschichte, »in denen altehrwürdige Institutionen des Landes entweder auf die Probe gestellt oder Herausforderungen dieser Art schließlich erfolgreich bestanden wurden.«[190]

In der Schlacht bei Hastings (1066) und der normannischen Besatzung glaubten Geschichtsschreiber des 19. Jahrhunderts beispielsweise eine Stärkung der angelsächsischen Ausgangsbevölkerung zu erkennen. Ähnlich den Galliern, die den Römern auf Grund ihrer nationalen Uneinigkeit nicht Stand hätten halten können, beruht der Opfermythos hier ebenso auf der mangelhaften Einhaltung nationaler Tugenden. Neben dem klaren Appell an die nationale Einheit diente diese geschichtliche Episode aber auch als Gründungsmythos. Die Vermischung der Bräuche und Sitten, der rechtlichen und öffentlichen Institutionen sowie des »normannischen und angelsächsischen Blutes« formten dieser Auffassung nach den »Engländer«, der mit seinem Schicksal herangereift war und sich vom Angelsachsen durch größere Zähigkeit abhob.[191] Historiographisch wurde dabei vor allem die Ausgeglichenheit der Schlacht als Symbol für die Gleichgestelltheit beider Parteien abgebildet. William wurde nicht als heimtückischer Eroberer, sondern als würdiger Throninhaber porträtiert, dessen Respekt für die Angelsachsen ihm vom Volk mit Zutrauen erwidert wurde.

Auch die Darstellung der Magna Charta verfestigte sich als Gründungsmythos der englischen Nation und des englischen Freiheitsideals. Von Geschichtsschreibern wurde sie unmittelbar auf die Zusammenkunft der »Urenkel derer, die unter Wilhelm, und [der] Urenkel derer, die unter Harald gekämpft hatten« zurückgeführt, die ihre Versöhnung mit dem »große[n] Freiheitsbrief, [der] Frucht gemeinsamer Anstrengungen und entworfen zu beider Nutzen«, unter Beweis stellten.[192] Die Magna Charta wurde damit als Ausgangspunkt aller bürgerlichen Freiheiten interpretiert, als Grundsatz der Gerechtigkeit und Gleichheit, der tief in der englischen Geschichte verwurzelt sei.[193]

---

189 Ebd., 175. Der Rückbezug auf die Magna Charta ermöglichte bereits Gesellschaftskritikern des späten 18. und frühen 19. Jahrhunderts, ihre eigene Position schärfer zu formulieren. Dies trifft unter anderem auch auf den politischen Reformer John Cartwright (1740–1824) zu, der im Kontext der Amerikanischen Revolution an die Ideale der alten Verfassung appellierte und für eine Reform des Parlamentarismus in England plädierte; hierzu Calhoun 2012, insbesondere der Abschnitt zu ›Communitarian Traditionalism‹ in Kapitel 1.

190 Syriatou 2001, 176.

191 Vgl. ebd., 179. Diese Art der versöhnlichen Geschichtsschreibung lässt sich auch in der US-amerikanischen Historiographie nach Ende des Bürgerkriegs und in Zügen auch im nationalen Diskurs Kanadas nach der Konföderation erkennen. Wir gehen auf diese Narrative im Folgekapitel ein.

192 Macaulay zitiert nach Syriatou 2001, 181.

193 Ebenso wurde der Sieg über die spanische Armada (1588) als gottgewollte Bestätigung der Überlegenheit des britischen Gesellschaftsmodells gedeutet. Er wurde auf den Protestantismus und die erfolgreichen englischen Seehandelsaktivitäten zurückgeführt, die sich gegenüber der spanischen und portugiesischen Konkurrenz durchsetzten und fortan die Meere bestimmten. Entdeckungsreisende wie Francis Drake und Walter Raleigh konnten vor diesem Hintergrund zu patriotischen Abenteurern stilisiert werden, während darüber hinaus die Abgrenzung Englands vom europäischen Festland gestärkt wurde; vgl. Syriatou 2001, 184 f.

Die endgültige Einrichtung des Protestantismus und Parlamentarismus innerhalb des englischen Nationalgefüges wurde von Geschichtsschreibern in der Machtübernahme Wilhelm von Oraniens (1688) gesehen. Als Beleg für die Kontinuität des Ideals der Freiheit in der englischen Geschichte interpretierte man sie als Schlussstrich für die absolute Herrschaftsausübung des Königs und als symbolischen Akt des »edlen Volkes«, welches diese Entwicklung mit friedvollen Mitteln ermöglicht und veranlasst hatte.[194] Die *Bill of Rights* (1689) wurde damit zur Vollendung eines Werkes, dessen Ausgangspunkt in der Magna Charta lag.[195]

Doch die historiographische Darstellung Englands in seiner nationalen Selbstwerdung ist ambivalenter als man annehmen könnte. Denn letztlich zeigte sich die nationale Identität Englands, ähnlich wie die Frankreichs, mit zwei Gesichtern. Wie Liah Greenfeld betont, ließe sich einer dieser Aspekte als materialistisch bezeichnen. Er umfasst die politischen Institutionen, das Territorium und eine daran festgemachte Vaterlandsliebe.[196] Auf einer abstrakteren Ebene umfasst die englische und britische nationale Identität allerdings eine Reihe nationaler Werte und Ideale, die diesem Mythos der nationalen Einheit in letzter Instanz entgegenstehen. Damit sind vor allem die Freiheit, eingepasst in den Rahmen der Vernunft, und daraus folgend die Gleichheit aller Engländer gemeint.[197] Seit John Milton (1608–1674) wurden Freiheit und Gleichheit als »Selbstregierung« und »Unabhängigkeit« interpretiert, was den englischen Nationalismus, nahm man ihn beim Wort, letztendlich zu einem selbstzerstörerischen Paradoxon werden ließ. Denn im Idealfall forderte er eine völlige Unabhängigkeit des Einzelnen und damit das Gegenteil einer gesellschaftlichen Entität, nämlich die »vollständige Atomisierung« der Gesellschaft und »politische Anarchie«.[198] Dieses von Greenfeld artikulierte Paradoxon der britischen Nation lässt auch auf anderer Ebene den großen Widerspruch der Aufklärung anklingen. Obgleich sie die universelle Gleichheit des Individuums forderte, förderte sie mit der Bildung von Nationen die Differenz zwischen Gemeinschaften.

194 Syriatou 2001, 187.

195 In der Historienmalerei wurde Wilhelm von Oranien bei seiner Landung in Torbay als »Retter des Vaterlandes« gezeigt, der »England wieder zu jener Regierungsform verholfen hatte, für die das Land prädisponiert war, nämlich einer konstitutionellen Monarchie mit einem starken Parlament.« Syriatou 2001, 189. Die Forderung nach einem konsensfähigen Status quo, die mit diesem nationalen Gedankengut an die Bevölkerung einherging, wurde beispielsweise auch in der Darstellung der Schlacht von Trafalgar (1805) deutlich geäußert. Auch der nationale Appell Lord Nelsons »England expects every man to do his duty« fand in den Geschichts- und Schulbüchern Englands weite Verbreitung. Syriatou 2001, 192. Der Sieg in Trafalgar war allem voran von moralischer Natur und symbolisierte mit dem erfolgreichen Widerstand gegen Napoleon Englands nationale Entschlossenheit. Außerdem nährte sich daraus ein Mythos der Unbesiegbarkeit und Freiheit, der die mächtige Stellung Englands auf seine ethischen Grundsätze zurückführte; ebd., 196.

196 Für Frankreich sei auf das legendäre Schulbuch »Le Tour de la France par deux enfants« von G. Bruno (Pseudonym von Augustine Fouillée) verwiesen, das erstmals 1877 erschien und in unzähligen Auflagen zu einem Lesebuch-Bestseller in der Dritten Republik avancierte (7,4 Mio. Exemplare 1914, im Gebrauch bis 1950!). Die Lektion von Territorium und Patriotismus verband sich in diesem Buch auf exemplarische Weise. In diesem Zusammenhang sei auch auf die legitimatorische Funktion der Geographie als neue republikanische Wissenschaft hingewiesen.

197 Vgl. hierzu Greenfeld 1997, 26.

198 Im Original »complete atomization« und »political anarchy«; Greenfeld 1997, 26.

Zwischenfazit – Das transatlantische Moment

Wir können ungeachtet der Vielstimmigkeit der nationalen Diskurse festhalten, dass sowohl im Falle Englands als auch in Frankreich die im 19. Jahrhundert generierten nationalen Mythen dazu dienten, das Volk rückwirkend zu einem entscheidenden Akteur der Vergangenheit zu erheben, das durch sein Mitwirken oder eben durch das Unterlassen seiner nationalen Treuepflicht das Schicksal der Nation mitlenkte. So trugen die neu entstandenen nationalen Opfer- und Gründungsmythen, Riten und Traditionen zur Entstehung sozialer Kohäsion im Industriezeitalter und zur Legitimierung noch existierender Hierarchien bei, gleichzeitig aber boten sie dem Nationalvolk eine gesellschaftliche Orientierungshilfe und gaben einen politischen Handlungsrahmen vor.

Wenn die Entstehung einer modernen Nation in England und Frankreich auch in unterschiedlichen Bahnen verlaufen ist, so sind Überschneidungen nicht zu verkennen. Zum einen haben wirtschaftliche und geopolitische Entwicklungen (*Handel & Macht*) ähnliche Muster einer zentralen Staatlichkeit entstehen lassen. Beide nationalen Projekte waren daher wirtschaftlich und kulturell eng mit den kolonialen Vorhaben verbunden. In England konnte der Begriff der Nation schon zu einem früheren Zeitpunkt als in Frankreich, nämlich mit der Ausprägung des Parlamentarismus, seine moderne, bürgerliche Wendung annehmen. In Frankreich brachte die Bürgerrevolution, inspiriert von englischen und aufklärerischen Idealen und forciert von politischen Unzulänglichkeiten und spaltenden Tendenzen des Absolutismus, etwa hundert Jahre später deutlich radikaler diesen Umbruch.

Der potenzielle Zugang zu gesellschaftlicher Macht wurde im jeweiligen Kontext schrittweise ausgebaut. Die Industrialisierung fußte auf den bürgerlichen Errungenschaften und war daher in England früher begünstigt. Der Wandel der sozialen Strukturen von der Feudal- hin zur industriellen Gesellschaft förderte die Ausbildung von Nationalkulturen und -sprachen und öffnete mittels staatlicher Institutionen und neuer Medien Kommunikationskanäle zur Verbreitung nationaler Ideologien (*Kommunikation & Technologie*). Sowohl in England als auch in Frankreich beeinflussten und befruchteten sich der Prozess der Neudimensionierung der Nation und der Industrialisierung gegenseitig. Nationale Mythen sollten den neuen Herrschaftsverhältnissen im anbrechenden Industriezeitalter Legitimation und Kontinuität verleihen. Sie wurden flächendeckend in der Historiographie und anderen neuen Wissenschaften wie Archäologie oder Geographie, in Schulbüchern und in der Historienmalerei verbreitet und stellten abhängig von der politischen Betrachtungsebene auf selektive Art und Weise die ›erfundene‹, oder besser: neu ausgerichtete nationale Geschichte dar (*Gesellschaft & Gedächtnis*). Dies war kein reiner Prozess der Indoktrinierung der Volksmassen, denn nur solche Mythen konnten sich etablieren, die auch vom Volk im Kern perpetuiert wurden – oder die zumindest innerhalb des eigenen kulturellen Rahmens plausibel schienen.

Dieselben Kategorien des Nationenbildungsprozesses lassen sich auch in der Neuen Welt erkennen. Zur (anglophon dominierten) vergleichenden Entstehungsanalyse der Vereinigten Staaten von Amerika und Kanadas haben sich zwei Hauptbetrachtungsweisen etabliert, die zwar in gewissen Annahmen durchaus übereinstimmen, jene aber für ihre Rückschlüsse vor allem unterschiedlich gewichten. Sie sollen an dieser Stelle kurz Erwähnung finden, da sich vor allem der Austausch von Ideen sowie das gegenseitige Abstoßmoment zwischen Alter und Neuer Welt anhand dieser Debatten gut nachzeichnen lassen. Der erste dieser Ansätze wurde hauptsächlich von Autoren wie Louis Hartz[199], Kenneth McRae[200] und Gad Horowitz[201] formuliert. Seymour Martin Lipset[202] verfasste einen Gegenentwurf zur Entstehung Kanadas und der USA, der der amerikanischen Revolution eine besondere Stellung einräumt.[203]

Louis Hartz widmete sein akademisches Werk vor allem der historischen Analyse so genannter ›neuer Gesellschaften‹. Er untersuchte die seit dem 16. Jahrhundert aus europäischen Kolonial- und Imperialbestrebungen entstandenen Gesellschaften in Amerika, Australien und Südafrika. Seiner Theorie zufolge bildeten Gesellschaften der Neuen Welt Fragmente ihrer Ursprungsgesellschaft und entwickelten sich auf neuem Boden unabhängig und unberührt weiter. Wenn man wie Hartz von dieser Annahme ausgeht, bedeutet das jedoch auch, dass die Ideologien der Ursprungsnationen *eingefroren* auf dem neuen Gebiet eingepflanzt wurden und sich von diesem Ausgangspunkt weiterentwickelten.[204] Im nordamerikanischen Kontext verkörperte der Liberalismus auf der Basis des Freiheitsbegriffs John Lockes laut Hartz das entscheidende, von der Alten Welt übertragene ideologische Konzept.

Zur Erinnerung: John Locke verstand die Freiheit als einen Natur- und Idealzustand, in dem der Mensch unbehelligt von unnötigen äußeren Zwängen leben kann. Was Kant später als ›kategorischen Imperativ‹ verfasste, war bereits Bestandteil von Lockes Gesellschaftsbild, nämlich die Einschränkung der absoluten Handlungsfreiheit zugunsten eines friedlichen Zusammenlebens. Mit Einverständnis willigt der Mensch in die Freiheit unter einer Regierung ein, die wiederum selbst in ihrer Macht überwacht und eingeschränkt wird. Ähnlich wie für andere aufklärerische und liberale Beobachter befand sich Amerika für Locke in ebenjenem Naturzustand. In diesem Zusammenhang ist auch seine berühmte Aussage »in the beginning all the world was America« zu verstehen, die zugleich das Gefühl der nostalgisierenden Sehnsucht als auch der eurozentristischen Überlegenheit ausdrückt.[205]

Hartz betonte, wie Locke, dass Amerika frei war von den europäischen Antagonismen, vom Zusammenprall der Bourgeoisie und der Aristokratie. Als vom Vaterland losgelöstes Fragment boten sich dort die idealen Voraussetzungen für das Gedeihen des Liberalismus, allerdings ohne dabei die Gleichheit im Kampf gegen ein Ancien Régime, in Klassenrivalitäten und Religionskriegen erringen zu müssen. Diese Form des Liberalismus umfasste Werte, die sich vor allem auf die Idee des rechtlich, wirtschaftlich und geistig unabhängigen Individuums stützten. Dementsprechend sind für Hartz auch die englischsprachigen Kanadier im Grunde genommen Individualisten mit egalitären Ansichten und demokratischem Geist; Unterschiede zu US-Amerikanern seien lediglich eine Frage der Intensität. Der moderatere, anglo-kanadische Liberalismus resultiert für ihn vor allem aus der Tatsache, sich während der amerikanischen Revolution gegen eine

199 Hartz 1955, 1964; diese Passage basiert auf der ausgezeichneten Arbeit von Grabb/Curtis 2005
200 McRae 1964.
201 Horowitz 1966.
202 Lipset 1983, 1991, 1996.
203 Grabb/Curtis 2005, 1–10.
204 Ebd., 11.
205 Hartz 1955, 61. Eine Aussage, die auch belegt, dass Amerika in Europa bereits zu diesem Zeitpunkt als einzigartig empfunden wurde.

Rebellion gegen die britische Krone entschieden zu haben und somit auch gegen einen Bruch mit der Alten Welt. Aus diesem Grund war Kanada dem englischen Einfluss länger ausgesetzt, was ihm einen »Tory streak«, einen britisch-konservativen Grundanstrich einbrachte, der ja durch die Zuwanderung amerikanischer Loyalisten während der Revolution nach Ontario, Québec und in kanadische Seegebiete nur gestärkt wurde.[206] Die Entscheidung, die dreizehn Kolonien nicht in ihrem Unabhängigkeitsstreben zu unterstützen, sowie die Aufnahme amerikanischer Loyalisten, so Hartz' Fazit, signalisierten Kanadas größere Offenheit für Tory-Werte und -Institutionen.

Auch das französischsprachige Kanada bildete nach Hartz' Dafürhalten ein Fragment seiner europäischen Ursprungsnation. Durch die Absplitterung vom mittelalterlich-feudalen Frankreich war die Gesellschaftsstruktur Neufrankreichs vom römisch-katholischen Klerus und einer privilegierten Klasse von Grundbesitzern geprägt. Zunächst unberührt von den liberalen und demokratischen Errungenschaften der Aufklärung, die Frankreich und Europa im 18. Jahrhundert grundlegend verändert hatten, verharrte das frankophone Kanada in traditionalistisch feudalen Grundstrukturen. Der amerikanische Süden mit seiner auf Sklaverei basierenden Plantagenwirtschaft hingegen wurde von Hartz als ›verwirrtes und fremdartiges Kind in einer liberalen Familie‹ bezeichnet, in dem die ›frustrierte Aristokratie‹ sich mit den Widersprüchen der Sklavenwirtschaft und Lockes Freiheitsidealen konfrontiert sah.[207]

Kenneth McRae und Gad Horowitz gehen von der Hartz'schen Annahme einer gesellschaftlichen Fragmentierung zur Ursprungsnation aus, entwickeln jene Grundidee jedoch unterschiedlich weiter. McRaes Hauptdifferenz zu Hartz' Konzept neuer Gesellschaften liegt in der Bewertung des Tory-Einflusses durch die Migration der Loyalisten während der amerikanischen Revolution. Er hält die Unterschiede zwischen Amerikanern und anglophonen Kanadiern in Bezug auf den Liberalismus für gering, sie lägen nur in der Kompromissbereitschaft und der Mäßigung und nicht in den liberalen Grundeinstellungen.[208] Gad Horowitz hingegen betont gerade diesen Aspekt der Theorie von Hartz. Im Gegensatz zu den Vereinigten Staaten von Amerika habe das englischsprachige Kanada im Laufe seiner Geschichte sozialistische Bewegungen erfahren. Diese seien nur auf Grund der konservativen Ausrichtung Kanadas, dem »tory streak« möglich gewesen.[209] Von Hartz' Perspektive unterscheiden sich die Ansätze von McRae und Horowitz also vor allem durch ihr Verständnis des britischen Einflusses auf das englische Kanada. Ein alternativer Erklärungsansatz stammt von Seymour Martin Lipset, der die unterschiedlichen historischen Verlaufskurven der USA und Kanadas auf die jeweilige Bedeutung der revolutionären, amerikanischen Unabhängigkeitsbewegung zurückführt. Lipset betont also mehr als die anderen Autoren die Wichtigkeit des amerikanischen Unabhängigkeitskriegs für die unterschiedliche Entwicklung in den Vereinigten Staaten und Kanada. Die amerikanische Revolution sei die bis dahin historisch beispiellose Lossagung einer Kolonie von ihrem Kolonisator und die Vereinigten Staaten damit als ›erste neue Nation‹ der modernen Welt »qualitativ unterschiedlich von allen anderen Ländern.«[210]

---

206 Grabb/Curtis 2005, 15.
207 Ebd., 16.
208 Ebd., 18.
209 Horowitz 1966, 148.
210 Im Original: »qualitatively different from all other countries«; Lipset 1996, 77 f.

Kanada hingegen musste sich als konterrevolutionäres Gegenstück zu den Vereinigten Staaten behaupten, wo liberale Werte und Institutionen mit dem amerikanischen Entstehungsakt fest verankert wurden. Obgleich Kanada erst über 90 Jahre nach der amerikanischen Unabhängigkeitserklärung als Nation wahrgenommen werden sollte, wurden die Grundtendenzen schon zu jenem Zeitpunkt maßgeblich vorbeeinflusst. Die Entscheidung gegen den Unabhängigkeitskrieg war daher auch ein explizites politisches Statement der kanadischen Bevölkerung, die konservativen Werte der britischen Krone denen der Revolution vorzuziehen.[211] Somit entwickelten sich die Grundwerte der beiden Nationen gegenläufig. Während in den Vereinigten Staaten gleiche politische Rechte der freien Staatsbürgerschaft und eine ausgeprägte Neigung zur Chancengleichheit vorherrschten, blieb in Kanada ein System der Eliten bestehen, dessen Gesellschaft politisch ein Subjekt der monarchischen Regierungsform und wirtschaftlich der traditionellen Rangordnungen blieb.

Den Schlüsselelementen der amerikanisch-liberalen Grundüberzeugungen, des »American Creed«, sind also im Sinne Lipsets die kanadischen Grundwerte entgegengerichtet, wie Grabb und Curtis in ihrer Analyse dieser Diskurse herausstellen. Statt vom Volk ist die Regierung in Kanada durch die Eliten bestimmt; der Idee des freien Markts und des Laissez-faire-Kapitalismus ziehen Kanadier in wirtschaftlichen Belangen den Etatismus vor. Der Chancengleichheit (die in den Vereinigten Staaten aber keine Gleichheit der Resultate bedingt) wird durch die Regierung nachgeholfen, die darüber hinaus versucht, auch die Kluft zwischen Arm und Reich zu überbrücken. Die möglichen unerwünschten Auswirkungen uneingeschränkter Freiheit werden in Kanada durch etablierte, gesetzlich fixierte Rechte und Pflichten im Zaum gehalten, während im Gegensatz zu amerikanischen Bürgern das Individuum dem Kollektiv und dem Gemeinwohl eher verpflichtet ist.[212]

Beide Argumentationslinien sehen als das Hauptunterscheidungsmerkmal der US-amerikanischen und der später entstehenden kanadischen Nation das unterschiedliche Verhältnis zur britischen Krone. Eine weitere Differenzierung ist aber für unser Argument notwendig. Dass letztlich fragmentierende Tendenzen in den Vereinigten Staaten überwunden werden konnten, war sicherlich zu einem nicht unerheblichen Teil der entstehenden administrativen Einheit nach dem Unabhängigkeitskrieg geschuldet. Eine einheitliche US-amerikanische Nationalidentität hat sich im Zuge dessen dennoch nicht schlagartig gebildet. Andere Entwicklungsfaktoren, wie sie im folgenden Unterkapitel untersucht werden, spielten in diesem Zusammenhang eine ebenso entscheidende Rolle. Die Abspaltung war also in den USA keineswegs das einzige identitätsbildende Kriterium. Weniger der Entschluss zur Unabhängigkeit als vielmehr deren Konsequenzen und Kompromisse, sowie der sich darum herum formende Gründungsmythos prägten die nationale Identität.

Auch in Kanada war die Entwicklung unter dem Schirm der britischen Krone sicherlich ein wichtiger Aspekt im Nationenbildungsprozess, allerdings eher indirekt. Keine Indoktrinierung mit Tory-Werten, sondern eher der Mangel eines identitätsbildenden Gegenübers hemmte die Entstehung einer starken nationalen Basis. Innerhalb des britischen Empires zu bestehen, bedeutete zwar, gewisse Werte dieses Systems zu teilen. Allerdings folgte daraus auch, keinen Anlass zur Bündelung der einzelnen Kolonien zu

211 Grabb/Curtis 2005, 22.
212 Lipset 1996, 20.

empfinden. Die aus dieser Situation heraus entstehenden Nationalmythen dienten vor allem der Legitimation der Hierarchien im Ist-Zustand als *Dominion* im britischen Empire. Dies galt für die frankophonen *Canadiens* nur insofern, als die römisch-katholische Kirche sich den Hierarchien Britisch-Nordamerikas unterordnete. Gleichzeitig aber konnte sich, zunächst religiös gefärbt, ein frankokanadischer Nationalismus etablieren, der dann im 20. Jahrhundert, nach der Stillen Revolution, eine säkulare Wendung nahm. Im Gegenzug befeuerte er einen mit der Konföderation einsetzenden anglokanadischen Nationalismus.

Nationenbildungsprozesse auf dem nordamerikanischen Kontinent, soviel kann aus dem bisher Gesagten bereits abgeleitet werden, vollzogen sich in enger Wechselwirkung mit der europäischen Welt. Wenn die Entstehung der modernen Nation in England und Frankreich also wirtschaftlich – durch die merkantilistische Expansion – politisch – durch den kolonialen Wettstreit europäischer Gesellschaften – und kulturell – wegen der Überprüfung des eigenen Gesellschaftszustandes in Abgrenzung zum ›Naturzustand‹ der Neuen Welt – im direkten Zusammenhang mit der Entdeckung und Besiedlung des nordamerikanischen Kontinents stand, war auch die Nationenbildung der Vereinigten Staaten, Kanadas und (später) Québecs vom Bezug zur Alten Welt entscheidend mitgeprägt.

Kapitel III

Von der Kolonialbevölkerung zur Nation
Nationenbildung in Nordamerika

> Obwohl das ausgedehnte Land von zahlreichen Stämmen Eingeborener bewohnt war, kann man mit Recht behaupten, dass es zum Zeitpunkt seiner Entdeckung nichts als eine Wüste war. Die Indianer wohnten dort, aber sie besaßen es nicht, weil sich der Mensch nur mit der Landwirtschaft den Boden aneignet und die Ureinwohner Nordamerikas von den Jagderzeugnissen lebten. Ihre unerbittlichen Vorurteile, ihre unzähmbaren Leidenschaften, ihre Laster und mehr vielleicht noch ihre wilde Kraft händigten sie einer unvermeidbaren Zerstörung aus. Der Ruin dieser Bevölkerung begann an dem Tag, an dem die Europäer an ihren Küsten landeten, er ging unermüdlich voran und ist heute fast vollendet.
>
> *Alexis de Tocqueville,* 1835, Über die Demokratie in Amerika[1]

Gegenüber den europäischen Nationen, die das in England auf das bürgerliche Volk ausgeweitete Konzept der Nation ihren eigenen vornationalen Gegebenheiten anpassten und damit ganz eigene Ausprägungen nationaler Loyalitäten entstehen ließen, gewinnt die Entstehung nationaler Identitäten im nordamerikanischen Raum ihre Besonderheit aus den mitgebrachten Identitäten der Siedler und ihrem eurozentrischen Blick auf einen ihnen jungfräulich erscheinenden Kontinent. Dieser Eurozentrismus wird noch augenscheinlicher, vergegenwärtigt man sich die nordamerikanischen Gegebenheiten vor den ersten Begegnungen. Schätzungen über indigene Bevölkerungszahlen in der gesamten amerikanischen Hemisphäre vor der europäischen Besiedlung liegen, auch wenn sie weit auseinander gehen, mit zwischen 30 und 70 Millionen Einwohnern angesichts der historischen Epoche sehr hoch.[2] Man geht davon aus, dass zum Ende des 15. Jahrhunderts zwischen etwa 4,5 Millionen[3] und 25 Millionen[4] Amerindianer (ein Term, der in keinerlei Verhältnis zur Vielfalt und Komplexität der angesiedelten Völker steht) den nordamerikanischen Kontinent besiedelten und in unterschiedlichsten Gesellschaftsformen lebten.

Ihre Gemeinschaften waren geprägt von komplexen sozialen Strukturen und einer hohen kulturellen Vielfalt; über das Jagen und Sammeln hinaus (bspw. kalifornische Miwoks) reichten die Wirtschaftsformen Nordamerikas bis hin zu elaborierten Agrikultursystemen (bspw. bei den Pueblo-Hohokam).[5] Hierarchisch strukturierte Gesellschaftsformen kamen ebenso vor (Natchez, Creek im Südosten; Tlingit, Haida, Tsimshian,

---

1 Tocqueville 2006, Buch I, Kap. I.

2 Nash et al. 2006, 17; Conrad und Finkel gehen sogar von 30 bis 100 Millionen aus; Conrad/Finkel 2003, 8.

3 Cook 1995, 33/Kaufmann 2004, 327.

4 Zinn 2005, 18.

5 So dass selbst nach Tocquevilles willkürlichen und eurozentrischen Kriterien das Land des nordamerikanischen Kontinents schon vor der Ankunft der weißen Kolonialherren ›besessen‹ wurde.

Kwakiutl, Nootka im Nordwesten) wie egalitäre (Pueblos). Im Nordosten lebten fünf (später sechs) Nationen (Mohawk, Oneida, Onondaga, Cayuga, Seneca, Tuscarora), deren Existenz vom Jagen und von der Landwirtschaft abhing. Sie bewohnten Langhäuser und komplexe politische Systeme kennzeichneten ihre Gesellschaftsformen. Die meisten der amerindianischen Siedlungen folgten polytheistischen Religionen und waren durch ein unterschiedliches Raumverständnis enger mit ihrer Umwelt verbunden.[6]

Der Mythos des ›edlen Wilden‹, der, wie wir bereits gesehen haben, verschiedenste Reflexionen über das Selbstbild in Europa anstieß, nimmt seinen Ausgang mit den Beschreibungen Christoph Kolumbus' nach seinen ersten Kontakten mit Autochthonen auf den Bahamas, die er in Berichten an den Hof von Madrid verfasste:

> Sie […] brachten uns Papageien und Baumwollballen und Speere und viele andere Dinge, die sie für Glasperlen und Falkenglocken tauschten. Sie waren willig, alles einzutauschen, was sie besaßen. Sie waren kräftig gebaut, mit guten Körpern und schönen Zügen […]. Sie tragen keine Waffen und kennen auch keine; als ich ihnen ein Schwert zeigte, hielten sie es aus Unwissenheit an der Klinge und schnitten sich. Sie haben kein Eisen. Ihre Speere sind aus Schilfrohr […]. Sie würden sich gut als Diener eignen [...]. Mit fünfzig Mann könnten wir sie alle unterwerfen und sie zu allem zwingen, was wir wollen.[7]

Die Indianer, so Kolumbus, seien »so naiv und so frei in ihrem Umgang mit Besitztümern, dass niemand, der sie nicht beobachtet hat, es glauben würde. Wenn man sie nach etwas fragt, was ihnen gehört, sagen sie niemals nein. Im Gegenteil, sie teilen mit jedem […].«[8] Diese Einschätzung nahm Christoph Kolumbus als Anlass, seinen fürstlichen Auftrag- und Geldgebern, so sie ihn denn in einer weiteren Expedition unterstützen würden, »so viel Gold wie sie brauchten […] und so viele Sklaven wie sie verlangten« zu versprechen.[9]

Angesichts einer nach wie vor verbreiteten Tendenz zur Nostalgisierung des ›edlen Wilden‹ darf aber nicht vergessen werden, dass amerindianische Nationen untereinander in Kontakt gerieten, was zwar Handel, aber auch Krieg bedeutete. Die ›Amerin-

---

6 Siehe Library of Congress 2003. Eine komparative Untersuchung der Amerindianer in den Vereinigten Staaten und Kanada bietet Roger L. Nichols (1998). Ned Blackhawk (2008) analysiert die Geschichte des vom spanischen Imperium kolonialisierten nordamerikanischen Westen. Für eine Kritik am Mythos des raubeinigen Individualisten als Prototyp des Siedlers im nordamerikanischen Westen, vgl. Robbins 1994.

7 Im englischen Original, zitiert nach Howard Zinn: »They […] brought us parrots and balls of cotton and spears and many other things, which they exchanged for the glass beads and hawks' bells. They willingly traded everything they owned […] They were well-built, with good bodies and handsome features […]. They do not bear arms, and do not know them, for I showed them a sword, they took it by the edge and cut themselves out of ignorance. They have no iron. Their spears are made of cane […]. They would make fine servants […]. With fifty men we could subjugate them all and make them do whatever we want.« Zinn 2005, 1.

8 Kolumbus zitiert bei Zinn 2005, 3; im englischen Zitat von Zinn: »[…] are so naive and so free with their possessions that no one who has not witnessed them would believe it. When you ask for something they have, they never say no. To the contrary, they offer to share with anyone […]«

9 Im Original: »[…] as much gold as they needed […] and as many slaves as they ask […]« Zinn 2005, 4. Howard Zinn verfasst in seiner überaus lesenswerten ›People's History of the United States‹ ein düsteres Porträt des zumeist so unkritisch heldenhaft dargestellten Christoph Kolumbus; siehe vor allem Kapitel 1 ›Columbus, the Indians, and Human Progress‹ in Zinn 2005.

dianer‹ waren keine homogene Einheit, die im Einklang mit der Natur lebte und dann völlig ohne Widerstand ausgelöscht wurde, wie das Zitat von Alexis de Tocqueville fälschlicherweise glauben macht. Auch sie nahmen dort, wo sie mit ihnen in Kontakt gerieten, Einfluss auf die europäischen Kolonialherren. Sie wehrten sich gegen ihre gewaltsame Unterwerfung nach den ersten gewaltsamen Zusammenstößen und im Laufe des 17. und 18. Jahrhunderts in einem »chronischen Konflikt – in einer endlos wirkenden Abfolge von Überfällen, Gefechten, Massakern und zahlreichen Toten auf beiden Seiten.«[10]

Die ersten europäischen Siedler, wie auch Einwanderer späterer Immigrationswellen, waren ebenso wenig unbeschriebene Blätter bei ihrer Ankunft auf dem nordamerikanischen Kontinent wie es ihre autochthonen Gegenüber waren. Sie kamen mit ihren eigenen, zunächst englischen oder französischen Lokal- und Regional-Identitäten, die sich untereinander vor allem konfessionell unterschieden.[11] Der Begriff der Nation war in der frühen Besiedlungsphase des nordamerikanischen Kontinents noch nicht zu seiner modernen Bedeutung gereift. Doch Sprache, Rechtssystem und kulturelle Gemeinsamkeiten, die sich zu einer Art proto-nationaler Identität verdichteten, bestimmten die gesellschaftlichen Prozesse in den frühen nordamerikanischen Kolonien. Eine spezifisch US-amerikanische nationale Identität sowie eine kanadische Identität mit territorialen und institutionellen Bezugspunkten bildeten sich erst zu einem deutlich späteren Zeitpunkt, auch wenn es die Geschichtsmythologie anders möchte: in den USA mit Ende der kolonialen Ära, in Kanada allmählich erst mit Beginn der Konföderation (*Dominion of Canada* 1867). Darüber hinaus muss von vornherein betont werden, dass die USA und Kanada keinesfalls unabhängig voneinander entstanden. Sie expandierten nicht ohne gegenseitige Einflussnahme. Vielmehr verfestigten sich Gemeinschaften aus Furcht vor einem Identitätsverlust, den die Mehrheit des ›Anderen‹ herbeizuführen drohte. Die Abgrenzung vom Gegenüber, die Angst vor territorialen Verlusten und das Verhältnis zur britischen Krone und zum europäischen Mutterland waren wichtige Kräfte, die die Entstehung spezifischer nationaler Identitäten auf dem nordamerikanischen Kontinent maßgeblich beeinflussten.

›Entdeckung‹

Das Konzept des Neuanfangs wurde entscheidend durch die vermutete ›Entdeckung‹ Nordamerikas bedient. Kontakte mit anderen Kulturen hatte Europa bereits, bevor Christoph Kolumbus im Oktober 1492 eine zur Gruppe der Bahamas gehörende Insel erblickte, die er San Salvador nannte. Afrika und Asien waren europäischen Entdeckungsreisenden bekannt, weshalb die Fremdheitserfahrung, der Kontakt mit anders aussehenden und anders lebenden Bevölkerungen, kein völliges Novum war. Der Unterschied lag vor allem darin, dass Asien schon lange vor der Entstehung engerer wechselseitiger Beziehungen Teil der europäischen Wahrnehmung gewesen war. Amerika hingegen hatte nicht ›existiert‹, bevor Kolumbus es zufällig ›entdeckte‹ und es fälschlicherweise für Indien hielt. Dieses Überraschungsmoment machte aus einer

---

10 Blackhawk 2008, 5; im Original: »[…] chronic conflict – the seemingly endless raids, battles, massacres, and number lost on all sides.«

11 Kaufmann 2004, 327.

Kontaktaufnahme eine Entdeckung und legitimierte wiederum die selbst zugeschriebene Vormachtstellung und Deutungshoheit der Europäer. Das Gefühl der Überlegenheit konnte in diesem Zusammenhang ganz andere Dimensionen annehmen als noch in den Beziehungen zu Asien und diente als Katalysator für die Christianisierung der autochthonen Bevölkerung.[12]

Im 16. Jahrhundert jedoch war der kulturelle Eindruck, den die ›Entdeckung‹ Amerikas in Europa hinterließ, erstaunlich gering. Diese Unaufmerksamkeit lässt sich mit der Selbstbeschäftigung europäischer Staaten erklären, die sich auf Grund von Konflikten mit dem Osmanischen Reich, auf Grund der Reformation und von Erbfolgekriegen von innen heraus wandelten und von der Neuen Welt abwendeten.[13] Zudem besann sich Europa in der Renaissance auf die antike Philosophie zurück, gewissermaßen in einer Rückkehr zur ›eigenen‹ Vergangenheit unter Ausklammerung der kolonialen Vorhaben. Diese Rückwärtsgewandtheit erklärt das zwiegespaltene Bild, das Europäer trotz der generellen Tendenz zur Introspektion von Amerindianern zeichneten. Es reichte vom simplen und faulen, dafür aber unschuldigen und glücklichen Wesen, dem ›edlen Wilden‹, bis zur Beschreibung als »behaartem Volk« – man beachte auch hier den Singular – »das, wilden Tieren gleich, ohne Kleidung, ohne Behausung, Agrikultur, Religion, Recht oder jedwede ersichtliche soziale und politische Organisation in den Wäldern lebte.«[14] Diese oberflächliche, wenn auch nicht folgenlose Auseinandersetzung mit dem ›Wilden‹ steht in keiner Weise mit der Behauptung im Widerspruch, Europa habe sich in der Zeit der ersten Kontakte mit der neuen Welt in sich selbst gekehrt. Der fremde Amerindianer wurde lediglich dem eigenen Kulturhorizont einverleibt. So ordnete man die Amerindianer der Gruppe der ›Barbaren‹ zu, wie man sie bereits von den germanischen Stämmen, den Iren und den Finnen zu kennen glaubte.[15] Im anderen Extrem verklärten Denker der Romantik später den ›edlen Wilden‹ nostalgisch zum eigenen, vor-zivilisierten und unschuldigen Ebenbild.

Diese Übertragung von europäischen Betrachtungskategorien vereinfachte das Verständnis des Fremden. Die Anpassung der völlig neuen Begegnungen in den eigenen Geisteshorizont trug nicht unerheblich dazu bei, die Amerindianer den eigenen Absichten unterordnen zu können. Sie sollten an das ›Licht‹ des Christentums herangeführt werden, wenn nötig auch mit Gewalt, wie beispielsweise der englische Geograph und Schriftsteller Richard Hakluyt (1552–1616) in seinen Reiseberichten forderte.[16] Der von Hakluyt beschriebene Ressourcenreichtum und die unvorstellbaren Dimensionen des neuen Kontinents klangen in englischen Ohren wie ein Segen und ließen insbesondere schlechter gestellte Schichten von einer Auswanderung in die Neue Welt träumen.[17] Im überbevölkerten England verhießen seine Berichte Arbeit für jedermann und dies scheinbar sogar mit der Unterstützung der Urbevölkerung, die laut Hakluyt leicht zu bekehren sei.[18] Die individuelle Bereicherung, die Eroberung eines jungfräulichen Kontinents sowie die Bekehrung der nordamerikanischen Bevölkerung rückten somit in das

12 Vgl. Greene 1983, 10 f.; hierzu in deutscher Sprache auch Schreiber 1991.
13 Ebd., 13.
14 Ebd., 16; im Original: »[...] hairy people who lived like wild beasts in the woods without clothes, housing, agriculture, religion, law, any apparent social and political organization.«
15 Greene 1983, 17.
16 Ebd., 37.
17 Pells 1997, 5; vgl. auch Kupperman 1995.
18 Cohen 1993, 39.

Visier der frühen Kolonialherren.[19] Dieser Neuanfang war nicht nur deshalb keiner, weil es auf einem von fremden Völkern besiedelten Kontinent keine Tabula Rasa geben konnte, sondern auch, weil diese Völker auf die Kolonialherren zurückwirkten und deren Kultur mitprägten.[20]

Die frühen Phasen der französischen und englischen Kolonialisierung werden im Folgenden kurz dargestellt. Da sie noch nicht unmittelbar einem Nationenbildungsprozess beizuordnen sind, geschieht dies nicht in einer strikten Einhaltung der Untersuchungsparameter. Die Bedeutung dieser frühen Entwicklungen für die im 18. und 19. Jahrhundert einsetzende Nationenbildung – sowohl für das nationale Selbstverständnis und dessen administrative Voraussetzungen als auch für die Schöpfung nationaler Mythen aus der Retrospektive – machen die folgenden Erläuterungen jedoch an dieser Stelle notwendig.

Neufrankreich – Eine französische Kolonie in Nordamerika

Vom Hundertjährigen Krieg (1337–1453) geschwächt stiegen England und Frankreich verhältnismäßig spät in den Kolonialismuswettkampf ein. Erst der französische König Franz I. erhob Ansprüche auf eigene Kolonien[21] und entsandte unter Giovanni Verrazano (1485–1528) im Jahre 1524 die erste französische Expedition in die ›Neue Welt‹, wie Amerigo Vespucci (1452–1512) sie zu Anfang des Jahrhunderts genannt hatte.[22] Ein Stück weit war die Marschrichtung vorgegeben, da Spanien und Portugal seit der Entdeckung des amerikanischen Kontinents durch Kolumbus in ihren Imperialismusbestrebungen lediglich Nordamerika ausgespart hatten. Während Jacques Cartier (1491–1557) auf drei Reisen (1534–1542) das Territorium bis hin zum heutigen Montréal erkundete, war es erst gute 60 Jahre später Samuel de Champlain (1567–1635), der unter der Regentschaft Heinrichs IV. (1589–1610) neben neuen Entdeckungen vor allem die Gründung französischer Kolonien vorantrieb. Nach einem ersten Anlauf (1604–1607) zunächst in Sainte-Croix, dann in Port Royal in Akadien (heute Annapolis, Neuschottland) nahm die französische Kolonialisierung 1608 im Gebiet der heutigen Stadt Québec ihren strategischen Ausgangspunkt.[23] Ebenso wie in der fast zeitgleich verlaufenden englischen Koloniegründung in Virginia 1607 wurden, vielleicht noch mit mehr Nachdruck, zwei Hauptziele verfolgt: die Entdeckung einer vermuteten Nordwestpassage nach Asien und der ökonomische Nutzen für die an der Unternehmung finanziell beteiligten privaten Handelsgesellschaften. Diese vor allen Dingen wirtschaftlichen Antriebsgründe motivierten auch die französischen Handelstreibenden. Sie beargwöhnten den schon seit der Mitte des 16. Jahrhunderts von französischen Fischern und Amerindianern betriebenen Handel und suchten, ihn selbst zu monopolisieren und zu vertiefen, um aus dem Export nach Europa Kapital schlagen zu können.

---

19 Vgl. auch Behdad 2005 und Vorländer 1997.
20 Calloway 1997, 178 f.
21 Zu den ersten französischen Kolonialexpeditionen bis zum Verlust Neufrankreichs 1760 siehe ausführlicher Kolboom 2005; im Überblick Weinmann 2008.
22 Wallisch 2002.
23 Braun/Klooß 1994, 45 f.

Der Pelzhandel, bei dem die steigende amerindianische Nachfrage nach Metallwaren durch den Tausch von (Biber)Pelzen abgegolten wurde, sollte bis weit in das 18. Jahrhundert hinein blühen und ging mit einer Ausdehnung des Handelsgebiets westwärts, entlang der Flüsse, einher.[24] 1702 veranlasste die Suche nach einem eisfreien Hafen zudem die Gründung der Kolonie *Louisiane,* so dass sich das mit Festungen abgesicherte ›Neufrankreich‹ (*Nouvelle-France*) zum Zeitpunkt seiner maximalen Ausdehnung von der Hudson Bay bis zum Golf von Mexiko erstreckte. Drei unterschiedliche frankophone Zentren prägten sich aus: »Im Norden, am Sankt-Lorenz-Strom die Hauptkolonie Canada, woraus das spätere Québec entstand; im Süden das großräumige Louisiane; und im Nord-Osten, an der Atlantikküste, diejenigen Teile der alten Acadie, die Frankreich auch nach 1713 verblieben waren (auf dem Festland das heutige Neubraunschweig sowie die heutige Prinz-Edward-Insel und das Cap Breton).«[25]

Und trotz des florierenden Handels und einer zum Wortführer erstarkten katholischen Kirche blieb die französische Kolonie schwach, was schon an ihrer demografischen Rückständigkeit und weiträumigen territorialen Zersplitterung abzulesen war. Im Jahre 1760, als sich Frankreich das Ende seiner kolonialen Vorhaben auf dem nordamerikanischen Kontinent eingestehen musste, besiedelten nur knapp 60.000 Einwohner einen Bruchteil des gesamten Landes, das sich auf dem Territorium zwischen Québec und Montréal auf beiden Ufern des St. Lorenz nur sehr begrenzt ausdehnte.[26] Zu etwa derselben Zeit, Mitte des 18. Jahrhunderts, hatte die Kolonie Neuengland bereits 1,5 Millionen Einwohner.[27]

Im Vergleich zur einwanderungsstarken britischen Kolonialisierung trugen Faktoren wie die dünne Besiedlung (des in Relation zu Neuengland gewaltigen Raumes), der Pelzhandel innerhalb der importierten Strukturen des Feudalwesens sowie die Missionierungsstrategie der Jesuiten zu generell friedvolleren Beziehungen[28] zwischen Amerindianern und Canadiens bei, als welche sich die am Sankt-Lorenz-Strom lebenden Siedler in Abgrenzung zu den Franzosen schon im Laufe des 17. Jahrhunderts zu bezeichnen begannen.[29] Die Unterscheidung zwischen Canadiens und Franzosen war jedoch nicht national inspiriert. Das Ethnonym ›Canadiens‹ mag zwar insgesamt eine *Gesellschaft* beschrieben haben. Um sich im Tönnieschen Sinne als *Gemeinschaft* zu ver-

---

24 Vgl. ebd., 46. Die Flüsse boten Trinkwasser, sicherten die Nahrungszufuhr und dienten als Transportnetzwerke.

25 Weinmann 2008, 468. Nugent (2008) bietet eine historische Darstellung der politischen Gegebenheiten im Territorium westlich der Appalachen vor dem amerikanischen Unabhängigkeitskrieg; vgl. vor allem Kapitel 1.

26 Vgl. Braun/Klooß 1994, 46 sowie Nugent 2008, 9 f.

27 Weinmann 2008, 467.

28 Kolboom 1998, 14. Wie weit diese Beziehungen reichen konnten, zeigt sich am Beispiel der sogenannten *coureurs de bois.* Sie waren ehemalige Bauern, die sich gegen ihre harte Arbeit in der neufranzösischen Kolonie und für ein Leben ähnlich dem der Amerindianer entschieden hatten. Auch die Tatsache, dass die neufranzösischen Kolonien sich hauptsächlich aus Männern zusammensetzten, trug zu einer intensiveren Kontaktaufnahme, vor allem mit dem weiblichen Geschlecht, bei. Allerdings gab es mit den Irokesen lang anhaltende Kämpfe, die erst mit dem Friedensvertrag von 1701 ein Ende fanden (»la Grande Paix«). Am engsten gestalteten sich die Beziehungen zwischen französischen colons und Amerindianern in Akadien; siehe Kolboom 2005.

29 Erstmals 1535 von Jacques Cartier als Wort verwendet, setzt sich diese Bezeichnung ab 1691 endgültig in den Texten fest; siehe Carpin 1995.

stehen, lebte die frankophone Bevölkerung als Fragment der französischen Metropole jedoch zu weitflächig versprengt und ihre diversen, vor allem wirtschaftlichen Interessen verhinderten die Bildung eines Kollektivs, zumal die *Acadiens* sich von Anfang an als distinkte Gruppe sahen.[30] Ihre Unterschiedlichkeit wurde der frankophonen Kolonialbevölkerung erst mit der britischen Eroberung deutlich, als die Bindung zum römisch-katholischen Mutterland gekappt wurde und sich die frankophonen *colons* als Subjekte eines anglophonen protestantischen Imperiums wiederfanden. Doch auch diese Abgrenzung machte noch keinen Nationalismus. Letzterer äußerte sich erstmals in Ansätzen in liberalistischen Volksunruhen, als die ideologischen Auswirkungen der französischen Revolution auf dem nordamerikanischen Kontinent spürbar wurden, also vorrangig in der ersten Hälfte des 19. Jahrhunderts.[31]

Englische Siedlungen in Nordamerika

Nach dem Scheitern der Kolonie auf Roanoke Island im späten 16. Jahrhundert zögerte England mit einem erneuten Versuch der Kolonialisierung der Neuen Welt. Mit Beginn des 17. Jahrhunderts änderte eine Reihe von Ereignissen die Meinung der britischen Krone. Jakob I. (1603–1625) bestieg 1603 als Nachfolger Elisabeths I. (1558–1603) den englischen Thron, wodurch die Schmach von Roanoke ein Stück weit in Vergessenheit geriet. Im selben Jahr endete der Krieg mit Spanien, was den Engländern erlaubte, ihre Aufmerksamkeit auf neue Ziele zu richten. Es war aber gerade der in Frankreich entflammte Enthusiasmus für die Neue Welt, der die britische Krone zum imperialen Wettbewerb anstachelte. Wie auch in Frankreich und in den Niederlanden war man überzeugt, dass die materiellen und ideellen Verheißungen Amerikas nicht kampflos Spanien und Portugal überlassen werden sollten.[32] So stieß die wieder erstarkte finanzielle und öffentliche Unterstützung neue koloniale Wagnisse an.

Nach ersten Kolonialisierungsversuchen in Jamestown (1607) folgten weitere Besiedlungsschübe ab den 1620er Jahren. Die Pilgrims, von manchen im Nachhinein als die Avantgarde der amerikanischen Kolonialisierung bezeichnet, hatten England unfreiwillig verlassen. Es waren ihre unkompromittierbaren Separatismusbestrebungen gegenüber der anglikanischen Kirche, die sie letztlich zur Flucht aus dem Heimatland drängten. Ihr Zwangsexil führte sie über Leiden in den Niederlanden nach Virginia (1620) jenseits des Atlantiks, wo sie sich erhofften, in Frieden und Sicherheit vor religiöser Verfolgung leben zu können.[33] Im Gegensatz zu den etwa zehn Jahre später eintreffenden Puritanern hatten die Pilgrims bei ihrer Ankunft auf dem nordamerikanischen Kontinent außer der Hoffnung auf ein besseres Leben keine klar gesetzten Zielvorstellungen.[34]

30 Kolboom 2005.
31 Cook 1995, 86.
32 Greene 1983, 33.
33 Cohen 1993, 40.
34 Miller 1972, 21. Die Einwanderungsschübe in die Kolonien setzten vor allem nach den 1630er Jahren ein. Während in den ersten drei Jahrzehnten des 17. Jahrhunderts nur etwa 25.000 bis 30.000 Menschen Großbritannien in Richtung der Neuen Welt verließen, waren es bis 1660 zwischen 240.000 und 295.000; Greene 1988, 7.

Der Dreißigjährige Krieg führte in England zu erhöhter Arbeitslosigkeit und zu hochschnellenden Preisen und Kosten, eine Entwicklung, die der spätere Gouverneur der Massachusetts Bay Kolonie, John Winthrop (1587/88–1649), mit Sorge verfolgte. Ebenso widerstrebten ihm die religiösen Vorstellungen Jakobs I.; England war in seinen Augen unter ihm zum Sündenpfuhl, zum »sinful land« verkommen.[35] Aus diesem Blickwinkel wirkt es wenig verwunderlich, dass Winthrop die *Massachusetts Bay Company* zugleich als Möglichkeit der Flucht und der Chance empfand, zumal sie ihm erlaubte, seine puritanischen Wertvorstellungen befreit, in einer Art Experiment, auf die formbaren, jungen Kolonialsiedlungen zu übertragen. Als Ideal schwebte ihm eine Kolonie vor, die nach christlich-puritanischen Werten gedeihen und als Vorbild für England und die Kirche wie ein Leuchtturm strahlen sollte, wie eine Stadt auf einem Hügel, eine »city upon a hill«, um als Inbegriff christlicher Lebensart von den Augen der (europäischen) Welt bestaunt zu werden.[36] Hiermit ist ein wesentlicher Charakterzug der nationalen Identität, der mittlerweile fest in die nationale Mythenbildung eingegangen ist, bereits vorgezeichnet. Das Bewusstsein, von Europa beobachtet zu werden, sorgte im späteren Verlauf der US-amerikanischen Geschichte wiederholt für Antriebskraft oder Widerstand. Man wehrte sich gegen Europas Vormachtstellung oder verteidigte Europas Vorbild. Oder anders gesagt: Ungeachtet der Einstellung zu Europa orientierte man sich lange Zeit an dessen Bezugsrahmen.

Die Puritaner wollten sich nicht wie die Pilgrims von der anglikanischen Kirche abspalten, sondern, wie der Name verrät, sie purifizieren. Sie beklagten die Kirchenstruktur und Machtstellung des Klerus, waren jedoch überzeugt von ihrer Fähigkeit, Sünder bekehren und selbst aktiv Unsittliches abwenden zu können. Dieser missionarische Kerngedanke wurde im Kontext der neuen Kolonien auf die amerindianischen Völker übertragen, die wegen ihrer ›natürlichen Unberührtheit‹ durch die Anweisung der Puritaner zu ›retten‹ waren.[37] Wenngleich einige dieser Siedler sich materielle Gewinne erhofften, kam die Mehrzahl der Puritaner mit der Überzeugung, Amerika unter Gottes Anleitung zu christianisieren. Die Freiwilligkeit ihrer Mission äußerte sich in einem starken Gemeinschaftsgefühl der frühen Kolonien, das aber nicht als national bezeichnet werden kann. Nationale Bestrebungen nach Freiheit und Gleichheit wurden erst in der nationalistischen Historiographie des 19. Jahrhunderts revisionistisch hinzugedeutet, wie wir an späterer Stelle sehen werden.[38]

Trotz einiger weniger Bestrebungen von spanischen Zeitgenossen des ausgehenden 16. Jahrhunderts wie beispielsweise Francisco de Vitoria (1483–1546), Bartolomé de Las Casas (1484/85–1566) oder José de Acosta (1539/40–1599), die Rechte der Amerindianer zu schützen und die Auflösung ihres Territoriums und ihrer Selbstbestimmung zu verhindern, setzte sich der weiße Vormachts- und Bekehrungsgedanke durch.[39]

35 Cohen 1993, 42.

36 Ebd., 41. Die Rede John Winthrops auf der Arbella (›A Model of Christian Charity‹) ist im Internet unter verschiedenen Quellen aufrufbar und fasst seine Vorstellungen einer neuen Gesellschaft in der Neuen Welt zusammen. Die Trope der ›Stadt auf dem Hügel‹ stammt aus dieser Rede Winthrops. Hierzu auch Bremer 2003, insbesondere die ›Interlude: Christian Charity‹.

37 Cohen 1993, 41 f.

38 Miller 1972, 21.

39 Las Casas beschrieb in seinem ›Bericht von der Verwüstung der Westindischen Länder‹, wie die spanischen Eroberer die indianische Bevölkerung grausam malträtierte: »Endless testi-

In José de Acostas Kategorisierung der Menschheit schnitt die autochthone Bevölkerung Amerikas – im Gegensatz zu den stattdessen versklavten afrikanischen Völkern – verhältnismäßig gut ab, sie galten also für ihn in der von europäischen Völkern angeführten Nomenklatur nicht als Barbaren. Sie kamen daher, keine unbedingt positivere Nachricht, für die vermeintlichen Rettungsversuche durch die Kolonialherren noch in Frage.[40]

Während der kolonialen Ära orientierten sich die jungen Kolonien gesellschaftlich am europäischen Leitbild – und Fremdbild. Der europäische Überlegenheitsgedanke, der auch die Kolonialisierung legitimierte, nährte sich aus der wissenschaftlichen Revolution sowie aus kulturellen und technologischen Fortschritten. Wie wir bereits gesehen haben, sollte die Wissenschaft dem Zweck einer gesellschaftlichen Perfektionierung dienen und dem Menschen dazu verhelfen, in höherem Maße sein eigenes Schicksal mitzugestalten. Damit hatte auch der wissenschaftliche Fortschritt, in den Kontext der neuen Kolonien verlagert, moralisch-missionarische Obertöne. Doch die Leitfunktion Europas beschränkte sich nicht auf den Fortschrittsglauben und damit auf eine positive Wahrnehmung Europas. Auch im Kontrast zu Europa fand man in der Neuen Welt moralisches Unterfutter für die eigene Mission. Die gewachsene Bedeutung der Wirtschaft, des Handels und des Konsums im späten 17. Jahrhundert sorgte in Europa für gesellschaftliche Unruhen. Der immer noch weit verbreitete Aberglaube an Magie, Hexerei und Astrologie trug zu religiösen Spannungen bei.[41] In Abgrenzung zu diesem europäischen Kontext, zur Zerrissenheit zwischen dem Aufbruch zur Aufklärung und dem Verharren in der absolutistischen Herrschaft und göttlichen Ordnung, sollten die englischen Kolonien eine Gesellschaft bilden, die mit einem Neuanfang alle Nachteile des alten Europas hinter sich ließ.[42] Wenn es auch den Träumen in Thomas Morus' (1478–1535) *Utopia* nicht entsprechen konnte, versprach Amerika dem ›gemeinen Volk‹ Europas materiellen Reichtum und jedem Individuum einen Neubeginn.[43]

Der Kontinent sollte aber nicht nur konfessionell, sondern auch materiell bekehrt werden. Das Land war fruchtbar und verhieß gewaltige Ausmaße, nur wurde es nach europäischen Maßstäben falsch genutzt. Die ›Bürde des weißen Mannes‹ beschränkte sich daher nicht auf die Missionstätigkeit. Sie schloss mit ein, Amerika technisch zu entwickeln, europäische Fähigkeiten und Fertigkeiten anzuwenden, um das volle Potenzial der vorgefundenen Ressourcen auszuschöpfen.[44] Dafür die autochthone Bevölkerung zu instrumentalisieren, war den Engländern kein Selbstzweck, aber Mittel zur neuen, gottgewollten Gesellschaft. Wenn jedoch die Zielstrebigkeit die neuenglischen Kolonialherren verlassen sollte, so ihre feste Überzeugung, dann würde sich auch Gott von ihnen abwenden. Gott hatte sie mit einer Mission betraut, in die sie wie in eine Art

---

monies [...] prove the mild and pacific temperament of the natives [...]. But our work was to exasperate, ravage, kill, mangle and destroy; small wonder, then, if they tried to kill one of us now and then [...]. The admiral, it is true, was blind as those who came after him, and he was so anxious to please the King that he committed irreplaceable crimes against the Indians [...].« Las Casas zitiert in Zinn 2005, 6.

40 Vgl. Greene 1983, 22.

41 Greene 1983, 49 f.

42 Blanke 1983, 204 f. Daher auch die Termini »New England« und, den missionarischen Aspekt noch hervorhebend, »New English Israel.«

43 Pells 1997, 5.

44 Vgl. Greene 1983, 29.

Vertrag (*Covenant*) eingewilligt hatten, und er sollte es sein, der diesen Vertrag auch wieder auflösen könne. Während in Europa also die Bande zu Gott zu Gunsten eines aufgeklärten Individualismus allmählich gelockert wurden, verfestigte man in den frühen Kolonien die konservativen Werte der ›Great Chain of Being‹.[45]

Seine Ursprünge findet dieser Glaube an den ›Covenant‹ bereits in einer Predigt John Winthrops auf der Arbella, in der er seine Überzeugung preisgab: »if our heartes turne away [...] wee shall surely perishe out of the good Land [...].«[46] Und trotz der großen Hoffnungen, die mit dieser Mission verbunden wurden, mussten sich die frühen Kolonien Neuenglands, insbesondere außerhalb Massachusetts, Connecticuts und Pennsylvanias damit zufrieden geben, zunächst nur ihre essenziellen Bedürfnisse zu stillen. Die materielle und kulturelle Entwicklung verlangsamte sich zunehmend und Neuengland zerfiel zur verarmten Peripherie englischen Kulturlebens. Alle Hoffnung, die Morus und andere in Büchern und Reiseberichten verbreitet hatten, wurde mit Armut, Arbeitslosigkeit und Kriminalität enttäuscht. Dieser ernüchterte Zukunftsglaube wandelte für die unmittelbar betroffenen Siedler den nordamerikanischen Kontinent von der Gesellschaftsutopie zum Land, das es zu erobern galt, wie auch der Historiker Jack P. Greene konstatiert.[47]

In dieser frühen Phase der englischen Kolonien in Nordamerika kann von eigenen nationalen Tendenzen der kolonialen Bevölkerung trotz einer gewissen Abwendung vom europäischen Ursprung noch keine Rede sein. Andere, nicht nationale Gründe motivierten die Auswanderung früher europäischer Bevölkerungsgruppen in die Neue Welt. Wie wir gesehen haben waren die Pilgrims noch zu ihrer Auswanderung aus England gezwungen, während die Puritaner ein christlicher Missionierungsgedanke zum Exil animierte. Die Abkehr vom englischen Vaterland war bei ihnen in erster Linie religiös begründet. Nach wie vor geschahen diese frühen Phasen der Kolonialisierung daher unter dem administrativen Schirm der britischen Krone. Wenn das Versprechen des Neuanfangs ein Hauptgrund für die frühen Besiedlungsformen war und wenn sich die wirtschaftliche Nutzbarmachung, die sich aus der mitgebrachten religiösen Bekehrungsmythologie ableitete und legitimierte, allmählich auch gesellschaftlich niederschlug, so entstanden aus dieser Keimzelle erst in der zweiten Hälfte des 18. Jahrhunderts die Kräfte und Voraussetzungen, die sich letztlich zur Abspaltung vom britischen Empire mobilisieren ließen. So ist es auch wenig verwunderlich, dass die Entstehung der Vereinigten Staaten von Amerika und die Ausprägung einer nationalen Identität zunächst in wirtschaftlichen Konflikten ihren Ausgang nahmen. Die administrativen, wirtschaftlichen und politischen Hierarchien, die sich in der kolonialen Ära allmählich etablierten, bildeten hierfür den historischen Unterbau und den Stoff für spätere Mythenbildung.

---

45 Eine solche Abkehr vom richtigen Weg hätte auch der Rückfall in europäische Gesellschaftsmuster bedeutet; vgl. Pells 1997.

46 Zitiert nach Blanke 1983, 204; in sinngemäßer Übersetzung: ›wenn sich unsere Herzen abwenden [...] werden wir sicherlich aus diesem guten Land verschwinden und untergehen.‹

47 Vgl. Greene 1983, 48 f.

Handel und Macht

Koloniale Stellvertreterkriege

Die Zuordnung territorialer Macht in der Neuen Welt wurde im 17. Jahrhundert von Europa aus geregelt. Die kolonialen Stellvertreterkriege[48] bilden den historischen Ausgangspunkt für die Gebietsverteilungen, die am Anfang des Nationenbildungsprozesses stehen. Die Hoheitsansprüche Englands und Frankreichs kreuzten sich auf dem nordamerikanischen Kontinent des 17. Jahrhunderts insbesondere im maritimen Akadien, weiter südlich der St. Lorenz-Mündung. Die erste permanente französische Kolonie in Nordamerika wurde zum Konfliktschauplatz der in die Kolonien ausgeweiteten Hegemoniebestrebungen. Bereits 1613 kündigte der verheerende Angriff Samuel Argalls (1580–1626) von Jamestown (Virginia) auf die französische Kolonie das Interesse Englands am akadischen Territorium an. Wenn der Vertrag von Germain-en-Laye (1632) es auch zurück in den Besitz Frankreichs brachte, dauerte es nicht lange, bis Oliver Cromwell (1599–1658) die holländische Kolonie Manhatte (New York) und 1654 erneut die Acadie besetzen ließ. Die Rückkehr unter französische Herrschaft von 1667 war ähnlich wie zuvor zeitlich befristet. Mit dem Vertrag von Utrecht (1713) wurden Akadien und Neufundland englisch, um 1760 mit dem Rest Neufrankreichs endgültig der französischen Hoheit entzogen zu werden.[49]

Die sukzessiven Gebietsabtretungen und Eroberungen – ein dauerndes, im Zeitraffer fast skurril wirkendes Hin und Her zwischen zwei europäischen Hegemonialmächten – blieben nicht ohne schmerzhafte Konsequenzen für die französischsprachige Bevölkerung Akadiens. Noch vor dem Ende aller territorialen Ansprüche der französischen Monarchie nach dem Siebenjährigen Krieg (1756–1763) zeigte sich England bestrebt, die akadische Frage zu ›lösen‹. Innerhalb kürzester Zeit ließ England 1755 die frankophonen Akadier deportieren, welche sich einem Treueeid gegenüber England verweigerten. Einige derer, die diese »ethnische Säuberung« überlebten, versuchten in die Heimat zurückzukehren, die in der Zwischenzeit zu ›Neuschottland‹ umbenannt worden war. Sie zogen jedoch nicht zurück in die Gebiete der Acadie, sondern in die ärmeren nördlichen Gebiete, in das spätere Neubraunschweig und in die zu Québec gehörende Gaspésie.[50]

Der Siebenjährige Krieg spannte den Rahmen für den letzten jener stellvertretenden Konflikte auf. England beabsichtigte, Frankreich nun endgültig im Kampf um die Vorherrschaft auf dem nordamerikanischen Kontinent auszustechen. Diese Dringlichkeit ergab sich allem voran aus der steigenden Bevölkerungsdichte der britischen Atlantikkolonien und ihrem wachsenden Drang nach Westen, der vom neufranzösischen Ter-

48 Der Begriff ›Stellvertreterkrieg‹ ist in diesem Kontext anachronistisch verwendet. Er stammt aus dem Kalten Krieg und bezeichnet die jenseits der Hauptkonfliktlinie stattfindenden aber dennoch von ihr verursachten kriegerischen Auseinandersetzungen. Im beschriebenen Zusammenhang sind damit die kriegerischen Konsequenzen der Hegemonialbestrebungen Frankreichs und Englands gemeint, die eine Ausweitung der Kampfzone in das nordamerikanische Kolonialreich nach sich zogen.

49 Vgl. ausführlich Kolboom 2005.

50 Ebd.; ebenso Kolboom 2008.

ritorium schlichtweg abgeschnitten wurde.[51] Dass Frankreich, dem aus wirtschaftlichen Gründen die Besitzungen in den Antillen wichtiger erschienen, nur sehr zögerlich zur Verteidigung Neufrankreichs schritt, sollte langfristig zu einem kollektiven frankokanadischen Trauma der Vernachlässigung beitragen. Zunächst aber half es selbstverständlich nicht, die *Nouvelle France* vor der britischen Herrschaft zu schützen. In kaum einer halben Stunde besiegelte die britische Armee am 13. September 1759 in der Schlacht auf den *Plaines d'Abraham*, unweit der Hauptstadt Québec, das Schicksal Neufrankreichs. Mit dem Vertrag von Paris (1763), der auch den Siebenjährigen Krieg beendete, wurde Neufrankreich nun auch *de iure* der britischen Krone unterstellt.[52]

Administration der Kolonien

Die englische Identität der neuenglischen Siedler lässt sich auch heute noch an den Namen der frühen Siedlungen ablesen. Ortsnamen und territoriale Bezeichnungen wie New England, Boston und Cambridge sowie die Übertragung der Namen von Führungsklassen, wie beispielsweise im Falle Virginias, der Carolinas und Georgias im Süden verweisen auf den englischen Ursprung und zeugen vom Willen, Symbolformen des Mutterlandes in den kolonialen Zusammenhang zu übertragen.[53] Zentral bei der Entstehung eines Gefühls der Einzigartigkeit war die religiöse Freiheit. Doch auch sie bewegte sich im Spannungsfeld mitgebrachter englischer Regional-Identitäten und eines wachsenden Lokalpatriotismus. Zu Letzterem trug gerade die Üppigkeit der vorhandenen natürlichen Ressourcen bei, die die Siedler dazu führte, das Schicksal Nordamerikas nicht in Europa, sondern auch räumlich in Nordamerika zu verorten. Die Fülle natürlicher Rohstoffe wurde als göttliche Bevorzugung gedeutet und befeuerte den Stolz auf ein »new English Jerusalem« oder »God's American Israel.«[54] Diese identitären Faktoren und ihre Verfestigung im Laufe des 18. Jahrhunderts tragen eine hohe Bedeutung mit Blick auf die Legitimation von Macht, die letztlich im Unabhängigkeitskrieg in Frage gestellt wurde.

Im 18. Jahrhundert nahm das Gefühl der Einzigartigkeit eine säkulare Wendung. Das puritanische Bild einer ›city upon a hill‹ wurde zu einem Vorbildskanon überhöht, der auf der Trias der Gleichheit, Freiheit und der Würde (später der Vernunft) aufbaute, sich aber immer noch nach Europa hin orientierte. Nicht etwa ein ›guter Amerikaner‹, sondern »better English than the English« zu sein, galt zu diesem Zeitpunkt als Leitmotiv gesellschaftlicher Normenbildung.[55] Verbindendes Element war die gemeinsame englische Identität und die grundsätzliche Gleichheit unter weißen Männern. Die Kolonien waren zwar ein Konglomerat kultureller Regionen, die allem voran auf den

---

51 Der Drang in diese Gebiete wurde bei den neuenglischen Siedlern auch schon vor der Unabhängigkeitserklärung als schicksalhaft empfunden. Das Territorium jenseits der Appalachen wurde als »natürliche Verlängerung« der Frontier betrachtet; Nugent 2008, 6.

52 Vgl. Weinmann 2003, 434; zu den territorialen und kolonialen Konsequenzen des Siebenjährigen Kriegs vgl. auch Nugent 2008, 9 f.

53 Greenfeld 1997, 23; Benedict Anderson (2006) sieht in dieser Duplizierung des kolonialen Vaterlandes den Ausgangspunkt für das entstehende Bewusstsein einer modernen Nation in der Neuen Welt.

54 Greenfeld 1997, 24.

55 Ebd., 25.

unterschiedlichen Konfessionen der englischen Siedler beruhten: In Neuengland waren die Puritaner dominant, in den *Middle Atlantic States* die Quakers, im Süden entlang der Küste die *South English Cavaliers* und in den Appalachen anglo-schottische Presbyterianer. Die meisten dieser Siedler waren aber im 17. Jahrhundert aus Großbritannien nach Amerika gekommen, so dass daher (kurz vor der amerikanischen Revolution) 60% der Population englisch, fast 80% britisch und 98% protestantisch waren.[56]

Neuengland stach in diesem Kontext aus mehrerlei Gründen heraus. Gerade das puritanische Verständnis der göttlichen Vorhersehung bot einen Nährboden für protonationalistische Züge. Ebenjener Identitätsstifter entwickelte sich bis zur amerikanischen Unabhängigkeitserklärung zu einer der Säulen eines amerikanischen, ethnischen Zusammengehörigkeitsgefühls.[57] Die Unterscheidungsmerkmale jenes neu konstruierten Volkes waren von der ethnischen Konstellation der frühen Siedler vorgegeben. Um sich daher als Amerikaner von anderen Bevölkerungsteilen abzugrenzen – und das zunehmend bis zur Abspaltung von der britischen Krone im 18. Jahrhundert – wurde auf die Unterschiedlichkeit der auserwählten, weißen und protestantischen, englischen Bevölkerung verwiesen. Weiß im Kontrast zu den Amerindianern und schwarzen Sklaven, protestantisch und englisch im Gegensatz zu den ›papistischen‹ Spaniern und Franzosen.[58]

Entwicklungen nördlich von Neuengland nahmen ebenso Einfluss auf dessen territorialen und administrativen Werdegang hin zu den unabhängigen Vereinigten Staaten. Dort waren mit der Conquête und dem Ende der französisch-englischen Konflikte auf Staatsebene keineswegs die Probleme zwischen den verschiedenen Bevölkerungsteilen ausgeräumt worden. Die Königliche Proklamation von 1764 machte aus Neufrankreich die auf das Gebiet des historischen Canada am St. Lorenz begrenzte britische *Province of Quebec*. Die britische Krone beabsichtigte eine graduelle Assimilierung der frankophonen Bevölkerungsteile. Jedoch benötigte sie zur Untermauerung der eigenen Machtstellung vor allem in den Anfangsjahren die Unterstützung der Lehnsherren und – nach anfänglicher Abwehrhaltung – auch des frankophonen Klerus, denn die beginnenden Konflikte in den amerikanischen Kolonien machten diese Öffnung erforderlich. Für den Machterhalt der britischen Krone wurden daher gleichzeitig die traditionellen, feudalen Strukturen des alten Neufrankreichs gestärkt. Damit war der Grundstein für eine Verstetigung dieser Gesellschaftsform gelegt, die erst im 20. Jahrhundert einem territorial gedachten frankophonen Nationalismus als Abstoßpunkt diente.

Eine vorläufige Kompromisslösung der Herrschaftsverhältnisse sicherte den neufranzösischen Subjekten der britischen Krone jedoch neben den genannten Einschränkungen auch eine Reihe von Rechten. Ihnen wurde das Recht auf Eigentum und auf freie Religionsausübung gestattet, wenn auch die Bekleidung öffentlicher Ämter Katho-

---

56 Vgl. Kaufmann 2004, 326.

57 Croucher argumentiert mit Oscar Handlin und Anthony D. Smith, dass diese proto-nationale ›amerikanische‹ Ethnizität aus einem Gefühl der Abgeschiedenheit entstand: »This ethnicity grew out of a sense of isolation that Oscar Handlin calls ›the horror‹ of rootlessness brought on by the colonists' incessant migration and the ontological meaninglessness of living in alien surroundings. Anthony D. Smith sees this as a process of group psychology, in which a people seek to achieve a measure of this-worldly immortality through identification with a group rooted in land and kinship. The result is ethnogenesis.« Croucher 2001, 553

58 Kaufmann 2004, 329.

liken zunächst untersagt wurde.[59] Mit dem *Quebec Act* (1774) erhielten sie die Rechte auf die Verwendung der französischen Sprache, auf das Ausüben der katholischen Religion und das französische Zivilrecht. Der Legislativrat erlaubte der Klasse der Lehnsherren und dem Klerus undemokratisch, also nicht gewählt, sondern ernannt, Macht über ein Territorium auszuüben, das sich nun bis zu den Great Lakes ausdehnte. Diese territoriale Ausdehnung wurde von den Akteuren der amerikanischen Unabhängigkeitsbewegung wiederum als Bedrohung wahrgenommen, weshalb der Quebec Act von ihnen zu den *Intolerable Acts* gezählt wurde, die letztlich den Unabhängigkeitskrieg mit auslösten.[60]

(Wirtschaftliche) Unabhängigkeit

Die Unabhängigkeitsbewegung und die Entstehung der Vereinigten Staaten von Amerika waren trotz aller ethnischen Differenzierungen nicht nationalistisch inspiriert. Wirtschaftliche und politische Überlegungen waren für die Abspaltung der dreizehn Kolonien von der britischen Metropole ausschlaggebend. Die von der Krone erlassenen Gesetze zur Besteuerung der Kolonialbevölkerung (*Sugar Act*, *Stamp Act*) und die Auferlegung bestimmter Verpflichtungen, wie das Verbot einer eigenen Währung (*Currency Act*) oder die oktroyierte Unterbringung der britischen Truppen (*Quartering Act*) in den Jahren 1764 und 1765, veranlassten einen organisierten Protest innerhalb der Kolonien (z. B. durch die *Sons of Liberty*), der sich im Boykott englischer Güterimporte äußerte. Dieser Protest gipfelte 1764 im sogenannten *Stamp Act Congress*, in dem neun der dreizehn Kolonien vertreten waren, und der die »Declaration of Rights and Grievances« erließ, die die Gleichheit der amerikanischen Kolonialbevölkerung mit der britischen Bevölkerung einforderte und sich gegen eine Besteuerung ohne Repräsentation im Parlament auflehnte – daher der berühmte Grundsatz »no taxation without representation.«[61] Wenn der *Stamp Act* 1766 auch aufgehoben wurde, ließ Großbritannien im gleichen Atemzug (der sogenannte *Declaration Act* wurde am selben Tag erlassen) keinen Zweifel daran aufkommen, ausnahmslos bindende Gesetze für die amerikanischen Kolonien verabschieden zu können. Dementsprechend schwelte der Konflikt weiter. Der *Quartering Act* verstärkte den Widerstand in der Kolonialbevölkerung und die mit den *Townshend Acts* veranlasste Besteuerung von Glas, Blei, Farbe, Papier und Tee wurde von ihr erneut mit »nonimportation« quittiert.[62]

Letzten Endes waren es jene Konflikte um die Besteuerung von Gütern und die Kreierung britischer Handelsmonopole, die den Protest der Kolonien aufwiegelten. Die *Coercive Acts* waren als Bestrafung Massachusetts für die *Boston Tea Party* gedacht.[63] Sie

59 Roy 1988, 14.

60 Ebd., 14; hierzu auch Nugent 2008, 6 f.

61 Library of Congress 2011a.

62 Ebd. Eine Chronologie der amerikanischen Revolution von den ›Townshend Acts‹ zur ›Boston Tea Party‹ bietet Labaree 1964.

63 In der ›Boston Tea Party‹ von 1773 warfen als Indianer verkleidete Bostoner Tee der East India Trading Company in das Bostoner Hafenbecken. Das Motiv des zivilen Aufbegehrens gegen eine als übermächtig empfundene Regierung wurde jüngst (2009) von der rechtslibertären Tea-Party Bewegung aufgegriffen.

verhalfen jedoch den Kolonien zugleich zu einer neuen, ausgereifteren Organisationsform. Im *First Continental Congress* (1774) taten sich zwölf der dreizehn Kolonien (außer Georgia) zum Boykott britischer Importe zusammen.[64] Der *New England Restraining Act* (der Versuch, jeglichen Handel der amerikanischen Kolonien mit anderen Ländern als Großbritannien zu untersagen) und der Plan der britischen Truppen, amerikanische Munition zu zerstören, führten zu ersten militärischen Konfrontationen in Lexington und Concord, in denen das britische Militär auf amerikanische Milizen traf. Erst mit dem *Second Continental Congress* (1775), der George Washington (1732–1799) zum Oberbefehlshaber ernannte, wurde eine Armee institutionalisiert. Dass die Kolonien jedoch alles andere als einen einheitlich gerichteten, nationalen Befreiungskampf führten, zu dem die amerikanische Revolution in der Historiographie des 19. Jahrhunderts umgedeutet werden sollte, lässt sich am klarsten an ihren Loyalitätsbekundungen gegenüber dem König Georg III. (1760–1820) erkennen. In der sogenannten *Olive Branch Petition* erhoffte sich der *Congress* eine Aussöhnung und friedvolle Beilegung der Auseinandersetzungen, die jedoch vom König fünf Monate später ausgeschlagen wurde.[65]

Um sich ernsthaft gegen die britische Krone auflehnen zu können, mussten sich die dreizehn Kolonien organisieren. Mit Ausbruch der amerikanischen Revolution spielte der *Congress* daher eine zentrale Rolle auf dem Weg der Kolonien zur Unabhängigkeit. Er organisierte die Kriegsführung der hastig aus den dreizehn Kolonien zusammengestellten *Continental Army,* beschloss über den Umgang mit Kriegsgefangenen und die nötigen Maßnahmen zur Geldbeschaffung. Außerdem diente der *Continental Congress*, als einzige zentrale Institution, den dreizehn Kolonien als Zeichen einer neuen Einheit. Er avancierte daher zum amerikanischen Kommunikationsorgan des Unabhängigkeitskrieges. Durch Berichte über militärische Erfolge gegen die britische Armee, über kriegerische Entwicklungen und politische Strategien ließ er ein patriotisches Einheitsgefühl in der amerikanischen Öffentlichkeit entstehen.[66] Man darf trotz aller nationalen Rhetorik jedoch auch nicht vergessen, dass die ›Amerikaner‹ in diesem Krieg ohne die Hilfe Frankreichs unmöglich die Unabhängigkeit von der britischen Krone erlangt hätten. In der entscheidenden Schlacht von Yorktown, Virginia, kämpften ebenso viele Franzosen (aus Frankreich!) wie ›Amerikaner‹ und Frankreich leistete, hier und in anderen Schlachten, strategische und militärische Hilfestellung.[67] Dies gilt es umso mehr zu betonen, als sich die frankophonen Canadiens in der britischen *Province of Quebec* loyal verhielten und dazu beitrugen, dass der Invasionsversuch der ›Amerikaner‹ 1775/1776 misslang.

Als der *Congress* am 4. Juli 1776 die dreizehn Kolonien zu unabhängigen Staaten erklärte, war dies kein Resultat einer nationalen Erwachung, sondern vielmehr der Beginn eines verdichteten Nationalisierungsprozesses. Die Verfassung etablierte den Rahmen der Regierung und wurde zugleich, ebenso wie die *Declaration of Independence,* schnell zu einem Symbol nationaler Einheit. Weitere nationale Symbole wie die Flagge, der Adler, das Siegel der Vereinigten Staaten und das inoffizielle Motto der Vereinigten Staaten, *E Pluribus Unum*, die in den Jahren unmittelbar nach der Unabhängigkeitserklärung entstanden, sind aber, was die Entstehung einer US-amerikanischen Nation angeht, trü-

64 Library of Congress 2011a.
65 Vgl. ebd.
66 Library of Congress 2011b.
67 Nugent 2008, 4 f.

gerisch.[68] Die Unabhängigkeitsbewegung schloss den Findungsprozess einer tatsächlich nationalen Identität mit neuen Riten und Traditionen nicht ab, sondern leitete ihn ein.

Mit dem Vertrag von Paris (1783), der den Unabhängigkeitskrieg beendete und die Vereinigten Staaten nach internationalem Recht anerkannte, ergaben sich neue Fragen über die administrative Organisation der Staaten. In den Konföderationsartikeln (1781–1789) schlossen sich die Staaten als im *Congress* repräsentierte lose Konföderation zusammen. Jene musste sich zunächst der Auflösung der *Continental Army* und der Begleichung der (Einzel-)Staatsschulden sowie der Schaffung von Richtlinien für die Beziehungen mit anderen Ländern widmen. Außerdem regelte der *Congress* 1787 die zukünftige Expansion des Territoriums, die weitere Einnahmequellen für die durch den Krieg hoch verschuldete föderale Zentralregierung versprach. Insbesondere die vertragliche Klärung politischer Gebietsansprüche auf die Transappalachen – in der die frühe Republik erneut von den Streitigkeiten der europäischen Kolonialmächte profitierte – öffnete den Vereinigten Staaten überraschend früh und überraschend unkompliziert den Weg für die spätere Westexpansion.[69] In der *Northwest Ordinance* (13. Juli. 1787) wurde die Entstehung und Aufnahme neuer Bundesstaaten sowie die Regierung in den westlichen Territorien reglementiert. Neuen Bundesstaaten wurde dabei eine rechtliche Gleichstellung mit älteren Staaten der Union gesichert. Ihrer Bevölkerung räumte der *Congress* zivile und religiöse Rechte ein und verbot in den neuen Staaten die Einführung der Sklaverei.[70]

Um die Effizienz des *Congress* vor allem in wirtschaftlichen Belangen (angesichts exorbitanter Staatsschulden und zur zentralen Regelung von Steuern, Preiskontrollen und Inflation) zu steigern, mussten die Konföderationsartikel, die dem *Congress* keine zentrale Gewalt über den Handel einräumten, ersetzt werden.[71] Die im Verfassungskonvent von 1787 kontrovers diskutierte, doch letztlich ratifizierte neue Verfassung stärkte die nationale Regierung infolgedessen beträchtlich.[72] Jedoch blieb eine zentrale Frage nur scheinbar geklärt. Im sogenannten *Great Compromise* – der bis heute in akademisch und journalistisch ausgetragenen Debatten als Schandfleck der amerikanischen Geschichte kritisch diskutiert wird[73] – einigten sich die Staaten, um das Verhältnis im Repräsentantenhaus zu berechnen, drei Fünftel der schwarzen Bevölkerung mitzuzählen (was vor allem den Südstaaten zum Vorteil gereichte), obgleich jene Bevölkerung selbst weder Wahl- noch Bürgerrechte erhielt.[74] Die Eingeständnisse, die der Norden in Fragen der

---

68 Grant 1997, 91. Auch die klare Gegenüberstellung amerikanischer Milizen und britischer Truppen entspricht nicht den historischen Fakten, sondern ist Resultat eines vereinheitlichenden Mythos. In Wirklichkeit standen sich, wie auch später im Sezessionskrieg, Nachbarn und Familienmitglieder in blutigen Auseinandersetzungen gegenüber; vgl. Grant 1997, 92.

69 Walter Nugent nennt als Hauptgründe für die Erlangung dieser territorialen Konzessionen die »Sturheit« der Amerikaner, etwas Glück und allem voran den historischen Antagonismus zwischen Frankreich, Großbritannien und Spanien; vgl. Nugent 2008, 5 f. sowie für die konkreten vertraglichen Optionen und Verhandlungen, ebd., 18 f.

70 Vgl. Library of Congress 2011b.

71 Nash/Jeffrey 2006, 233.

72 Wozu nicht zuletzt auch die Verbreitung der Federalist Papers beitrug.

73 Beispielsweise in der Debatte, die im frühen 21. Jahrhundert zwischen Autoren wie Wiencek 2003, Wills 2003, Wood 2004, Furstenberg 2006, Goldstone 2005, Levy 2005, Blumrosen/Blumrosen 2005 und, in deutscher Sprache, Spahn 2002 ausgetragen wurde und sich mit dem Problem der Founding Fathers und ihrer Position zur Sklavenfrage befasst.

74 Croucher 2001, 558; Nash/Jeffrey 2006, 238.

Sklaverei gegenüber dem Süden machte, schienen zu der Zeit ein notwendiges Übel zu sein, um dem *Congress* die nötigen Machtbefugnisse für einen Zusammenhalt der Union zu gewährleisten.[75]

Diese Macht umfasste neben den bereits genannten Bereichen die Besteuerung der Bevölkerung, die Aufsicht über den Handel mit fremden Staaten und zwischen den Bundesstaaten[76], aber auch die oberste Gewalt der Bundesregierung über die Bundesstaaten und die Erklärung unter Artikel 6, dass die Verfassung und alle unter ihr beschlossenen Gesetze und Verträge als »supreme Law of the Land« zu gelten hatten. Den Kompromiss um die Sklavenfrage zwischen Norden und Süden hingegen versuchte man totzuschweigen oder ihn gesellschaftlich akzeptabel zu machen, wie beispielsweise John C. Calhoun, der die Sklaverei in seiner ›Speech on the Reception of Abolition Petitions‹ 1837 als »peculiar institution« des Südens beschönigte. Manche glaubten auch, dass sich das Problem der Sklaverei mit dem technologischen Fortschritt der Industrialisierung und der damit einhergehenden Umstrukturierung der südstaatlichen Ökonomie von selbst lösen würde; ein Irrtum, wie spätestens in den 1840er Jahren erkenntlich wurde.[77] Manche Kritiker der Sklaverei schlugen wiederum vor, man könne Afro-Amerikaner doch außerhalb der Vereinigten Staaten ansiedeln, womöglich in Afrika.[78] Allesamt waren es Kompromisse für einen Kompromiss, die den Geburtsfehler der Vereinigten Staaten nicht behoben, sondern zu vertuschen suchten, um die von der Sklaverei profitierenden agrarischen Südstaaten nicht zu verprellen und die Einheit und den Frieden in der Union zu wahren; Versuche, die letztlich fehlschlugen und die USA im Bürgerkrieg der 1860er Jahre an den Rand ihres Scheiterns brachten.

Nichtsdestotrotz war die Bildung einer Zentralregierung der Ausgangspunkt für die Entstehung einer zumindest in der ersten Hälfte des 19. Jahrhunderts relativ stabilen nationalen Identität. Die Grundpfeiler dieser Identität leiteten sich ideologisch aus zivilen Werten ab, nämlich denen des von Locke und Montesquieu vorgedachten – aber erst im frühen 20. Jahrhundert von William Tyler Page (1868–1942) artikulierten – *American Creed*, der sich mit den Schlüsselwerten der Freiheit und Gleichheit, des Individualismus, des Populismus – als Regierung durch das Volk – und des Laissez-faire in ökonomischen Belangen zusammenfassen lässt.[79] Auch der Historiker Gordon S. Wood beschreibt die auf den Unabhängigkeitskrieg folgende Epoche der *Early Republic* (1789–1815) als ›soziales Experiment‹ zur Umsetzung in der europäischen Aufklärung artikulierter Werte. Dieses Experiment stand in enger wechselseitiger Beziehung mit der Formung einer nationalen Identität:

> Die Anführer der Revolution sahen sich mit der gewaltigen Aufgabe konfrontiert, aus ihrem britischen Erbe ihre eigene, unabhängige nationale Identität zu formen. Sie hatten die Gelegenheit, eine ideale Welt in die Realität umzusetzen, die großzügigen und toleranten Prinzipien der Aufklärung zur Anwendung zu bringen, ein homogenes, anteilnehmendes und kosmopolitisches Volk zu werden und den Typus einer freien und geordneten Gesell-

---

75 Vgl. hierzu Goldstone 2005.

76 Nash/Jeffrey 2006, 239.

77 Thomas (2011) legt eindrucksvoll dar, wie die Sklavenarbeit vielmehr zum Ausbau des südstaatlichen Schienennetzes genutzt wurde.

78 Woodworth 2010, 40.

79 Lipset 1996, 19–23.

schaft und erhabenen Kultur zu erschaffen, von dem Völker seit den Griechen und Römern geträumt haben.[80]

Es soll bei diesem Zitat nicht darum gehen, das nötige Pathos oder die Glorifizierung des Nationenbildungsprozesses anzuprangern, wobei das sicherlich angebracht wäre. Wichtiger scheint es zu betonen, dass das Konzept des ›Experiments‹, das hier auf gesellschaftliche Umstände übertragen wird und in dieser Bedeutung auch schon zur Zeit der frühen Republik angewendet wurde[81], die enge Verflechtung von wissenschaftlicher und sozialer Revolution unterstreicht. Mit anderen Worten spiegelt das Denken in Kausalitäten und Objekt-Subjekt-Beziehungen, auf das Wood hier anspielt, nichts anderes wider als den historischen Ausbruch der aufklärerischen Bürgergesellschaften aus der göttlichen Ordnung und eine Reflexivität der menschlichen Machbarkeit des amerikanischen Experiments. Denn Geschichte selbst wurde nun vom Menschen formbar, Ideale konnten auf Gesellschaften übertragen werden, zum Beispiel durch die schriftliche Formalisierung von politischen Verfassungsakten.

Ein weiterer wichtiger Aspekt dieses zivilen Nationalismus, der hier bereits anklingt, ist dessen voluntaristischer Charakter. Dies galt nicht nur auf Makro-Ebene – auf der die Gesellschaft als Abstraktum handlungsfähig wurde –, sondern auch für die Individuen innerhalb einer Gesellschaft. Die Verwandlung von Subjekten des Königs in Bürger, die mit der Gründung der Republik einherging, ist als Ausdruck dieses humanistischen Gedankenguts ziviler, bürgerlicher Werte zu verstehen. David Ramsay (1749–1815), ein früher amerikanischer Historiker aus South Carolina, betonte dementsprechend die wichtige Unterscheidung zwischen »Subjekt und Bürger«, die das amerikanische Experiment von anderen Gesellschaftsformen in der Geschichte der Menschheit abhebe. »Subjekte«, so Ramsay, »blicken auf zu einem Meister, wohingegen Bürger so weit gleich sind, dass niemand unter ihnen Erbansprüche geltend machen kann, die ihn über andere erheben.«[82] Im Gegensatz zum Subjekt, also Untertan, des Königs kann sich das Individuum in politischen Fragen *entscheiden* und als gleichwertigem Mitglied innerhalb der nationalen Gemeinschaft werden ihm gewisse universalistische Rechte zugesichert.

Zugleich spielt Woods Zitat aber auch auf das Kernproblem der jungen Republik an, nämlich die Unvereinbarkeit der universalistischen Werte mit dem Streben nach ethnischer Homogenität. Die Dominanz einer protestantisch-englischen Bevölkerung ließ bereits in dieser frühen Phase der nationalen Selbstfindung keinen Zweifel an ihrer identitären Leitfunktion aufkommen. Von der Sklavenfrage, auf die wir erst an spä-

---

80 Wood 2009, 3 f.; im Original: »The Revolutionary leaders were faced with the awesome task of creating out of their British heritage their own separate national identity. They had an opportunity to realize an ideal world, to put the broadminded and tolerant principles of the Enlightenment into practice, to become a homogenous, compassionate, and cosmopolitan people, and to create the kind of free and ordered society and illustrious culture that people since the Greeks and Romans had yearned for.«

81 Der amerikanische Schriftsteller Washington Irving (1783–1859), beispielsweise, sprach von den Vereinigten Staaten als einem Land »in dem eines der größten politischen Experimente in der Geschichte der Welt« durchgeführt würde. Irving zitiert in Wood 2009, 3; im Original: »[…] a country in a singular state of moral and physical development; a country […] in which one of the greatest Political experiments in the history of the world is now performing.« Vgl. hierzu auch ebd., 8 f.

82 Ramsay zitiert in Wood 2009, 7; im Original: »Subjects […] look up to a master, but citizens are so far equal, that none have hereditary rights superior to others.«

terer Stelle wieder zurückkommen, völlig abgesehen, wurde dies beispielsweise auch dann deutlich, als eine Gruppe von Deutsch-Amerikanern aus Virginia dem *Congress* am 9. Januar 1794 eine Petition vorlegte, in der sie die Übersetzung in Englisch verfasster Gesetze in die deutsche Sprache beantragte. Jener Antrag, der dazu dienen sollte, das Verständnis der revolutionären Ideale bei jenen zu erleichtern, die der englischen Sprache nicht mächtig waren, wurde jedoch im Hauptausschuss mit 42 zu 41 Stimmen abgelehnt.[83] Trotz des knappen Ergebnisses (in einer keineswegs zentralen Frage) offenbart dieses Beispiel die ethnische Seite des amerikanischen Nationalismus. Wäre es tatsächlich nur um die zivilen Werte gegangen, hätte der Hauptausschuss ja ganz im Gegenteil, um die Grundsätze der Unabhängigkeitskampfes zu verbreiten, für eine Übersetzung in die deutsche Sprache stimmen müssen.

Wir können zweifelsohne in der Early Republic viele fragmentierende Tendenzen innerhalb der US-amerikanischen Gesellschaft ausmachen. Neben den zivilen und ethnischen Elementen des amerikanischen Nationalismus teilten von Anbeginn sowohl die zentrale Frage des Sklavenhandels als auch die wirtschaftlich und politisch divergierenden Interessen der Einzelstaaten des Südens und des Nordens die junge US-amerikanische Republik in mindestens zwei Lager. Auf einer Seite der Norden, der unter Hamilton begann, zentrale, von den Eliten gesteuerte Finanzinstitutionen zu etablieren und wirtschaftsnationalistische Strategien umzusetzen. Auf der anderen der Süden, der auf Grund seiner agrarwirtschaftlichen Abhängigkeiten zunehmend Misstrauen gegenüber einer interventionistischen Zentralregierung hegte. Außerdem war die post-revolutionäre US-amerikanische Gesellschaft keineswegs klassenlos. Die *Founding Fathers* selbst gehörten einer aristokratischen Oberschicht an und bewegten sich auf einem gefährlichen Grat: Zwar hießen sie in der Revolution das Momentum der Massen gut, suchten es gleichzeitig aber unter Kontrolle zu halten, um nicht in ihrer eigenen Machtposition kompromittiert zu werden.[84] Neben diesen ideologischen, politischen und ökonomischen Divergenzen ließ die frühe Republik außerdem Fragen nach einer gesellschaftlichen Gleichstellung der Ethnien und Geschlechter völlig unbeantwortet.

Dennoch: gesellschaftliche Veränderungen in den ersten Jahrzehnten, die auf die Unabhängigkeitserklärung folgten, führten zu einer Demokratisierung der Politik, die den Zugang zur gesellschaftlichen Macht weitete. Sie führten zu einer Professionalisierung der Politiker, die nun einer (zugegebenermaßen exklusiven und exklusionistischen) Wählerschaft Rechnung tragen mussten und, infolge dessen, zur Entstehung einer modernen Parteienlandschaft.[85] Innerhalb dieser neu geschaffenen Institutionen bildeten sich Emanzipationsforderungen anderer Bevölkerungsgruppen, die, wenn auch sehr langsam – zum größten Teil erst im 20. Jahrhundert – und erst nach erbittertem, oftmals blutigem Kampf, auf den Großteil des amerikanischen Volkes ausgebreitet wurden.[86]

---

83 Amerikanischer Dienst 1983.

84 Vgl. hierzu Zinn 2005, 65 f., 70 f.

85 Wood 2009, 3.

86 Howard Zinn warnt hingegen generell vor dem Konzept der Nation als ›community‹ – und das nicht zu Unrecht –, da es das Prinzip der gleichheitlichen Gemeinschaft nur als Feigenblatt für die eigentliche Aufrechterhaltung gesellschaftlicher Ungleichheiten instrumentalisiere. Zinn 2005 u.a., Kapitel ›Columbus, the Indians and Human Progress‹.

Wir können also in den ersten Dekaden des 19. Jahrhunderts eine gewisse Einheit des nationalen Projekts, zumindest auf der Ebene eines erstarkenden nationalen Diskurses und sich formender nationalstaatlicher Institutionen, feststellen. Mit dem Ende des Krieges gegen Großbritannien erstarkte ein neues nationales Selbstbewusstsein, denn die Bevölkerung der Vereinigten Staaten empfand nun erstmals ihre Junge Republik als tatsächlich unabhängig und vor den Gefahren merkantiler europäischer Reiche geschützt; sie waren, mit den Worten Gordon S. Woods, letztlich zur Nation geworden: nach Auffassung ihrer politischen Anführer »die einzige, die frei und demokratisch war, in einer Welt von Monarchien. Mit einem ganzen Kontinent zu ihrer Verfügung glaubten sie sich nun im Stande, die mannigfaltigen Möglichkeiten auszuschöpfen, die sich ihnen boten.«[87]

Loyalität zur Krone

Die Ideale der Aufklärung blieben auch in Kanada, also in der britischen Kolonie *Province of Quebec*, nicht ohne Echo. »Loyalisten«, die der amerikanischen Revolution den Rücken gekehrt hatten, taten sich mit dem jungen kaufmännischen Bürgertum zusammen, um gegenüber dem autoritären Regime der britischen Krone parlamentarische Institutionen einzufordern. Eingeständnisse, die zu machen Großbritannien erst nach der amerikanischen Unabhängigkeitserklärung und nach der französischen Revolution gewillt war.[88] Darüber hinaus fühlten sich die immigrierten Loyalisten angesichts der Majorität der frankophonen Bevölkerung am Sankt-Lorenz-Strom alles andere als ›zuhause‹. Diese Situation führte zum Verfassungsakt von 1791, der das Territorium in *Haut-* und *Bas-Canada*, in das mehrheitlich anglophone Oberkanada (das spätere Ontario) und in das mehrheitlich frankophone Niederkanada (das spätere Québec) teilte. Ihnen wurde ein parlamentarischer Herrschaftsapparat, allerdings ohne ministerielle Befugnisse eingeräumt: Während der Mehrzahl der Grundbesitzer die Wahl der Abgeordneten in der Wahlkammer nun gestattet wurde, blieb die Macht der Exekutive auf Seiten der von der Krone ernannten Räte. Auch der Legislativrat, die Judikative und der Gouverneur selbst wurden vom König eingesetzt, wodurch letztendlich alle Kompetenzen der Herrschaftsausübung direkt und indirekt dem König Englands vorbehalten blieben.[89]

Diese Verfassung, die nur dem Anschein nach zur Demokratisierung führte, leitete außerdem längerfristig einen Konflikt zwischen frankophonen und anglophonen

87 Wood 2009, 4; im Original: »[…] the only one that was free and democratic in a world of monarchies. With nearly an entire continent at their disposal, they believed that they were at last ready to exploit the great possibilities that lay before them.«

88 Roy 1988, 14 f. Auch die französische Revolution schlug hohe Wellen, die in Kanada weitere Forderungen nach Gleichheit und Freiheit laut werden ließen. Eine Handvoll politischer Intellektueller ließ jene Forderungen auch dann nicht verhallen, als die Stimmung gegenüber der französischen Revolution kippte. Von den Reformisten zunächst positiv wahrgenommen schlug die Sympathie 1793, nach dem Königsmord und dem Krieg zwischen Frankreich und England in landläufig antirevolutionäre Ressentiments um.

89 Roy 1988, 15.

Bevölkerungsteilen ein, der zunächst aber auf Grund kongruenter Machtinteressen abgewendet werden konnte. Die Mehrheit, die frankophonen Canadiens, dominierte in der Wahlkammer. Die anglophone Minderheit bestimmte über die Ernennung von Exekutiv- und Legislativrat und hielt damit die Machtinstrumente in der Hand.[90] Wenn diese Art des Parlamentarismus mit Demokratie auch nur wenig gemein hatte, waren die Zugeständnisse der britischen Krone zumindest ein Ventil, um einer bürgerlichen Revolution vorzubeugen. Daran hatten neben ihr auch Teile der frankophonen Bevölkerung großes Interesse. Vor allem dem (katholischen) Klerus war an der Aufrechterhaltung der Hierarchien und damit der eigenen Macht gelegen, wodurch sich die Sprengkraft dieses schwelenden Konflikts zwischen mehrheitlichen Canadiens und anglophoner Minderheit zunächst entschärfte.

Betrachten wir diesen Schulterschluss zwischen anglophonen Eliten und frankophonem Klerus etwas näher. Die Tory-Führungselite setzte sich um die Jahrhundertwende aus einer Oligarchie britischer Militärs und hoher Beamter und einer kaufmännischen Bourgeoisie zusammen, die, grundkonservativ, von den institutionellen und strukturellen Überbleibseln des kolonialen Systems profitierten.[91] Die frankokanadische Aristokratie, ob säkular oder klerikal, ordnete sich dieser Tory-Führungsschicht bereitwillig unter. Kein Wunder, hing doch auch ihr persönlicher Vorteil von der Aufrechterhaltung des alten Systems ab.[92] So wurde vor allem die katholische Kirche nicht müde, der frankophonen Bevölkerung die Vorteile auszumalen, die die Zugehörigkeit zum britischen Empire für sie bereithielt.[93]

Zur Wahrung der eigenen Legitimation besetzte die katholische Kirche dabei Argumentationslinien eines nationalen Diskurses, den sie bis nach dem Zweiten Weltkrieg und bis zur Stillen Revolution (der Modernisierung und Säkularisierung der Gesellschaft Québecs in den 1960er Jahren) aufrechterhalten konnte. Die Abkapselung vom radikalen und blasphemischen Frankreich wurde nun als »providentiell« umgedeutet, ein Gedanke, der sich bis zur Mitte des 19. Jahrhunderts als Strömung im politischen Gedankengut der Canadiens etablierte. Im Gegensatz zum Frankreich der radikalen Revolutionäre, so betonte auch Thomas Chapais (1858-1946), ein führender Historiker und konservativer Politiker, sei das »betende Frankreich« (»the France that prays«) das »wahre Vaterland unseres Verstandes« und die katholische Kirche »das Vaterland unserer Seelen.«[94]

Als sich in Niederkanada in den 1820er und 1830er Jahren entgegen dieser Bemühungen der Kirche eine frankophone nationale Bewegung formierte, konnte sie zwar auf die liberalen Ideen Lockes, Montesquieus, und anderer Aufklärer zurückgreifen. Allerdings lag ihr politisches Potenzial vor allem im sozialen und wirtschaftlichen Missstand der frankophonen Bevölkerung, die in zunehmendem Maße Groll gegen die Dominanz der anglophonen Minderheit hegte. In den 1830er Jahren nahm die

90 Cook 1995, 87.

91 Roy 1988, 18. Als Tories werden Verteidiger der Krone und der anglikanischen Kirche bezeichnet.

92 Roy 1988, 20.

93 Auch die britische Krone ging davon aus, die traditionalistischen Bestrebungen der katholischen Kirche seien den eigenen Interessen förderlich. Für eine Geschichte der katholischen Kirche in Québec vgl. Ferretti 1999.

94 Cook 1995, 87; im Original: »[...] the true fatherland of our intelligence, as the Catholic Church is the fatherland of our souls.«

Partei der Patrioten (*Patriotes*) unter dem Politiker und Juristen Louis-Joseph Papineau (1786–1871) daher für sich in Anspruch, die »nation canadienne« zu vertreten.[95] Die frankophone Bewegung ließ sich jedoch nicht innerhalb der deliberativen Instanzen des existierenden Systems befrieden – und daher auch nicht im Rahmen der existierenden Parteipolitik. Die Konsequenz daraus, ein Aufstand gegen die britische Herrschaft, die »Rebellion der Patrioten«, wurde 1837–1838 vernichtend niedergeschlagen und das frankophone Niederkanada wurde 1840 zwecks wirksamer sprachlich-kultureller Assimilierung mit dem anglophonen Oberkanada »wiedervereinigt«. Trotz, oder gerade wegen der Niederlage verfestigte jene patriotische Ideologie die Grundzüge eines frankokanadischen Nationalismus, der sich auf eine französischsprachige, agrarische Gesellschaft bezog, die größtenteils römisch-katholisch war und ihre Existenz von der englischsprachigen, kommerziell-kapitalistischen, protestantischen Minderheit bedroht sah.[96]

Wie Ingo Kolboom betont, führte der tragische, vom Klerus gebilligte Ausgang der Rebellion der liberalen Patrioten zu einer säkularen Neuinterpretation der britischen Conquête, die ja keineswegs so traumatisch verlaufen war wie die Deportation der Akadier 1755 (*Grand Dérangement*) und die den quebecer Frankophonen nicht nur ein eigenes Territorium belassen, sondern innerhalb eines gewissen rechtlichen und institutionellen Rahmens verhältnismäßig große Freiräume und Rechte eingeräumt hatte.[97] Die Enttäuschung über die Briten von 1840 führte zu einer neuen Bewertung von 1760 und der eigenen damit verbundenen Erfahrung. Jene erhielt nun im kollektiven

95 Croucher 2001, 567; Cook 1995, 87.

96 Cook 1995, 88. Zur Rebellion der Patrioten vgl. auch Laporte 2004, Greer 1997 und Bernard 1983.

97 Kolboom 2002. Aus den historischen Niederlagen erwuchs zudem der Mythos der ›Survivance‹ – des Überlebens der Frankophonen auf dem nordamerikanischen Kontinent, trotz aller Widrigkeiten –, aber auch, als weiterer Strang der nationalen Selbstwahrnehmung, der ›melancholische Nationalismus‹, der in der Stillen Revolution der 1960er Jahre als einer der narrativen Hauptbezugspunkte der Separatisten diente. Jocelyn Maclure schreibt zum ambivalenten Charakter des ›melancholischen Nationalismus‹, der auch die Idee der ›Survivance‹ zum Teil mit einbegreift: »Der melancholische Nationalismus fußt auf einem ›tragischen‹ Vergangenheitsbezug, oder, wie es der quebecer Essayist Daniel Jacques (*1958) nennt, auf einer ›traumatischen Erinnerung‹. Die Traumata werden von einer ganzen Reihe von ›Erzählern‹ verschiedener Generationen in Erinnerung gerufen, führen jedoch nicht unweigerlich in die Niedergeschlagenheit oder Passivität. Ganz im Gegenteil: die gestörte Beziehung zur eigenen Vergangenheit kann einen Aktivismus und politischen Voluntarismus provozieren und, so die Hoffnung, zur Auflösung der Probleme beitragen, die die Eroberung Neufrankreichs durch die britische Krone im Jahre 1760 mit sich gebracht hat. Konkret umgesetzt wurde dieser politische Voluntarismus fast ausschließlich in Form eines apologetischen Diskurses zugunsten der Unabhängigkeit Québecs. Diese wurde häufig als Voraussetzung für die lang ersehnte Wiedergeburt empfunden. Ein traumatisiertes Gedächtnis und ein glühendes Verlangen nach politischer Neugründung bilden somit die Grundpfeiler des melancholischen Nationalismus.« Maclure 2011, 86 f. Als Gegenbewegung zum melancholischen Nationalismus Québecs diente der antinationalistische Multikulturalismus auf föderaler Ebene unter Trudeau: »Pierre Elliott Trudeau, mit einer kurzen Unterbrechung von 1968 bis 1984 kanadischer Premierminister, und seine Anhänger, denen vor allem die Zeitschrift Cité Libre eine Stimme verlieh, verneinten die Schicksalsschläge des frankophonen Québec zwar nicht, plädierten jedoch dafür, sich von der melancholischen Selbstbetrachtung nicht lähmen zu lassen, sondern sich auf liberalem, d.h. die Nation außen vor lassendem Wege, der Modernisierung zuzuwenden.« Kolboom/Vormann 2011, 22.

Gedächtnis das Brandmal einer »Eroberung« (*Conquête*), die eigene Lage das Stigma der »Niederlage« (*Défaite*). Beides, so Kolboom weiter, wurde nunmehr in den neuen frankokanadischen Narrativen ab den 1840er Jahren mit den Werten eines konsensstiftenden, nationalkonservativen Gründungs- und Opfermythos aufgeladen, der sich mental aus dem britischen Kontext löste, indem er als neuer Identitätsmarker auf die nostalgische Erinnerung an die vorrevolutionäre *vieille France* und auf die römisch-katholische Kirche zurückgriff. Deren Rolle wuchs umso mehr, als die britischen Kolonialherren ihr als Gegenleistung für politische Loyalität die Herrschaft über die Seelen beließen, und die Kirche in diesem Spagat zum hegemonialen Schutzraum der französischen Sprache und Kultur – und damit zur Keimzelle eines authentischen frankokanadischen Nationalismus – wurde.[98]

Die anglophone Bevölkerung Kanadas hatte ihrerseits im Gegensatz zu den Frankokanadiern jedoch zunächst noch keinen derartigen Anlass zur Entwicklung einer eigenen nationalen Identität. Mehr noch als im Verhältnis zu den frankophonen Bevölkerungsteilen ist die Entstehung eines anglokanadisch inspirierten pan-kanadischen Nationalismus zunächst vor allem in den Beziehungen zu den USA gesucht worden, die sich mit der Klärung ihrer administrativen Organisation und dem Einsetzen der industriellen Revolution zur Expansion gen Westen richteten.

Wir wollen das bisherige Argument kurz zusammenfassen, um uns dann diesen Entwicklungen in der zweiten Hälfte des 19. Jahrhundert zuzuwenden. Rufe nach freiem Handel und wirtschaftlicher Autonomie stellten das auslösende Moment der nationalen Bewegung in den dreizehn englischen Kolonien dar. Sie wurden genährt von den Idealen der Aufklärung, die einen erweiterten Zugang zur Macht denkbar machten. So war die Entstehung der Vereinigten Staaten eine Konsequenz der wirtschaftlichen Unterdrückung und der Verbreitung liberaler Ideale allem voran innerhalb einer sich herausbildenden Führungsschicht. Wie gezeigt, war dabei aber das Streben nach Unabhängigkeit keineswegs unangefochten, noch fußte es auf einer bereits bestehenden nationalen Identität. Das Bild einer linearen nationalen Entwicklung von den Pilgrims zur amerikanischen Revolution und zur Westexpansion ist daher ein trügerisches, das der Postbellum-Historiographie des späten 19. Jahrhunderts entstammt. Die Etablierung staatlicher Institutionen und die Formung einer US-amerikanischen Identität stellten fragmentierte Prozesse dar und brachen sich nicht zuletzt in den Spannungen zwischen den Süd- und Nordstaaten. Aufbauend auf einem unterschiedlichen wirtschaftlichen und ideologischen Profil entstanden daher in den Jahrzehnten bis zum Sezessionskrieg zwei nationale Narrative.

Ähnlich wie in den Vereinigten Staaten entsprach die ethnische Differenzierung der anglophonen und frankophonen Bevölkerung in Ober- und Niederkanada der Unterschiedlichkeit ihrer wirtschaftlichen Systeme. Die feudalen Strukturen und die Bedeutung der katholischen Kirche waren ein Alleinstellungsmerkmal der Frankophonen auf dem nordamerikanischen Kontinent. Als Gegenbewegung zu den Assimilierungsversuchen der anglophonen Bevölkerung begann ein frankokanadischer Nationalismus sich über den Mythos des Überlebens, der Survivance, als Trotzreaktion zur politischen und

---

98 Vgl. Kolboom 2002 und 2010a. Seither besteht parallel, ebenfalls in Abstoßbewegung vom britischen Empire, die historische Annäherung an die Vereinigten Staaten als Identitätsmarker der spezifisch nordamerikanischen – und nicht kontinentaleuropäischen – quebecer Identität; vgl. z. B. Bouchard/Lamonde 1995.

administrativen Einverleibung zu definieren. Im anglophonen Kanada verzögerte sich die Nationenbildung hingegen. Es war die Angst vor einem übermächtigen südlichen Nachbarn vor allem in ökonomischen Belangen, die erst in der zweiten Hälfte des 19. Jahrhunderts eine Konsolidierung staatlicher und nationaler Strukturen veranlasste. Die Industrialisierung war hierfür der entscheidende Katalysator. Die Bedeutung von Handel und Macht sowie von Kommunikationsnetzwerken und technologischem Fortschritt für die Nationenbildung in Kanada fielen damit überein. Während zunächst die kanadische Konföderation vor allem eine Gegenbewegung zur US-amerikanischen Expansion darstellte, die im Folgeabschnitt mit Blick auf die Frühindustrialisierung der Gesellschaft untersucht wird, war die Entstehung einer nationalen pan-kanadischen Identität im 20. Jahrhundert sowohl ein Resultat der Beziehungen zu den USA als auch eine Reaktion auf das Aufkeimen eines frankophonen Nationalismus.[99]

99 Während in den britischen Nordamerikakolonien zwar für die Regierungseinnahmen (relativ niedrige) Zölle auf bestimmte Güter erhoben wurden, konnte sich ein erster systematischer Wirtschaftsprotektionismus in Kanada erst nach der Konföderation durchsetzen. Sir John A. MacDonald gewann die Wahl von 1878 insbesondere auf Grund seines wirtschaftsnationalistischen Programms (›National Policy‹), das vorsah, kanadische Unternehmen vor dem Wettbewerb aus den USA zu schützen. Seither hat Protektionismus in den volkswirtschaftlichen Beziehungen Kanadas nahezu durchgängig eine zentrale Rolle gespielt; vgl. Dales 2009 und Brown 2009.

Kommunikation und Technologie

Kommunikation war im Kontext der nordamerikanischen Entwicklungen keine Frage der sprachlichen Verständlichkeit, sondern eher der Verständigung. So wusste sich die ethnisch relativ homogene koloniale Bevölkerung sprachlich problemlos auszutauschen. Die Industrialisierung war hier also ein Vehikel der Homogenisierung von Kultur, die sich weniger als in Europa in der Sprache niederschlug. Sie brachte aber die technologischen Fortschritte (Druck, Telegraph, Eisenbahn), die eine Kommunikation über weite Distanzen erst zuließen. Die Dimension der entstehenden Nationen und die Expansion unter dem Banner eines nationalistischen Sendungsbewusstseins waren erst mit den technologischen Innovationen der Industrialisierung denkbar. Wenn, wie in Europa, also auch im nordamerikanischen Kontext, besonders in den USA, die Industrialisierung eine Neudimensionierung der nationalen Identität brachte, so war sie im Falle Kanadas, umgekehrt, überhaupt erst zentraler Anlass der Nationenbildung.

Die Westerweiterung und Industrialisierung der USA führte zur ›europäisierenden‹ Durchdringung des nordamerikanischen Territoriums. Die Kommunikation nationaler Ideologien wurde durch technologische Innovationen in weit größerem Umfang ermöglicht, zugleich aber dehnte sich auch der geopolitische Referenzrahmen der amerikanischen Nation aus. Der spaltende Samen, der mit der Sklavenfrage seit der Geburtsstunde der US-amerikanischen Nation gesät war, keimte mit der territorialen und wirtschaftlichen Entwicklung weiter auf. Strategien, eine Kluft innerhalb der Nation durch nationale Ideale zu überbrücken, die auf Grund ihrer scheinbaren Universalität unabhängig von politisch-ökonomischen Interessen zu funktionieren schienen, scheiterten letzten Endes. Die Westexpansion der USA und der amerikanische Bürgerkrieg lösten wiederum in den kanadischen Provinzen die Furcht aus, in das Mahlwerk des rasant erstarkenden südlichen Nachbarn zu geraten. Um dem eigenen Machtverlust entgegenwirken zu können, musste auf industrieller Ebene nachgezogen werden. Für eine flächendeckende Industrialisierung war allerdings das kommunikative Netzwerk eines zentralen Machtapparates notwendig, der in dem Zusammenschluss der kanadischen Konföderation im Jahre 1867 gesucht wurde, dem Startpunkt gesamtkanadischer (anglophon dominierter) Bemühungen um eine nationale Identität. Wie bereits angedeutet war die Rolle von Kommunikation und Technologie also auf dem nordamerikanischen Kontinent eine andere als in Europa. Entwicklungen in diesen Bereichen überlappten sich auch historisch gesehen mit der Ausformung pankontinentaler Territorien und Nationalstaaten.

Westerweiterung und Industrialisierung der USA

Die Westexpansion muss zunächst aus ihrem politischen Kontext heraus begriffen werden. Die politischen und wirtschaftlichen Krisen der USA in den 1790er Jahren wurden zur Jahrhundertwende in weiten Teilen der wählenden Bevölkerung den Auswirkungen der französischen Revolution und des europäischen Krieges sowie der elitären, regierungszentrierten Wirtschafts- und Außenpolitik John Adams (1735–1826) und Alexander Hamiltons (1757–1804) angelastet. Das heißt, Widerstand zur seit der Revolution eingeschlagenen Entwicklung der Nation formierte sich sowohl in Abgrenzung zu Europa als auch zur eigenen föderalen Zentralregierung. In Opposition zu den politischen Anschauungen der Föderalisten bemühten sich daher Thomas Jefferson (1743–1826) und seine Partei, die *Jeffersonian Republicans,* in zwei Amtsperioden ab 1800, die Machtkompetenzen von der Bundesregierung zurück zu den Einzelstaaten zu lenken, was letztlich nichts anderes als einen Gegenentwurf zu Europas Klassenkämpfen darstellte und als Angriff auf die Eliten der Early Republic zu verstehen war.[100]

Gesetze der Vorgängerregierung, die dem Ausschluss bestimmter Bevölkerungsgruppen und der Einschüchterung der politischen und journalistischen Opposition galten, wie etwa die *Alien and Sedition Acts*, wurden von Jeffersons Administration rückgängig gemacht und dienten als Metapher für die abträglichen Konsequenzen etatistischer Politik. Statt einer zentral geleiteten Wirtschaft baute er auf eine Vision, die politische Freiheit in einer möglichst breit gestreuten wirtschaftlichen und gesellschaftlichen Gleichheit suchte.[101] Jene glaubte er sinnbildlich im unabhängigen, fleißigen und am gesellschaftlichen Wohl interessierten kleinen Grundbesitzer und Landwirt, dem englischen Yeoman zu erkennen – der dem Schreckensbild der europäischen Klassengesellschaft entgegenstand, vor dem man ja der nationalen Mythologie zufolge in die Neue Welt geflohen war. Das aus dieser Vision entstehende Dilemma war jedoch offensichtlich: Die Akkumulation von Kapital und Gütern durch ebenjenen fleißigen Landwirt würde mittelfristig erneut zu gesellschaftlichen Ungleichheiten führen, wie es bereits das Beispiel Europas historisch bewiesen hatte. [102] Die Lösung hierzu sah Jefferson im amerikanischen Exzeptionalismus enormer Ressourcen und fruchtbarer, ungenutzter Böden, die das Wachstum der Bevölkerung tragen könnten. Diese besondere Begebenheit würde eine Entwicklung wie in Europa verhindern, wo das Feudalwesen in kriegerischen Konflikten und extremen Ungleichheiten innerhalb der Bevölkerung mündete.

Die territoriale Expansion der als ›Empire for Liberty‹ verstandenen Vereinigten Staaten war damit eine Notwendigkeit der Vision Jeffersons. Auch deshalb, weil man damit die nationalen Grenzen gegenüber europäischen Mächten endgültig zu sichern glaubte und, für Jefferson vielleicht noch bedeutender, durch die Entstehung neuer Staaten im Westen die Kräftebalance zwischen Bundes- und Staatsregierung zu Gunsten der Einzelstaaten neigen konnte.[103] Die *Louisiana Purchase* von 1803 – und damit einhergehend

100 Nash/Jeffrey 2006, 273; hierzu auch Wood 2009, 10 f. Zur Politik der Aufklärung unter Adams, Hamilton, und Jefferson vgl. Staloff 2005.

101 Nash/Jeffrey 2006, 274.

102 Ein Bericht der amerikanischen Sozialistischen Arbeiterpartei von 1901 zitiert James Madison als Verfechter dieser Meinung. Madison warnte: »We are free to-day substantially, but the day will come when our Republic will be an impossibility. It will be an impossibility because wealth will be concentrated in the hands of few. A Republic cannot stand upon bayonets, and when that day comes [...] we must rely upon the wisdom of the best elements in the country to readjust the laws of the nation to the changed conditions.« Socialist Labor Party 1901, 95.

103 Vgl. Croucher 2001, 558; Nash/Jeffrey 2006, 274. Die Rhetorik der »States' Rights«, also der Rechte der Einzelstaaten gegenüber dem Bundesstaat, ist seit den 1980er Jahren von konservativen Republikanern bemüht worden, um, im Sinne des ideologischen Konstrukts

die Verdopplung des Staatsgebiets der USA – folgte jenen Überlegungen. Trotz der Ängste der Föderalisten, dass Jeffersons Überzeugungen die politischen Ausrichtungen der neuen Staaten dominieren würden und trotz der geäußerten Bedenken, die Nation könne sich im neu dazu gewonnenen Territorium und entlang der Grenzregionen, der *Frontier*, »entzivilisieren«, wurde 1803 der Kauf des von Napoleon Bonaparte angebotenen Louisiana im Kongress durchgesetzt.[104] Die Expansion in den Westen, die durch die Entdeckung eines Überlandwegs zum pazifischen Ozean in der Lewis-und-Clark-Expedition (1804–1806) auch politisch an Überzeugungskraft gewann, entwickelte sich damit schnell als *Manifest Destiny* zum schicksalhaften Credo der USA.[105]

Die Erschließung des Territoriums zwischen Atlantik und Pazifik vollzog sich in historisch gesehen sehr kurzer Zeit. Sowohl die territoriale als auch die ökonomische Expansion der USA war eng mit der Revolutionierung des Transportwesens seit der ersten Hälfte des 19. Jahrhunderts verknüpft. Während die Westerweiterung zuvor noch wegen der unzulänglichen Beförderungsmittel stagnierte und hohe Transportkosten die Produktion für ferne Märkte und die Erschöpfung der Ressourcen eingeschränkt hatten, führte der Bau von Kanälen in den 1820er und 1830er Jahren zu einem Wachstumsschub, der die US-amerikanische Bevölkerung für ihr nationales Projekt euphorisierte.[106] Das Wirtschaftswachstum zwischen 1820 und 1860 (das nur in den Zeiträumen von 1816–1821 und von 1837–1843 Abschwünge durchlief) markierte den Übergang der US-amerikanischen Wirtschaft von einer Agrar- zur Industriegesellschaft und sorgte für einen zusätzlichen Schub des sich in der Westexpansion materialisierenden Exzeptionalismus.[107]

Diese Entwicklungen schlugen sich in der Wirtschaft und Gesellschaft nieder und hatten selbstverstärkende Konsequenzen. Die natürlichen Ressourcen des nordamerikanischen Kontinents, die durch die Erschließung des Westens und neue Entdeckungen

---

eines ›freien Marktes‹, die föderale Regierung in ihrem Handlungsspielraum einzuschränken. Allerdings hat dieser politische Begriff seit Ronald Reagan auch stark rassistische Obertöne, da er dafür verwendet wurde, um sich gegen die von der Bundesregierung zuvor beschlossene Desegregierungspolitik zu positionieren. Reagan instrumentalisierte den Rassismus in den Südstaaten und die Opposition gegenüber dem seit Mitte der 1960er Jahre erstarkenden Civil Rights Movement, um in seiner Präsidentschaftswahlkampagne mit diesem Signalbegriff zu agitieren. Für eine tiefergehende Analyse der ›States' Rights‹ Debatte in den Vereinigten Staaten während des 19. Jahrhunderts vgl. McDonald 2000. Zur Civil Rights Politik unter Ronald Reagan und George Bush Sr. vgl. Shull 1993.

104 Napoleons Motivation, das seit der Revolution zwischenzeitlich von Spanien wieder an Frankreich zurückgefallene Louisiana an die Vereinigten Staaten zu verkaufen, hing mit seiner Furcht zusammen, das Gebiet könne an Großbritannien fallen. Nugent (2008) zitiert Napoleons Rechtfertigung: »I have not a moment to lose to put it out of their [gemeint ist Großbritannien] reach […] I think of ceding it to the United States […]. They only ask of me one town in Louisiana, but I already consider the colony as entirely lost, and it appears to me that in the hands of this growing power, it will be more useful to the policy and even to the commerce of France, than if I should attempt to keep it.« Nugent 2008, 63.

105 Croucher 2001, 556. Zur Entstehung einer Mythologie des Westens bei Lewis und Clark vgl. Robbins 1994, 45. Der US-amerikanische Historiker Steven E. Woodworth betont darüber hinaus in seinem jüngsten Buch ›Manifest Destinies. America's Westward Expansion and the Road to the Civil War‹ die Bedeutung der evangelikalen Bewegung für die Westexpansion; vgl. Woodworth 2010, v.a. 57 f.

106 Woodworth 2010, 3.

107 Nash/Jeffrey 2006, 323.

im Osten im Überfluss vorhanden waren, versorgten die Wirtschaft mit den nötigen Rohstoffen. Das Bevölkerungswachstum und die territoriale Ausbreitung der Vereinigten Staaten verliefen explosionsartig und lieferten Arbeitskräfte und Absatzmärkte. Lebten 1790 noch 3,9 Millionen Amerikaner zum größten Teil in einem Streifen entlang des atlantischen Ozeans, der nicht breiter war als 80 Kilometer[108], sprang die Bevölkerungszahl auf 9 Millionen im Jahre 1820 und 1860 auf über 30 Millionen. Dies war neben dem natürlichen Geburtenwachstum besonders ab 1840 einer steigenden vor allem irischen und deutschen Immigration geschuldet.[109] Neben Arbeitskraft und Konsumnachfrage steuerten Immigranten ihr technologisches Wissen und Kapital zur wirtschaftlichen Entwicklung bei.[110] Auch die Ausweitung des US-amerikanischen Territoriums wurde von diesen demographischen Entwicklungen vorangetrieben, so dass sich im Jahr 1840 4,5 Millionen US-Amerikaner jenseits der Appalachen im Mississippi-Tal ansiedelten – eine Zahl, die sich mit fortschreitendem Bevölkerungswachstum und Expansionsdrang bis in die 1860er Jahre stetig erhöhte.[111]

Die Revolutionierung des Transportwesens durch den Ausbau von Straßennetzen, der Kanalbau, die steigende Bedeutung der Eisenbahn – die bis 1860 ein Schienennetz von 30.000 Meilen nutzen konnte, welches die Schwerindustrie erst möglich machte und die Wirtschaft ankurbelte – und die Dampfschifffahrt verbanden den Nordosten enger mit dem Mittleren Westen und steigerten erheblich den Austausch von Gütern und Arbeitskräften, aber auch von Informationen und nationalen Diskursen.[112]

Vor dieser Revolution im Transportwesen vollzog sich die Verbreitung von Informationen innerhalb der Vereinigten Staaten noch äußerst langsam. Die Nachricht vom Tod George Washingtons im Dezember 1799 beispielsweise brauchte fünf Tage, um von Alexandria in Virginia das circa 220 Kilometer entfernte Philadelphia zu erreichen, elf Tage bis nach Boston und über drei Wochen bis nach Lexington in Kentucky.[113] Knapp drei Jahrzehnte später, im Jahr 1817, ließen sich Information im gesamten Nordosten innerhalb von maximal zehn Tagen verbreiten und neue Postrouten und Straßen erlaubten den Austausch von Informationen zwischen Philadelphia und der Südspitze South Carolinas – die Strecke von Philadelphia nach Savannah beträgt etwa 1.150 Kilometer – innerhalb von knapp dreizehn Tagen.[114]

Wie bereits aus den vorangehenden Abschnitten hervorgeht, sind die Verbreitung der industriellen Technologie und die territoriale Expansion des Kommunikationsnetzwerks selbstverständlich nicht von den wirtschaftlichen Kräften des Kapitalismus, also auch von Handel und Macht, zu lösen. Es soll hier aber weniger um die ökonomischen

108 Hierzu Zinn 2005, 125.

109 Aus Irland trieb vor allem die Große Hungersnot von 1845–1849 die Immigrationswellen nach Nordamerika; ein Großteil der deutschen Einwanderung bestand in diesem Zeitraum aus politischen Flüchtlingen der Revolutionen von 1848; vgl. hierzu Hochbruck et al. 2000. Zur Geschichte verschiedener deutscher Einwanderungswellen in die USA und deren Einfluss auf die nationale Identität der Vereinigten Staaten siehe (in deutscher Sprache) Emmerich 2010, Blaschka-Eick 2010, Brunner 2009 und Grabbe 2001.

110 Nash/Jeffrey 2006, 323.

111 Zinn 2005, 125.

112 Vgl. hierzu auch Hillstrom/Hillstrom 2005, sowie für einen enzyklopädischen Überblick Olsen 2002.

113 Vgl. Nash/Jeffrey 2006, 308.

114 Wood 2009, 480.

Kausalitäten gehen, als vielmehr um die sich mittels der Industrialisierung herausbildenden kommunikativen Strukturen, die zur räumlichen Expansion des Nationenbildungsprozesses beitrugen. Dazu sind auch neue gemeinschaftliche Narrative zu zählen, die zugleich eine neue Verbreitung fanden und von der Industrialisierung handelten. Ein neuer Unternehmergeist, der im Zuge dieser gesellschaftlichen Umbrüche entstand, war beispielsweise gekoppelt an einen unbedingten Fortschrittsglauben, der von Millionen US-Amerikanern geteilt wurde.[115]

Innovation und Produktivität, aber auch die Verbreitung des nationalen Fortschrittsglaubens wurden bereits seit 1800 von der Ausweitung schulischer Bildung mitgetragen. Im Jahre 1840 konnte ein Großteil weißer Bürger lesen. Öffentliche Schulen garantierten die Erziehung von 38,4% der 5–19-jährigen weißen Bevölkerung. Nachdem erste Schritte in Richtung einer Erziehung breiter Bevölkerungsschichten in Massachusetts bereits ab 1827 getätigt wurden, war für die Reform der staatlichen Erziehung ab 1837 vor allen Dingen Horace Mann (1796–1859) verantwortlich, der mit einer Gruppe anderer Reformer für einheitliche Lehrpläne, Klassenstufen und Lehrerausbildungen plädierte. Sein Vorbild animierte weitere Reformen, so dass die meisten Kinder zwischen fünf und 19 Jahren *außerhalb* des Südens in aller Regel eine Grundschulbildung genießen durften.[116] Auch Geschäftsleute und Industrielle der 1840er Jahre stimmten darin überein, dass eine schulische Erziehung sinnvoll sei, da sie für eine flexiblere und diszipliniertere Arbeiterschaft sorgte. Dass die Industrialisierung die soziale Mobilität der Arbeiterschaft erhöhte und sie damit oftmals von ihren Geburtsorten und Familien entfernte, wurde zwar in vielen Teilen der Gesellschaft mit Besorgnis gesehen. Jedoch gewann auch die Überzeugung an Boden, die schulische Vermittlung von Werten wie Gehorsam, Pünktlichkeit und Ehrfurcht würden der industriellen Entwurzelung zumindest die schärfsten Kanten nehmen.[117]

Der Nachhall des Krieges gegen Großbritannien von 1812–1814, der auch die Grenze zu Kanada auf den 49. Breitengrad festlegte, ließ patriotische Gefühle innerhalb der amerikanischen Bevölkerung auflodern (wie übrigens auch in der Bevölkerung Kanadas), die in den folgenden Dekaden auch verstärkt über die Printmedien, durch Reisen und neue Kommunikationstechnologien ein Ausdrucksvehikel für das Gefühl der nationalen Einheit fanden. Eine deutliche Steigerung der Anzahl an Postämtern (1792, 75 vs. 1820, 8.500) führte zu einem Preisverfall für Briefversendungen, was eine Kommunikation über weite Distanzen für immer größere Teile der Bevölkerung

---

115 Das Kapital für die Umsetzung der technologischen Innovationen und für die Entstehung neuer Wirtschaftsunternehmen stammte zu einem Großteil von europäischen Investoren und aus der Staatskasse. Bei der Kapitalbeschaffung für Unternehmen spielten aber auch die gestärkte kaufmännische Klasse sowie Banken und Versicherungsunternehmen eine tragende Rolle. Außerdem schufen staatliche Institutionen auf lokaler, Staats- und Bundesebene günstige Voraussetzungen für Unternehmen, sowohl durch Kreditvergabe als auch durch eine wirtschaftsfreundliche Gesetzgebung. Der Kern dieser wirtschaftlichen Wachstumsphase war selbstverständlich die Industrialisierung selbst, die durch Mechanisierung Güterproduktion in höheren Quantitäten und zu günstigeren Preisen für einen entstehenden Massenmarkt gewährleistete; vgl. Nash/Jeffrey 2006, 323.

116 Wodurch auch der neue Berufszweig des Schullehrers entstehen konnte, der oftmals von jungen Frauen wahrgenommen wurde; vgl. hierzu Nash/Jeffrey 2006, 328. Außerdem, für einen guten Überblick über den Wandel der arbeitenden Bevölkerung in der Epoche der Industriellen Revolution, vgl. Rice 2004.

117 Vgl. Nash/Jeffrey 2006, 327 f.

ermöglichte.[118] Auch das *Second Great Awakening*, die zweite protestantische Erwekkungsbewegung (~1800–1870), hatte einen ähnlich vereinenden Charakter und kann als frühes Medium der Massenkommunikation verstanden werden. Religiöse Führer nährten in zahlreichen Versammlungen und Traktaten eine religiöse Einheit, die in den neu entstehenden Netzwerken massenhaft die Empfindung festigte, einer von Gott auserwählten Nation anzugehören.

Auch die Drucktechnologie, die durch die Erziehung breiter Massen auf eine völlig neu dimensionierte Leserschaft bauen konnte, wurde zwischen 1830 und 1850 revolutioniert. Zugegebenermaßen gab es schon 1789 Zeitungen, allerdings nur 92 in den gesamten Vereinigten Staaten, die allesamt, zumeist nur wöchentlich, in den Städten am Atlantik gedruckt wurden und zum Großteil nicht mehr als 600 Abonnenten hatten. 1830 vervielfachte sich die Anzahl der Zeitungen auf über 1.000, von denen etwa ein Drittel nun täglich gedruckt wurde. Sie wurden nicht nur häufiger, sondern auch deutlich flächendeckender produziert, nicht mehr nur etwa in Boston und New York, sondern auch in Pittsburgh und St. Louis. In derselben Zeitspanne, von 1830 bis 1850, verfünffachte sich der Büchermarkt. Zuvor besaßen viele Familien, die zwar lesen konnten, auf Grund der hohen Kosten der Buchherstellung lediglich eine Bibel oder einen Almanach; über eine Bibliothek zu verfügen, war ein Zeichen von Wohlstand. Mit der Industrialisierung der Drucktechnologie wurden Printmedien, selbst im Grenzland (der Frontier), deutlich zugänglicher.[119] Literarische Werke, oftmals auch von Autorinnen verfasst, fanden ihren Weg in literarische Salons, zeitgenössische Zeitschriften erhöhten ihre Zirkulationszahlen.[120]

Die allmähliche Entstehung nationaler Rituale, die auf das Ende des Unabhängigkeitskriegs folgte, unterstützte die Entwicklung eines vereinten nationalen Diskurses. Verschiedene Bevölkerungsgruppen maßen den jährlich öffentlich zelebrierten Festlichkeiten am 4. Juli und zu Washingtons Geburtstag zwar unterschiedliche Bedeutung bei. Doch trotz verschiedener Interpretationen der Wichtigkeit und Rolle einzelner Leitfiguren der jungen Vereinigten Staaten manifestierte sich in den entstehenden Nationalfeiertagen die nationale Identität der *Vereinigten* Staaten.[121] Als transatlantisches Echo auf die französische Revolution fanden seit den frühen 1790er Jahren zudem ritualisierte Festivitäten statt, die die kollektiven Werte der ›Freiheit und Gleichheit‹ zelebrierten.[122] Die sektiererischen Unterschiede konnten in derartigen Veranstaltungen

118 Ebd., 310.

119 Vgl. ebd., 332. Zur Rolle des Romans in der frühen Geschichtsschreibung der Vereinigten Staaten, vgl. Cheng 2008.

120 Für eine Analyse ritualisierter politischer Festivitäten im Zeitalter der rasch expandierenden Drucktechnologien in den Vereinigten Staaten, vgl. Waldstreicher 1997 sowie Newman 1997. Eine Analyse der politischen Einflüsse von Redakteuren und Zeitschriftenverlegern in der Zeit nach der Revolution bietet Daniel 2009.

121 Gemälde wie beispielsweise ›Fourth of July in Centre Square‹ (ca. 1810–1812) von John Lewis Kimmel trugen ihren eigenen Teil zur historiographischen Umdeutung der Geschichte und der nationalen Festivitäten bei. Es konzentrierte die Bedeutung des 4. Juli als Nationalfeiertag auf den Gründungsvater Thomas Jefferson und dessen Rolle als nationaler Held und Autor der Unabhängigkeitserklärung und wurde daher von Gegnern Jeffersons scharf kritisiert.

122 Am 24. Januar 1793 fand das bis dahin größte dieser Feste, das jemals auf dem nordamerikanischen Kontinent abgehalten wurde, mit Tausenden von Bürgern in Boston statt; vgl. Newman 1997, 124 f. Boston war zugleich die Hochburg der Föderalisten, die sich zuneh-

in einer gemeinsamen, wenn auch nicht uniformen Auslegung des nationalen Erbes ein Stück weit vergessen werden. Zeitungsberichte über derlei Festlichkeiten wirkten anregend für den Diskurs über die nationale Identität und förderten ein Zusammengehörigkeitsgefühl, das lokale Grenzen überschritt.[123]

Der Grund für diese einende Tendenz in den frühen Jahrzehnten des 19. Jahrhunderts lag aber auch darin, dass der erstarkende Nationalismus und die technologische Innovation ein wachsendes Gefühl der nationalen Überlegenheit zu bestätigen schienen. Das von Gott gewährte Recht, ja sogar die Pflicht dieser überlegenen Nation, so die Selbstwahrnehmung, müsse es sein, den gesamten Kontinent zu zivilisieren. Einzigartigkeit und Mission der Vereinigten Staaten, Eigenschaften, die John L. O'Sullivan (1813–1895) in der Zeitung *Democratic Review* als Manifest Destiny beschrieb, wurden damit nachhaltig zu nationalen Konstanten uminterpretiert.[124] Obgleich also das industrielle Wachstum zum Teil auf Kosten einer schlecht bezahlten Arbeiterklasse ging und die neu entstehenden und wachsenden Städte von einer großen Klasse verarmter und ungelernter Arbeiter bevölkert wurden – ganz zu schweigen von den Hekatomben, die die Westerweiterung hinter sich ließ – verband sich der nationale Expansionsdrang mit einem optimistischen Unternehmergeist in weiten Kreisen der Gesellschaft.[125]

Während der Optimismus der Westerweiterung bis in die 1840er Jahre gesellschaftliche Spannungen entschärfte, tat sich mit zunehmender Industrialisierung jedoch eine Kluft zwischen den Staaten im Norden und jenen im Süden auf. Die Erfolge des technologischen Fortschritts wurden in diesen Jahren immer häufiger als Errungenschaften des (Nord-)Ostens und des US-amerikanischen Nordwestterritoriums wahrgenommen. Der Süden hingegen entwickelte sich insbesondere in den Dekaden 1830 bis 1850 in eine andere Richtung. Nach dem technologischen Durchbruch der *Cotton Gin*, eine 1793 erfundene Maschine zur Entkörnung von Baumwolle, und mit dem Aufstieg der Baumwollindustrie im Süden, die auf den Schultern der Sklavenarbeiter prosperierte, forcierten vor allem die wirtschaftlichen Faktoren und unterschiedlichen Bedingungen des Wirtschaftswachstums in Nord und Süd das weitere Auseinanderdriften der ungleichen Staaten.[126]

Anzeichen für einen Bruch der nationalen Einheit kamen hierbei nicht nur von Seiten der Südstaatler. Im Norden betonten die radikalsten Abolitionisten bereits in den 1840er Jahren ihren Unmut über den Great Compromise in ihrem Slogan »No Union with Slaveholders«; manche, wie der Publizist William Lloyd Garrison (1805–1879),

---

mend um die potenziellen Gefahren einer Volksherrschaft – und damit um ihren eigenen Rang – sorgten; vgl. hierzu Wood 2009, 175 f.; außerdem Waldstreicher 1997.

123 Vgl. Nash/Jeffrey 2006, 310 f. sowie Cunliffe 1969. Auch Entscheidungen des Supreme Court festigten die nationale Einheit. Unter Chief Justice John Marshall wurde eine Reihe grundlegender juristischer Entscheidungen gefällt (Marbury v. Madison, Martin v. Hunter's Lessee, McCulloch v. Maryland), die die verfassungsrechtlichen Befugnisse und das Supremat des Obersten Gerichts sicherten; vgl. ebd., 311.

124 Croucher 2001, 556. Die Frontier selbst wurde von vielen Historikern als Instrument der Amerikanisierung beschrieben. Sie absorbierte neue Immigranten und glättete potenzielle gesellschaftliche Spannungen. Vgl. hierzu auch Pearce 1967 und Washburn 1995; zu Untersuchungen der Frontier mit Blick auf völkerrechtliche Fragen siehe Dörr 1993 sowie, in deutscher Sprache, Fisch 1984.

125 Zur Bildung verschiedener ›Klassen‹ in der Ära der industriellen Revolution – und zur Verwendung des in Amerika problematischen Klassenbegriffs, vgl. Rice 2004.

126 Vgl. Nash/Jeffrey 2006, 352 sowie Zinn 2005, 171 f.

gingen gar so weit, die Verfassung der Vereinigten Staaten als Teufelspakt zu bezeichnen.[127] In der Verbreitung einender Mythen über die Vereinigten Staaten wurde der aus diesen fundamentalen Spannungen resultierende Bürgerkrieg (1861–1865), wie wir weiter unten sehen werden, als Bewährungsprobe der Nation dargestellt. An dessen Ende steht in der nationalen Mythologie, wie der Kulturhistoriker Jackson Lears es ausgedrückt hat, die Wiedergeburt der Nation und die Entstehung der leidgeprüften, modernen Vereinigten Staaten.[128]

Industrialisierung und Selbstbehauptung
Kanadas Nation als Notwendigkeit

Das US-amerikanische Credo der schicksalhaften Westerweiterung sowie die erfolgreiche wirtschaftliche und technologische Expansion im Zuge des in den Vereinigten Staaten förmlich explodierenden Industriezeitalters blieben nicht ohne Konsequenzen für den Norden des Kontinents. Die territoriale Expansion der USA und die politisch-diskursive Ausweitung eines US-amerikanischen Nationalismus wurden dort mit Sorge verfolgt. Denn obwohl die Ostgrenze zwischen Britisch-Nordamerika und den Vereinigten Staaten seit dem Krieg von 1812–1814 festgelegt war, blieben Ansprüche auf Gebiete im Westen noch weitestgehend ungeklärt. Bereits für John Quincy Adams (1767–1848), den sechsten Präsidenten der Vereinigten Staaten (1825–1829), aber auch für seine Nachfolger, war die Expansion in den Nordwesten nicht nur wirtschaftlich erstrebenswert, etwa wegen der Pelz- und Holzindustrien, der Fischreservate und Hafenanlagen. Aufgrund der territorialen Ausdehnung der Südstaaten in den Südwesten war die Erschließung dieses Gebiets eine politische Notwendigkeit für die Nordstaaten, um ein machtpolitisches Gleichgewicht im eigenen Land zu erhalten.[129] Dass die USA in der Angliederung neuer Territorien auch gewaltsam agieren würden, war in Britisch-Nordamerika seit dem Krieg der Vereinigten Staaten gegen Mexiko bekannt, was Rufe nach einer kanadischen Zentralregierung – nach wie vor unter dem Schirm der britischen Krone – erstarken ließ. Die Dringlichkeit dieses Vorhabens verdichtete sich schließlich mit den vom amerikanischen Bürgerkrieg ausgelösten Konflikten zwischen Britisch-Nordamerika und den USA, wozu nicht zuletzt auch begehrende Blicke der Amerikaner auf Teile der der Hudson's Bay Company eigenen Nordwest-Territorien[130] und auf das zu Russland gehörende Alaska beitrugen (tatsächlich kauften die USA Alaska 1867, womit das britische Kanada die USA dann auch als nördlichsten Nachbarn hatte).

---

127 Woodworth 2010, 47.

128 Lears 2010.

129 Morgan 2011, 401. Trotz dieser realpolitischen Erwägungen kritisierte John Quincy Adams die Expansionspolitik Andrew Jacksons (1767–1845), die er als Ablenkungsmanöver von der Sklavenfrage wahrnahm; ebd., 392.

130 Zur Geschichte dieser ›privaten‹ Territorien, die einst mehr als 80 Prozent der Landfläche des heutigen Kanada umfasssten, siehe Thomas 2009, 19–53.

Darüber hinaus sah sich Britisch-Nordamerika gezwungen, technologisch und ökonomisch nachzuziehen. Die Notwendigkeit einer zentralen Koordinierung der industriellen Geschicke setzte wiederum ein staatliches Zentrum voraus. Akteure dieses entstehenden Staatengebildes versuchten zur Legitimation durch die Bevölkerung den gesellschaftlichen Kitt einer nationalen Identität aktiv zu fördern, wie wir an gegebener Stelle sehen werden. Im Gegensatz zu den USA, wo eine nationale Identität zu Beginn der Industrialisierung bereits gegeben war und wo sich tatsächlich die nationale Ideologie über das neu geschaffene Kommunikationsnetzwerk und das öffentliche Schulsystem verbreiten konnte, war in Kanada die Industrialisierung – neben der Angst vor Expansionsgelüsten des südlichen Nachbarn – ein Hauptgrund für die Entstehung einer kanadischen Konföderation. Mit anderen Worten verlief hier der Nationenbildungsprozess umgekehrt. Eine nationale Identität gewann nicht etwa mit neuen Kommunikationsnetzwerken eine neue Größenordnung. Die Expansion dieser Netzwerke war eine politische und ökonomische Notwendigkeit, weshalb mit ihr eine kanadische Nation erst aus der Taufe gehoben wurde.

Industrialisierung Britisch-Nordamerikas und kanadische Konföderation

Über die industrielle Revolution in Großbritannien, die neuen Maschinen und Produktionstechniken erfuhren die britischen Nordamerikaner aus ihren Zeitungen. Aber auch dadurch, dass sie zu Abnehmern der Produkte aus britischen Fabriken wurden und selbst Rohstoffe zur Verarbeitung nach Großbritannien exportierten, kamen sie in engen Kontakt mit den Auswirkungen der industriellen Revolution. Neben diesen Berührungspunkten im Alltäglichen wurden in Britisch-Nordamerika auch politische Konsequenzen der Industrialisierung spürbar. Die von Adam Smith etablierte Theorie der unsichtbaren Hand und des freien Marktes bewog nicht wenige in den politischen Führungsriegen Großbritanniens zu der Annahme, die militärische Dominanz des Empires sei mittels des Freihandels durch eine wirtschaftliche Vorherrschaft ersetzbar. Aus diesem Blickwinkel betrachtet wurden auch die Kolonien als kostspieliger Luxus empfunden. Für jene bedeutete diese neue Sichtweise zum einen die Einführung des freien Handels, zum anderen aber auch eine ungekannte Freiheit in der Selbstregierung.[131]

Wie in den USA beschleunigten auch in Britisch-Nordamerika die Einführung der Dampfschifffahrt, der Schienenfahrt und des Telegraphen den Prozess der Industrialisierung. Bis 1850 verhießen die Kommunikation per Telegraph und Schiene die Befreiung aus der kolonialen Isolierung. Der Ausbau der notwendigen Verbindungen innerhalb der Kolonien blieb jedoch, gerade angesichts der geringen Bevölkerungszahl von unter 3 Millionen, für die Kolonialverwaltung Britisch-Nordamerikas nach wie vor unerschwinglich. Auch deshalb war man auf Großbritannien weiterhin angewiesen. So waren die Expertise und das Kapital (ca. 100 Millionen US-Dollar), die zum Bau von über 3.200 Schienenkilometern zwischen 1852 und 1867 benötigt wurden, größtenteils britischen Ursprungs.[132]

Eisenbahngesellschaften gehörten in Britisch-Nordamerika zu den größten Arbeitgebern. Neben der Beförderung der kanadischen Schwerindustrie in den neu entstehen-

---

131 Vgl. Croucher 2001, 567.

132 Vgl. Conrad/Finkel 2003, 225.

den Ballungsräumen, trugen sie auch dazu bei, neue Strukturen der Arbeitsteilung, der Buchführung und Qualitätssicherung zu etablieren.[133] Die mit diesen Entwicklungen entstehende Wirtschaftsform des Industriekapitalismus hatte unter anderem auch zur Konsequenz, dass sich spätestens Mitte des 19. Jahrhunderts die britischen, vor allem anglophonen Nordamerikaner dem in Europa geborenen Fortschrittsglauben anschlossen und die Erkenntnisse der neuen (Natur-)Wissenschaften – deren Thesen sie ja in den erwachsenden industriellen Strukturen bestätigt sehen konnten – als Beitrag zur Perfektionierung ihrer Gesellschaft wahrnahmen.[134]

Außerdem stieß der industrielle Umbruch verschiedene Reformbewegungen an, die begannen, den Ist-Zustand der britisch-nordamerikanischen Gesellschaft zu hinterfragen und das Potenzial hatten, zur Entstehung einer nationalen Einheit beizutragen. Von religiösen Gruppen initiierte Reformen waren begleitet von einer Bewegung der Mäßigung. Von *Evangelics* angeleitet wurde vor allem die Abstinenz vom Alkohol als Lösung von Problemen der frühindustriellen Gesellschaft wie Kriminalität, Armut und Gewalt gesehen. In einer intellektuellen Massenbewegung gingen jene religiösen Gruppen außerdem gegen Sklaverei an, engagierten sich in Fragen der Erziehung und der Krankenpflege.[135] Ein Umdenken in der Erziehungspolitik, oder besser, die Einrichtung eines allgemeinen Schulwesens überhaupt, folgte aus ähnlichen Motiven auf die technologischen und gesellschaftlichen Umwälzungen des frühindustriellen Zeitalters in Britisch-Nordamerika. Dabei war es nicht einfach, die zerklüftete Erziehungslandschaft zu uniformieren. Die koloniale Gesetzgebung hatte lokale Erziehungsinitiativen gefördert, so dass Schulen vor den Reformen entweder von Kirchen geleitet wurden oder in privater Hand lagen. Um das Erziehungssystem effizienter und einheitlicher zu gestalten und damit den Ansprüchen einer industriellen, sozial mobilen Gesellschaft gerechter zu werden, griffen die Reformer auf das Vorbild nichtkonfessioneller und staatlicher Schulen in Preußen, Irland und den Vereinigten Staaten zurück. Die Bewegung, die solche Bildungsreformen einforderte, wurde größtenteils von mittelständischen Protestanten getragen, die sich durch einen einheitlichen Lehrplan und eine gleichartige Schulerfahrung gesellschaftlichen Einklang erhofften.[136]

Die Reformen des Erziehungssystems wurden trotz dieser Bemühungen auch auf Grund auseinander gehender Interessenslagen in den unterschiedlichen Kolonien auf verschiedene Weise umgesetzt – und entwickelten daher auch nicht die Tendenz zur nationalen Einheit, die man sich in Teilen der ökonomischen und politischen Eliten erhoffte. Sie stießen bei Politikern in den einzelnen Provinzen, aber auch innerhalb

---

133 Die Erschöpfung des Ackerlands in Britisch-Nordamerika sowie die hohen Lohnkosten zwangen einen Großteil der Bevölkerung dazu, sich nach neuen Berufen außerhalb der Agrarwirtschaft umzusehen. Die neuen, in der industriellen Revolution geschaffenen Stellen, wurden von ihnen besetzt; vgl. Conrad/Finkel 2003, 226. Im Gegensatz zu den USA, wo die Reform des juristischen Apparats wegen der amerikanischen Revolution schon früher unumgänglich wurde, war sie in Kanada eine Konsequenz der industriellen Revolution. Die neu erlangte Regierungsverantwortung der Kolonie sowie für den Industriekapitalismus notwendige Reglementierungen (Verträge, Patente, Besitz, etc.) trugen somit zur Entstehung von Gerichtshäusern und juristischen Institutionen bei; ebd., 228.

134 Vgl. Conrad/Finkel 2003, 226, 231.

135 Zur Kooperation von Abolitionisten zwischen den Vereinigten Staaten und Britisch-Nordamerika, vgl. Woodworth 2010, 46.

136 Vgl. Conrad/Finkel 2003, 231 f.

der Bevölkerung auf Widerstand. Familien aus der Arbeiterklasse befürchteten die Auferlegung neuer Steuern zur Finanzierung des Schulsystems. Ferner besorgte sie der Umstand, dass die öffentliche Schulpflicht ihnen ihre Kinder wegnehmen würde und damit in einer Agrargesellschaft wichtige Arbeitskräfte. In der kolonialen Elite hingegen, wo man der schulischen Bildung der Massen nicht weniger skeptisch gegenüber stand, wurden die Nivellierungen des sozialen Standes durch ein einheitliches Erziehungssystem gefürchtet. Hinzu kamen die Forderungen der Kirche. Insbesondere die römisch-katholische Kirche wehrte sich gegen staatliche Schulen, da sie dahinter ein Komplott protestantischer Indoktrinierungsversuche und damit eine Unterwanderung ihrer gesellschaftlichen Macht sowie einen Angriff auf die in ihren Institutionen aufgehobene französische Sprache und Identität witterte. Während also in Westkanada unter Egerton Ryerson (1803–1882) Steuern für öffentliche Schulen durchgesetzt werden konnten und einheitliche Lehrbücher, ein benotetes Fächersystem, eine bürokratische Administration und Zentralisierung etabliert wurden, blieben in anderen Kolonien die Reformpläne hinter ihren Erwartungen zurück. In Ostkanada und Neufundland, wo die römisch-katholische und die anglikanische Kirche über mehr politische Macht verfügten, wurden konfessionelle Schulen zur Grundlage der öffentlichen Erziehung. Sie wurden dort vom Staat, der sonst keinen weiteren Einfluss ausübte, lediglich gefördert.[137]

Die Entwicklungen im Erziehungswesen spiegelten die Zerstückelung der kanadischen Gesellschaft wider und wiesen auf die Schwierigkeiten einer gesamtkanadischen Kooperation hin, die auch den Fortschritt der Industrialisierung hemmte: Statt einer zentral gesteuerten Industrialisierung, die sich beispielsweise in einer flächendeckenden Vernetzung des Schienenbaus hätte materialisieren können, war der Übergang Britisch-Nordamerikas in das industrielle Zeitalter fragmentiert und beschränkte sich auf eine Reihe weitestgehend isolierter Ballungsräume. Nur einige wenige trugen die Überlegungen der industriellen und intellektuellen Revolutionen im britisch-nordamerikanischen Raum einen Schritt weiter. Sie teilten ein gemeinsames *britisches* Erbe und hofften, ihr Privateigentum in wirtschaftlich verheißungsvollen Eisenbahnprojekten zu vermehren. Jene wirtschaftlichen Ziele ließen sich am besten mit der Entstehung einer transkontinental vereinigten Nation erreichen, deren Entstehung daher im Laufe der 1850er Jahre einflussreiche Befürworter gewann.[138]

Sicher wurden nationalistische Bestrebungen in Britisch-Nordamerika auch schon vor der Entstehung der Konföderation geäußert. Die Idee eines vereinten britischen Nordamerikas wurde bereits im späten 18. Jahrhundert von Loyalisten formuliert und auch Lord Durham (1792–1840) plädierte für dieses Vorhaben (und erhoffte sich damit die Absorption und Assimilation der frankophonen Bevölkerung)[139] – worauf wir an anderer Stelle zurückkommen. Eine europäische liberal-nationale Rhetorik fand außerdem ihr Echo in der Rebellion von 1837, besonders unter Frankokanadiern. Um Unterstützung für eine interkoloniale Eisenbahn zu gewinnen, forderte auch der Journalist und Politiker Joseph Howe (1804–1873) 1851: »[...] steht mir nun bei in dieser letzten Anstrengung, unser Land zu verbessern, diese noblen Provinzen zu erhöhen und sie

137 Vgl. ebd., 232 f.
138 Croucher 2001, 568.
139 Siehe den Artikel »Lambton, John George, 1st Earl of Durham« von Fernand Ouellet in: Dictionary of Canadian Biography Online [http://www.biographi.ca].

in eine Nation zu formen.«[140] Allein dieses letzte Vorhaben vermochte es jedoch, im Zusammenspiel mit der Furcht vor den expandierenden Vereinigten Staaten, die Entstehung eines nationalen Projekts in Kanada anzustoßen.

Als ein wichtiger Antriebsfaktor in diesem Vorhaben erwies sich das bislang ungenutzte Potenzial des Nordwestens, das sowohl romantische Idealisten als auch pragmatische Kaufleute auf den Plan rief. Vergleichbar mit den früheren Entwicklungen in den Vereinigten Staaten, jedoch unabhängig von einem geeinten nationalen Projekt, entdeckte die Bevölkerung die Besiedlung des Westens als gemeinsames ›Schicksal‹, das nun auch zunehmend technologisch erfüllbar wurde. Ähnlich US-amerikanischen Expeditionen des frühen 19. Jahrhunderts entsendete die Regierung daher Henry Youle Hind (1823–1908) und John Palliser (1817–1887) in den späten 1850er Jahren als Entdeckungsreisende in das Land der Hudson's Bay Company, das auf Grund der französischen Besiedlung als *Rupert's Land* als rechtmäßiges Staatsterritorium beansprucht wurde.[141] Sowohl Hind als auch Palliser bescheinigten dem Land die Eignung zur agrarwirtschaftlichen Nutzung und boten damit auch ökonomische Gründe für dessen Erschließung. Der entstehende Drang nach Westen wurde zudem gestützt durch den Goldrausch im Fraser Valley von 1858, der die Träume der Bevölkerung an der Ostküste beflügelte.[142] Diesem allem voran wirtschaftlich motivierten Expansionswunsch wurden allerdings durch politische Interessenskonflikte, die wir bereits angedeutet haben, Steine in den Weg gelegt. Die aus dem britischen Unionsgesetz 1841 hervorgegangene – von Lord Durham als Reaktion auf die Erhebung der Patrioten vorgeschlagene – Vereinigte Provinz von Kanada bot somit zwar den Rahmen für beständiges wirtschaftliches Wachstum, allerdings war sie aus mehreren Gründen politisch instabil.

Die enge Verflechtung von wirtschaftlicher Notwendigkeit, technischer Machbarkeit und politischem Kalkül prägte den stockenden Nationenbildungsprozess Kanadas. Diese Verquickung verschiedener Faktoren macht es notwendig, einige administrative und wirtschaftliche Fragen zu erläutern, die, trotz der technologischen Innovationen, den Nationenbildungsprozess in Kanada verlangsamten. Ein Streitpunkt auf dem Weg zur kanadischen Konföderation, dem Kernstück kanadischer Nationenbildungsversuche, lag nicht nur in den nachvollziehbaren Gegensätzen zwischen Frankophonen und Anglophonen, sondern auch in der ungleichmäßigen Bevölkerungsdichte auf dem Territorium. Reformer im wachsenden Westkanada verlangten eine Repräsentation im Parlament entsprechend der Bevölkerungsstärke. Die Durchsetzung dieser Forderungen wurde von den *Bleus*, einer Gruppe konservativer Politiker im maritimen Ostkanada, aus Furcht vor dem eigenen Machtverlust verhindert. Auch die Frage der bereits erwähnten Schulreform erwies sich zwischen den unterschiedlichen Provinzen weiterhin als unvereinbar.[143] Die Schwierigkeit, um der öffentlichen Legitimität wegen, sowohl im Westen als auch im Osten Kanadas eine Mehrheit in derlei Fragen durchzusetzen

---

140 Conrad/Finkel 2003, 243; Übersetzung des Autors, im Original: »[...] stand by me now in this last effort to improve our country, elevate these noble Provinces, and form them into a Nation.«

141 Vgl. Thomas 2009.

142 Conrad/Finkel 2003, 243.

143 Vgl. auch den Abschnitt »Kanadische Konföderation und Kulturkampf« in Kolboom 2005, 187–193.

(»double majority«), wurde zum zentralen Problem der Vereinten Provinz, die sich in eine Situation des politischen Patts manövrierte.

Auch wirtschaftlich äußerten sich die zum Teil entgegengesetzten Interessenslagen in Stagnation (und Korruption). Das größte Eisenbahnprojekt, der *Grand Trunk*, wurde von britischen Banken und kanadischen Politikern finanziert. Ab 1853 wurde das Projekt, ursprünglich beschränkt auf die Strecke zwischen Montréal und Hamilton, deutlich ausgeweitet, um eine Verbindung zur Atlantikküste herzustellen. Bereits sechs Jahre später, im Jahr 1859, war der Bau des Grand Trunk wegen Korruption und der Verschlingung enormer Mengen von Steuergeldern verpönt, sowohl in der allgemeinen Öffentlichkeit als auch bei den britischen Kreditgebern, die die Zuverlässigkeit und Integrität der kanadischen Schuldner anzuzweifeln begannen.[144]

Um einen Ausweg aus dieser Situation des wirtschafts- und gesellschaftspolitischen Stillstandes zu finden, formierte sich ab den frühen 1860er Jahren eine Gruppe kanadischer Politiker um die Leitfiguren der verschiedenen Provinzen. Bereits 1860 schlug George Brown (1818–1880), ein Politiker und Journalist aus Westkanada, einen föderalen Zusammenschluss der beiden Kanadas vor, der die Position der Provinzen gegenüber einer Bundesregierung stärken sollte, was aber im maritimen Ostkanada nicht durchsetzungsfähig war. Erst als Brown mit John A. Macdonald's (1815–1891) konservativem Bündnis und mit George-Etienne Cartier (1814–1873), Anführer des *Parti Bleu*, in der sogenannten *Great Coalition*, gemeinsame Sache machte, ließ sich der Weg zur Konföderation von 1864 bis 1867 ebnen.[145]

Neben den wirtschaftlichen Interessen boten weitere äußere Umstände den Führungsgestalten der kanadischen Interessensparteien nun wesentliche Gründe zur Herstellung einer föderalen Einheit. Zum einen unterstützte das *Colonial Office*, zuständig für koloniale Angelegenheiten der britischen Krone, die kanadischen Bemühungen um eine Konföderation. Es erhoffte sich damit, Verwaltungs- und Verteidigungskosten einzusparen und auf unkompliziertere Weise Beziehungen mit einer Zentralregierung und nicht mit unterschiedlichen Provinzregierungen unterhalten zu können.[146] Zum anderen wurde die Frage nach der militärischen Verteidigung Britisch-Nordamerikas wegen der kriegerischen Entwicklungen in den Vereinigten Staaten zentral. Obgleich Großbritannien angesichts der militärischen und diplomatischen Verwicklungen mit den USA (vor allem wegen Vorfällen auf hoher See und dem nicht neutralen Verhalten gegenüber der *Confederacy* der Südstaatler) die 3.000 Mann starke Armee Britisch-Nordamerikas mit 15.000 britischen Soldaten aufstockte, drohte das Colonial Office im selben Atemzug mit dem mittelfristigen Abzug der britischen Truppen, ein Umstand, der umso mehr auf eine politisch und militärisch handlungsfähige Zentralregierung drängte.[147]

Entwicklungen in den Beziehungen Britisch-Nordamerikas zu den Vereinigten Staaten übten auch auf direktere Art und Weise Druck auf die Konföderationsdebatte aus. Die Drohung der USA aus dem Jahr 1863, das Reziprozitätsabkommen (*Reciprocity*

144 Ebd., 245.
145 Vgl. ebd., 247.
146 Vgl. Croucher 2001, 568.
147 Conrad/Finkel 2003, 250. Britische Investoren der Hudson's Bay Company plädierten ebenfalls für die Konföderation, um aus der infrastrukturellen und agrarwirtschaftlichen Erschließung des Westens Profit schlagen zu können; vgl. ebd.

Agreement) nach 1866 nicht verlängern zu wollen, lenkte die Aufmerksamkeit auf ein innerkanadisches Bündnis. Hatte man mit dem Abkommen noch darauf abgezielt, den Freihandel zu sichern, erschien nun die Vereinigung Britisch-Nordamerikas als wirtschaftliche Alternative. Neben der wirtschaftlichen Bedrohung stärkte ebenso die Angst vor militärischer Annexion durch die USA die Befürworter einer kanadischen Konföderation. Nur als solche könne man sich effizient gegen Übergriffe des südlichen Nachbarn wehren. Diese Furcht war keinesfalls abwegig, wie die Annexion großer Teile Mexikos gezeigt hatte und – wie schon angesprochen – die Forderungen US-amerikanischer Staatsmänner nach dem Territorium der Hudson's Bay Company deutlich untermauerten. Der von den USA aggressiv proklamierte Expansionswille nach dem nationalen Motto der Manifest Destiny machte eine Konföderation und damit die zentrale Koordinierung politischer und militärischer Vorhaben zu einer Priorität der politischen Eliten in Britisch-Nordamerika.

In Konferenzen in Charlottetown (September 1864) und Québec City (Oktober 1864) handelten Repräsentanten der Provinzen die Grundlagen einer föderalen Union aus. Ähnlich wie in den Vereinigten Staaten knapp 80 Jahre zuvor konzentrierten sich die dort geführten Debatten auf die Verteilung der Staatsgewalt zwischen Bundes- und Provinzebene. Macdonald, Cartier und Brown konnten sich angesichts der äußerlichen Bedrohung darauf verständigen, die Rolle der Zentralregierung innerhalb der Föderation zu stärken. Die entscheidenden wirtschaftlichen und politischen Fragen sollten daher zukünftig auf föderaler Ebene geklärt werden, während soziale und erzieherische Angelegenheiten lokalen und regionalen Instanzen unterstehen würden.[148] Ein Kompromiss, der mit Blick auf das bisher Gesagte politisch plausibel erscheint und der sich im Einzelnen wie folgt darstellte.

Im Abkommen von Québec City wurde die Vereinte Provinz von Kanada wieder in zwei Provinzen, das mehrheitlich frankophone Québec und das mehrheitlich anglophone Ontario, geteilt. Im Unterhaus wurde die Repräsentation abhängig von der Bevölkerungsstärke der Provinzen gemacht. Um kleinere Provinzen, wie Québec, Ontario und die maritimen Provinzen zum Beitritt zu überzeugen, wurde ihnen die Gleichberechtigung in einem ernannten Senat eingeräumt.[149] In diesem Übereinkommen wurden außerdem die Zuständigkeitsbereiche der Bundesregierung und der Provinzregierungen festgelegt. Das erklärte Hauptziel der föderalen Regierung wurde die Gewährleistung von »peace, order and good government.«[150] Sie wurde zuständig für den internationalen und interprovinziellen Handel, das Strafrecht, autochthone Angelegenheiten, das Währungs- und Bankensystem sowie das Transportwesen zwischen den Provinzen. Die Provinzen hingegen erhielten gesetzgebende Gewalt in den Bereichen der »civil rights and property«, also Kontrolle über den innerprovinziellen Handel, Zivilrecht, Städteverwaltung, Erziehung und soziale Dienstleistungen, sowie über die natürlichen Ressourcen und den öffentlichen Grundbesitz. Im Bereich der

148 Helbich 1994, 53.

149 Vgl. Conrad/Finkel 2003, 251. Hinzu kamen auch New Brunswick und Nova Scotia. Das Nordwestliche Territorium und Rupert's Land wurden 1869 der Hudson's Bay Company abgekauft und bildeten die Nordwest Territorien. Der Manitoba Act von 1870 schuf nach der Red-River Rebellion die Provinz Manitoba. 1871 folgten British Columbia und Vancouver Island, 1871 Prince Edward Island der Konföderation. Vgl. Thomas 2008, 27–30.

150 Conrad/Finkel 2003, 251.

Agrarwirtschaft und der Immigration wurden die Kompetenzen zwischen föderaler und provinzieller Regierungsebene aufgeteilt. Während auf beiden Ebenen nun Steuern erhoben werden konnten, hatte lediglich die föderale Regierung ein uneingeschränktes Besteuerungsrecht und auch Verbrauchssteuern und Zölle konnten nur von ihr erhoben werden.[151] Die Zuständigkeit der Provinzen im Erziehungswesen wurde außerdem festgeschrieben und damit die individuellen Arrangements der einzelnen Provinzen gesetzlich gesichert. Darüber hinaus wurden das Englische und das Französische zu den offiziellen Sprachen des Unterhauses und der Bundesgerichtshöfe erhoben und Québec als bilinguale Provinz anerkannt.[152] Gleichzeitig aber blieben (bis ins 20. Jahrhundert hinein) die Außenpolitik und verfassungsrechtliche Angelegenheiten der Verantwortung der britischen Krone unterstellt.[153]

Die administrative Zentralisierung – die im Gegensatz zu den Vereinigten Staaten dem Streben nach technologisch-industrieller Expansion nachgeordnet war – bildete den Grundstein für eine diskursive Verbreitung verschiedener nationaler Elemente und bekräftigte die Zweckmäßigkeit des Bündnisses durch wirtschaftliche Erfolge. Die politische Pattsituation, welche vor 1867 die Industrialisierung ins Stocken gebracht hatte, löste sich mit der Konföderation zu Gunsten eines industriellen und wirtschaftlichen Wachstums auf. In der Zeit von 1867 bis 1921 vervielfachte sich das Bruttoinlandsprodukt und die Bevölkerung wuchs von 3,5 auf 8,5 Millionen Einwohner. Statt 20% im Jahre 1871 lebten bis 1911 über 40% der Kanadier in Städten, die zu wichtigen zivilgesellschaftlichen Knotenpunkten Kanadas avancierten.[154] 1915 erstreckten sich drei Eisenbahnlinien auf mehr als 55.000 Kilometern über den Kontinent. Der Schienenbau trug zum Wirtschaftswachstum bei und diente als Basis für die Entstehung einer aus den wirtschaftlichen Schaltzentralen Montréals und Torontos geleiteten nationalen Wirtschaft.[155] Zudem vereinfachten die gesunkenen Transportkosten den Binnenhandel – neben dem Schienenverkehr auch durch die sich flächendeckend etablierende Dampfschifffahrt – und erhöhten die Kommunikation mit täglichen Postsendungen in der gesamten Konföderation ab 1886 (ab 1908 auch in ländlichen Gebieten).[156] Dass der pankanadische Schienenbau zur Bildung der Prärieprovinzen zwischen Ontario und Britisch-Kolumbien auf den ehemaligen Gebieten der Hudson's Bay Company – damit auch zu einer nachhaltigen ethnisch-kulturellen Dezimierung der dort lebenden frankoindianischen *Métis* – beitrug, sei hier als nicht zu vernachlässigender ›Nebeneffekt‹ der Eisenbahn unterstrichen.[157]

---

151 Ebd., 251.

152 Ebd., 252. Der Status des Französischen außerhalb Québecs wurde jedoch selbst von frankophonen Politikern in Québec außer Acht gelassen; vgl. ebd., 253. Zur komplizierten Verbindung zwischen Nationalität und Sprache in Québec, vgl. Armony 2010, insbesondere 69 f.

153 Francis 1997, 62; Helbich 1994, 52. Eine Verfassungsgeschichte mit Blick auf die Beziehungen zwischen kanadischer Bundesregierung und der Provinz Québec bietet Gagnon 2011a.

154 Vgl. Conrad/Finkel 2003, 310.

155 Ebd., 305 f.

156 Vgl. ebd., 307.

157 Dieser territoriale Prozess war 1905 mit der Gründung der Provinzen Alberta und Saskatchewan weitgehend abgeschlossen (Neufundland mit Labrador schloss sich erst 1949 der Konföderation an); siehe »The Atlas of Canada, Territorial Evolution, 1867 to 1999« [http://atlas.nrcan.gc.ca/site/english/maps/historical/territorialevolution/1867–1999].

Weitere Innovationen in der Kommunikationstechnologie schlossen sich diesen Errungenschaften an. Bereits 1876 sorgte Alexander Graham Bell (1847–1922) mit seinem Telefongespräch zwischen Brantford und Paris, Ontario, für Aufsehen. Das Telefon etablierte sich in den Folgejahren in Kanada rasch zu einem privat und öffentlich weit genutzten Medium. 1901 empfing Guglielmo Marconi (1874–1937) zum ersten Mal ein Funksignal von jenseits des Atlantiks – 1906 führte Reginald Fessenden (1866–1932), gebürtiger Kanadier, die erste Radioausstrahlung einer menschlichen Stimme durch.[158] Spätestens um die Jahrhundertwende waren also auch in Kanada die technologischen und räumlichen Voraussetzungen geschaffen, um das Bewusstsein für eine transkontinentale Nation zu ermöglichen.

Der Verbreitung nationaler Ideologien stand auch in öffentlichen Institutionen eigentlich nichts mehr im Wege. Der Schulbesuch stieg in der zweiten Hälfte des 19. Jahrhunderts stark an, der ja in anderen Fällen, beispielsweise in den USA, aber auch in England und Frankreich, die Verbreitung nationaler Ideologien über die Schulhistoriographie institutionalisierte. Jedoch spiegelte sich die entscheidende Schwierigkeit in der kanadischen Nationenbildung im Schulwesen wider, nämlich die trotz der wirtschaftlichen Erfolge fortbestehende Fragmentierung der Gesellschaft. Zwar war bis 1891 in Ontario die Analphabetenrate auf 6% und in den maritimen Provinzen auf 13% gesunken, doch in Québec, wo die Schulpflicht erst 1943 eingeführt wurde, blieb sie bei 26%. Während in allen kanadischen Provinzen das Erziehungssystem von einem staatlichen Erziehungsministerium vorgegeben wurde, und ab 1905 die Schulerziehung für Kinder bis zum Alter von zwölf Jahren kostenlos und verpflichtend eingeführt wurde, war die Erziehung der Québecer weniger staatlich als vielmehr religiös bestimmt, da sich dort die gesellschaftlich dominante römisch-katholische Kirche aus Angst, an politischer und kultureller Macht einzubüßen, vehement gegen die Schulpflicht sträubte.[159]

Besonders in den *Prairies* diente das Schulsystem auch zur Assimilierung neuer Einwandererströme. Kompromisse, die im Osten Kanadas ausgehandelt worden waren, wurden mit Blick auf eine nationale Historiographie dort jedoch ad absurdum geführt. Der Manitoba-Kompromiss von 1897 erlaubte katholische Erziehung und bilingualen Unterricht, sobald mindestens zehn Schüler eine gemeinsame Sprache sprachen. Dass neu einströmende Immigranten auf dieses Recht pochen würden, um ihre eigene Kultur zu bewahren, war zum Zeitpunkt der Gesetzesverabschiedung nicht abgesehen worden, so dass diese ›Problematik‹ sich mit steigenden Einwanderungszahlen zusehends verschärfte und hitzig geführte Debatten auf Provinz- und Bundesebene auslöste. In den anglophonen Provinzen wurde diesen Entwicklungen zumeist gesetzlich der Riegel vorgeschoben und die staatliche Unterstützung für bilinguale Schulen zurückgezogen (Manitoba 1916) oder gleich der Schulunterricht nur in englischer Sprache gestattet (1918). In anderen Provinzen wie Alberta forderte die römisch-katholische Kirche eigene Schulen, so dass sich das ›Problem‹ des bilingualen Unterrichts gar nicht erst stellte.

Kurzum, Partikularismen in den verschiedenen Schulsystemen befeuerten die fragmentierenden Tendenzen innerhalb der kanadischen Gesellschaft. Am deutlichsten war dies wohl zwischen Québec und Ontario der Fall. In Ontario wurde 1912 durchgesetzt (Regulation 17), dass in staatlich geförderten Schulen Französisch nur bis zum zweiten Schuljahr gesprochen werden dürfe und Lehrer grundsätzlich in englischer Sprache zu

158 Vgl. ebd., 308.
159 Roy 1993, 66 f.

unterrichten hätten. Die mit diesen Forderungen einhergehenden Anfeindungen gerieten derart aus dem Ruder, dass einige Wortführer in Québec Ontario schließlich mit Kriegsdeutschland verglichen.[160] Unter diesen Umständen konnten pankanadische nationale Ideologien unmöglich über die Schulen verbreitet werden, auch wenn sich deren Zahl auf dem Gebiet der Konföderation ständig erhöhte und immer größere Teile der Bevölkerung das Lesen lernten. Dasselbe gilt selbstverständlich auch für die anderen im Industriezeitalter entstehenden Kommunikationsnetzwerke. Statt nationaler Einheit entstanden vielmehr zerspaltende Geschichtsbilder. Schulbücher schufen historische Mythen um Persönlichkeiten, die in der Geschichtsversion der einen Provinz als Volkshelden gefeiert, in der anderen als Verräter gebrandmarkt wurden.

160 Vgl. Conrad/Finkel 2003, 342 f.. Zum Verhältnis zwischen der Provinz Québec und dem anglophonen Kanada vgl. Kolboom/Vormann 2011, Gagnon et al. 2011, Bories-Sawala 2010, Fisher 2008, Bouchard 2004, Kolboom 2002, Bernard 1995 und 2005. Den ›historisch-politischen‹ Gemeinsamkeiten, die Québec (im Gegensatz zum anglophonen Kanada und zu Frankreich) mit Deutschland verbinden, geht Kolboom (2011) nach.

Gesellschaft und Gedächtnis

Die Nationenbildungsprozesse der USA und Kanadas waren machtpolitisch motiviert. In beiden Fällen waren eine wirtschaftliche und militärische Drohkulisse Anlass zur politischen Zentralisierung, die einen Nationalisierungsprozess einleitete oder vertiefte. Die USA spalteten sich nicht aus nationalen, sondern aus vorrangig ökonomischen Gründen von Großbritannien ab, was sie schnell zum Aufbau einer administrativen und nationalen Struktur zwang. Wie beschrieben spielte die Industrialisierung in diesem Entstehungsprozess einer US-amerikanischen nationalen Identität eine gewichtige Rolle: Industrielle Innovation ermöglichte auch wirtschaftlich die Umsetzung des Expansionsstrebens und umgekehrt konnte die Ausdehnung in den Westen als Beweis für die ›göttliche Vorhersehung‹ des nationalen Vorhabens herangezogen werden.

In den Vereinten Provinzen von Kanada war die Bildung einer Konföderation – und daraus folgend einer nationalen Identität zu deren Legitimation – eine Notwendigkeit, die den wirtschaftlichen Interessen des industriellen Kapitalismus entgegenkam. Statt sich vom kolonialen Mutterland abzuwenden, konnte die anglophone Elite der kanadischen Konföderation ihre nationale Identität im Rahmen des britischen Empires, und sogar mit dessen Segen, konstruieren. Mangels eines Bruchs mit dem Ursprungssystem fehlte im Gegensatz zu den Vereinigten Staaten daher aber auch ein einender Gründungsmythos, der die einzelnen Komponenten einer kanadischen Nation hätte binden können. Stattdessen etablierte sich im 20. Jahrhundert das Narrativ des Multikulturalismus (oder des ›mosaic‹), eines zivilen Nationalismus also, der jedoch – wenn er auch die nationalistisch motivierten Gräueltaten des 20. Jahrhunderts vielleicht auch gerade deswegen umgangen hat – bis heute die ethnischen Unterschiedlichkeiten der »Gründervölker« nie gänzlich überwinden konnte.

Sowohl in den USA als auch in Kanada wurden ähnlich wie in Frankreich und England Geschichtsbilder und nationale Gründungs- und Opfermythen im ausgehenden 19. und frühen 20. Jahrhundert über die Geschichtsschreibung in Schulbüchern verbreitet und gewannen auch unter national-inspirierten Künstlern an Beachtung. Aus diesen im kollektiven Gedächtnis widerhallenden, selektiven historiographischen Versatzstücken formten sich nationale Selbstbilder, die die nordamerikanischen Gesellschaften an der Schwelle zum 20. Jahrhundert prägten und die in Teilen bis heute Bestand haben.[161]

Gründungsmythen in Nordamerika

Süd- und Nordstaaten – zwei nationale Identitäten

Der Prozess der nationalen Identitätsfindung verdichtete sich aus den bereits genannten Gründen in den Vereinigten Staaten auf einen kürzeren Zeitraum als in Europa. Zur

161 Nach Herfried Münkler, dessen Terminologie bereits erläutert wurde, soll der folgende Abschnitt in Gründungs- und Opfermythen aufgeteilt werden, um daran die unterschiedliche kollektive Gedächtnisformierung Kanadas und der USA kontrastierend zu erläutern.

Legitimitätsbildung der Eliten und als gesellschaftliche Orientierungspunkte wurden aus historischen Ereignissen seit der Revolution Mythen geformt, die Antagonismen in einem gesellschaftlichen Konsens aufgingen ließen.[162] Diese Mythen kreisten um einen ›American Creed‹, der sich um die Schlüsselwerte der Freiheit, des Egalitarismus, des Individualismus, des Populismus und des Laissez-faire bildete und im Laufe des 19. Jahrhunderts zumeist in ereignis- und personengeschichtlichen Zusammenhängen veranschaulicht wurde.[163] Der selbst zum Mythos gewordene Freiheitsbegriff basierte auf dem Lockeschen Ideal, das zwar den Führungsschichten der USA bekannt war, im breiteren Volk jedoch nicht oder nur allmählich diskutiert wurde. Ähnlich wie in England das Ideal der Freiheit wurde der American Creed, vor allem aus der Retrospektive, zum ideellen Leitmotiv der amerikanischen Geschichte erhoben.[164]

Sowohl in den Nord- als auch in den Südstaaten war es den ersten Generationen, die nach der Revolution geboren wurden, beschieden, der amerikanischen Vergangenheit Bedeutung zu verleihen, um nationale Stabilität zu gewährleisten. Diese nationale Ideologie konnte das Volk über die neu entstandenen Kommunikationskanäle erreichen. Der Beginn einer amerikanischen Historiographie und mehr noch, die Suche nach einer amerikanischen Geschichte, die Orientierungshilfen für die Gegenwart geben konnte, veranlassten einen Bewohner New Yorks des frühen 19. Jahrhunderts zu der Aussage:

> Wir sind ein so junges Volk, dass wir den Wunsch nach einer Nationalität verspüren und wir uns über alles erfreuen, was uns in unserer nationalen ›amerikanischen‹ Existenz bekräftigt. Wir haben nicht, wie etwa England und Frankreich, Jahrhunderte des Erfolgs und des Elends, auf die wir zurückblicken könnten; wir haben keine Geschichte des Amerikanisch-Seins und verspüren das Verlangen danach.[165]

In der frühen Geschichtsschreibung, die diesem Mangel an Historizität entgegenwirken sollte, wurden Rassismen und aus ihnen hervorgehende Ungleichheiten übertüncht. Dies gilt vor allem in den Kolonien an der Chesapeake Bay. Das Leitmotiv dieser Historiographie war ein fester Fortschrittglauben, der Spaltungen innerhalb der Gesellschaft vergessen machen sollte. Er ließ Historiographen das Schicksal arbeitsamer Migranten an der Frontier der Neuen Welt hervorheben, wohingegen die beschämende Tatsache entwurzelter und versklavter Afrikaner und ausgestoßener Europäer, die in der Early Republic ebenso zu Amerikanern geworden waren, geflissentlich ignoriert wurde.[166] Wenn diese Art des Narrativs auch in den ersten Jahrzehnten des 19. Jahrhunderts eine gewisse Einheit des nationalen Diskurses erlaubte, ließ sich der wirtschaftliche, tech-

---

162 Vgl. Kotte 2001, 557; Der vorliegende Abschnitt verdankt viele der Einsichten den Analysen von Kotte 2001, Grabb/Curtis 2005 und Grant 1997.

163 Grabb/Curtis 2005, 22 f. Die Ereignisgeschichte trat Ende des 19. Jahrhunderts mit der Hervorhebung verfassungs- und bildungsgeschichtlicher Gesichtspunkte sowie wirtschaftlicher und sozialer Verhältnisse in den Hintergrund; vgl. Kotte 2001, 557.

164 Vgl. Grabb/Curtis 2005.

165 Kursivierung im Original; im Englischen: »We are so young a people that we feel the want of nationality, and delight in whatever asserts our national ›American‹ existence. We have not, like England and France, centuries of achievement and calamities to look back on; we have no record of Americanism and we feel its want.« Grant 1997, 95.

166 Grant 1997, 96.

nologische und politische Bruch zwischen Nord- und Südstaaten nicht ohne Weiteres übersehen.[167]

Auf Grund der etwa in den 1840er Jahren einsetzenden Zweiteilung der Historiographie sahen sich Geschichtsschreiber im Norden jedoch mit einem grundsätzlichen Problem konfrontiert. Obwohl sie die Sklaverei verachteten und sich teilweise im abolitionistischen Lager bewegten, setzte sich ihre Heldengalerie der Gründerväter zu einem Großteil aus Südstaatlern zusammen. George Washington (1732–1799), Thomas Jefferson (1743–1826), James Madison (1751–1836) und James Monroe (1758–1831) ebenso wie die militärischen Führungsgestalten Richard Henry Lee (1732–1794) und Patrick Henry (1736–1799) stammten allesamt aus dem Süden. Man reagierte auf diesen Umstand in zweierlei Weisen, wie die Historikerin Susan-Mary Grant überzeugend dargelegt hat. Entweder nutzten Nordstaatler jene Tatsache als Beweis dafür, dass der Süden seit Anbeginn ein ungerechtes Übergewicht in Machtfragen genoss. Oder sie bezweifelten, dass der Süden im Unabhängigkeitskrieg tatsächlich die gleichen Lasten wie der Norden auf sich genommen hatte. Südstaatler hingegen beklagten die Tendenz nordstaatlicher Historiker, »die Taten ihrer eigenen Helden zu glorifizieren«, weshalb »Südstaatler den Nordstaatlern die Verantwortung für etwas so wichtiges wie die Geschichtsschreibung der Rolle des Südens in der amerikanischen Revolution nicht überlassen konnten.«[168]

Dieser Kampf um die Auslegung der US-amerikanischen Geschichte wurde bis in die 1850er Jahre hinein erbittert geführt. Untermauert wurden Differenzen gar mit der aufkommenden Annahme, Nord- und Südstaatler hätten seit jeher gänzlich unterschiedliche ethnische Ursprünge. Ein Nordstaatler dieser Zeit ging so weit zu behaupten, der Norden sei von der »angelsächsischen Rasse« (»Anglo-Saxon race«) besiedelt worden und sei »zivilisatorisch weiter entwickelt, unternehmerisch geschickter und ausdauernder, mit höherer Wissenschaft und Kunst gesegnet, mit mehr Fähigkeiten und Kapital, und mit dem Vorteil einer weitestgehend homogenen Bevölkerung«, wohingegen der Süden von einer »lower civilization« – einer niederen Zivilisation – bevölkert würde.[169] Mit anderen Worten wurde die Industrialisierung des Nordens von Nordstaatlern als zivilisatorischer Fortschritt gegenüber dem Süden gedeutet, dessen Bevölkerung in einer merkwürdigen epistemologischen Wendung als ethnisch minderwertig eingestuft wurde.

Der technologisch begründeten und politisch instrumentalisierten Kluft zwischen Nord und Süd folgte die Verbreitung unterschiedlicher Ursprungsnarrative der jeweiligen Bevölkerungsgruppen. Die Gegenüberstellung des *Cavaliers*-Mythos in den Südstaaten, der sich auf die englische Gesellschaft des 17. Jahrhunderts bezog, und eines puritanischen oder *Yankee*-Gründungsmythos im Norden erhärtete sich im Laufe

---

167 Für eine brillante Analyse der politischen und gesellschaftlichen Entwicklungen, die vom frühen 19. Jahrhundert zum Bürgerkrieg führten, vgl. Zinn 2005, 171 f. sowie auch Cook 2003.

168 Übersetzung des Autors, im Original: »[...] to glorify the deeds of the heroes of their section«, so that »southerners could not entrust to northerners the responsibility of recording something so important as the South's role in the American Revolution.« Zitiert in Grant 1997, 97.

169 Im Original: »[...] farther advanced in civilization, more enterprising and persevering, with more science and art, with more skill and capital, and with the advantage in the main of a homogeneous population.« Grant 1997, 97.

des 19. Jahrhunderts im Zuge der wirtschaftlichen und gesellschaftspolitischen Umbrüche. Die vom industriellen Wandel eingenommenen Nordstaatler begannen, den Süden und seine aristokratisch geordnete Wirklichkeit als Überbleibsel einer alten Welt zu betrachten. So wurde diese zwar als eine Art Anker inmitten der industriellen Revolution wahrgenommen, allerdings unterstellte man dem Süden zugleich eine konstruierte Romantisierung der Vergangenheit, die als sentimentaler und zukunftsfeindlicher Anachronismus dazu diene, die im Norden verachtete Institution der Sklaverei in den eigenen Staaten zu legitimieren.[170]

Anhand verschiedener Strategien versuchten Zeitgenossen auch noch in den 1850er Jahren diesen vermeintlichen Mangel an einer langen gemeinsamen Nationalgeschichte zu beheben. Einige bemühten sich, den Blick stattdessen auf die nationale Zukunft zu lenken. Diese sollte vor allem dazu genutzt werden, dem nationalen Auftrag nachzugehen, also der restlichen Welt als Exempel für Freiheit und Gleichheit eines sich selbst regierenden Volkes zu dienen. Diese Prinzipien, die auch die puritanische ›city upon a hill‹ wieder anklingen ließen, sollten die amerikanische Nation jenseits von Konfessions- und Rassenkriterien im gemeinsamen (technologischen) Fortschritt vereinen.[171] Ein Journalist des *New York Tribune* unterstrich am 7. November 1854, die amerikanische Nationalität sei

> [...] eine rein ideelle Sache und nicht eine Frage der Rassen. Sie ist weder englisch noch irisch, noch holländisch, noch französisch; sie ist nicht puritanisch und auch nicht Cavalier; weder ist sie den Nord- noch den Südstaaten zuzuordnen; unsere Nationalität ist unsere Selbstregierung, unser System der Volksfreiheit und des gleichen Gesetzes für alle [...]. Abgesehen von der Identität, die wir von unseren nationalen Prinzipien ableiten, haben wir keine nationale Identität, noch werden wir in den nächsten Jahrhunderten eine haben.[172]

Der Streitkern dieser zivilen Variante des amerikanischen Nationalismus lag jedoch weniger in der Artikulation der Ideale. Gleichheit und Freiheit dienten einheitlich als intellektuelle Pfeiler dieses Nationalverständnisses – sowohl im Norden als auch im Süden. Vielmehr ging es um die Auslegung dieser republikanischen Werte, wie auch Abraham Lincoln zu einem späteren Zeitpunkt, nämlich inmitten des tobenden Bürgerkriegs im Jahre 1864 erkannte: »Die Welt hat niemals über eine gute Definition des Wortes Freiheit verfügt und das amerikanische Volk hätte in der Gegenwart ein großes Interesse an einer solchen Definition. Wir alle sprechen uns für die Freiheit aus; doch während wir dasselbe *Wort* benutzen, meinen wir nicht alle dieselbe *Sache*.«[173] Im Norden bedeutete

170 Vgl. Grant 1997, 98. Anne Sarah Rubin (2005) bietet eine aufschlussreiche Geschichte der Südstaatenidentität und des Nationalismus in der Confederacy. Sie legt ihren Fokus auf die emotionalen Bindungen der Bevölkerung zur Confederacy, statt, wie sonst üblich, auf die politische und militärische Makrogeschichte.

171 Die Beziehungen zwischen technologischem Fortschrittsglauben, der Sklaverei und den ideologischen Bruchlinien zwischen Norden und Süden untersucht in größerem Detail Thomas (2011).

172 Zitiert nach Grant 1997, 99; im englischen Original: »[...] a thing of ideas solely, and not a thing of races. It is neither English nor Irish, nor Dutch, nor French; it is not Puritan nor Cavalier; it is not North nor South; our nationality is our self-government, our system of popular liberty and equal law [...] aside from the identity of our national principles we have no national identity, nor shall we for centuries.«

173 Abraham Lincoln zitiert nach Grant 1997, 99; im Original: »The world has never had a good definition of the word liberty, and the American people, just now, are much in want of

Freiheit die Selbstbestimmung der eigenen Lebensgestaltung und *industriellen* Arbeit. Im Süden hingegen wurde mit Freiheit die unabhängige und damit freie Bestimmung von Individuen einer Gruppe über das Leben und die Arbeitskraft von Individuen einer anderen, als inferior betrachteten Gruppe (nämlich der der Sklaven) verstanden. Auch der nationale Mythos der Gleichheit wurde auf Grund jener Differenzen in den Nordstaaten seit der amerikanischen Revolution dementsprechend anders ausgelegt als in den Südstaaten.[174]

Die Sklavenfrage, die in der Verfassung mit dem Great Compromise hatte gelöst werden sollen, bot in den Antebellum-Jahren keine ausreichende Basis für eine einheitliche nationale Identität. Nicht zuletzt, weil man mit den nur scheinbar gleichen Idealen und Mythen Unterschiedliches meinte – und daher auch über die politische Entwicklung der Vereinigten Staaten keine Einigkeit erzielt werden konnte. Dieses ›Missverständnis‹ existierte bereits seit dem Verfassungsakt, konnte aber aus mehreren Gründen bis in die 1840er Jahre hinein noch verschwiegen oder ignoriert werden, wie auch der Historiker Steven E. Woodworth feststellt. Einerseits sorgte das Zweiparteiensystem dafür, dass jede der Parteien zur Sicherung ihrer Wählerschaft die Bevölkerungen sowohl im Norden als auch Süden für sich mobilisieren wollte und deshalb das politisch heiße Eisen der Sklaverei tunlichst umging. Andererseits bot die ›schicksalhafte‹ Westerweiterung eine starke Identifikationsfläche für die meisten Amerikaner, die »in der Hoffnung auf ein besseres Leben für sich und ihre Familien willens waren, große Risiken einzugehen«, aber minder gewillt, sich mit dem Geburtsfehler der Nation zu befassen.[175] Mit Beginn der zweiten Hälfte des 19. Jahrhunderts und der Erschließung des Kontinents sah man sich jedoch bei jeder Erweiterung der Vereinigten Staaten mit der Frage konfrontiert, wie in den neuen Staaten mit der Sklaverei umzugehen sei.[176] Die Spannungen zwischen den sektiererischen Gruppen brachen letztlich also paradoxerweise wegen des Erfolgs der Westexpansion aus. In dem Glauben, alleinig den ideellen Leitlinien der Gründerväter gerecht zu werden, verfolgten Süd- und Nordstaatler zwei Nationalismen, die sich mit dem Wachstum der Vereinigten Staaten immer schärfer voneinander isolierten. Die Kluft zwischen diesen Wirklichkeiten erwies sich als unüberwindbar, was zu einem erheblichen Anteil an den wirtschaftlichen und technologischen Unterschiedlichkeiten, aber eben auch am gegensätzlichen nationalen Selbstverständnis lag.

Letztlich war es der Ausgang des amerikanischen Bürgerkriegs, der die Deutungshoheit des US-amerikanischen Nordens sicherte und dessen nationale Identität in gesamtnationalen Mythen des gesellschaftlichen Konsenses durchsetzte. Nach Ende des *Civil War*, in der sogenannten *Reconstruction Era*, konnten besonders in den älteren Staaten im Nordosten durch das verhältnismäßig etablierte Schulsystem große Bevölkerungsteile erreicht werden, wodurch Bildung und Bildungsinstitutionen zu Mitteln der ›Amerikanisierung‹ avancierten. Geschichtsmythen in den Schulbüchern untermauerten eine ›American Ideology‹, die damit weite Verbreitung finden konnte. Mit der Entstehung eines Totenkults und der Errichtung von Kriegerdenkmälern nach 1865 wurden natio-

one. We all declare for liberty; but in using the same word we do not all mean the same thing.«

174 Vgl. Grant 1997, 99.

175 Im Original: »[…] countless ordinary Americans willing to take risks in order to win better lives for themselves and their families […]« Woodworth 2010, 356.

176 Woodworth 2010, 357.

nale Symbole massenwirksam auch jenseits dieser Region verbreitet.[177] Darüber hinaus wurden in den Jahrzehnten, die auf den Civil War folgten, vor allem ab den 1880er Jahren, die Geschichtswissenschaften als akademische Disziplin institutionalisiert und die Geschichte zum Untersuchungsgegenstand professioneller Historiker. Jene setzten sich nunmehr dezidiert mit der (geeinten) *amerikanischen* Geschichte auseinander – und nicht mehr ausschließlich, wie zuvor der Fall, mit der Philosophie und Geschichte der Klassik.[178] Der gesamtnationale Konsens der Vereinigten Staaten rückte also auch im akademischen Leben in den Mittelpunkt des Interesses und wurde dadurch perpetuiert.

Die Historiographie der Postbellum-Ära hob besonders kriegsgeschichtliche Ereignisse hervor, die als Beweis für die »als erfolgreich interpretierte Entwicklung der USA im gesellschaftlichen Konsens« gelten sollten.[179] Sie reflektierte jedoch zugleich die neuen Machtverhältnisse nach dem Bürgerkrieg. Mit dem Sieg der *Union* über die *Confederacy* setzten sich die nationale Mythologie des Nordens und die ›göttliche Vorbestimmung‹ der nationalen Einheit als Gesamtideal durch. In dieser neu geschriebenen Geschichte wurden einheitliche Mythen beispielsweise in den Ursprüngen der Kolonialisierung Nordamerikas gesucht, um die zivilen Ideale der Gleichheit und Freiheit sowie des gesellschaftlichen Konsens als historisch verbrieftes Kontinuum der nationalen Entstehungsgeschichte zu verankern. So erklärte der Mythos um die Gründung von Plymouth (1620) und Massachusetts (1630) beispielsweise den Erfolg der Puritaner als Begünstigung durch die Vorsehung und den Bund mit Gott, dem Covenant. Während die Hexenverfolgungen als »zeitgebundene Verirrungen« abgetan wurden, hob die Geschichtsschreibung des 19. Jahrhunderts die ernsthafte Lebensführung der Puritaner und die Geschlossenheit ihres Gemeinwesens als Gründe für ihren Erfolg hervor.[180] Dabei wurde vor allen Dingen die Selbstständigkeit Plymouths und Massachusetts gegenüber der britischen Krone betont, sowohl in der Entwicklung der Kolonien als auch während der kriegerischen Konflikte mit Indianern bis hin zu den französisch-britischen Kriegen:

> Frieden war der brennende Wunsch aller. Die kolonialen Siedler hatten jedes Elend durchlitten. Die Überlebenden trauerten um die Toten. Der tapfere Soldat kehrte heim und fand

---

177 Grant 2005. Zum Einfluss des Todes von 600.000 Soldaten im Civil War auf Gesellschaft und Kultur der Vereinigten Staaten, vgl. Faust 2009. Zur »Kultur der Niederlage« im amerikanischen Süden vgl. Schivelbusch 2001, 51–121. Das Sendungsbewusstsein des ethnischen Nationalismus nahm im ausgehenden 19. Jahrhundert auch rassistische Züge an. 1885 argumentierte Josiah Strong es sei die »historical mission of the Anglo-Saxon ›race‹ to bear the ideals of civil liberty and spiritual Christianity to peoples in the remote areas of the world.« Snyder 1990, 11. Wir gehen auf diesen Punkt in Kapitel IV ein.

178 Higham 1990, 4. Robert Bellah et al. kritisierten am Wandel vom herkömmlichen College System hin zur spezialisierten Forschungsuniversität, der den breiteren geschichtlichen Hintergrund für diese Entwicklung darstellt, die Zersplitterung der Akademie in voneinander losgelöste Untereinheiten, die keinen intellektuellen Austausch mehr führen konnten und können; vgl. Bellah et al. 1985, 299. Für eine Kritik an dem gängigen Vorwurf gegenüber der antebellum Historiographie, dass sie undifferenziert und unprofessionell gewesen sei, vgl. Cheng 2008.

179 Vgl. Kotte 2001, 557, vgl. auch Leonhard 2008; Edward J. Blum (2005) erinnert uns in seinem Buch ›Reforging the White Republic: Race, Religion, and American Nationalism, 1865–1898‹ daran, dass der Norden jedoch durchaus seine Ideale kompromittieren musste, um nach Ende des Bürgerkriegs die Einheit mit dem Süden zu wahren.

180 Kotte 2001, 558.

> sein Haus niedergebrannt und seine Familie ermordet. Der Verlust von Leben und Eigentum hatte die Kolonien deutlich geschwächt. Durch den Krieg hatten sie sich schwer verschuldet. Trotz all dieses Leids, haben sie nie nach der Unterstützung des Mutterlandes gefragt.[181]

Den Puritanern selbst wurde als Einwanderungsgrund neben ihren religiösen Motiven im Nachhinein das Streben nach dem Aufbau einer Demokratie in der Neuen Welt unterstellt. Im Zuge dieser Re-Interpretation im späten 19. Jahrhundert wurde Massachusetts zur »Wiege der amerikanischen Demokratie« verklärt, wodurch auch die *United Colonies of New England* von 1643, eigentlich eine Verteidigungsgemeinschaft der Kolonien, zum Vorläufer der USA gerieten.[182] Von diesem Ursprung ausgehend wurden Opfermythen um geschichtliche Etappen konstruiert, die allesamt auf die gründungsmythischen Ideale der Freiheit und der Gleichheit zurückverwiesen und auf die wir weiter unten im Detail eingehen.

Erfindung einer kanadischen Nation

»Mit der Dämmerung dieses fröhlichen Hochsommermorgens begrüßen wir die Geburt einer neuen Nationalität. Ein vereintes Britisch-Amerika […] nimmt seinen Platz unter den Nationen der Welt ein.« Trotz dieses euphorischen Ausrufs im *Toronto Globe*, musste die kanadische Nation nach dem Entstehungstag der Konföderation von 1867 erst noch erfunden werden.[183] Die Idee der kanadischen Konföderation war, wie wir gesehen haben, von Eliten geboren und aus wirtschaftlichen und politisch-strategischen Erwägungen heraus entstanden. Eine nationale Einheit innerhalb der kanadischen Bevölkerung zu befördern, welche letztlich auch ein nationales Projekt ermöglichen und legitimieren würde, war nicht leicht umsetzbar. Allein die Konföderation und das mit ihr einhergehende neue Kräfteverhältnis durchzusetzen, war ein kompliziertes Unterfangen, welches in den verschiedenen Provinzen mitunter auf erhebliche Widerstände stieß.

Das nationale Projekt wurde von Anbeginn durchaus realpolitisch angegangen, wie hier kurz noch einmal in Erinnerung gerufen werden soll. John MacDonald setzte mit seiner *National Policy* darauf, die Entstehung einer nationalen Einheit durch dreierlei Maßnahmen zu befördern. Neben einer wenig erfolgreichen Immigrationspolitik zur Besiedlung des Nordwestens (900.000 Immigranten kamen während der 1880er Jahre nach Kanada, aber über eine Million, meist Frankokanadier, verließen in der gleichen Zeit das Land Richtung USA) bedeutete dies protektionistische Einfuhrbeschränkun-

181 Im Original: »Peace indeed was the ardent desire of all. The colonists had suffered every sort of calamity. The survivors were all in mourning for the dead. The brave soldier returned to find his house burned down and his family murdered. The loss of life and of property had greatly weakened the colonies. By the war they had also incurred a heavy debt. During all these calamities they had never asked any assistance from the mother country.« Zitiert in Kotte 2001, 559.

182 Kotte 2001, 560.

183 *Toronto Globe* zitiert nach Conrad/Finkel 2003, 256. Zitat im Original: »With the first dawn of this gladsome midsummer morn, we hail this birthday of a new nationality. A united British America […] takes its place among the nations of the world.« Der vorliegende Abschnitt fußt allem voran auf den Arbeiten von Francis 1997, Conrad/Finkel 2003, Macleod 2011.

gen, um die heimische Industrie zu stärken, was die Zölle auf 17,5–35% (verglichen mit 15% zuvor) emporschnellen ließ. Außerdem avancierte MacDonalds Traum von einer transnationalen Eisenbahn, der *Canadian Pacific Railway*, zum nationalen Vorhaben und wurde von der Regierung wirtschaftlich und politisch ausdrücklich gestützt.[184]

Zur gleichen Zeit, in der MacDonald eine »new nationality« forderte, bildeten sich auch erste anglokanadische nationalistische Gruppierungen, die ihrem Wunsch nach einer autonomeren (und dennoch britischen), angelsächsischen, protestantischen und transkontinentalen Nation Ausdruck verliehen. In den frühen 1870er Jahren zeichneten sich mit dieser sogenannten *Canada First*-Bewegung bereits die ersten Züge einer anglokanadischen nationalen Mythenbildung ab, in der Kanadier als »robuste nordische Rasse« dargestellt wurden, die aus ihren »Anstrengungen in einer rauen Umwelt zu überleben«, geformt worden sei. [185] Dass eine solche Betrachtungsweise wenig Raum für Frankokanadier und Autochthone ließ, zeigt bereits zu diesem frühen Zeitpunkt, mit welchen Schwierigkeiten die nationale Mythenbildung in Kanada vonstattengehen würde. Konflikt und Kompromiss zwischen Frankophonen und Anglophonen, zwischen Autochthonen und Nicht-Autochthonen, zwischen Metropolen und Hinterland prägten den Prozess der Entstehung Kanadas und erschwerten auch die Herausbildung einer einheitlichen nationalen Historiographie.[186]

Dass es Kanada von Anbeginn an übergreifenden nationalen Gründungs- und Opfermythen mangelte, war historisch begründet, denn Kanada kannte keine Unabhängigkeitserklärung, Stürmung der Bastille oder Schlacht von Hastings.[187] Die identitäre Einordnung innerhalb des britischen Empire gab ebenso wenig Anlass für ein Aufbegehren potenzieller Volkshelden. Zwar gab es in den einzelnen Regionen heroisierte Erscheinungen, jedoch war ihr Ruhm eine Frage des Betrachtungswinkels. Joseph Howe (1804–1873) beispielsweise, in den maritimen Provinzen als »the greatest of all Nova Scotians« gefeiert, bekämpfte mit allen Mitteln die Konföderationsbildung[188] und bot sich daher schwerlich als gesamtnationale Leitgestalt an. Der Métis-Anführer Louis Riel

---

184 Conrad/Finkel 2003, 273. Zu den Zusammenhängen zwischen Ökonomie, Aufklärung und kanadischem Nationalismus siehe Wright (1993). Genauer gesagt umfasste diese politische Linie den Bau einer transkontinentalen Eisenbahn zur Erschließung des Westens, eine offene Einwanderungspolitik, um diesen zu besiedeln sowie den Schutz der eigenen Industrien durch hohe Einfuhrzölle. Ziel der protektionistischen Maßnahmen und der territorialen Erschließung waren, wie auch der Name ›National Policy‹ vermuten lässt, die nationale Einheit Kanadas. Die Immigration würde den Binnenmarkt vergrößern und damit die Industrie im Osten stärken, welche zugleich von den neu erschlossenen Ressourcen im Westen profitieren sollten. Dieses Doppelziel sollte durch eine Abschirmung von äußerem Wettbewerb gefördert werden; durch das Wachstum der nationalen Ökonomie wiederum, sollte das nationale Selbstbewusstsein steigen; vgl. Bélanger 2005.

185 Im Original: a »robust Nordic races disciplined by their efforts to survive in a harsh environment«, Francis 1997, 271.

186 Francis 1997, 113.

187 Auch der Mangel eines einenden ›Geburtsdatums‹ der Nation verstärkt das Gefühl, keinen ursprünglichen Bezugspunkt zu finden. »We cannot find our beginning« schrieb Robert Kroetsch 1977 und meinte damit, dass die Feierlichkeiten am 1. Juli zur Entstehung der Konföderation eher aus Verlegenheit stattfinden, denn als patriotischer Akt. Zudem wird in Québec ein anderer Nationalfeiertag, nämlich am 24. Juni der St. Jean Baptiste-Tag gefeiert; vgl. Francis 1997, 17 f.

188 Erinnert sei daran, dass die Kolonialregierungen in Neuschottland, Neufundland und Prince-Edward-Island 1864 eine eigene *Union maritime* andachten, vgl. Kolboom 2005, 188.

(1844–1885) galt bei den Frankokanadiern in den Prärien aber auch in Québec als Held und Märtyrer. Für seine Beteiligung an der *Northwest Rebellion* wurde er 1885 gehenkt und seine Person in Ontario als Mörder geächtet.[189] Die Québecer hatten ohnehin ihre eigenen Helden bzw. katholische Märtyrer- und Gründungsmythen aus der Zeit der Nouvelle-France, der Indianerkriege und der Kriege gegen England[190]; die maritimen Akadier wiederum, die sich seit jeher nicht als Frankokanadier verstanden, pflegten ihre separaten Opfererinnerungen an ihre Deportation durch die Briten 1755.[191]

Wenn es keinen einenden Gründungsmythos und nationalen Volkshelden gab, so entstanden dennoch (vorwiegend anglokanadische) Entstehungsmythen, die im frühen 20. Jahrhundert, vor allem aber nach dem Ersten Weltkrieg in den Geschichtslehrbüchern verbreitet wurden und die die historiographischen Narrative Kanadas dominierten (z.B. gegenüber oben erwähnten frankokanadischen Mythen). Die Untrennbarkeit der *Canadian Pacific Railway* (CPR) vom nationalen kanadischen Projekt ist dieser Kategorie ebenso zuzuordnen, wie die Mythen, die sich um die »Zivilisierung« des Nordwestens unter der *Royal Canadian Mounted Police* (RCMP) bildeten.[192]

Die Mythen der CPR und der RCMP

Die Canadian Pacific Railway (CPR) und die Royal Canadian Mounted Police (RCMP) werden in der vorwiegend anglokanadischen Geschichtsschreibung seit Beginn des 20. Jahrhunderts als integraler Bestandteil der kanadischen nationalen Identität gepriesen. Die CPR wurde seit ihren Anfängen als »apparently impossible project« und »modern wonderwork«[193] beschrieben, das auf wundersame Art und Weise das »widely scattered Dominion« in eine »prosperous and progressive nation« verwandelte.[194] Dabei waren die Anfänge der CPR keineswegs unkompliziert. 1885 stand die unvollendete CPR vor dem Bankrott. Bereits angedeutete Klüngeleien zwischen Politik und Privatwirtschaft, die nach dem Entstehen der Konföderation fortbestanden, machten das Unternehmen zu einer problematischen Angelegenheit. Die Abhängigkeiten zwischen Politik (Mac-

---

189 Vgl. Francis 1997, 112f. Interessanterweise hat sich diese Sichtweise auf Riel seit den 1960ern, als der autochthone Einfluss die univokale Geschichtsschreibung aufzulösen begann, unter den anglophonen Kanadiern zum Positiven hin geändert. Frankophone sehen ihn seitdem vor allem als Verteidiger französischer und katholischer Werte, während frankoindianische Métis und Ureinwohner ihn zum Beschützer der autochthonen Rechte und zum Kämpfer gegen die Assimilierung stilisieren. Der Westen sieht in ihm seitdem den Verteidiger der Regionen gegenüber dem Expansionsdrang der Ostprovinzen; ebd., 114. Die unterschiedliche Wahrnehmung nationaler Heroen trifft auch auf Henri Bourassa, den Gründer der Montréaler Zeitung Le Devoir, zu. Er ist für Québecer ein Volksheld in der Unabhängigkeitsbewegung, für Anglophone ein Verräter. Und selbst Pierre Trudeau, der in einer öffentlichen Umfrage als »the greatest Canadian of all time« bejubelt wurde, traf bei der Bevölkerung von Alberta auf Grund seiner Energiepolitik auf Entsetzen; vgl. ebd., 113.

190 Vgl. Émont 2009.

191 Vgl. Kolboom 2005 und 2008.

192 Untrennbar deshalb, weil dies die staatlichen Institutionen waren, die die Besiedlung des Westens fördern sollten, die in der ›National Policy‹ von MacDonald 1879 als nationales Ziel festgelegt worden war.

193 MacBeth 1924 nach Francis 1997, 21.

194 Ham 1921 nach Francis 1997, 21.

Donald benötigte für seinen politischen Erfolg einen Erfolg der CPR, die auch seine konservative Partei finanziell unterstützte) und Wirtschaft (die wiederum die Steuergelder über MacDonald empfing) führten zu ebenjener Verquickung von nationalen und wirtschaftlichen Interessen die, ins Positive gewendet, im Mythos der CPR verankert wurden.[195]

Der Mythos der Untrennbarkeit von nationalem Projekt und CPR wurde durch Werbekampagnen der CPR verfestigt. Um nämlich die Eisenbahnstrecke ökonomisch rentabel zu machen, mussten Passagiere einen Anreiz zu deren Nutzung empfinden, also entweder Touristendestinationen in neu entstehenden Nationalparks oder neue Siedlungen im Westen geschaffen werden. Dies wurde mit enormem Aufwand betrieben: Mit Postern, Pamphleten, Karten und Büchern umwarb eine Immigrationsbehörde das Territorium, Vortragreisende berichteten in Europa von der natürlichen Schönheit des kanadischen Westens und 1902 wurde gar eine Serie 35 kurzer Filme unter dem Titel *Living Canada* gedreht, die den Zuschauern das Umsiedeln in den neu erschlossenen Raum schmackhaft machen sollte. Was vor 1880 weitläufig noch als Ödland galt, wurde nun zum »last, best West«, einem Paradies mit fruchtbaren Böden und freundlichem Klima.[196]

Auch die Photographie wurde zum probaten Propagandavehikel und eine sogenannte »Railway School« von Malern (u.a. John Fraser, Lucius O'Brien, Thomas Mower Martin, F.M. Bell-Smith) schloss sich mit Darstellungen von Gebirgsketten der allgemeinen Idealisierung der Wildnis an.[197] Diese Schule ist in den größeren Bezugsrahmen der kanadischen Landschaftsmalerei einzubetten. Mit Peter Rindisbacher (1806–1834) in den 1820er Jahren und Paul Kane (1810–1871) in den 1840er Jahren avancierten Gemälde der westlichen ›Frontier‹ und der Autochthonen zu einem eigenen Genre, das mit der Ausweitung des Schienennetzes nun auch von anderen Künstlern aufgegriffen wurde. Nicht zuletzt, weil Sir William Van Horne (1843–1915), der Präsident der CPR, einer Gruppe von Malern und Photographen die freie Fahrt mit seinen Zügen in den Westen gestattete, was Künstlern wie Fraser erlaubte, die atemberaubende Szenerie des hohen Nordens auf seinen Leinwänden einzufangen und für das Publikum im Westen reizvoll zu machen.[198] Die in dieser Werbemaschinerie produzierten Bilder, die in dieser Phase nur schwer von der kanadischen Landschaftsmalerei zu trennen sind, verpassten dem Westen eine neue Bildhaftigkeit und Identität, die von anglokanadischen Historikern im 20. Jahrhundert weitergetragen wurden.

Auch die Royal Canadian Mounted Police (RCMP) war, wie die CPR, ein staatliches Instrument zur *Zivilisierung* und Nationalisierung des Westens. Zunächst, in den

---

195 Francis 1997, 22. »The future of Confederation, he [MacDonald] thought, hinged upon the development of the West. Without such development, the Americans would take over the West, encircle Canada and inevitably bring about its annexation. Hence, the dream of creating a separate, peaceful and orderly society on the northern half of the continent would die.« Bélanger 2005.

196 Vgl. Francis 1997, 24 f.

197 Ebd., 24 f. Eine ähnliche ›Schule‹ hatte es auch schon in den Vereinigten Staaten gegeben. Künstler und Schriftsteller, die von Zeitungen oder Eisenbahnunternehmen angestellt wurden, machten die Lokomotive in den 1840ern und 1850ern zu ihrem Kunstgegenstand und verhalfen ihr zum Symbol modernen Fortschritts; vgl. Thomas 2011, 2.

198 Vgl. Harper 2011; hierzu auch Reid 2011; für eine historische Analyse der kanadischen Nationenbildung im kanadischen Westen siehe Thompson 1998.

späten 1860er Jahren, wurden zur Verwaltung des neu erworbenen Rupert's Land und für künftige Besiedlungspläne im Westen erste Überlegungen über eine polizeiliche Regierungsgewalt angestoßen. Premierminister MacDonald beabsichtigte, die Polizei für die Nord-West-Territorien nur übergangsweise einzuführen, um das Gebiet zu ›befrieden‹ und Spannungen mit Amerindianern (gewaltsam) vorzubeugen. Damit sollten vor allem Schwächen gegenüber dem Nachbarn im Süden verdeckt gehalten werden, dessen expansionistischen Drang man angesichts der instabilen föderalen Regierung fürchtete. Nach verzögerndem Gerangel auf verschiedenen Regierungsebenen wurde die North-West Mounted Police 1873 geschaffen, die später (1904) zur Royal North West Mounted Police und schließlich (1920) zur Royal Canadian Mounted Police umbenannt wurde.[199]

Heroisierende Erzählungen von tatsächlich existierenden Polizisten der RCMP dienten als Stoff für populäre Mythen, die in Groschenromanen und ersten Hollywoodfilmen weite Verbreitung fanden. Der ordnungsbringenden Mounted Police wurden darin zumeist eine wilde und brutale Frontierregion gegenübergestellt, wo »Orgien, Gewalt und Verbrechen jenseits jeder Vorstellung« das Leben bestimmten.[200] Jenes Gebiet ›befriedete‹ die RCMP in den anglokanadischen Volkslegenden auf disziplinierte und diplomatische Weise, indem sie angeblich die Überlegenheit des Empires und der westlichen Zivilisation an die Urbevölkerung und andere Störenfriede (bspw. die *Whiskey-Peddlers*, die die Amerindianer mit Schnaps und Whiskey belieferten) herantrug und sie von ihren friedvollen Absichten kraft ihrer Argumente und nicht ihrer Anzahl überzeugte. So schrieb ein zeitgenössischer anglophoner Historiker:

> Es gibt kein edleres Kapitel in der Geschichte Kanadas als jenes, in dem eine Handvoll von Offizieren und Männern der Mounted Police, mit endloser Geduld, unbeirrbarem Mut und vollendeten diplomatischen Fähigkeiten den Frieden in einem Gebiet sicherten, das die Fläche mehrerer europäischer Königreiche umfasste […][201]

Die anglokanadische Darstellung der Mounted Police bekräftigte damit den Mythos einer friedvollen Westexpansion, die sich vom Wilden Westen der Vereinigten Staaten abhob – aber auch, man beachte die Anspielung auf die Monarchien jenseits des Atlantiks, von der belasteten europäischen Geschichte. Der Widerstand der frankokanadischen Métis und Amerindianer in den Jahren 1869 (mit anschließender Entstehung Manitobas) und 1885 (Northwest Rebellion) unter der Führung des bereits erwähnten Louis Riel wurden dabei jedoch bewusst ignoriert oder relativiert.[202] Während auch US-amerikanische und britische Schriftsteller und Regisseure sich des Stoffs der Mounted Police für ihre Abenteuerromane und -filme bedienten, realisierte nicht zuletzt die kanadische Regierung das Potenzial dieses im In- und Ausland perpetuierten kollektiven Mythos. Bereits in den 1880er Jahren begann man daher Bilder der Mounted Police auf Broschüren für Einwanderer und Touristen abzulichten.[203] Die Mythen der RCMP

199 Macleod 2011.
200 Francis 1997, 32; im Original: »[…] orgies, brutalities and crimes beyond description.«
201 MacBeth 1931 zitiert in Francis 1997, 32; im Original: »There is no finer chapter in Canadian history than the one in which a mere handful of officers and men of the Mounted Police, with endless patience, unflinching courage and consummate skill in open diplomacy, kept the peace in an area larger than several European kingdoms […].«
202 Croucher 2001, 568; hierzu auch Morrison 1985 und Walden 1982.
203 Vgl. Macleod 2011; auch Dawson 1998.

wurden durch ihre Zirkulation in neuartigen Medien im anglokanadischen kollektiven Gedächtnis verankert und bis in die 1950er Jahre eng mit der nationalen Entstehungsgeschichte Kanadas verknüpft.[204] Auch in der jüngsten Vergangenheit bleiben sie, trotz Kritik, die in den letzten Jahren an der in Wirklichkeit keineswegs unbefleckten Geschichte der RCMP laut wurde, bei Kanadiern und Touristen beliebt.[205]

Die Mythen der CPR und RCMP fungieren jedoch weder als Gründungsmythen noch als Opfermythen. Der Mythos der CPR und das Bild des Westens bieten in der Binnen- und Außenwahrnehmung Kanadas zwar eine gewisse einende Projektionsfläche, doch haben sie keinesfalls die Tragweite der US-amerikanischen, französischen oder englischen Nationalmythen. Insbesondere der RCMP-Mythos reflektiert ein den Status quo legitimierendes, obrigkeitshöriges Gesellschaftsverständnis. Darüber hinaus scheitern beide Entstehungsmythen daran, Geltung für eine gesamtkanadische Nation zu erlangen. Beide schließen sie einen Großteil der übrigen Bevölkerungsgruppen aus und unterstreichen den Führungsanspruch einer anglokanadischen Elite. Auch den Einheitsmythen der kanadischen Nation, die im Folgenden mit den Opfermythen der USA verglichen werden, ist die Zusammenführung der pluralen kanadischen Identitäten und Geschichtsbilder im herkömmlichen nationalistischen Sinne nur ansatzweise gelungen.

Opfer- und Einheitsmythen in den USA und Kanada

Opfermythen der USA - Kriege als Bewährungsproben nationaler Ideale

Die Historiographie der Postbellum-Jahre interpretierte die epochalen Konflikte der US-amerikanischen Geschichte neu. Selektiv wurden dabei die nationalen Ideale der Freiheit und Gleichheit betont und die kollektive Wahrnehmung eines als göttliche Vorsehung verstandenen unitären nationalen Projekts untermauert. Mit den Worten des Historikers Jackson Lears war die Öffentlichkeit im Zeitraum von der Reconstruction Era bis zu Beginn des Ersten Weltkriegs von einer Sehnsucht nach Erneuerung beseelt – dem »Traum nach einer Wiedergeburt« auf moralischer und spiritueller Ebene, der den Schrecken des Bürgerkriegs folgte und der sich auch in die Wirklichkeiten der Geschichtsschreibung erstreckte.[206]

In diesem Drang nach Einheit und Erneuerung steckte aber auch das Kernproblem eines sich bis in die Historiographie des 21. Jahrhunderts fortsetzenden exzeptionalistischen Revisionismus. Der US-amerikanische Historiker William Appleman Williams hat es vielleicht im Jahre 1985 mit seiner Kritik an der Entwicklung seiner eigenen Profession am besten ausgedrückt: »Wir scheinen von einer Art zwanghaftem Trieb gesteuert, sowohl professionell, als auch politisch und sozial beweisen zu wollen, dass

204 Im späteren Verlauf des 20. Jahrhunderts verlagerten sich jene Mythen zu wertneutraleren Mythen über den Norden Kanadas und die Wildnis sowie beispielsweise die »Ideologie des Kanus«; vgl. Francis 1997, 128 f.

205 Macleod 2011; hierzu auch Dawson 1998. Zum amerikanischen Süden siehe insbesondere Schivelbusch 2001, 51–121.

206 Lears 2010, 1, ebenso Kapitel ›Dreaming of Rebirth‹. Dieser Abschnitt hat in besonderem Maße von der Analyse von Kotte 2001 profitiert.

wir von Anfang bis Ende recht gehabt haben.«[207] Wie William G. Robbins bemerkte, hat diese Tendenz zum Exzeptionalismus seit dem Ende des 19. Jahrhunderts zu einem Schulterschluss zwischen Historikern und dem Staat geführt, der die Expansion in den Westen und damit den imperialen Trieb der Vereinigten Staaten mit Legitimationsmythen ausschmückte und bis in die Gegenwart weitertrug.[208]

Im Zuge dieses traumwandlerischen Revisionismus wurden die Kriege des *French and Indian War*, des Unabhängigkeitskriegs, des *Mexican War* und des Bürgerkriegs zu Schritten in Richtung einer einheitlichen freiheits- und gleichheitsliebenden Gemeinschaft umgedeutet, um die Trennlinien zwischen Nord und Süd nach dem Bürgerkrieg zu kitten.[209] Dieser Prozess ähnelte den Geschichtsbildungsmechanismen in England und Frankreich sowohl in den republikanischen als auch den monarchistischen Strömungen und stellte eine nationale Kontinuität her – oder mit Renans Worten die Verbindung eines »reichen Erbes an Erinnerungen« –, die vom einzelnen amerikanischen Bürger als Aufruf zur eigenen Opferbereitschaft für die Nation zu verstehen war.

Die Neuauslegung der amerikanischen Revolution war Kernstück der damit verbundenen historiographischen Ambitionen.[210] Man zeichnete ein Bild der defensiven und britisch verschuldeten Revolution, die den frühnationalen Amerikanern durch die tyrannische britische Kolonialpolitik aufgezwängt worden sei. Geschichtslehrbücher des 19. Jahrhunderts beschworen hierbei vor allem die Einheit der amerikanischen Kolonialisten angesichts der britischen Unterdrückung und schenkten Streitigkeiten im Vorfeld der Unabhängigkeitserklärung keine Beachtung.[211] Damit konnten die Unterzeichner der Unabhängigkeitserklärung geschlossen zu amerikanischen Nationalhelden avancieren und, wie Eugen Kotte bemerkte, »nach Darstellung der Lehrbücher als

207 Williams zitiert in Robbins 1994, 4; im Original: »We seem to be driven by a kind of compulsion to prove professionally as well as politically and socially, that we have been right from beginning to end.« Auf ähnliche Weise kritisierte auch der Diplomat und Historiker George F. Kennan (1904–2005) den unkritischen Umgang vieler seiner Zeitgenossen mit der eigenen US-amerikanischen Geschichte. Als größte Schwäche empfand er in diesem Zusammenhang ein moralistisches Gehabe und eine beschönigende Selbstdarstellung seiner Landsleute (»[…] a certain moralistic and legalistic posturing on our part – a desire to appear, particularly to ourselves, as more wise and more noble than we really were.«) Kennan zitiert nach Morgan 2011, xxiii.

208 Vgl. Robbins 1994, 4.

209 Howard Zinn's bemerkenswerte ›People's History of the United States‹ (erstmals veröffentlicht 1980) kann als Versuch gedeutet werden, ebenjene univokalen Geschichtsinterpretationen in Zweifel zu ziehen und historische Ereignisse aus der Perspektive der Unterdrückten darzustellen; Zinn 2005, in deutscher Version erhältlich unter dem Titel »Eine Geschichte des amerikanischen Volkes« (Verlag Schwarzerfreitag, 2007).

210 Insgesamt wurde die Beteiligung der kolonialen Milizen am Sieg über die Franzosen besonders hervorgehoben. Dies untermauerte die eigene Selbstständigkeit, rechtfertigte damit also den Drang zur Unabhängigkeit und zur Revolution. Andrerseits aber führte man diese Selbstständigkeit auf das Versagen Großbritanniens zurück. Dass man ein stärkeres Selbstbewusstsein und eine größere Einheit innerhalb der Kolonien entwickelte, war zur Notwendigkeit geworden, sah man sich doch vom Mutterland allein gelassen. Ebenso wie die United Colonies of New England konnte daher auch der zu strategischen, defensiven Zwecken entworfene Albany Plan of Union von 1754 historiographisch als Vorform der Vereinigten Staaten eingereiht werden; vgl. Kotte 2001, 562.

211 Vgl. Kotte 2001, 563. Eine Untersuchung der US-amerikanischen Kontroversen über die Inhalte von Schulgeschichtsbüchern vom Bürgerkrieg bis ins 21. Jahrhundert bietet Moreau 2003.

missionarische Repräsentanten des amerikanischen Exzeptionalismus vorbildhaft in die Welt ausstrahlen.«[212]

George Washington konnte vor dem historiographischen Tableau erster Märtyrer der Revolution in Lexington und Concord und in Siege umgedeuteter Niederlagen (wie in der für die britische Armee verlust- und dennoch siegreichen Schlacht von Bunker Hill) die historische Bühne als *Deus ex Machina* erneut betreten und wurde zum »Retter des Vaterlandes« und zum »Father of his country« überhöht. Sein symbolischer Aufstieg zum »Nationalheiligen« fand ein Echo in der Historienmalerei und stärkte das glorreiche und zukunftsgerichtete Projekt der Vereinigten Staaten. Zugleich konnte an die Opferbereitschaft der ›nationalen‹ Ahnen appelliert werden, die die Bereitschaft versinnbildlichten, sich für ihre Freiheitsliebe selbst zu opfern. So beispielsweise auch in der historischen Episode des Winters in Valley Forge in Pennsylvania, wohin sich George Washington mit seinen Truppen im Winter des Jahres 1777/78 zurückzog, um mit einer dort umgebildeten Kontinentalarmee in der Schlacht von Monmouth den Wendepunkt des Unabhängigkeitskrieges herbeizuführen.[213] Der Verfasser des Schulgeschichtsbuchs ›A Brief History of the United States for Schools‹, Joel Dorman Steele schrieb 1885:

> Der Winter in Valley Forge war die düsterste Zeit des Krieges. [...] Soldaten, vom Hunger geschwächt und von der Kälte betäubt, schliefen auf der blanken Erde. Krankheiten folgten. Ohne Wechselkleidung, ohne nötiges Essen, und ohne Medikamente war der Tod eine Erleichterung. Inmitten dieses fürchterlichen Leidens brannten die Feuer des Patriotismus hell. Washington fühlte, dass seine Sache gerecht war und erfüllte alle um ihn herum mit erhabenem Vertrauen. Wir können die Ausdauer unserer revolutionären Väter nicht zu hoch einschätzen. Auf dem Schlachtfeld zu sterben ist heldenhaft, aber es bedarf eines viel größeren Patriotismus, um für das eigene Land zu verhungern oder zu erfrieren. [214]

---

212 Kotte 2001, 566.

213 Der Winter von Valley Forge ist in den Vereinigten Staaten nach wie vor Teil des aktiven kollektiven Gedächtnisses. In einem Artikel, der in deutscher Sprache in der ZEIT veröffentlicht wurde, schreibt der in New York lebende Hartmut M. Hanauske-Abel in Gedenken an das »Martyrium des Lyndon Harris«, einem Priester in der St. Paul's Kirche nahe den 2001 eingestürzten World Trade Center Türmen: »In the pit [Ground Zero] ist Lyndon der einzige Trinity-Seelsorger. Arbeiter, Polizisten, Soldaten leben in the pit und in St. Paul, oft wochenlang. Keiner isst oder schläft vor dem Altar, die ersten Bankreihen bleiben ohne Kratzer. In Washingtons Loge die Fußambulanz, Lyndon hat es so bestimmt, zur Erinnerung an 1777, als Washingtons geschlagene Truppen in Valley Forge überwinterten, zerschlissene Schuhe oder Lumpen an den blutigen Füßen. [...] Kinderbriefe überall, sie kommen an auch ohne Adresse. Die Nation weiß von St. Paul. Lyndon Harris schuf das jüngste Nationaldenkmal der USA. 2010 kamen zweieinhalb Millionen Besucher.« Hanauske-Abel 2011.

214 Steele 1885, 125 f.; im Original in voller Länge: »The winter passed in Valley Forge was the gloomiest period of the war. The continental paper money was so depreciated in value that an officer's pay would not keep him in clothes. Many, having spent their entire fortune in the war, were now compelled to resign, in order to get a living. The men were encamped in cold, comfortless huts, with little food or clthin. Barefooted, they left on the frozen ground their tracks in blood. Few had blankets. Straw could not be obtained. Soldiers, who were enfeebled by hunger and benumbed by cold, slept on the bare earth. Sickness followed. With no change of clothing, no suitable food, and no medicines, death was the only relief. Amid this terrible suffering the fires of patriotism burned brightly. Washington felt that his cause was just, and inspired all around him with sublime faith. We cannot estimate too highly the endurance of

Der raffgierigen britischen Krone[215] stellte man in diesen Mythen der Reconstruction Era die vorbildhaften Unterzeichner der Unabhängigkeitserklärung gegenüber, denen als Founding Fathers in der Malerei und in der Literatur gehuldigt wurde. Die im 19. Jahrhundert verfassten Biographien über die »großen Amerikaner« stellten die politischen Führungsgestalten als »autodidaktische und unabhängige Heroen« dar, die moralische und politische Werte jenseits von Klasse, Religion und regionaler Differenz verkörperten.[216] Dies widersprach selbstverständlich der Tatsache, dass die Revolutionsanführer sehr wohl eine landbesitzende Nobilität verkörperten, die Interesse am eigenen Machterhalt hatte und die befürchtete, die Gleichstellung des niederen Volkes könnte in gesellschaftlichem Chaos münden.[217] Der von der Bevölkerung wahrgenommene Unterschied zwischen Alter und Neuer Welt lag jedoch darin, dass die Founding Fathers im Gegensatz zur britischen Aristokratie ihre gesellschaftliche Führungsposition aus eigenem Verdienst erreicht zu haben schienen.

Somit konnten auch die Revolution und der Unabhängigkeitskrieg als zentrale Episode in einem linearisierten amerikanischen Projekt interpretiert werden, das von den *Pilgrim Fathers* initiiert und von den Founding Fathers fortgesetzt wurde, und in dem die gesellschaftlichen Ungleichheiten der nationalen Einheit untergeordnet wurden.[218] Der puritanische Gründungsmythos einer *City upon a hill* fand von dieser Postbellum-Perspektive aus betrachtet seine Verwirklichung in der Revolution und der Unabhängigkeitserklärung und untermauerte den Glauben an die ›göttliche Mission‹ zur steten Selbstverbesserung. Die ruhmvolle Entwicklung Amerikas wurde aus den ehrenhaften Taten ihrer nahezu religiös verehrten Vaterfiguren abgeleitet, die den Fortschritt des *American Creed* personifizierten – und deren gesellschaftliche Stellung nicht zu hinterfragen war.[219]

Die nationalen Ideale der Postbellum-Ära färbten auch die Betrachtung der Westbewegung. Der amerikanische *Exceptionalism*, die Idee der einzigartigen Besonderheit, paarte sich in dieser Entwicklung zunehmend mit einem Gefühl nationaler Überlegen-

---

our Revolutionary sires. To die on the field of battle is heroic, but a far greater patriotism is required to freeze or starve for one's native land.«

215 Ab den 1880er Jahren wurde neben der eigenen Opferbereitschaft vermehrt auch auf das Feindbild Großbritanniens verwiesen. Zum einen erklärte sich aus dieser Perspektive die Niederlage der britischen Militärs aus deren »Ruhmsucht und Raffgier.« Zum anderen aber gelang es, das Bild einer amerikanischen Nation zu schärfen, die sich von der unwürdigen britischen »Barbarei« und dem britischen Bündnis mit den »cruel savages« absetzte: »The conduct of the British in stirring up the cruel savages to ravage the American frontiers, was altogether unworthy of a great and civilized nation. The Creeks and Cherokees at the south, and the Six Nations at the north, were excited by British agents to deeds of horrid barbarity.« Olney 1836 zitiert in Kotte 2001, 565.

216 Kotte 2001, 566.

217 Wood 2009, 9.

218 Auch heute noch werden die Texte der Gründungsväter um Rat zur Lage der Nation befragt. So sucht beispielsweise Richard Brookhiser (2006) in seinem Buch ›What Would Our Founders Do?‹ bei den Founding Fathers nach Antworten auf Fragen des 21. Jahrhunderts – und untersucht, warum deren Meinung immer noch von Belang ist. Ähnlich fragt Larry Schweikart (2011) in seiner »patriotischen Antwort auf die dringendsten Probleme des Landes« aus einer rechtskonservativen Perspektive »What would the Founders Say?« Wie krass die Gründungsväter ideologisch instrumentalisiert werden können ist an Glenn Becks Auslegung der Federalist Papers (2011) zu sehen.

219 Kotte 2001, 568.

heit. Die Annexion von Texas (1845) und der Mexican War (1846–1848) sowie die gesamte Westexpansion der Vereinigten Staaten wurden aus dieser Perspektive als durchgehend erfolgreiche militärische Operation dargestellt. In Gemälden und Schulbüchern wurde nicht nur die militärische, sondern auch eine kulturelle Superiorität suggeriert, die den Mythos der Einzigartigkeit unterstrich.[220] In diesen Beschreibungen sprach man die Vereinigten Staaten von jedem Aggressionsverdacht frei. Ihre Motivation ist dort nicht expansionistisch, sondern vielmehr legal und, mehr noch, uneigennützig und verantwortungsvoll. In der Westexpansion wurde bereits zu Zeiten der Revolution von den Founding Fathers und Lyrikern ein ›göttlicher Auftrag‹ (›errand‹) gesehen, der vor allem auch als Chance zur Realisierung der Freiheits- und Gleichheitswerte galt. Dieser Topos wurde im 19. Jahrhundert wieder aufgegriffen und der Mythos des »Westward Movement« mit den utopischen Bildern Amerikas als »Garden of the Earth« und als »Land of Plenty«, auch von Historikern wie Frederick Jackson Turner, zu einem übergreifenden Mythos des Westens und der Frontier verbunden.[221]

Zu den neuen, die Nation einenden Mythen, die nach dem Bürgerkrieg entstanden, zählte selbstverständlich auch der Mythos des Civil War selbst. Der Krieg stellte die Vereinigten Staaten selbst nach seinem Ende vor eine Zerreißprobe. Denn obgleich der Norden erfolgreich darin war, die Union vor dem Zerfall zu bewahren – so die Selbstwahrnehmung – verstieß er aus der Perspektive des Südens in erheblicher Weise gegen die eigenen, in der Unabhängigkeitserklärung konstatierten Freiheitswerte, die dem Volk das Recht einräumten, jede unfreie und unterdrückende Regierungsform zu ändern oder abzuschaffen.[222] Dieses voluntaristische Prinzip der Vereinigten Staaten wurde im Sezessionskrieg aus südstaatlicher Sicht vom Norden gebrochen, da de facto die Confederacy der Union unterworfen wurde.[223]

Da die Deutungshoheit der »geretteten« nationalen Einheit letzten Endes bei Letzterer lag, setzte sich auch deren Interpretation des Sezessionskriegs durch. Das Auflodern eines südstaatlichen Nationalismus wurde damit als Verirrung abgetan, wodurch auch die Sklaverei ebenso wie das Verschulden des Kriegsausbruchs den Südstaaten alleine angelastet werden konnte.[224] Jedoch ist das Bild weniger eindimensional als bisher suggeriert wurde. Es gab in der Tat einende Mythen, die den Südstaaten die Hand entgegenstreckten, um sie ohne Gesichtsverlust in das nationale Projekt der Vereinigten Staaten einzugliedern. Es gab allerdings auch Strömungen, sich gegen diese Versuche der Absorption zu wehren.[225]

220 Vgl. Leonhard 2008, 490 f.

221 Vgl. Kotte 2001, 569 f.

222 Mit den Worten der Declaration of Independence – »to institute new Government, laying its foundation on such principles and organizing its powers in such form, as to them shall seem most likely to effect their Safety and Happiness.« In sinngemäßer Übersetzung: Das Volk hat das Recht [...] eine neue Regierung einzusetzen, die auf solchen Prinzipien gründet und deren Gewalt derart gebildet wird, wie es ihm zur Erhaltung seiner Sicherheit und Glückseligkeit nötig erscheint.

223 Leonhard 2008, 677.

224 Grant 1997, 103. Zu den Kompromissen, die der Norden nichtsdestotrotz eingehen musste, vgl. Blum 2005.

225 Vgl. Schivelbusch 2001, 51–121.

Die Persönlichkeit Abraham Lincolns nimmt in diesem Kontext eine gewisse Sonderstellung ein.[226] In einem zweigeteilten Land konnte er als Schicksals- und Schlüsselfigur des Bürgerkriegs dargestellt werden. Sein märtyrerhafter Tod wurde zum Opfermythos par excellence, denn Lincoln ließ sein Leben dieser Sichtweise nach für den Zweck einer geeinten Nation. Mit seinem Tod wurde er in das Pantheon der Nationalhelden aufgenommen, seine *Emancipation Proclamation* und *Gettysburg Address* zu Beweisen für die nordstaatliche Gleichheit und Freiheit flächendeckend zurechtgedeutet.[227] Lincoln bot als historische Figur und als nationale Legende vor allem aber eine einende Projektionsfläche für Nord *und* Süd. Rückblickend wurden seine Reden in der Nachkriegsära als Wegweiser eines schicksalhaften einheitlichen nationalen Projekts verstanden. Vielleicht am explizitesten appellierte er in seiner Gettysburg Address in einem Vereinheitlichungsgestus an die gemeinsamen Opfer und Werte der Nation – sowohl des Nordens als auch des Südens –, so dass diese Rede für die Postbellum-Generation von besonderer Bedeutung war. Wie viele Historiker nach dem Bürgerkrieg bemerkten, zielte auch Lincolns Rhetorik bereits während des Krieges auf eine nationale Einigung zwischen Nord und Süd ab. Zwischen seiner ersten Inaugurationsrede im Jahre 1861 und der Gettysburg Address 1863 – so wird häufig hervorgehoben – ließe sich der rhetorische Übergang von einer Willens- und Zweck*union* zur *Nation* nachvollziehen.[228] Mit seinen öffentlichen Ansprachen, die ja noch zu Zeiten des Bürgerkriegs gehalten wurden, ebnete Lincoln also aus diesem Blickwinkel den Weg hin zu einem einheitlichen Nationalmythos, der nach Ende des Krieges konzeptuell in die Ideengeschichte der Unabhängigkeitserklärung und der gesamtamerikanischen Nation eingepasst wurde.

Es darf aber auch nicht die Parallelmythologie der *Lost Cause* vergessen werden, die zwar in der Außenwahrnehmung der Vereinigten Staaten wenig Gewicht hat, bis ins 20. Jahrhundert hinein aber Einfluss auf die Identität der Südstaaten ausübte und teils heute noch für politische Zwecke instrumentalisiert wird. Die Niederlage gegen die Nordstaaten wurde aus dieser südstaatlichen Perspektive als ein vergebens geführter Kampf zur Aufrechterhaltung einer Kultur uminterpretiert, für die die Sklaverei keine essenzielle Rolle gespielt haben soll. Die militärischen Führungsgestalten des Südens wurden in dieser südstaatlichen Mythologie, teils schon vor Ende des Bürgerkriegs, zu

---

226 Bellah et al. sehen in Abraham Lincoln – sowohl als historische Figur als auch als mythischer Held – eine Reflexion des amerikanischen Individualismus. Der Mythos des Eigenbrötlers – der wie die populärmythologischen Charaktere des Cowboys oder des abgebrühten Detektivs zwar in sich gekehrt und von der Gruppe abgewendet lebe, aber letztlich zu Hilfe käme, um Gefahr von der Gesellschaft abzuwenden – sei in Lincolns historischem Werdegang, vor allem während des Bürgerkrieg, erkennbar: »In many respects, Lincoln conforms perfectly to the archetype of the lonely individualistic hero. He was a self-made man, never comfortable with the eastern upper classes. His dual moral commitment to the preservation of the Union and the belief that ›all men are created equal‹ roused the hostility of abolitionists and Southern sympathizers alike. In the war years, he was more and more isolated, misunderstood by Congress and cabinet, and unhappy at home. In the face of almost universal mistrust, he nonetheless completed his self-appointed task of bringing the nation through its most devastating war, preaching reconciliation as he did so, only to be brought down by an assassin's bullet.« Bellah et al. 1985, 146.

227 Grant 1997, 104.

228 Während Lincoln in seiner Rede 1861 kein einziges Mal das Wort ›Nation‹ benutzte (dafür aber 20 Mal ›Union‹), verwendete er es 1863 ausschließlich, nämlich fünf mal; vgl. Grant 1997, 105; vgl. hierzu auch Leonhard 2008, 681.

moralischen Lichtfiguren überhöht.[229] Zum Teil schwingen in diesem aktiv betriebenen Revisionismus auch Obertöne einer amerikanischen Version der ›Dolchstoßlegende‹ mit, wenn Südstaatler in ihrer Geschichtsschreibung beispielsweise die Niederlage gegenüber der Union als Resultat der Untreue einzelner Verräter interpretierten. Verräter, die umso niederträchtiger schienen, maß man sie am Vorbild der neugeschaffenen Helden des Südens, welche deshalb gerade in der Niederlage noch heller strahlen konnten.

Darüber hinaus bildete sich ein Exzeptionalismus im Exzeptionalismus. Die zurück in die Union eingegliederte Confederacy wurde mit der südstaatlichen Mythologie der Postbellum-Ära zum US-amerikanischen Sonderfall innerhalb einer ohnehin besonderen Nation. In seinem oftmals zitierten Essay ›The Irony of Southern History‹ von 1960 schrieb C. Vann Woodward, der Süden habe gelernt

> [...] was es bedeutet, mit wirtschaftlichen, sozialen und politischen Problemen konfrontiert zu sein, die sich, trotz allen Einfallsreichtums, aller Geduld und Intelligenz eines Volkes, das sich nach allen Kräften bemühte, nicht eindämmen ließen. Er [der Süden] hatte gelernt sich den Gegebenheiten anzupassen, die er niemals zu akzeptieren geschworen hatte, und er hatte den Nachgeschmack kennengelernt, der bleibt, wenn man sein eigenes Wort schluckt. Er hat gelernt, mehrere lange Jahrzehnte in recht unamerikanischer Armut zu leben und hatte die ebenso unamerikanische Lektion gelernt, sich zu unterwerfen. Denn der Süden hatte eine Erfahrung gemacht, die er mit keinem anderen Teil Amerikas gemein hatte – eine Erfahrung, die aber fast alle Völker Europas und Asiens gemacht haben – nämlich die der militärischen Niederlage, der Okkupation und des Wiederaufbaus. Nichts in dieser Geschichte unterstützt die Theorie, dass der Süden der Liebling einer göttlichen Vorhersehung war. [230]

Wir wollen nicht darauf eingehen, dass Woodward hier selbstverständlich die frankophone Bevölkerung vergisst, ganz zu schweigen von den autochthonen Völkern, die den nordamerikanischen Kontinent vor dessen ›Entdeckung‹ besiedelten. Woodwards Argument zielt eher auf die Beziehung zwischen Südstaaten und den Vereinigten Staaten ab und wir wollen uns ebenso auf diesen Aspekt beschränken.[231] Eher als um ein Alleinstellungsmerkmal des Südens geht es ihm also darum, das Versagen der Südstaatler des späten 19. Jahrhunderts zu beklagen, die eigenen historiographischen Ideale des Egalitarismus – repräsentiert von Jefferson bis Jackson – gegenüber der nordstaatlichen

229 Vgl. Davis 1996; Gallagher/Nolan 2000 sowie Schivelbusch 2001, 74 ff.

230 Woodward 1960, 170 f. Übersetzung des Autors, im Original: »It had learned what it was to be faced with economic, social, and political problems that refused to yield to all the ingenuity, patience, and intelligence that a people could bring to bear upon them. It had learned to accommodate itself to conditions that it swore it would never accept, and it had learned the taste left in the mouth by the swallowing of one's own words. It had learned to live for long decades in quite un-American poverty, and it had learned the equally un-American lesson of submission. For the South had undergone an experience that it could share with no other part of America – though it is shared by nearly all the peoples of Europe and Asia – the experience of military defeat, occupation, and reconstruction. Nothing about this history was conducive to the theory that the South was the darling of divine providence.«

231 Wir wollen auch nicht unterschlagen, dass die Südstaatler in der Tat Einfluss auf die gemeinsame Historiographie genommen haben. Der US-amerikanische Historiker David W. Blight erinnert uns in seinem Buch ›Race and Reunion: The Civil War in American Memory‹ daran, dass der Norden Zugeständnisse an den Süden gemacht hat – auch was dessen Geschichtsversion anging –, um ihn ökonomisch eingliedern zu können; vgl. Blight 2001.

Geschichtsschreibung durchzusetzen. Stattdessen sei man selbst in das modernistische Weltbild des Nordens als rückständige Gesellschaft eingepasst worden.[232]

Jedoch war die Vereinheitlichung der US-amerikanischen Geschichte nicht so erfolglos – und keineswegs so einseitig – wie man aus diesem Zitat Woodwards entnehmen könnte. Das *kollektive Vergessen* gewisser Aspekte des Krieges war für die neue Nationalgeschichte mitunter ebenso wichtig, wie das *Erinnern* an einende Elemente. Mit zeitlicher Distanz zum Kriegsgeschehen nahm damit auch die Beschreibung des Civil War in den Geschichtsbüchern der 1880er und 1890er Jahre versöhnlichere Züge an. In dem Versuch, Soldaten und Generäle beider Seiten weniger als Nord- oder Südstaatler gegenüberzustellen, sondern als gesamtamerikanische Schicksalsgemeinschaft zu stilisieren, wurden sie, wie beispielsweise vom Historiker Joel Dorman Steele, als heldenhafte Kämpfer in nobler Sache gerühmt: »Auf einer Seite die Südstaatler, schmetternd, mutig und schlagkräftig; auf der anderen die Beharrlichkeit und Entschiedenheit des Nordens.«[233] Auf ähnliche Weise wurde der zuvor noch verschmähte General Robert E. Lee als heroischer Amerikaner auf einer Ebene mit Grant gefeiert.

Andererseits stellten verschiedene Autoren die Grausamkeit und Absurdität des Bürgerkriegs auf beiden Seiten heraus, um daraus ein Plädoyer für die Einheit und Versöhnung zu schmieden.[234] Um der nationalen Einheit Willen häuften sich in diesen Darstellungen Sympathiebekundungen gegenüber dem Süden, in denen das Ende des Sezessionskrieges nicht als Niederlage des Südens, sondern als heroischer Untergang der Konföderationsarmee zelebriert wird.[235] Somit konnte paradoxerweise aus dem die Einheit gefährdenden Bürgerkrieg das Bild eines erfolgreich gemeisterten Prüfsteins einer von Gott gewollten, vereinten amerikanischen Nation entstehen. Der Historiker Eugen Kotte bringt Form und Funktion dieses Bild treffend auf den Punkt:

> Die tiefste Spaltung der weißen US-Gesellschaft im ›Civil War‹ wird zum Sinnbild amerikanischer Einheit [...]. ›Amerika‹ ist in diesem typologischen Denkmodell nicht genealogisch, geographisch oder konfessionell definiert – es bezeichnet eine Gemeinschaft allgemeinverbindlicher Werte und Ideale, gegründet in der kolonialen Vergangenheit, säkularisiert, verteidigt in der Revolution, dokumentiert in den Staatsgründungsurkunden, verbreitet in der kontinentalen Expansion, gestärkt durch die Überwindung der Spaltung im ›Civil War‹ und richtungsweisend für eine glorreiche Zukunft.[236]

---

232 Jackson 2010.

233 Im Original: »On the one side were the Southern, dash, daring, and vigor; on the other, the Northern firmness and determination.« Steele 1885, 226.

234 Zum Beispiel Ambrose Bierce (Tales of Soldiers and Civilians, 1891), Stephen Crane (The Red Badge of Courage, 1895), vgl. Kotte 2001, 573.

235 Der oben genannte Steele wird von Kotte weiter zitiert: »[…] the two armies so fiercely opposed for four years parted with no words but those of sympathy and respect – an assured presage of a day when all the wounds of the cruel war should be fully healed.« Steele 1885, 275. Diese Heroisierung der Niederlage ließe sich vielleicht vergleichen mit dem Dilemma französischer Historiker, die Niederlage des Galliers Vercingetorix zu heroisieren und zugleich die darauf folgende Romanisierung Galliens willkommen zu heißen. Denn was wäre Frankreich ohne Letztere?

236 Kotte 2001, 574.

Opfermythen und nationale Fragmentierung in Kanada

Die Mehrzahl der Mythen, die sich als kanadische Nationalmythen bezeichnen ließen, kann im Gegensatz zu den US-amerikanischen Mythen weder eindeutig in die Kategorie der Gründungs- noch in jene der Opfermythen eingeordnet werden. Zumal die kanadische Entwicklung durch die Entstehung paralleler frankokanadischer, quebecer und akadischer Gründungs- und Opfermythen einer besonderen Komplexität unterworfen ist.[237] Der Mangel eines Entstehungszeitpunktes, einer Revolution oder einer Trennung vom kolonialen Mutterland schloss zudem, wie bereits angemerkt, die historiographische Aufarbeitung eines Gründungsbruches aus. Kanadische Entstehungsmythen, soweit sie vom föderalen (anglokanadisch dominierten) Kanada geprägt sind, reflektieren deshalb allem voran die Eingliederung und Unterordnung Kanadas im britischen Empire.[238] Opfermythen folgen strukturell ähnlichen Schemata, doch auch sie sind im föderalen Kanada spärlich gesät. Genauer ließe sich im kanadischen Kontext im 20. Jahrhundert wohl von *Einheitsmythen* sprechen, die schließlich unter Pierre Trudeau (1919–2000) einer multikulturellen, offiziell bilingualen Gesellschaft in einem föderalistischen Staat zu einer gewissen Einigkeit verhelfen sollten.[239]

Die kanadische Nation innerhalb des britischen Empires zu formen, bedeutete in der anglokanadischen Schulbuchhistoriographie bis in die 1950er Jahre hinein zum einen, die Überlegenheit der britischen Regierungsform und Lebensweise zu vermitteln – nach innen – und zum anderen die Darstellung der Entwicklung Kanadas als heranreifende Gesellschaft im britischen Imperium – nach außen. Hierbei wurden lediglich jene historischen Ereignisse herausgestellt, die politisch, militärisch und verfassungsrechtlich für die Entstehung und Konsolidierung des Dominion von Bedeutung waren. Jedes Trachten nach Unabhängigkeit wurde dabei nicht nur als irrelevant, sondern sogar als moralisch verwerflich und eigensinnig dargestellt. Ideologische Gegensatzpaare bildeten sich hierbei vor allem in Abgrenzung zu den Vereinigten Staaten. Die Entwicklung

237 Vgl. Kolboom 2002, 2008, 2010a und 2010b.

238 Ein Zeichen hierfür ist auch, dass erst am 15.12.1964 eine eigene kanadische Flagge entstand; vgl. Smith 2009.

239 Eine konzise Erläuterung des ›Trudeauismus‹ liefert Dimitrios Karmis 2011: »Ganz wie das zivile Modell [des Nationalismus] basiert das Denken Trudeaus auf einem universalisierenden und rationalisierenden, individualistischen Liberalismus. In den 1960er Jahren, angesichts der simultanen Herausforderungen autonomistischer und sezessionistischer Nationalismen in Québec, kontrastierte Trudeau die ›soziologische Nation‹ – Emotion, Partikularismus und das Nationalstaatsparadigma auf der reaktionären Seite – mit der ›rechtlichen Nation‹ – Ratio, Universalismus und das föderale Modell auf der progressiven Seite. In diesem Zusammenhang schreibt er, ›die Geschichte der Zivilisation [sei] eine Geschichte der Unterordnung von stammesartigen Nationalismen in weiter gefasste Zugehörigkeiten.‹ Für Trudeau bedeutete das Prinzip des Nationalstaats eine Verlangsamung der zivilisatorischen Entwicklung. Aus soziologischer Perspektive sah er die Nation als Urheberin emotionaler und partikularistischer Bindungen, die der Versöhnung der Menschheit zuwider liefen. Staaten auf einer solchen Grundlage zu errichten, würde daher unweigerlich zur Zersplitterung der Menschheit und zu endlosen Kriegen führen. [...] Im Gegensatz zu den Befürwortern eines rein zivilen Modells, kombinierte Trudeau seine Vision vom pankanadischen zivilen Nationalismus mit den Modellen des Bilingualismus und des Multikulturalismus. Trudeau argumentierte, dass der pankanadische Nationalismus auf potenziell universalistischen Werten beruhe. Ihnen würde durch eine rein zivile, ›rechtliche‹ Identität Ausdruck verliehen.« Karmis 2011, 129.

hin zur Selbstregierung wurde daher gleichzeitig scharf von möglichen Unabhängigkeitsbestrebungen getrennt; das zukünftige Wohl der kanadischen Nation also sehr klar innerhalb des Wirkungskreises Großbritanniens gesehen, der »mother of a family of free states.«[240]

Die Geschichte Kanadas wurde in der anglokanadischen Historiographie Anfang und Mitte des 20. Jahrhunderts ereignisgeschichtlich erzählt und reichte in der Regel von der Schlacht auf der Abraham-Ebene – aus der nicht nur die britischen Truppen siegreich hervorgingen, aber, dieser Interpretationsweise nach, auch die frankophonen Canadiens, die ja aus dem Despotismus der französischen Monarchie befreit wurden – über die Loyalisten – die besten, weil nicht rebellischen Amerikaner: »people of culture and social distinction«, »the best blood in the United States« und sogar: »the real makers of Canada«[241], die mit ihrer Moral und Entschlossenheit den kanadischen Charakter geprägt haben – bis hin zur Konföderation und schließlich zur wahren nationalen Selbstfindung im Ersten Weltkrieg.

Der Krieg von 1812–1814 wurde in diesem Geschichtsbogen als eine Etappe dieser Entwicklung verstanden, in der landgierige US-Amerikaner einen Aggressionskrieg gegen den kronloyalen Norden führten, der – welch eine List der Geschichte! – letztlich durch die Loyalität der frankophonen Canadiens gerettet wurde. Von anglokanadischen Historikern als ›Bluttaufe‹ (»our baptism in blood«) und Ausgangspunkt einer heroischen Tradition der Selbstaufopferung (»heroic tradition«) gefeiert, wurde der Krieg von 1812–14 nachträglich zur ersten Regung einer kanadischen Nation.[242] Die Rebellionen in Nieder- und Oberkanada 1837 und 1838 wurden in dieser imperialistischen anglokanadischen Geschichtsschreibung bis in die 1950er Jahre als Verführung des an sich loyalen und zufriedenen Volkes von den Demagogen Louis-Joseph Papineau (1786–1871) und William Lyon Mackenzie (1795–1861) dargestellt.[243] Dabei wurde insbesondere betont, dass die überwiegende Mehrheit der frankophonen Bevölkerung keinen Grund zur Klage über die britische Herrschaft hatte und sich daher den Aufständen nicht anschloss.[244] Nahezu alle anglokanadischen Geschichtsbücher feierten das Scheitern der Rebellion als Erfolg auf dem Weg zu weiterer demokratischer Reform. Was darüber hinaus als die vortrefflichste Konsequenz jener Rebellion gepriesen wurde, war der daraus folgende *Report on the Affairs of British North America*. In ihm empfahl Lord Durham – wie schon beschrieben – die Vereinigung von Ober- und Niederkanada, die 1841 verwirklicht wurde und die nun, im Nachhinein, zu einem Vorläufer der Konföderation umgedeutet wurde.[245] Durhams Bericht wurde auch deshalb so angepriesen, da

240 Dorland 1949 nach Francis 1997, 54.

241 Roberts 1914, und Duncan 1904 nach Francis 1997, 56.

242 Grant 1914 nach Francis 1997, 56.

243 Der Anwalt und Politiker Louis-Joseph Papineau nahm eine wichtige Rolle im Aufstand der Patrioten 1837/38 ein, den er als Liberaler und Republikaner unterstützte, zog sich aber unmittelbar vor der Schlacht von St.-Denis zurück und wurde von den anderen ›Patrioten‹ der Feigheit bezichtigt (Marsh 2011). Der Politiker und Journalist William Lyon MacKenzie wurde nach dem für ihn enttäuschenden Ende seiner Karriere als Bürgermeister der Stadt Toronto und Repräsentant auf Provinzebene zur Führungsgestalt der Rebellion. Nach deren Scheitern floh er in die Vereinigten Staaten, wo er bis 1849 im Exil lebte, um erst nach einer Begnadigung seitens der Regierung nach Kanada zurückzukehren (Russell 2011).

244 Vgl. Francis 1997, 57.

245 Vgl. ebd., 58.

er als Weg zur Demokratie gedeutet werden konnte, der die radikalen republikanischen Vorhaben eines Mackenzies oder Papineaus außen vor ließ.

Als Nationalheld kann Durham aus heutiger Perspektive jedoch nur aus anglophoner Perspektive dienen, da er in seinem Bericht einseitig für die Assimilierung der Frankophonen in einem Vereinigten Ober- und Niederkanada plädierte. »Ich hege keinen Zweifel daran, welcher nationale Charakter Niederkanada verliehen werden muss« schrieb Durham und fuhr fort:

> es muss der des Britischen Empires sein; der der Mehrheit der Bevölkerung Britisch-Amerikas; der der großen Rasse die, in nicht allzu ferner Zukunft, den gesamten nordamerikanischen Kontinent dominieren soll.[246]

Durhams Ablehnung gegenüber der frankophonen Bevölkerungsgruppe, welche er als rückwärtsgewandt und einfältig beschrieb (»Das ist ein Volk ohne Geschichte und ohne Literatur«), wurde auch in der anglophonen Schulbuchhistoriographie um der Einheit des nationalen Projekts willen bis in die 1960er Jahre unterschlagen. Anstelle dessen wurde die Bedeutung seines Berichts für die Entstehung der Vereinigten Provinzen herausgestellt. Während er in der frankokanadischen Geschichtsschreibung des 19. und 20. Jahrhunderts also zur Symbolfigur für die Unterdrückung der frankokanadischen Nation avancierte und damit als Katalysator eines schwelenden frankokanadischen Nationalismus fungierte, wurden in der anglophonen Geschichtsschreibung die Vereinten Provinzen zu Vorläufern der Konföderation umgedeutet und Durham damit zu einem der »makers of Canada«.[247] Man beachte auch bei dieser Redewendung den Gegensatz zwischen Kanada und den USA. Der mechanisch klingende Term ›makers‹, die ›Macher‹ der Konföderation, die letztlich als Handwerker eines bürokratischen, aber liberalen Akts dargestellt werden, steht im Kontrast zu den Founding Fathers, einer Wortwahl, die die geschichtliche Entstehung der amerikanischen Nation als natürlichen Hergang darstellt – und sogar eine organische Verbindung zwischen den Vätern und den Kindern der Nation herstellt.

Die Konföderation selbst wurde aus anglophoner Perspektive, wenn auch als Kompromiss, so doch als durchschlagender Erfolg dargestellt. Über die ablehnende Haltung der Bevölkerung in den einzelnen Provinzen gegenüber dem politischen Zusammenschluss wurden dabei wenige Worte verloren. Vielmehr galt die Konföderation in den anglokanadischen Geschichtsbetrachtungen als »triumph of statesmanship«, von dem die Bevölkerung nur begeistert sein konnte. »Die Menschen waren überwältigt vom vorbildhaften Beispiel der selbstlosen Führerschaft und von der Hoffnung, dass großartige Leistungen aus ihr erwachsen würden«, schrieb der kanadische Politiker George Brown (1818–1880).[248] Der von den englischen *und* frankophonen Eliten umgesetzte Domini-

---

246 Durham nach Bélanger 2000; Übersetzung des Autors – im Original: »I entertain no doubts as to the national character which must be given to Lower Canada; it must be that of the British Empire; that of the majority of the population of British America; that of the great race which must, in the lapse of no long period of time, be predominant over the whole North American Continent.« Französische Online-Fassung [http://www.tlfq.ulaval.ca/axl/francophonie/Rbritannique_Durham.htm].

247 Croucher 2001, 567.

248 Brown 1942 nach Francis 1997, 61; im Original: »[...] people were swept off their feet by the example of unselfish leadership and the hope that a great accomplishment would come of it.«

on wurde also zum Vorteil für die Bevölkerung umgemünzt. Aus Sicht des englischen Kanada bot sich das Dominion als Schild gegen die USA an. Aus Sicht des *Canada français* schien die Konstruktion einer Konföderation den Frankophonen einen größeren Schutz vor möglichen Assimilierungsversuchen innerhalb einer homogenisierenden kanadischen Nation zu bieten. Letzteres sollte besonders für die mehrheitlich am Sankt-Lorenz-Strom lebenden Frankophonen gelten, die seit 1840 in dem mit Ober-Kanada zwangsvereinigten Nieder-Kanada gelebt hatten und nun, seit 1867, wieder eine eigene Provinz mit dem Namen Québec erhielten.[249] Hinzu kam, dass sich fortan die *Canadiens français* als eines der beiden Gründervölker des modernen Kanada betrachten konnten, wenngleich sich die Vorstellung eines Canada français im Nachhinein als Chimäre herausstellen sollte.[250]

Direkte Konsequenzen für die kanadische Nationenbildung – und für deren Historiographie – hatten im frühen 20. Jahrhundert auch die Beziehungen zu den Vereinigten Staaten. Die Stellung Kanadas im internationalen System hing, wie wir gesehen haben, seit dem 19. Jahrhundert vom Verhältnis zu den USA und zur britischen Krone ab. Bereits im späten 19. Jahrhundert führten Kanada und die USA bezüglich der Grenzen Alaskas (1867 von Russland erworben) eine Debatte, die nach dem Goldfund in Yukon 1896 nur verschärft worden war. Die zentrale Frage dieser Konflikte bezog sich insgesamt auf die Angst Kanadas vor einer Absorption durch die USA. Diese Angst bestimmte auch die Debatten über den Freihandel, welche zu einem identitären Abstoßmoment in der kanadischen Politik führten. In der Wahl von 1911 konnte sich der Konservative Robert Laird Borden (1854–1937) gegen den Premierminister Wilfried Laurier (1841–1919), der für den Freihandel mit den USA warb, vor allem deshalb durchsetzen, weil er politische und ökonomische Ängste in der Bevölkerung schürte.[251]

So diente der südliche Nachbar in mehrerlei Hinsicht als Kontrastfolie zur eigenen Identitätsbildung; beispielsweise auch in Fragen der Einwanderungs- und Integrationspolitik. Eine ethnische Diversifizierung hatte in der Konföderation mit der Westbesiedlung eingesetzt[252], für die ab 1896 unter Innenminister Clifford Sifton (1861–1929) vor allem Osteuropäer angeworben wurden. Auch die Metapher des ›Mosaiks‹ entstand im Zuge dieser Immigration. 1922 sprach Victoria Hayward bereits von »a mosaic of vast dimensions and great breadth«, bevor John Murray Gibbon 1938 das Konzept des Mosaiks auf die gesamte kanadische Gesellschaft ausweitete.[253] Dieses Konzept wurde ganz bewusst in Abgrenzung zur US-amerikanischen Metapher des *Melting Pot* konstruiert. So bezeichnete unter anderem George Woodcock »den ›anti-assimilationism‹ als urkanadische Tradition und Inbegriff der kanadischen Identität.«[254] Auch die Multikulturalismuspolitik unter Trudeau ist als Fortsetzung dieser Tradition zu verstehen. Ob die Metapher des Multikulturalismus allerdings zur Entstehung einer gesamtkanadischen nationalen Identität taugt, ist seither nicht zuletzt auch

249 Kolboom 2005, 187 f.
250 Martel 1998.
251 Croucher 2001, 569.
252 In Manitoba stellte 1875 die Regierung eingewanderten Isländern nördlich von Winnipeg, bei Gimli, sogar eine Art Reservat (New Iceland) zur Verfügung.
253 Groß 1994, 204.
254 Ebd., 205; ebenso Woodcock 1989.

durch die Separatismus- bzw. Autonomiebestrebungen der Québecer und die Forderungen der Autochthonen mehrfach in Frage gestellt worden. [255]

Während die Abgrenzung zu den USA das Profil der eigenen kanadischen Nation schärfte, vollzog sich deren Bildung auch im 20. Jahrhundert im Rahmen des britischen Empire. Die administrative Entwicklung Kanadas von einer Kolonie zur Selbstregierung in Form eines Dominion wurde von anglo-kanadischer Seite explizit nicht als Bedrohung der Bindungen zur britischen Krone dargestellt. Eine gemeinsame Geschichte und Kultur, so der Tenor, bildeten ein Band der Sympathie mit Großbritannien, das gar keinen Anlass zu einer solchen Abspaltung bot. Denn Kanada war ja gerade als Teil des Empires zu dem geworden, was es war, so dass die »jüngste Geschichte« Kanadas, die viele als das »Heranwachsen von schwachen und geteilten Provinzen zu einem großen und vereinten Dominion« interpretierten, die Kanadier »ermutigen sollte, vorwärts zu blicken und eine stets weitere Föderation aller Länder, die den Union Jack hissen«, zu suchen.[256]

Dieser Einheitsmythos der britischen Zugehörigkeit und Überlegenheit wurde in der Hoch-Zeit des Imperialismus kurz vor Ausbruch des Ersten Weltkriegs zu einem der wenigen kanadischen Opfermythen umgedeutet, wie beispielsweise durch Richard Bedford Bennett (1870–1947) im Jahre 1914, dem späteren Premierminister Kanadas, der behauptete, dass Kanada die »einzige kolonialisierende Rasse« sei, die »fähig gewesen ist, die großen, abseits gelegenen Territorien der Welt zu kolonialisieren und den Völkern den unbezahlbaren Segen der Selbstregierung zu geben«:

> […] und wir haben Männer gebildet, Jahr für Jahr, bis schließlich die, die einst Subjekte waren, frei wurden und die, die frei waren, freier wurden und Sie und ich müssen unseren Teil der Verantwortung tragen, wenn wir die wahren Imperialisten sein wollen, die wir sein sollten […].[257]

Der während des Ersten Weltkriegs existierende kanadische Imperialismus der Eliten, der hier in der Ansprache des Premierministers seinen Ausdruck findet, wurde getragen von ritualisierten öffentlichen Veranstaltungen, die die Rhetorik des britischen Imperiums zum Teil des Alltäglichen werden ließen. Am sogenannten *Empire Day*, der im frühen 20. Jahrhundert zum Nationalfeiertag der Anglo-Kanadier wurde, feierte man beispielsweise in öffentlichen Reden, Paraden und Schulchorälen die britische Überlegenheit und die Zugehörigkeit zum weltumspannenden britischen Reich.[258] Nach dem

---

255 Dabei darf sicherlich nicht verschwiegen werden, dass Kanada in seinen föderalen Identitätsbestrebungen bisweilen erfolgreicher war als die Europäische Union und auch der Nationalismus insgesamt pazifistischere Ausmaße angenommen hat als in Europa; vgl. Kolboom 1998, 26.

256 Clement 1898 nach Francis 1997, 62; im Original: »Our recent history, our growth from weak and divided provinces to one great and united Dominion, should encourage us to look forward to the still wider federation of all the lands which fly the Union Jack.«

257 Francis 1997, 63; im Original: »We are the only colonizing race that has been able to colonize the great outlying portions of the world and give the people the priceless boon of self-government [...] and we have educated men year after year until at last those who were once subjects became free, and those who were free became freer, and you and I must carry our portion of that responsibility if we are to be the true Imperialists we should be [...].«

258 Francis 1997, 65–70. Auch in weiteren Gedächtnisorten wie beispielsweise öffentlichen Denkmälern oder Sonderkollektionen von Briefmarken wurde das Empire zelebriert. Britische Lebenskultur und traditionsreiche Sportarten wie Polo wurden ebenso aus dem briti-

Ersten Weltkrieg fügten sich diese Mythen zu einem einheitlicheren Mythos der (anglo) kanadischen Nation.

Dies steht nur dem Anschein nach damit im Widerspruch dazu, dass der Erste Weltkrieg eine tiefe Spaltung vor allem zwischen frankophonen und anglophonen Bevölkerungsteilen brachte. Um die Truppenstärke der involvierten kanadischen Soldaten im Ersten Weltkrieg aufzustocken, befürworteten der Premierminister Robert Borden (1854–1937) und anglophone Gruppierungen die Einrichtung einer Wehrpflicht, die mit dem *Military Service Act* vom 29. August 1917 verabschiedet wurde. Die Konsequenzen jener Aufstockung der *Canadian Expeditionary Force* waren weniger militärisch (nur 24.132 Wehrpflichtige wurden letzten Endes eingezogen) als politisch, da sich ein großer Teil der frankophonen Bevölkerung, angeführt von Henri Bourassa (1868–1952)[259], gegen ihren Willen zur Teilnahme am Krieg genötigt sah.[260] Der Konflikt zwischen frankophoner und anglophoner Bevölkerung war kein Novum, drang aber in dieser Auseinandersetzung an die Oberfläche und zeigte sich später, in der Stillen Revolution und der quebecer Unabhängigkeitsbewegung als Konstante des politischen Betriebs, aber eben auch der nationalen Identitäten in Kanada.

In dem Maß, in dem der Erste Weltkrieg also die Kluft zwischen Frankophonen und Anglophonen vergrößerte, trug er auch zur Schaffung eines kanadischen Opfermythos bei, der sich vorwiegend auf die Schlacht von Vimy Ridge im nordfranzösischen Département Pas-de-Calais konzentrierte und bis zum heutigen Tag von anglophoner Seite in Ehren gehalten wird.[261] Mit zunehmender Spaltung innerhalb der Gesellschaft zwischen anglophonen und frankophonen Kanadiern lässt sich demnach eine dieser Entwicklung gegenläufige Zunahme kanadischer Einheitsmythen beobachten – gewissermaßen als Versuch, die Spaltung der Gesellschaft zu überbrücken.

Diese mit dem Ersten Weltkrieg verbundenen Mythen der kanadischen Nation, insbesondere der Mythos von Vimy Ridge, der hier kurz erläutert werden soll, werden bis heute als Einheitsmythen bemüht. In Abgrenzung zu den bis dato fehlgeschlagenen Angriffsversuchen der britischen und französischen Streitkräfte wird im kanadischen Nationalmythos von Vimy Ridge der militärische Erfolg der kanadischen Truppen, die dort ab dem Frühjahr 1917 das Kommando übernahmen, gefeiert. Selbst in zeitgenössischen Zeitungsartikeln, Publikationen und Enzyklopädien wird dieser Erfolg als heroischer Initiationsritus der gesamtkanadischen Nation zelebriert. War Kanada bis dahin hauptsächlich (Föderal-)Staat, wurde es nun, vor allem aus anglokanadischer Perspektive zur Nation.

So berichtete der Nachrichtensender CTV News im Jahr 2007, zum 90. Jahrestag der Schlacht, dass die Kanadier militärische Innovationen perfektioniert hätten, um den Verlauf des Ersten Weltkriegs gegen die Deutschen zu wenden. Die Darstellung ähnelt früheren ereignisgeschichtlichen Darstellungen und soll, um den nationalistischen Pa-

---

schen in den kanadischen Kontext importiert; vgl. ebd., 65–70.

259 Henri Bourassa war der Enkel von Louis-Joseph Papineau. Der Journalist, Politiker und Gründer der meinungsbildenden frankophonen Zeitung ›Le Devoir‹ widersetzte sich gegen die automatische Teilnahme Kanadas an Kriegen des Britischen Imperiums; vgl. Levitt 2011.

260 Preston 2009; hierzu auch Thompson 1998, 100 f.

261 Vgl. Roy 2011. Zudem führte der Erste Weltkrieg wegen des sich konsolidierenden Arbeitsmarktes – eine Konsequenz der Rüstungsindustrie und des verlangsamten Einwanderungsstromes – zu einem neuen Klassenbewusstsein in Kanada, das sich in Gewerkschaften und Arbeiterprotesten äußerte; vgl. Thompson 1998, 101 f.

thos festzuhalten, der auch in unserem scheinbar postnationalen Zeitalter vorherrscht, in fast voller Länge zitiert werden.

> Die Barriere diente als Schild, um die Truppen vor dem Blick des Feindes zu schützen. In Abständen von wenigen Minuten zielten die Kanonen auf ein ferneres Ziel und bewegten damit das Artilleriefeuer um etwa 90 Meter nach vorne. Die kanadischen Fußsoldaten sollten nun für ihren Angriff weiter vorrücken. Sollten sie zurückfallen, würden sie zum Angriffsziel der feindlichen Soldaten werden, die von der Anhöhe hinabspähten. Wenn sie aber zu schnell vorwärtskamen, liefen sie Gefahr von ihren eigenen Truppen unter Beschuss zu geraten. Bis zur Schlacht von Vimy waren Regimente der stets wachsenden kanadischen Truppen zur Verstärkung auf andere, alliierte Armeen verteilt worden. Plötzlich standen die Truppen nun nebeneinander mit Kanadiern aus dem ganzen Land, die für eine gemeinsame Sache an einer Front kämpften. Während es zu einigen Nahkampf-Gefechten kam, stammte der größte Widerstand von den Maschinengewehren, die auf der deutschen Zwischenlinie positioniert waren. Drei der vier [kanadischen] Divisionen überwanden den Widerstand und nahmen bis Mittag diesen Teil der Anhöhe ein. […] Am 12. April kontrollierten die Kanadier den gesamten Höhenzug.[262]

»Zum ersten Mal in unserer Geschichte« wird der Journalist Greg Clark zitiert, der beim ›Toronto Daily Star‹ gekündigt hatte, um der Schlacht von Vimy Ridge beizuwohnen, zum ersten Mal »reihten sich die vier Kanadier entlang der höllischen und stinkenden Front auf, Schulter an Schulter, in Reihe […] die 1., 2., 3. und 4. Division. Darin lag ein Symbol […] Kanadier vom Atlantik bis zum Pazifik, ein felsenfestes Spalier.«[263] Selbst die sonst nüchtern schreibende Canadian Encyclopedia konstatiert in ihrer aktuellen Online-Version mit rührigem Pathos:

> Nach sorgfältigen Übungen und Probedurchläufen und unterstützt von 1.000 Artillerieeinheiten attackierten die Kanadier entlang einer 6,4 Kilometer langen Front am 9. April 1917. Es war das erste Mal, dass die Kanadier gemeinsam angriffen und sie errangen einen glänzenden Sieg, in dem sie die Deutschen von dem Höhenzug fegten. Am 14. April hatten sie mehr Boden gewonnen, Schusswaffen errungen und Gefangene genommen als alle britischen Offensiven vor ihnen. 10.602 kanadische Soldaten erlitten während des Angriffs Blessuren,

---

262 Nersessian 2007; Übersetzung des Autors, im Original: »The barrage would function as a screen for the troops to hide from view. Every few minutes, the cannons would target a higher aim, moving the artillery fire forward by about 90 metres. The Canadian foot soldiers on the attack were expected to keep moving forward. If they fell behind, they would become targets for the enemy soldiers watching from the ridge. But if they moved too far forward, they were in danger of coming under fire from their own troops. Until the battle of Vimy, the ever-growing Canadian force had been farmed out to allied troops as reinforcements. Suddenly the troops were battling alongside Canadians from across the country, fighting for a common cause on one front. While there was some hand-to-hand combat, the greatest resistance came from the machine guns located in the German intermediate line. Three of the four divisions overcame the resistance to capture their part of the ridge by midday […]. By April 12, Canadians controlled the entire ridge.«

263 Nersessian 2007; im Original: »»For the first time in our history, the four Canadians lined up along that infernal and stinking front, shoulder to shoulder,‹ Clark wrote, ›in order [...] the 1st, 2nd, 3rd and 4th Divisions. There is symbolism [...] Canadians from Atlantic to Pacific, a solid line.‹«

3.598 von ihnen wurden getötet. Nichtsdestotrotz verliehen der Sieg und der nationale Stolz, der aus diesem Erfolg erwuchs, den Kanadiern ein neues Gefühl des Selbstbewusstseins.[264]

Dieser Einheitsmythos ließ schon kurz nach dem Krieg, vor allem unter anglophoner Schriftführung, ein nationales Narrativ Kanadas entstehen, das von Künstlern, wie beispielsweise der sogenannten *Group of Seven*, in politischen Magazinen wie dem *Canadian Forum* und literarischen Kommentaren von Autoren wie William Arthur Deacon kolportiert wurde.[265] In diesem Zusammenhang sei auch das legendäre Gedicht »In Flanders Fields« erwähnt, das der kanadische Lieutenant Colonel John McCrae 1915 schrieb. Dank dieses Gedichts wurde die Mohnblume zum Erinnerungssymbol des Ersten Weltkriegs in der anglokanadischen Welt. Die ersten Zeilen dieses Gedichts stehen noch heute auf den kanadischen Zehn-Dollar-Noten. Die neue Rangordnung Kanadas in der Welt nach dem Ersten Weltkrieg erlaubte eine Neubewertung der kanadischen nationalen Identität, die jedoch erst mit der Multikulturalismus-Politik in der zweiten Hälfte des 20. Jahrhunderts tatsächlich damit begann, der identitären Zersplitterung des kanadischen Bundesstaates Rechnung zu tragen.

Mit der Festigung der kanadischen Nationalmythen und der Institutionen des kanadischen Föderalismus entspannten sich auch die Beziehungen zu den Vereinigten Staaten. Die weiter oben angesprochene Gegenüberstellung von »Canadianism vs. continentalism«, wie Borden sie nannte, betonte noch die Stellung Kanadas innerhalb des britischen Empires in einer gewissen Isolation auf dem nordamerikanischen Kontinent.[266] Doch mit der Stärkung Kanadas, mit der Anerkennung als unabhängiges Land

264 Roy 2011; Übersetzung des Autors, im Original: »After careful training and rehearsal, and supported by almost 1.000 artillery pieces, the Canadians attacked along a 6.4 km front on 9 April 1917. It was the first time the Canadians attacked together, and they achieved a magnificent victory, sweeping the Germans off the ridge. By April 14 they had gained more ground, more guns, and more prisoners than any previous British offensive had done. Canadian casualties mounted to 10.602, of which 3.598 were killed. Nevertheless the sense of achievement and national pride created by this success gave the Canadians a great feeling of self-confidence.«

265 Smith 2009. Zur Nationalisierung von Landschaft und Natur unter der Group of Seven, aber auch zu aktuelleren Debatten über Landschaftskunst und ihre gesellschaftliche Rolle in Kanada, vgl. O'Brian/White 2007. Eine Studie von Wandmalereien in Kanada von 1860 bis in die 1930er Jahre und deren Rolle im kanadischen Nationenbildungsprozess bietet McKay 2002.

266 Heutzutage versteht man unter »Kontinentalismus« im kanadischen Kontext die seit Beginn der 1980er Jahre vollzogene Abkehr vom traditionellen euro-britischen Horizont und seit 1988 die mit den Freihandelsabkommen eingeleitete kontinentale wirtschaftliche Integration im nordamerikanischen Raum. In der Fachliteratur spricht man im letzten Fall auch von »Neo-Kontinentalismus«: »Der Neo-Kontinentalismus des Freihandelsabkommens (FTA) von 1988 und der NAFTA von 1994 muss nun allerdings vom herkömmlichen Kontinentalismus unterschieden werden, der in Kanada ja zumeist eine anti-nationale Färbung besaß. Die Gegner des Freihandelsabkommens argumentierten allerdings ganz in der Tradition ökonomischer Nationalisten […]. Das Problem Kanadas bestand aber darin, dass die internationalen Wirtschaftsbeziehungen durch eine Reihe von Prozessen, die inzwischen etwas allzu geläufig mit dem Begriff der Globalisierung umschrieben werden, in eine andere Phase eingetreten waren, so dass aus der Perspektive der kanadischen Geschäftswelt in ihrer überwiegenden Mehrheit ohne eine Erleichterung des Marktzugangs im Süden das Wachstum und, wichtiger noch, die Innovationsfähigkeit der kanadischen Wirtschaft abflachen würden.« Bredow 2003, 28; vgl. auch Fanger 1988, Kolboom/Létourneau 1992 sowie Smith 1994.

und als Mitglied des Völkerbundes (1923) sowie der Gleichstellung der Dominions mit der britischen Krone im Statut von Westminster (1931), konnte es nähere Beziehungen mit den Vereinigten Staaten knüpfen, auch was bilaterale Handelsabkommen anging, ohne dabei die eigene Integrität gefährdet zu sehen.

Dies war nicht allein der Verfestigung kanadischer Einheitsmythen geschuldet, sondern paradoxerweise auch der Pluralisierung der kanadischen Gesellschaft. Das enge Band mit Großbritannien wurde nach dem Zweiten Weltkrieg nämlich auch deshalb ein Stück weit gelockert, da eine neue Immigrationswelle aus anderen Teilen Europas eine Generation neuer Kanadier schuf, für die das britische Empire keinen unmittelbaren Loyalitätsbezug mehr bot. Auch das Verhältnis zu den USA wurde in diesem Prozess neu bemessen.

Mit der graduellen Emanzipation gegenüber Großbritannien und den USA wurde das zumeist von anglophonen Kanadiern, aber eben auch von neuen Bevölkerungsteilen unterstützte gesamtkanadische, föderale Ideal über die Jahrzehnte durch eine Reihe wertneutraler Mythen ergänzt, die sich vor allem auf das Territorium Kanadas bezogen, also auf den unberührten Norden und die einzigartige Naturkulisse Kanadas. Mit anderen Worten wurden der Imperialismus des frühen 20. Jahrhunderts und dessen militaristische Einheitsmythen abgelöst von einer Neubewertung des im 19. Jahrhundert entstandenen Bildes des ›last, best West‹, welches nun auf die gesamtkanadische Nation projiziert wurde.[267] Wenn also die Geburt der kanadischen Nation bereits mit der Konföderation von 1867 ausgerufen worden war und sie sich im Ersten Weltkrieg als organische Einheit darstellen ließ, konnte ein gemeinsamer Gründungsmythos nicht herbei erfunden werden. Das nationale Ideal wurde dementsprechend in einer Rückbesinnung auf pazifistische, naturverbundene Mythen aus der vorindustriellen – und vornationalen – Zeit gesucht.

Trotz der steigenden politischen Autonomie Kanadas und der genannten, damit einhergehenden Entwicklungen blieb der Entstehungsprozess nationaler Symbole daher schwierig. Man konnte zwar auf jene Mythologie des hohen Nordens zurückgreifen; andere Versuche, tatsächlich einen Mehrheitsnationalismus nach dem US-amerikanischen Vorbild durchzusetzen, scheiterten jedoch. So dauerte es bis 1967, dass die schon 1880 komponierte Nationalhymne der Frankokanadier, »O Canada«, die britische Hymne »God Save the Queen« als neue Nationalhymne ablöste, wobei über den englischen Text lange keine Einigkeit erzielt werden konnte.[268] Eine ähnlich hitzige Debatte begleitete 1965 die Ablösung des *Union Jack* durch die *Maple Leaf Flag* als neue kanadische Nationalflagge.[269] Auch die Einwanderungsströme und die erstarkende »Stille Revolution«[270] in Québec hinterließen Spuren in der kanadischen Identitätspolitik und verhinderten homogenisierende Nationalisierungsversuche. Die Fixierung des Multikulturalismus als politische Leitlinie unter der Regierung Trudeau im Jahre 1971 war daher auch eine Feststellung politischer Gegebenheiten, weniger eine völlig neue

267 Vgl. Francis 1997.

268 Patrimoine Canadien 2009.

269 Croucher 2001, 570.

270 Der Begriff »Stille Revolution« wurde ursprünglich von einem anonymen Autor in der anglokanadischen Zeitung ›Globe and Mail‹ (Toronto) geprägt; er beschrieb die damaligen Ereignisse in Québec als ›Quiet Revolution‹. Zum Überblick siehe »Quiet Revolution« auf der Website von The Canadian Encyclopedia und »Révolution tranquille« in L'Encyclopédie de l'Agora; sowie Kolboom/Vormann 2011, Gagnon 2011a und Tremblay 1999.

politische Marschroute. Sie war demographischen Veränderungen geschuldet und eine Reaktion auf die »visible minorities«, die seit der Beendigung rassischer Immigrationsregulierungen in den Jahren 1962 und 1967 an politischem Gewicht gewannen.[271]

Nach Philip Resnick bleibt Kanada angesichts dieser Entwicklungen ein außergewöhnlicher Staat, der sich zur politischen und identitären Orientierungshilfe, vielleicht mehr als andere Nationalstaaten, ständig seiner nationalen Geschichte zu vergewissern sucht:

> [...] Er existiert als Föderation seit der Gründung des Dominion Kanada in 1867; als souveräner Staat mindestens seit dem Statut von Westminster von 1931; als Land mit einer modernen Verfassung spätestens seit Pierre Trudeau 1981/82 die Verfassung heimholte und eine Charta der Rechte und Freiheiten sowie eine Formel zur Verfassungsänderung einführte. Dennoch scheinen nur wenige andere Länder, die den ökonomischen und gesellschaftlichen Entwicklungsstand Kanadas erreicht haben, so sehr der Suche nach der eigenen Identität verfallen, einem Spiel, das man als ›Identitätsspiel‹ bezeichnen könnte und das eine Version des Hamletschen ›Sein oder nicht Sein?‹ darstellt. [272]

Im Kontrast zu den Einigungsbestrebungen des kanadischen Föderalstaats etablierte sich in Québec, vor allem im Zeitraum der Stillen Revolution, als die Provinz in den 1960er Jahren durch die Gründung eines Wohlfahrtsstaates und die Säkularisierung tiefgreifende gesellschaftliche und wirtschaftliche Änderungen durchlief, ein neuer, nunmehr areligiöser Mythos der Survivance.[273] Der einende Faktor jener ersten Schritte einer nationalen Selbstbehauptung, die sich ernüchtert nach innen kehrte, war das gemeinsame Überleben einer frankophonen Bevölkerungsgruppe gegenüber der ›doppelten Dominierung‹ durch Anglokanadier und das hegemoniale Großbritannien.[274] Sich trotz der Assimilationsversuche der britischen Krone seit dem Quebec Act 1774 als (sprachliche und territoriale) Einheit behauptet haben zu können und später das Aufbegehren eines anglo-kanadischen Nationalismus abgewendet zu haben, trug zu einer gewissen Emanzipation, einem neuen Narrativ quebecer Opfermythen[275] –, aber auch

271 Groß 1994. 203. Zur Stillen Revolution und deren Einfluss auf die quebecer Identität vgl. auch Kolboom/Vormann 2011; sowie Bélanger et al. 2000 und Laurendeau 1970.

272 Resnick 2005, 11; im Original: »Canada in certain respects is an odd kind of nation-state. It has been in existence as a federation ever since the creation of the Dominion of Canada in 1867; as a sovereign state at least since the Statute of Westminster of 1931; as a constitutionally modern country since Pierre Trudeau's 1981–1982 patriation of the BNA Act with the addition of a Charter of Rights and Freedoms and an amending formula. Yet few other countries, certainly with the level of economic and social development that Canada has achieved, seem to be as addicted to what one might call the identity game, to a version of ›To be or not to be?‹« Zur Verfassungsreform 1982 vgl. in deutscher Sprache Lammert 2004, 173 f.

273 Vgl. hierzu Kolboom/Vormann 2011 sowie Beauchemin 2011.

274 Kolboom 1998, 14.

275 In Québec wurde aus oben bereits aufgeführten Gründen erst ab Mitte des 19. Jahrhunderts die siegreiche Schlacht der frankokanadischen Truppen vor dem Fort Carillon im Jahre 1758, die der Niederlage Montcalms auf den Abrahamebenen vorausging, als militärischer Erfolg gefeiert. Die Conquête konnte damit aus späterer frankokanadischer Perspektive als Opfermythos dienen, indem Montcalm zum Nationalhelden und die Niederlage (ähnlich wie in Frankreich Vercingétorix' Kapitulation) zur »défaite victorieuse« umgedeutet wurde; Kolboom 2002, 60.

zu einem Identitätsdiskurs des »melancholischen Nationalismus« – bei, was zunehmend auch Stimmen für eine Unabhängigkeitsbewegung Québecs mobilisierte.[276]

Victor Armony fasst den »doppelten Mechanismus«, der auf den Bruch mit der katholischen Kirche folgte, als dialektisches Verhältnis zur eigenen Identität zusammen. Zum einen als »eine Art ›Selbsthass‹ (die Weigerung, sich mit dem eroberten, armen, abhängigen und unwissenden Frankokanadier zu identifizieren)«, zum anderen eine »Überbewertung der Unterschiedlichkeit Québecs in Abgrenzung zum Angelsächsischen«, die paradoxerweise aus der eigenen klerikalen Vergangenheit rührte:

> »Wir sind nicht nur nicht (bzw. nicht mehr) unterlegen, sondern wir sind sogar (geistig) überlegen.« Der Klerus hatte aktiv dazu beigetragen, aus der Isolierung und kulturellen Abschottung eine Tugend zu machen, eine Form des Widerstands angesichts der zersetzenden Auswirkungen der nordamerikanischen Modernität.[277]

Trotz dieses ambivalenten Identitätsbezugs zum Klerus und zur eigenen Vergangenheit konnte sich der nationale Diskurs Québecs nach Ende der erzkonservativen Duplessis-Ära – heute oft bezeichnet als »Grande Noirceur« – mit dem gesellschaftlichen Wandel der 1960er Jahre von der katholischen Kirche als gemeinsamem Nenner der Vergemeinschaftung auf die französische Sprache übertragen.[278] Dieser Prozess wurde durch sinkende Geburtenraten in Québec und die damit steigende Furcht vor einem Identitätsverlust innerhalb der kanadischen Konföderation beschleunigt.

Die in diesem Kontext entstehende Reinterpretation der ursprünglich eher vieldeutigen, seit 1939 offizialisierten Maxime Québecs ›*Je me souviens*‹ (»Ich erinnere mich«) verwies nunmehr verstärkt auf die Niederlage von 1759/60, um diese als säkularisierten anti-englischen Gründungsmythos aufzuladen. Dieser diente souveränistischen Gruppierungen seit den 1960er Jahren zur Legitimation eigener politischer Forderungen.[279] Auch die Rebellion von 1837/38 konnte nun, im Zuge der Stillen Revolution, als nationaler Impuls gewertet werden; vielleicht mehr noch als die Ursprungsniederlage, da die patriotischen Rebellen, ähnlich wie die Separatisten, explizit laizistisch-republikanische Werte eingefordert hatten und somit als direktes Vorbild für den eigenen Kampf die-

---

276 Maclure 2011. Diese langjährige Entwicklung der Canadiens vom gesellschaftlichen Zentrum zur Peripherie verlief parallel zur Ausdehnung des gesamtkanadischen Territoriums. In dem Maß, in dem Kanada nach Westen hin expandierte und die anglophone Mehrheit sich festigte, reduzierte sich die Frankophonie territorial auf Québec; Kolboom 1998, 15.

277 Armony 2010, 46.

278 Alain-G. Gagnon schreibt zu der im Nachhinein als Grande Noirceur empfundenen Regierungszeit von Duplessis: »Die Union nationale (UN) war eine 1935 aus dem Zusammenschluss einer liberalen Gruppe mit dem Parti conservateur hervorgegangene politische Formation unter Maurice Duplessis (1890–1959). Als Premierminister Québecs von 1936–1939 und von 1944–1959 gab Duplessis der UN eine ausgeprägt konservativ-klerikale Richtung. Vor allem seine zweite Regierungszeit wurde von vielen als autoritär empfunden (›la grande noirceur‹: die große Dunkelheit, stockfinstere Zeit). Doch als Verteidiger der Interessen der Provinzen und einer gewissen Autonomie Québecs sowie einer Politik der Industrialisierung bereiteten er und die UN indirekt die ›Stille Revolution‹ vor.« Gagnon 2011a, 41, Fußnote 39. Eine hilfreiche Typologie und Diskursanalyse des quebecer Nationalismus bietet Karmis 2011. Zur Duplessis-Ära und der Epoche der ›Grande Noirceur‹ vgl. Paulin 2005, Gagnon/Sarra-Bournet 1997, Bourque et al. 1994, Boismenu 1983.

279 In anglophonen Geschichtsbüchern hingegen wird die Schlacht auf den Abrahamebenen als »the battle that won Canada« beschrieben; beispielsweise in Reid 2003.

nen konnten. Mit der Niederschlagung der Rebellion, der Zwangsvereinigung von 1840 und dem damit verbundenen Versuch einer Assimilierungspolitik wurde das Datum »1837/38« somit zur zweiten, die nationale Identität prägenden Défaite.[280]

In diesem alle gesellschaftlichen Bereiche umfassenden Aufbruch Québecs zu sich selbst wurden nun aus Frankokanadiern *Québécois*. Aus einer Provinz unter anderen wurde der Staat einer *société distincte* – eine besondere und von anderen Provinzen Kanadas unterscheidbare Gesellschaft –, was nicht zuletzt Ausdruck in der Umbenennung des quebecer Provinzparlaments in ›Nationalversammlung‹ im Jahre 1968 fand.[281] Wenn der französische Staatspräsident Charles de Gaulle also 1967 anlässlich seines Besuchs der Weltausstellung *Expo 67* vom Balkon des Montrealer Rathauses Tausenden von jubelnden Quebecern zurief »Vive le Québec libre!« (»Es lebe das freie Québec!«), dann klang damit auch die Frage nach den institutionellen Rahmenbedingungen für Québecs staatliche Verfasstheit an. Zum Gravitationszentrum dieser Debatte wurde mit Marcel Rioux' 1969 erstmals erschienener Schrift ›La Question du Québec‹ die sogenannte ›Québec-Frage‹ – als »Metapher im Streit zwischen ›Föderalisten‹, ›Autonomisten‹ und ›Souveränisten‹, aber auch als »Stichwort par excellence in der Literatur über Québec.«[282]

Mit Blick auf den quebecer Staat wurde diese Frage seit den 1970er Jahren wohl am häufigsten in einem Kontinuum zwischen ›föderaler Partnerschaft‹ und ›Souveränität‹ gestellt und hat unter anderem die Grauschattierungen von »souveraineté-association, Souveränität mit Partnerschaft, Souveränität innerhalb des sich (vermeintlich) integrierenden amerikanischen Kontinents oder innerhalb eines asymmetrischen Föderalismus« angenommen.[283] Obgleich es trotz dieser vielen Ansätze bis heute nicht gelungen ist, eine für alle Seiten akzeptable Antwort auf die ›Québec-Frage‹ zu finden, lässt sich angesichts des institutionellen und diskursiven Wandels seit der Stillen Revolution zweifelsohne feststellen, dass die quebecer Nation »innerhalb Kanadas wie auch auf der internationalen Bühne eine Rolle einnimmt, die sie von den anderen kanadischen Provinzen signifikant unterscheidet.«[284]

Die Positionierung Québecs als Nation, die den Ausgangspunkt und letztlich auch den Endpunkt jener Reflexionen über den quebecer Staat darstellt, steht in einem Kontext komplexer Verflechtung zwischen verschiedenen Identitätsbezügen, die Victor Armony in seinen ›Soziokulturellen Betrachtungen eines Zugewanderten‹ mit einem Augenzwinkern exzellent auf den Punkt gebracht hat:

---

280 Kolboom 2002, 65. Ein nunmehr sprachlich motivierter Nationalismus schlug sich ebenso in der Sprachenpolitik Québecs nieder: »Zielte die Bundesregierung mit dem Official Languages Act (1969) auf die Gleichstellung der Frankokanadier innerhalb der Gesamtnation ab, so unterlief die separatistisch motivierte Sprachenpolitik in Québec mit den Gesetzen 101 und 178 aus den Jahren 1977 bzw. 1988 die bilinguale Bundespolitik. [...] In der Französisierungspolitik der Provinz manifestierte sich auch das Bewußtsein, über eine separate Identität zu verfügen und eine, so der umstrittene Passus im gescheiterten Meech-Lake-Abkommen, ›distinct society‹ zu sein.« Groß 1994, 199; hierzu auch Croucher 2001, 571 und Armony 2010, 61 f.

281 Kolboom/Vormann 2011, 15.

282 Ebd., 16.

283 Keating 2011, 385.

284 Kolboom/Vormann 2011, 17.

> Die Quebecer – vor allem ihre Intellektuellen – erlauben sich sogar von Zeit zu Zeit den Ausdruck einer gewissen Herablassung gegenüber dem Rest der Welt. Dann machen sie sich über die – für ihren Geschmack langweiligen und persönlichkeitsarmen – englischen Kanadier lustig, zeigen Verachtung für die – viel zu bigotten, ignoranten und kriegerisch veranlagten – US-Amerikaner und sind genervt von der Großspurigkeit und Selbstbezogenheit der Franzosen. Dabei können sie mal den Antiamerikanismus mit ihren französischen Cousins teilen, mal mit Vergnügen im Verein mit den übrigen Nordamerikanern die rigiden Sozialstrukturen und Mentalitäten in der ›Alten Welt‹ anprangern. [285]

Oder anders ausgedrückt: Québec unterscheidet sich vom »englischen Teil Kanadas durch seine ›Europäität‹ (das es in die Nähe Frankreichs rückt)«, von Europa hingegen »durch seine ›Amerikanität‹ (das es in die Nähe der Vereinigten Staaten rückt)« und letztlich von den Vereinigten Staaten »durch seine ›Nordizität‹ (das es in die Nähe des englischen Teils Kanadas rückt).«[286] Wie die USA und Kanada ist Québec auf seiner Suche nach der eigenen Nation also territorial und identitär klar im nordamerikanischen Raum verankert. Gleichzeitig aber bedurfte es zur Profilierung der eigenen Unterschiedlichkeit des Bezugs zu Europa und der Verortung der eigenen Identität zwischen Alter und Neuer Welt.

285 Armony 2010, 48.
286 Ebd., 50.

Kapitel IV

Wandel oder Ende der Nation?

> Da stand ich nun in Bangalore – mehr als 500 Jahre nachdem Kolumbus über die Meere gesegelt war, lediglich gestützt auf die rudimentären Navigationstechniken seiner Zeit und die feste Überzeugung, daß die Erde rund war –, und einer der angesehensten Ingenieure Indiens, der am besten technischen Institut seines Landes ausgebildet worden war und auf die modernsten Technologien der heutigen Zeit zurückgreifen kann, erklärte mir, daß die Erde flach sei – so flach wie der Bildschirm, mit dem er eine Konferenz von Mitarbeitern aus seiner gesamten Wertschöpfungskette abhalten kann.
>
> *Thomas L. Friedman* 2007[1]

In den frühen Ausprägungen der Nation in Nordamerika und in deren Konsolidierung im Laufe des 19. und frühen 20. Jahrhunderts sind auch die Entwicklungsbahnen der nationalen Identität nach dem Zweiten Weltkrieg angelegt. Nicht etwa, weil es eine Essenz der Nation gäbe, die im Fortlauf der Geschichte von einer Generation zur nächsten weitergereicht würde, oder gar, weil es einen ethnischen Grundzug dieser Nationen gäbe, der sich durch verschiedene historische Epochen deklinieren ließe, sondern weil das Verständnis der eigenen nationalen Identität in neuen historischen Kontexten als geschichtlich verbriefte Konstante einer als kollektiv ausgelegten Vergangenheit, Gegenwart und Zukunft dient. Mit anderen Worten fungiert die Kategorie der Nation als reduktionistische Erklärungshilfe in einer komplexen Welt – in Zeiten der gesellschaftlichen Krisenbewältigung als Orientierungspunkt und in Zeiten des gemeinsamen ökonomischen Aufschwungs als kollektive Selbstbestätigung und Vergewisserung.

Die historische Spaltung der Nation in Nord und Süd reflektierend nahm der US-amerikanische Nationalismus in das 20. Jahrhundert hinein zweierlei Formen an. Wie auch der Historiker Louis Snyder anmerkte, galt für die eine Version weiterhin das universalistische Leitmotiv des Melting Pot und des Egalitarismus. Es handelte sich um einen liberalen und zivilen Nationalismus, der ein aufgeklärtes Menschenbild mit pluralistischen Konzepten zu verknüpfen und den Patriotismus mit einem idealisierten Individualismus zu vereinen suchte. Diese Form der liberalen Rhetorik, die durchaus von zivilreligiösen Obertönen begleitet war, wurde von beiden politischen Parteien, den Demokraten und den Republikanern, durch das 20. Jahrhundert in stets eigener Beugung verwendet. Sie bildet in einer seit den 1980er Jahren zunehmend polarisierten Gesellschaft nach wie vor einen Konsens in der nationalen Mythenlandschaft der Vereinigten Staaten. Ein Mythos, der vielleicht mit der Wahl Barack Obamas zum Präsidenten der Vereinigten Staaten im Jahr 2008 am deutlichsten untermauert wurde – der gerade deshalb die Werte eines egalitaristischen und zivilen Nationalismus für die Bevölkerung

---

1 Friedman 2007, 18.

so glaubwürdig verkaufen konnte, weil diese Wahl auf acht von rassistischer und exklusionistischer Terrorbekämpfung und realpolitischem Zynismus gekennzeichnete Jahre unter der Führung George W. Bushs folgte.[2]

Im Kontrast zu diesem universalistischen Nationalismus erstarkte um das Ende des 19. Jahrhunderts eine xenophobische und expansionistische Version der amerikanischen Nation. In dieser Strömung appellierte man an die Führer der Nation, keine militärischen Mühen zu scheuen, um den *American Dream* in andere Länder zu exportieren. So konstatierte beispielsweise Albert J. Beveridge (1862–1927), ein Senator aus Indiana, im Jahr 1900, dass die Vereinigten Staaten die Filipinos von der »wilden und blutigen Herrschaft« (savage and bloody rule) der Spanier befreit hätten und jene ganz offensichtlich die »gerechte, humane und zivilisierende Regierung der Vereinigten Staaten« bevorzugten, vergisst dabei allerdings zu erwähnen, dass in jenem Philippinisch-Amerikanischen Krieg (1899–1902) etwa eine Million Filipinos, also ungefähr 20 Prozent der Gesamtbevölkerung ums Leben gekommen waren und die Philippinen anschließend zur amerikanischen Kolonie wurden.[3]

Dieser imperiale Zug der US-amerikanischen Nation entstand jedoch nicht erst mit der Expansion des US-amerikanischen Einflussbereichs über die kontinentalen Grenzen, sondern war bereits spätestens mit der *Westward Expansion* vorgezeichnet. Schließlich hatte Gott das amerikanische Volk zur »auserwählten Nation« erkoren, die, so auch Beveridge, der »Welt zu ihrer Erneuerung« verhelfen solle.[4] Der Historiker Walter Nugent hat, wie ich meine sehr plausibel, die Westexpansion als Beginn eines vom Volk getragenen US-amerikanischen ›Empire-building‹ beschrieben, das mit Erreichen der territorialen Integrität der Vereinigten Staaten Ende des 19. Jahrhunderts begann, über die Grenzen des nordamerikanischen Festlands auszugreifen.[5] Er stimmt daher mit anderen, wie beispielsweise dem Historiker Richard H. Immerman, darin überein, dass die Geschichte des ›Empire for Liberty‹ – welches bereits Thomas Jefferson in den Vereinigten Staaten gesehen hatte – und damit die Geschichte des US-amerikanischen Imperialismus, in einem Bogen von »Benjamin Franklin bis Paul Wolfowitz« zu spannen sei.[6]

---

2 Der von Aronowitz und Gautney 2003 herausgegebene Sammelband ›Implicating Empire‹ befasst sich aus verschiedenen Perspektiven mit George W. Bushs Krieg gegen den Terror und den Zusammenhängen zwischen nationaler Sicherheit und ziviler Freiheit. In deutscher Sprache bieten die Blätter für deutsche und internationale Politik mit ihrem Globalisierungsreader ›Der Sound des Sachzwangs‹ (Bonn, 2006) einen ähnlich globalisierungskritischen Überblick über Entwicklungen des frühen 21. Jahrhunderts, der ebenso von den Vereinigten Staaten als globalem Hegemon ausgeht, aber in der Analyse einzelner Aspekte breiter angelegt ist. Für Analysen der 2000er Jahre als Krisenjahre des Neoliberalismus in den USA und anderswo vgl. Calhoun/Derluguian 2011.

3 Snyder 1990, 11; im Original: »the just, humane, and civilizing government of the United States.«

4 Ebd., 11; im Original: »His chosen nation to lead in the regeneration of the world.«

5 Nugent 2008, XIV f. Nugent unterscheidet drei Phasen des ›Empire-building‹ in den Vereinigten Staaten: eine erste Phase von der frühen Republik bis 1850, in der die Westküste erreicht wurde, eine zweite Phase von 1850 bis zum Zweiten Weltkrieg, in der das ›Empire‹ durch ›offshore acquisitions‹ ausgebaut wurde und schließlich eine dritte Phase vom Ende des Zweiten Weltkriegs bis heute, in der das ›Empire-building‹ vom Kalten Krieg bis in den ›War on Terror‹ reicht; vgl. ebd.

6 Immerman 2010.

Bei genauerer Betrachtung sind die expansionistische Version des US-amerikanischen Nationalismus und dessen universalistisch-ziviler Charakterzug keineswegs so leicht voneinander zu trennen. Denn das ›Empire for Liberty‹, das im 20. Jahrhundert neokolonialistische Bestrebungen verfolgte, wurde ja, zumindest rhetorisch, als Instrument der Verbreitung der eigenen Freiheit gedacht. Daher also auch der von Neokonservativen Mitte der 1990er Jahre geprägte Begriff des »benevolent hegemon« – der heute allerdings zweifelsohne auch auf die Außenpolitik demokratischer Präsidenten anzuwenden ist. Die USA als wohlmeinender Hegemon seien sich zwar mit Ende des Kalten Kriegs ihres Status als unipolare Weltmacht bewusst geworden, so deren Argumentation, aber ihre Macht würden sie zur globalen Verbreitung von Demokratie und Frieden einsetzen. Entsprechend forderten die neokonservativen Vordenker William Kristol und Robert Kagan 1996, die Vereinigten Staaten sollten im Gegensatz zur nach innen gekehrten Wirtschaftspolitik Bill Clintons – der George Bush Sr. daran erinnert hatte, dass der Zustand der Wirtschaft Wahlen gewinnen würde und nicht die Außenpolitik (›It's the economy stupid!‹) – das Verteidigungsbudget drastisch erhöhen, die Anstrengungen des Militärs in Übersee wieder patriotisch schätzen lernen und autoritäre und diktatorische Regime weltweit militärisch und ökonomisch unter Druck setzen. Ihrer Meinung nach – und die Geschichte hat ihnen leider Recht gegeben – wären »Republikaner am besten dazu geeignet, diese Art der Außenpolitik umzusetzen, die auf nationaler Ehre und verstärktem Patriotismus fußt.«[7]

Walter Nugent trifft einen Nerv, wenn er suggeriert, dass der Unwillen US-amerikanischer Staatsbürger und Historiker, die Vereinigten Staaten trotz dieser historischen Beweislage als Empire zu bezeichnen, daher rührt, dass damit eine Assoziation von Aufstieg und Fall verbunden ist. Dies umso mehr, als man seit den frühen 2000er Jahren wegen des erstarkenden Chinas und verschiedener ökonomischer und politischer Krisen tatsächlich das Ende des *American Century* fürchtet. Ein mögliches Ende der hegemonialen Herrschaft ist im Selbstverständnis der USA jedoch nicht vorgesehen. Die Beispiele der aufsteigenden und fallenden Imperien Roms und Großbritanniens eignen sich daher nicht als Vorbild für die nationale Mythologie der Vereinigten Staaten, wo dementsprechend auch die Mythen der »Frontiers [...], Missionen und Manifest Destinies« die US-amerikanische Nation nicht aufsteigen oder fallen lassen: »Stattdessen expandieren sie. Grenzenlos. Das amerikanische Experiment und dessen Zweck, betrachtet als ›Gebietsexpansion des freien Landes‹ und als ein Übergang von ›Wildnis‹ zu ›Zivilisation‹« handelte deshalb »immer nur von Anfängen, nicht von Enden.«[8]

---

7 Kristol/Kagan 1996; im Original: »Republicans are best fitted to carry out this foreign policy of national honor and elevated patriotism.« Die von Kristol und Kagan in diesem Artikel geäußerten Forderungen nach einer Wiederbelebung der Außenpolitik Reagans sind in frappierender Ähnlichkeit in George W. Bushs National Security Strategies 2002 & 2006 wiederzufinden.

8 Nugent 2008, 316; übersetzt aus dem Englischen, im Original: »One reason may be that they [Americans] have understood from the Roman example and more recently, the British, that empires decline and fall. But frontiers [...], missions, and manifest destinies are not supposed to. Instead they expand. Indefinitely. The American experience and purpose, seen as the ›expansion oft he area of free land‹ and the replacement of ›savagery‹ with civilization' [...], was all about beginnings, not endings.«

Während sich die Vereinigten Staaten in dieser ambivalenten Form mit den Konsequenzen ihres politischen und ökonomischen Aufstiegs zur Weltmacht auseinandersetzten – gewissermaßen also ein Selbstbild eines liberalen ›Siegers‹ in einer hobbesianisch ausgelegten Geschichte schufen –, sehen einige die Essenz der kanadischen Identität angesichts ihrer historischen Entwicklung in ihrem Selbstzweifel.[9] Von dieser Perspektive aus betrachtet, bezogen (anglophone) Kanadier das Potenzial für einen eigenen Nationalismus aus Unterlegenheitsbekundungen. Englischsprachige Kanadier, die erst im 20. Jahrhundert in der Zeitspanne zwischen 1931 und 1982 (als Kanada das Recht erhielt, unabhängig von Großbritannien seine Verfassung zu ändern)[10] ihre politischen Verbindungen zu England weitgehend kappten, bezogen ihren Minderwertigkeitskomplex aus ihrem Verhältnis zum hegemonialen Nachbarn, den Vereinigten Staaten von Amerika, die seit dem 19. Jahrhundert in wirtschaftlichen, technologischen und machtpolitischen Fragen schier übermächtig schienen. Weitere Quellen des kanadischen Selbstzweifels finden sich selbst heute im ungeklärten Verhältnis zu autochthonen Völkern und neuen Einwanderungswellen. Trotz einer gemeinsamen offiziellen Multikulturalismuspolitik Kanadas scheinen zivilgesellschaftliche Deliberationen regelmäßig daran zu scheitern, dass mitgebrachte kulturelle Wertvorstellungen nicht im kanadischen Bezugsrahmen eingeordnet werden können.[11]

Gerade der Mangel eines gemeinsamen Gründungsmythos erschwert ein Übereinkommen über Grundlagen des Zusammenlebens. So meinen einige, die Rücksichtnahme auf Autochthone und offizielle Sprachminderheiten, auf kulturelle Diversität und Geschlechtergleichheit, beispielsweise in den *Charlottetown Accords* von 1991–92[12], resultierten in politischen Einbahnstraßen, die letztendlich keiner der beteiligten Interessensgruppen entgegenkämen.[13] Interessanterweise bezogen auch die frankophonen Separatisten, die Versuche einer nationalen Homogenisierung vielleicht am lautstärksten untergruben, ihren kollektiven Nordstern aus einer Melancholie der nationalen Minderheit.[14] Trotz all jener Schwierigkeiten bei der politischen Koordinierung zwischen verschiedenen Identitätsgruppen darf jedoch nicht vergessen werden, dass die Entstehung eines pan-kanadischen Staatengebildes keineswegs ein klarer Misserfolg war. Im Gegensatz zu den Kriegen, Fehden und Massakern, die es in Europa zur Nationenbildung brauchte, zeigte sich der kanadische Staat im 20. Jahrhundert den Partikularismen und der ethnischen Diversifizierung gewachsen und vereinte jene Prozesse der gesellschaftlichen Fragmentierung unter einem institutionellen Dach. Eine tolerante und im Rahmen des staatlichen Multikulturalismus universalistische Gesellschaft konnte sich dort entwickeln, ohne den blutigen Weg der europäischen Nationenbildung zu gehen. Der holprige Weg der Kompromissbildung ist in diesem Sinne also nichts anderes als das erfolgreiche Funktionieren der Demokratie.

---

9 Resnick 2005, 89.

10 Zur verfassungsgeschichtlichen Entwicklung Québecs und Kanadas, vgl. Gagnon 2011a.

11 Vgl. Resnick 2005, 90; vgl. auch Trudel 1995, Bauhn 1995, Cairns 2000 und Salée 2011 sowie, für eine Analyse der kanadischen nationalen Identität, insbesondere in ihrer Entwicklung nach den Terroranschlägen des 11. September 2001, Nurse/Blake 2009.

12 Vgl. hierzu auch Gagnon 2011a. Eine Auseinandersetzung mit dem fragmentierten Nationaldiskurs in Kanada bietet auch das Buch mit dem aufschlussreichen Titel ›We are not you: First Nations and Canadian Modernity‹ von Claude Denis 1997. Vgl. auch Kolboom 1992.

13 Vgl. Resnick 2005, 90.

14 Ebd., 89.

Die Entwicklung Kanadas ist daher selbstverständlich keineswegs defizitär. Insgesamt ging es ohnehin nicht um eine Bewertung der Nationenbildung, sondern um die Untersuchung struktureller Ähnlichkeiten und Differenzen in den damit verbundenen historischen Dynamiken. Abgesehen davon ist es aber auch generell schwierig, ein wertendes Urteil über die Bildung von Nationen zu fällen.[15] Keine Frage, die Schrecken des 20. Jahrhunderts sind oftmals auf die Nation zurückzuführen. Als Mahnmal dienen zweifelsohne die Konzentrationslager und Massengräber des Dritten Reichs. Aber auch der Erste Weltkrieg, der Kalte Krieg und dessen Stellvertreterkriege, kurzum alle größeren Kriege des 20. Jahrhunderts, waren Kriege zwischen Nationen. Auch sie können somit ein Stück weit dem Konzept der Nation und dem daraus eskalierenden Drang des Nationalismus angelastet werden.

Trotz dieses Potenzials der Nation zur Mobilisierung für den Krieg und für die Exklusion und Unterdrückung von Bevölkerungsteilen, trug jene aber auch das Potenzial zur Besserung gesellschaftlicher Verhältnisse in sich. Die Nation und der Nationalstaat dienten mit dem ausgehenden 19. Jahrhundert bis etwa Mitte der 1970er Jahre als Rahmen für die Entwicklung des modernen Wohlfahrtsstaates. Bestimmte Teile des Gemeinwohls wurden vor den zersetzenden Tendenzen des (internationalen) freien Marktes geschützt und öffentliche Güter konnten mit ihm artikuliert und politisch definiert werden. Der Nationalstaat bot ein Forum, in dem politische Forderungen gestellt werden konnten und in dem die politischen Akteure Rechenschaft gegenüber ihrer Wählerschaft ablegen mussten.[16] Der Politologe Michael Keating fasst diese Aspekte des Nationalstaats konzis zusammen und weist dabei auf die potenziell positiven Wechselwirkungen von Staat und Nation hin:

> Nationalstaaten […] schaffen, bestimmen und erhalten politische Institutionen, welche Repräsentation und Rechenschaft gewährleisten. Schließlich definieren und regulieren Nationalstaaten eine Reihe funktionaler Systeme beispielsweise in den Bereichen der Wirtschaft und der sozialen Integration. Im Idealfall sind diese Bereiche miteinander verknüpft, so dass die soziale Solidarität durch eine gemeinsame Identität und vereinbarte Normen getragen wird. Dies wiederum erleichtert die Bereitstellung öffentlicher Güter und kanalisiert Außeneinwirkungen, die sonst die wirtschaftliche Entwicklung beeinträchtigen können. Soziale Abkommen und Kompromisse werden vom Staat vermittelt und von einem gemeinsamen Nationalgefühl bekräftigt.[17]

Die Zeitspanne, die auf die Weltwirtschaftskrise und den Zweiten Weltkrieg folgte und die von manchen als Fordismus[18] bezeichnet wird, erlebte, in all unseren Beispielen aber

---

15 Craig Calhoun schreibt zur Problematik der Untrennbarkeit positiver und negativer Aspekte der nationalen Identität: »Nationalism comes in manifold forms, some benign and reassuring and others terrifying. Social Scientists have sometimes been tempted to try to analyze ›good‹ nationalism, or patriotism, and ›bad‹ nationalism, or chauvinism, as though they were completely different social phenomena. This makes each hard to understand, however, and obscures their commonalities. Both positive and negative manifestations of national identity and loyalty are shaped by the common discourse of nationalism.« Calhoun 1997, 3.

16 Für ein ausführliches und grundlegendes Argument über diese sich wandelnde Funktion des Nationalstaats vgl. Cerny 1997; ebenfalls Sassen 2006.

17 Keating 2011, 382.

18 Beispielsweise Jenson 1989, Jessop 1992, Jessop/Sum 2006. Zu einer Kritik des Begriffs ›Fordismus‹, wie er von den Regulationisten verwendet wird, vgl. Gambino 1996.

auch in anderen nordatlantischen Staaten, eine Annäherung von ärmeren und reichen Bevölkerungsteilen durch kollektive Interventionen in den Markt, sowie eine damit verbundene Öffnung der Gesellschaften.[19] In diesem Sinne sind auch die Forderungen nach Gleichheit und Gleichberechtigung beispielsweise im *Civil Rights Movement* der 1960er Jahre oder aber in den Studentenrevolutionen der 68er Generation zu verstehen, die nach gleichen Rechten für alle innerhalb eines bereits etablierten Rechtsrahmens verlangten und denen man – immer erst als Folge ernsthafter Auseinandersetzungen – im sich in verschiedenem Grad ausweitenden Wohlfahrtsstaat entgegenkam.[20]

Wenn sich die gesellschaftliche Rolle des Nationalstaats in Europa und Nordamerika seit den 1970er Jahren auch tiefgreifend verändert hat, bildet er – auch auf Grund der Einforderung früher formulierter Ideale – nach wie vor die zentrale, konstituierende Einheit des internationalen Systems. Jegliche ihm nachgesagte Auflösungserscheinung und Globalisierungstendenz muss daher vor dem Hintergrund des im 19. Jahrhundert konsolidierten Nationalstaatensystem verstanden werden. Insbesondere in Fragen der Identität spielt die Nation weiterhin eine entscheidende Rolle, wohl auch deshalb, weil sie einen starken Diskurs bildet, der andere Identitäten in sich aufgehen lässt. Darüber hinaus aber gewährleisten dieser Diskurs (der daher auch ›stark‹ sein *muss*) und die Institutionen des Nationalstaats in wesentlichen Gesichtspunkten die Akkumulation von Kapital, etwa durch die Sicherung bestimmter (Eigentums-)Rechte und die Bereitstellung notwendiger Infrastrukturen.

Ziel der vorliegenden Untersuchung war es, strukturelle Gemeinsamkeiten im Bildungsprozess unterschiedlicher Nationen herauszuarbeiten, auf (geo-politische) Unterschiede einzugehen und gegenseitige Einflussnahmen der Nationenbildungen zu analysieren. Bevor wir uns also abschließend eingehender der neuen Rolle von Nation und Nationalstaat im 21. Jahrhundert zuwenden, soll kurz das bisherige Argument zusammengefasst werden.

---

19 Für eine entsprechende Argumentation mit Bezugnahme auf die Vereinigten Staaten vgl. beispielsweise Krugman 2009 sowie Bartels 2008.

20 Wir lassen an dieser Stelle außen vor, dass der Fordismus global betrachtet auch von der Unterdrückung des Anderen profitiert hat, beispielsweise durch die Extraktion von Ressourcen in Entwicklungsländern. Vgl. hierzu vor allem die Kritiken von Alain Lipietz und Bob Jessop. Zur Entwicklung und Bedeutung sozialer Bewegungen seit dem frühen 19. Jahrhundert, vgl. Calhoun 2012.

Nationale Konstruktion zwischen Alter und Neuer Welt

Die schwierige Frage nach der »ersten Nation«, also nach Geburtsdatum und -ort der Nation, erinnert an eine ähnliche Debatte, die insbesondere in marxistischen Kreisen seit langer Zeit geführt wird, nämlich an die Suche nach dem Ursprung des Kapitalismus. Max Weber wies in seinem Hauptwerk ›Wirtschaft und Gesellschaft‹ schon zu Anfang des 20. Jahrhunderts darauf hin, dass diese Suche nach den Anfängen nur vergebens sein könne. Denn sie kann nicht den Pfad einer neutralen und rein empirischen Beweisführung einschlagen, sondern hängt vom Standpunkt des Betrachters ab, von seiner Definition des Kapitalismus. Begreifen wir den Kapitalismus beispielsweise als den Beginn monetären Handels, so kann dessen Aufkommen in der Antike gesucht und gefunden werden. Legen wir aber den Schwerpunkt unserer Definition auf die Erfindung der Lohnarbeit als Ware, dann liegt der eigentliche Beginn des Kapitalismus erst in der industriellen Revolution. Analog müssen wir also fragen, was wir mit der Nation meinen, um zumindest die groben Parameter ihrer Entstehungsgeschichte nachzuzeichnen. Denn sicher: sprechen wir ganz allgemein von der Loyalität innerhalb einer größeren Gruppe, dann lässt sich der Bogen auch hier problemlos bis zur antiken Polis zurückspannen; meinen wir den Begriff der Nation als solchen, dann wurde er auch schon im Mittelalter und von absolutistischen Fürsten verwendet.[21]

In dem hier eingenommenen Blickwinkel finden wir den Beginn der modernen Nation mit ihrer konzeptuellen Ausweitung; also mit der Öffnung des Zugangs zur gesellschaftlichen Macht und der Einschränkung des Handlungsspielraums des souveränen Herrschers oder dessen gänzlicher Verwerfung. Doch selbst mit dieser Definition ist der Ursprung der modernen Nation sowohl räumlich als auch zeitlich nicht exakt zu benennen.

Ohne Frage wurde die identitäre Entstehung einer modernen Nation in England historisch durch die geographische Isoliertheit und eine Abgrenzung zu Kontinentaleuropa begünstigt. Aber die Fragen der frühen Aufklärer nach mehr Freiheit und Gleichheit, oder anders: die Forderungen nach gesellschaftlichem Wandel, resultierten eben nicht nur aus der Isolation, sondern ebenso aus einer neuen Auseinandersetzung mit dem Zustand der eigenen Gesellschaft und der Gesellschaft an sich. Das heißt, dass England also nicht einfach nur vom europäischen Kontinent abgeschieden war und sich dann zu einem mehr oder weniger genauen Zeitpunkt selbst als Nation ›entdeckt‹ hat, sondern, dass es die Auseinandersetzung mit dem Fremden war, die eine Infragestellung der eigenen politischen Gegebenheiten und Hierarchien veranlasste.[22]

---

21 Auch Immanuel Wallerstein weist darauf hin, dass eine Genesis spezifischer sozialer Einheiten und Systeme im wissenschaftlichen Diskurs beliebt aber problematisch ist, da sich für jedes gesellschaftliche Phänomen in der nahen und weit zurückliegenden Vergangenheit Vorläufer finden ließen; vgl. Wallerstein 2004, 77. Dies scheint aber den Reiz solcher Auseinandersetzungen in den Sozial- und Geisteswissenschaften nicht zu schmälern, wie auch das Beispiel der Nationalismusforschung zeigt.

22 Genauer gesagt, ging diese veränderte Wahrnehmung mit der im Kontext der Kolonialisierung der Neuen Welt gestellten Frage nach dem Unterschied zwischen Natur- und Gesellschaftszustand einher. Die Etablierung des Souveränitätskonzepts, welches, wie wir gesehen

Wenn diese Entwicklungen, die zu bürgerlichen Forderungen nach mehr politischem Mitspracherecht beitrugen, heute von vielen als frühe Regungen der modernen Nation in England gewertet werden, dann dürfen wir jedoch nicht vergessen, dass die neuen Rechte nach wie vor auf die Minderheit einer Elite weißer (landbesitzender) Männer beschränkt waren und es deshalb also nur in einem sehr begrenzten Maß unserem Verständnis von einer modernen Nation entsprechen kann. Wichtiger aber war, mit Blick auf die Entstehung des modernen Konzepts der Nation, dass die mit der (teils auch nur wahrgenommenen) gesellschaftlichen Liberalisierung der Machtausübung in England einhergehende idealistische Ausdehnung des Nationsbegriffs vor allem in anderen Ländern als Vorbild für weitere, radikalere Bürgerrevolutionen diente.

In der idealisierenden Fremdwahrnehmung Englands, in diesem Fall durch die französischen Philosophes, lag also der Schlüssel zur Intensivierung der Forderungen nach Idealen wie Freiheit und Gleichheit, die man nun als nationale Ideale verstand. In Frankreich, wo Reformen hin zu einem aufgeklärten Absolutismus ›zu spät‹ angegangen wurden, konnte in der französischen Revolution, inspiriert von der Aufklärung und der amerikanischen Revolution, ein ideeller Wertekanon sowie ein nationales Projekt Gestalt annehmen, das sich im Laufe des 19. Jahrhunderts ungeachtet der jeweiligen Regierungsform durchsetzte. Dieses Projekt wurde ideell getragen von einem zivilen Nationalismus, der je nach Blickwinkel, jakobinisch oder kronloyal, die nationalen Mythen der *Grande Nation* als Nationalgeschichte ausrichtete. Auch hier sehen wir, dass der moderne Nationenbegriff eine relationale Kategorie darstellt, die ihre Bedeutung erst aus der Abgrenzung zum Anderen gewinnt: im Bezug zu anderen Staatsformen, zu anderen Gesellschaftsformen und nicht minder in der Fremdwahrnehmung durch den Anderen.

Der moderne Nationsbegriff fand als ideelles Konzept in der Abspaltung der dreizehn nordamerikanischen Kolonien von der britischen Krone Bestärkung und stieß auch in der neuen Welt einen Nationenbildungsprozess an, nämlich den der Vereinigten Staaten. Dort konnten die nationalen Ideale im Zuge des Unabhängigkeitskrieges auf die neu entstehenden administrativen, politischen und gesellschaftlichen Strukturen übertragen werden. Der ethnozentrische Blick der Neuheit trug zu einem als exzeptionalistisch empfundenen Selbstverständnis bei, das sich nach der amerikanischen Revolution als Anker der nationalen Identität erwies. Mittels neuer Kommunikations- und Transporttechnologien und der entstehenden staatlichen Institutionen ließ sich ein zunächst von Eliten getragenes Nationalideal mit der industriellen Revolution in der Bevölkerung ausbreiten. In diesem Kontext beförderten der Krieg von 1812–1814, die Westerweiterung und die rasante wirtschaftliche und technologische Expansion das nationale Zusammengehörigkeitsgefühl eines *American Exceptionalism – exceptional* immer auch im Bezug zur bisherigen Menschheitsgeschichte, die auf die Geschichte Europas reduziert wurde.

Auch am Beispiel des US-amerikanischen Nationalismus zeigt sich, dass *kein* Nationalismus univokal ist. Dort entstanden im Laufe des 19. Jahrhunderts zwei Hauptströmungen der nationalen Identität, die die Gründungsideale (Freiheit und Gleichheit, Mission und Konsens) entsprechend der unterschiedlichen wirtschaftlichen und gesell-

---

haben, in wichtigen Aspekten mit entsprechenden Argumenten von Thomas Hobbes zusammenhing, ebenso wie ein individualisierendes Freiheitsverständnis Lockescher Prägung erlaubten in England die bürgerliche Forderung nach politischem Mitspracherecht.

schaftlichen Entwicklungen auf verschiedene Weise auslegten. Der militärische Sieg der Union über die Südstaaten bedeutete deren Rückeingliederung in ein einheitliches nationales Projekt, das mittels einer nationalen Historiographie sowie der Kanäle des staatlichen Bildungssystems und anderer öffentlicher Institutionen zum zentralen politischen Prinzip avancierte. Diese ›Amerikanisierung‹ vollzog sich neben der Einheitsmythologie der Reconstruction Era in einem Prozess der Assimilierung neuer, zunächst europäischer Immigrationswellen an die nationalen Ideale, weshalb sich die Metapher des Melting Pot nachhaltig etablierte. Gleichzeitig war aber der amerikanische Nationalismus nie rein zivil, sondern hatte stets ethnische Züge, die sich, wie bereits weiter oben verdeutlicht wurde, auch im 20. Jahrhundert materialisierten. Und selbst im 21. Jahrhundert hat diese Tendenz Bestand; man denke beispielsweise an den aus europäischer Perspektive erstaunlich wirkenden Erfolg der *Tea Party* Bewegung, die nach wie vor mit rassistischer Polemik Teile der Bevölkerung mobilisieren kann. Dem entgegen steht, um bei heutigen Entwicklungen zu bleiben, die von Barack Obama personifizierte Idee der sozialen Mobilität für Menschen jeder ethnischen Herkunft. Diese Mobilität, die als Zeichen für die Offenheit des zivilen Nationalismus in den USA steht, wird auch heute noch, trotz des Widerspruchs zu den empirischen Tatsachen, von der Mehrzahl der US-Amerikaner als sozialer Fakt des Lebens in den Vereinigten Staaten empfunden.

In Kanada konnte der Nationenbildungsprozess nicht ohne weiteres auf eine Stimme, auf einen starken Diskurs reduziert werden. Die nationale Konstruktion innerhalb des britischen Empires bot zwar ein gewisses Identifikationspotenzial mit der britischen Krone, beispielsweise durch den Mythos der *master race*, jedoch mangelte es an einenden Gründungs- und Opfermythen, die die unterschiedlichen Regionalismen und ethnischen Gruppierungen nach der zögerlichen Lossagung aus dem britischen Empire im 20. Jahrhundert hätten vereinen können. Die Bildung einer transkontinentalen kanadischen Nation wurde seit Anbeginn durch das Fehlen eines zivilen oder ethnischen Kristallisationspunktes erschwert. Statt einer einmaligen Abstoßbewegung steht die kanadische Nation daher seit dem 19. Jahrhundert im Spannungsfeld zwischen US-amerikanischer Superiorität auf der einen Seite und einem zunehmend territorial gedachten quebecer Nationalismus auf der anderen Seite.

Die Ausprägung eines quebecer Separatismus ist das vielleicht prägnanteste Beispiel für eine innere Fragmentierung der kanadischen Gesellschaft. In Québec verlagerte sich mit der Modernisierung der Lebensverhältnisse auch der nationale Diskurs vom traditionellen Identitätsträger, der römisch-katholischen Kirche, auf die französische Sprache und Identität sowie auf das Territorium. Vom reinterpretierten Mythos der Survivance genährt konnte sich damit ein quebecer Nationalismus entwickeln, der ab den 1960er Jahren zu Forderungen nach nationaler Unabhängigkeit führte. Dieser Separatismus konnte durch die Multikulturalismuspolitik seit den 1970er Jahren ein Stück weit abgefedert werden – zumindest entschieden sich die Wähler in den Referenda von 1980 und 1995 (hier sehr knapp) gegen eine Abspaltung –, so dass sich der kanadische Nationalstaat trotz aller gesellschaftlichen Partikularismen als weltpolitischer Akteur behaupten konnte. Wurde die ›quebecer Frage‹ in den 30 Jahren, die der Stillen Revolution folgten, noch sehr deutlich artikuliert, scheinen mittlerweile auch die Stimmen nach Unabhängigkeit zu verhallen und Kanada als stabiler Föderalstaat fortzubestehen.[23]

---

23 Aktuell zur quebecer Gesellschaft und zum frankophonen Nationalismus in Québec vgl. Gagnon et al. 2011, Bock-Côté 2007, Bernier 2005; sowie zu Québecs Rolle als paradigmati-

Zum einen lässt sich also festhalten, dass die Beantwortung der Frage nach der Entstehung der Nation nur *zwischen* den Gesellschaften zu formulieren ist. Die englische Nation entstand in mehrerlei Hinsicht durch die Wechselwirkungen mit ihren Kolonien und die französischen Forderungen nach nationaler Gleichheit und Freiheit sind ohne das idealisierte Vorbild Englands und die Vorreiterrolle der amerikanischen Revolution historisch schwer erklärbar. Auch in Nordamerika entstanden nationale Identitäten zwischen den Welten, nämlich in der historischen Unterordnung oder Abgrenzung im Bezug zum europäischen Ursprungsland der Siedler und in Wechselwirkung mit den demographischen, industriellen und geographischen Gegebenheiten und Entwicklungen vor Ort, auf dem ›neuen‹ Kontinent.

So wenig wie sich aber *ein* Entstehungsort oder *ein* Schlüsseldatum für die Bildung moderner Nationen finden lässt, ist der Nationenbildungsprozess nur mit einem Erklärungsansatz zu begreifen, der *entweder* politökonomische *oder* kulturalistische Entwicklungen untersucht. Im Bildungsprozess der hier betrachteten Nationen sind strukturelle Ähnlichkeiten zu erkennen, die über rein materialistische oder idealistische Erklärungsweisen hinausgehen. Mittels des Idealtypus der Nation – dem Resultat aus einer komplexen Gemengelage aus kapitalistischer Expansion und staatlicher Konsolidierung, aus technologischer Neudimensionierung von Kommunikationsnetzwerken und aus historiographischer Mythenbildung – lassen sich Differenzen und Analogien zwischen den unterschiedlichen Nationenbildungsprozessen erkennen. Statt eines linearen und einheitlichen, historisch determinierten Prozesses hin zur stetigen Verbreitung des modernen Konzeptes der Nation und des Nationalstaats offenbaren sich Ungleichzeitigkeiten in der Nationenbildung, sowie historische Differenzen und räumlich unterscheidbare Anpassungen des Nationenkonzepts. Wenn wir also idealtypische Strukturen des Nationenbildungsprozesses aufzeigen, dann auch, um die Bruchlinien und divergenten Prozesse eines keineswegs unumgänglichen Prozesses zu benennen.

So hat die Entstehung von Zentralstaaten (*Handel & Staatsmacht*) im Falle Englands, Frankreichs und der Vereinigten Staaten einen nationalen Legitimierungszwang der Führungseliten nach sich gezogen, der das Prinzip der Nation auf die Bürgerschaft ausweitete und der zum Maßstab darauffolgender Anerkennungsforderung geworden ist. In Kanada hingegen wurde die Legitimität des Zentralstaats bereits vor seiner Konsolidierung von vielen Seiten in Frage gestellt. Erst, um einen Weg aus der politischen Sackgasse der 1860er Jahre zu finden und um angesichts des expansionistischen Nachbarn im Süden ökonomische und politische Stabilität zu gewährleisten, kam es in der zweiten Hälfte des 19. Jahrhunderts zu einer Institutionalisierung und Bündelung wirtschaftlicher und politischer Interessen, die einen Nationenbildungsprozess anstießen. Die Auflösung der Pattsituation gelang mit der Entstehung der Konföderation und einer nationalen Identität in Teilaspekten. Jedoch waren die späte Konsolidierung des Föderalstaats und der Mangel identitärer Abgrenzungsbewegungen (die in den anderen untersuchten Fällen jeweils gegeben waren) auch Gründe für einen wenig einheitlichen Nationenbildungsprozess. Rechenschafts- und Legitimationsmechanismen der zum Vorbild werdenden demokratischen Staatsform bedingten also in den unterschiedlichen Fallbeispielen in sehr unterschiedlichem Maß die Ausbildung einer homogenisierenden

---

sches Beispiel für Separatismus, Keating 2011, Lammert 2004, Waldmann 1989.

Kultur und waren dabei aber keineswegs in strikt chronologischer Abfolge aneinander gekoppelt.

Die moderne Nation nahm nicht nur wegen sich ändernder Machtprinzipien, sondern auch auf Grund gesellschaftlicher und technologischer Neuerungen (Technologie & Kommunikation) ungekannte Dimensionen an. Die Ausbreitung nationaler Ideologien ist in allen vier betrachteten Fällen zweierlei Entwicklungen geschuldet. Zum einen der Ausweitung der Kommunikationskanäle durch technologischen Fortschritt. In Europa durch die Homogenisierung der Deutungs- und Handlungsmuster, die sich an der Entwicklung von Standardsprachen nachvollziehen lässt und die von neuen Kommunikations- und Druckmedien gestützt wurde. In Nordamerika weniger durch eine einheitliche Sprache (die weitestgehend gegeben war), sondern durch eine nie da gewesene Überbrückung von Distanzen durch neue Kommunikationswege (Eisenbahnen, Drucktechnologie, etc.) und die Vereinheitlichung kultureller Muster über diese Distanzen. Zum anderen konnte eine nationale Ideologie durch die Möglichkeit verbreitet werden, Völkermassen tatsächlich über jene neue Medien erreichen zu können, das heißt durch eine staatlich getragene ideelle Homogenisierung. Also durch die Umstrukturierung feudal geprägter Gesellschaften zu industriellen Gemeinschaften mit erhöhter sozialer Mobilität und Kommunikationsfähigkeit, die einen Austausch über vereinheitlichende nationale Sprachen, Symbole, Mythen und Kulturpraktiken erlaubten. Kanada ist auch hier ein Sonderfall. Die stockende, von Provinzialismen und ethnischer Fragmentierung lange gehemmte Entwicklung der Eisenbahn oder die problematische Reform des Erziehungssystems stehen sinnbildlich für die Bildung einer kanadischen Nation. Erst äußere (USA) und innere (Frankokanadier) Bedrohungsszenarien veranlassten die Formulierung und Realisierung eines nationalen Projektes in Kanada.

Die kollektive Erinnerung an und Verdrängung von Geschichtsereignissen sowie deren Umdeutung zu Gründungs- und Opfermythen (*Gesellschaft & Gedächtnis*) diente zur Identifikation der nationalisierten Bevölkerung mit den nach den Bürgerrevolutionen entstehenden Herrschaftsregimen und konnte in den unterschiedlichen Zusammenhängen verschiedene Formen annehmen. Diese Mythen dienten zur Konsolidierung der Hierarchien innerhalb des jeweiligen nationalen Bezugsrahmens. Während in Frankreich und England nationale Gruppierungen die Staatswerdung zu einer nationalen Genesis umdeuteten, die sich schon in lang vergangenen historischen Ereignissen anzudeuten schien, konnte in den Vereinigten Staaten ebenjener Mangel einer (europäischen) Geschichte als Grund für die Einzigartigkeit des eigenen Nationalismus dienen. In den USA bedeutete dies ferner, nach dem Bürgerkrieg die Ideale der Freiheit und Gleichheit als Konstanten in einer einheitlichen Nationalgeschichte zu interpretieren. In Kanada hingegen hat insbesondere die Einbettung im britischen Empire und der daraus resultierende Mangel an Gründungs- und Opfermythen, sowie die gespaltene nationale Historiographie bis in die Gegenwart die Entstehung einer kanadischen Nation gehemmt und den Multikulturalismus als Alternative zum (herkömmlichen) Nationalismus und einzigen Kompromiss partikular-nationalistischer und regionalistischer Tendenzen hervorgebracht.

Die Kombination verschiedener historisch bedingter Entwicklungen führte also zu konkreten Nationalismen, die, wenn sie auch der dynamischen Wechselwirkung ähnlicher Faktoren geschuldet sind, voneinander abweichen und unterschiedliche Formen des gesellschaftlichen Zusammenlebens zu Tage gefördert haben. Kulturelle und politökonomische Dynamiken dieser Prozesse sind auch deshalb nicht voneinander zu isolieren, da der gemeinschaftliche Glauben beispielsweise an ›Laissez-faire‹ und ›Individualismus‹ oder aber an staatliche Interventionen und soziale Verantwortung – Kultur im weiteren Sinne – direkt die Institutionen und die Politik des Landes beeinflusst hat. Im Gegenzug ist auch die nationale Kultur geprägt von der wirtschaftlichen und politischen Stellung im internationalen System, vom Verhältnis zwischen dem Privaten und dem Öffentlichen, von der Polarisierung der Einkommens- und Lebensverhältnisse, um nur einige Beispiele zu nennen. Abschließend wollen wir betrachten wie sich dieses immer gleichzeitige Zusammenspiel zwischen materiellen und ideellen Kräften im Zeitalter der sogenannten Globalisierung auf Nationalstaaten und das Konzept der Nation ausgewirkt hat.

Nation und Identität im 21. Jahrhundert

Seit den 1980er Jahren und insbesondere seit dem Zusammenbruch der Sowjetunion ist vermehrt von der Auflösung des Nationalstaats und im selben Atemzug vom Ende der Nation die Rede. Diese wenig konkreten Vermutungen basieren häufig auf der Annahme historischer Linearität und argumentieren oft mit einem Verweis auf Phänomene der Globalisierung. Letzteres wohl auch deshalb, weil die Untersuchung von Globalisierungsprozessen seit den 1980er Jahren enorme Aufmerksamkeit im öffentlichen Diskurs und in verschiedensten wissenschaftlichen Disziplinen erhalten hat. Trugen in der in diesem Bereich federführenden anglo-amerikanischen Literatur im Jahr 1980 noch 48 Bücher die Worte ›global‹ oder ›Globalisierung‹ in ihrem Titel, wuchs diese Zahl bis 1998 sprunghaft auf 589.[24] Heute ist der Begriff der Globalisierung aus den Sozial- und Geisteswissenschaften, aber auch aus öffentlichen Debatten über die Entwicklung von Gesellschaften nicht mehr wegzudenken.

Trotz der diversen Blickwinkel, die in diesem Diskurs eingenommen worden sind, beläuft sich das Verständnis von Globalisierungsprozessen auf eine Reihe grundsätzlicher Annahmen. Im Kern dieser Debatte liegt die Hypothese, die stetig wachsende Mobilität von Menschen und die vermehrten Verbindungen zwischen den verschiedenen Erdteilen führten zu einer stetig steigenden Integration politischer, kultureller und wirtschaftlicher Räume und damit zu einer Unterwanderung der nationalstaatlichen Einheit. Mel van Elteren definiert Globalisierung demnach als »[...] jene Prozesse, die auf einer weltweiten Skala operieren, die über nationale Grenzen hinweg funktionieren und Gemeinschaften und Organisationen in neuen Raum-Zeit-Kombinationen miteinander in Verbindung setzen und integrieren, wodurch die Welt objektiv gesehen und in der Wahrnehmung von Menschen enger zusammenwächst.«[25]

Politisch und kulturell leitet man daraus, vor allem in Folge der Modernisierungstheorie, eine Homogenisierung der Welt und eine Konvergenz der Gesellschaften ab.[26] Nehmen wir drei bekannte Werke der Politik- und Sozialwissenschaften, die die Globalisierungsdiskussion seit 1990 geprägt haben und ein ähnlich lineares Geschichtsver-

---

24 Guillén 2010, 7.

25 Van Elteren 2004, 54 f.; im Original: »[...] those processes, operating on a worldwide scale, which cut across national boundaries, integrating and connecting communities and organizations in new space-time combinations, making the world objectively and in the experience of people, more interconnected.« Ähnlich definiert Mauro F. Guillén Globalisierung als einen »Prozess, der zu größerer Interdependenz und gegenseitigen Bewusstwerdung (Reflexivität) zwischen ökonomischen, politischen und sozialen Einheiten in der Welt und zwischen Akteuren generell führt« [im Original: »a process leading to greater interdependence and mutual awareness (reflexivity) among economic, political, and social units in the world, and among actors in general.« Guillén 2010, 4] Auch Guillén stimmt aber zu, dass ein Verständnis von Globalisierung, dass lediglich eine globale Konvergenz vermutet, zu kurz greift; Guillén 2010.

26 In den 1950er und 1960er Jahren wurde diese Sicht insbesondere von Ökonomen und Soziologen vorangetrieben. Während beispielsweise Jeffrey Williamson die Konvergenz von Durchschnittseinkommen und Arbeitsmärkten vermutete, sah Daniel Bell den technologischen Fortschritt als Kraft der gesellschaftlichen Angleichung im postindustriellen Zeitalter; vgl. Guillén 2010, .9

ständnis an den Tag legen, als Beispiel. Das Ende des Kalten Kriegs hat die Ära eines bipolaren internationalen Systems beendet, was Francis Fukuyama als »end of history« interpretierte, womit er ein Ende der Ideologien mit dem Triumph des Liberalismus auf globaler Ebene meinte.[27] Der Siegeszug des Kapitalismus, so die Annahme, habe weltweit auch politisch und kulturell zur Durchsetzung des Liberalismus als einziger Option zur gesellschaftlichen Organisation geführt. Den Annahmen der Theorie des demokratischen Friedens (*democratic peace theory*) folgend prognostizierte Thomas L. Friedman ähnlich, dass die Globalisierung weltweit Ungleichheiten nivellieren, Individuen stärken und Frieden schaffen würde.[28] Auch hier liegt die politische und ökonomische Konvergenz im Zentrum der Hoffnungen eines von Staaten ungestörten Freihandelsliberalismus. Lässt man die unsichtbare Hand walten, hallt es aus dem 19. Jahrhundert wider, wird der globale Markt knappe Ressourcen schon gerecht verteilen, als ob das der eigentliche und ausschließliche Inhalt geschichtlicher Entwicklungen und gesellschaftlichen Strebens sei. Weniger hoffnungsfroh entgegnete Samuel P. Huntington, dass »Unterschiede zwischen Zivilisationen die längsten und gewaltsamsten Konflikte ausgelöst haben« und sagte einen »clash of civilizations« voraus, den später viele Kommentatoren im *Krieg gegen den Terror* der Bush-Regierung zu erkennen glaubten.[29] Auch bei ihm befinden wir uns in einem postnationalen Zeitalter, in dem aber eine neue Form der ethnischen Essenzialisierung, die Kategorie der Zivilisation, wie sie angeblich schon seit Jahrtausenden existiert, die Konfliktlinien des neuen Jahrtausends vorzeichnet. Trotz der klaren Unterschiede in den hier stark verkürzt wiedergegebenen Argumentationsweisen deuten alle drei Autoren die Angst vor einem globalen Indentitätsverlust an, eine Angst, auf die wir noch zu sprechen kommen. Dieses ideologische Vakuum ist nicht ungleich dem, das die Aufklärung und die Revolutionen des 18. Jahrhunderts geschaffen hatten und das durch die Nation gefüllt worden war. Zudem nehmen Fukuyama, Friedman und Huntington eine Zukunft an, die anders sein soll als die Gegenwart; die sich auf neuer Ebene in verschiedenen, konvergenten Mustern neu zusammensetzt – und die besser sein könnte als die Vergangenheit und Gegenwart, wenn wir uns nur auf die Lektionen der Geschichte besinnen.

27 Fukuyama 2006.

28 Friedman 1999, 2007. Die oft auf Immanuel Kant zurückgeführte Theorie des demokratischen Friedens leitet aus dem durch internationales Recht vermittelten internationalen Handel die notwendige Verbreitung von Demokratien und damit von Frieden ab; siehe zum Beispiel Russett/Oneal (2001). Dass diese Meinung in gewissen Aspekten weiten Zuspruch fand, zeigt sich an folgendem Zitat: »An die Stelle der alten, durch Landeserzeugnisse befriedigten Bedürfnisse treten neue, welche die Produkte der entferntesten Länder und Klimate zu ihrer Befriedigung erheischen. An die Stelle der alten lokalen und nationalen Selbstgenügsamkeit und Abgeschlossenheit tritt ein allseitiger Verkehr, eine allseitige Abhängigkeit der Nationen voneinander. Und wie in der materiellen, so auch in der geistigen Produktion. Die geistigen Erzeugnisse der einzelnen Nationen werden Gemeingut. Die nationale Einseitigkeit und Beschränktheit wird mehr und mehr unmöglich, und aus den vielen nationalen und lokalen Literaturen bildet sich eine Weltliteratur.« Dieses Zitat stammt nicht etwa von Immanuel Kants Ewigem Frieden – und auch nicht aus Thomas L. Friedman's ›Flache Welt‹, sondern aus dem 1848 veröffentlichten Kommunistischen Manifest von Friedrich Engels und Karl Marx.

29 Huntington 2008, 36; im Original: »differences among civilizations have generated the most prolonged and the most violent conflicts.«

Damit ist jedoch noch nicht viel gesagt – und vielleicht sollten sich die Geistes- und Sozialwissenschaften auch in der Tat darauf beschränken, die Vergangenheit und nicht die Zukunft erläutern zu wollen. Wir wollen uns dennoch für den Moment auf eine Reihe gegenwärtiger Globalisierungsnarrative konzentrieren, die in akademischen Kreisen diskutiert worden sind und in denen die Argumentationslinien Fukuyamas, Friedmans und Huntingtons widerhallen – und teils auch kritisiert werden. In ihnen werden Globalisierungsprozesse nuancierter untersucht und lassen vielleicht einen Blick auf die neuen Rollen des Nationalstaats im 21. Jahrhundert zu. Es fällt hierbei – ähnlich wie bei den materialistischen oder idealistischen Erklärungsweisen der Nationenbildung – vor allem die binäre Untersuchung kultureller oder politökonomischer Entwicklungen als Symptome und Motoren der Globalisierung auf.

Einige Autoren, wie etwa Byung-Chul Han vertreten ähnlich Friedman und Fukuyama das Konzept einer neu entstehenden »Hyper«- oder »Weltkultur«, in der neue Kommunikationstechnologien erlauben, sich die Welt als einen Ort vorzustellen, dem wir als Individuen zugehörig sind.[30] Differenzierter unterstreichen andere wiederum, wie beispielsweise der Geograph Nigel Thrift, dass Identitäten sich kreuzen (*intersection*) und neu zusammensetzen (*recombination*).[31] Wenn dies geschieht, entstünden ›temporäre Kontaktpunkte‹, wo die Handlungen von Individuen »sich überschneiden, sich einander annähern oder in paradoxen und antagonistischen Beziehungen fortbestehen.«[32] Eine solche Neuzusammensetzung der Identitäten würde bedeuten, dass aus der Kombination und Vermischung ursprünglicher Identitätskonzepte neue Identitäten entstünden. Bei dieser Argumentationsweise steht also vor allem die Schöpfung neuer Narrative im Vordergrund, die nicht unbedingt zur Konvergenz, sondern auch zur fragmentierenden Individualisierung führen kann. In eine ähnliche Richtung geht auch die Idee, sich neue Identitäten im Konsumverfahren anzueignen, sich also die eigene Identität individuell aus einem Markt der Identitäten zusammenzustückeln (was durchaus auch wörtlich, zum Beispiel in Bezug auf den Einkauf bestimmter Marken- und Designerartikel, zu verstehen ist).[33]

Dieses Verständnis der Globalisierung nimmt an, dass Kultur nicht mehr in einem bestimmten Territorium fixiert ist. Kultur und Bedeutung bewegen sich in neuen Konstellationen, deren Zeitlichkeit und Räumlichkeit sich damit verschieben.[34] Diese Annahme ist eng mit einem gewissen Verständnis der politisch-ökonomischen Realitäten verknüpft – auch wenn diese Verknüpfung nicht allzu oft artikuliert wird. Denn Kultur löst sich deshalb vom (nationalen) Raum, weil die mit der Globalisierung einhergehende erhöhte Mobilität von Menschen, von Gütern, Kapital und Informationen existieren-

30 Wagner 2001; Han 2005.

31 Thrift 1997, 181.

32 Im Original: »momentary points of contact«; Massey 1994, 3 in Thrift 1997, 182; im Original: »are cross-cutting, intersecting, aligning with one another, or existing in relations of paradox or antagonism.«

33 Zukin 2005.

34 Dieses Argument ist schwer zu entkräften, denn sicherlich ist der traditionelle, nationalstaatliche Verbund zwischen »Ethnos und Territorium« durch die erhöhte Mobilität von Menschen und ideologischen Konzepten ein Stück weit aufgebrochen worden; siehe z. B. Inda/Rosaldo 2002, 21. Neue Konstellationen diasporadischer Netzwerke reflektieren eine ungekannte kulturelle Heterogenität in vielen Nationalstaaten und haben zu einer Neu-Aushandlung althergebrachter Bedeutungssysteme und identitärer Bezugsgrößen geführt.

de Totalitäten aufgebrochen und geopolitische Referenzrahmen des 19. Jahrhunderts zersprengt hat.

So ist die Behauptung des materialistisch argumentierenden Lagers, dass Nationalstaaten »sowohl von ›oben‹, von ›unten‹ als auch lateral […] starken Kräften der Veränderung ausgesetzt« sind, fast ein Gemeinplatz geworden.[35] In einem Prozess der Skalenverschiebung verliert die nationale Ebene an politischer Bedeutung, indem ihre Akteure in ihrer Entscheidungsgewalt eingeschränkt werden, in nicht unerheblichem Maße beispielsweise von Fluktuationen globalen Investitionskapitals. Exemplarisch für andere Befürworter dieser These betont auch Michael Keating, dass die »transnationale Integration […] den Ort zahlreicher Entscheidungsprozesse« in neue Foren verlagert, die individuelle Staaten an Autonomie verlieren lassen:

> Gleichzeitig haben politische und funktionelle Ursachen […] zur Dezentralisierung vieler Staaten geführt, indem sie regionale Regierungsebenen etabliert oder gestärkt haben. Privatisierung und Deregulierung haben den Handlungsspielraum von Staaten hinsichtlich des Marktes unterlaufen – eine Entwicklung, die von transnationalen Kapitalflüssen und den Strategien multinationaler Unternehmen begünstigt worden ist.[36]

Aus den Kapital- und den damit zusammenhängenden Migrationsströmen wird ferner abgeleitet, dass der »soziale und kulturelle Pluralismus die Fähigkeit des Staates vermindert, Identitäten, Normen und Minderheitenkulturen mitzugestalten.«[37] Während also manche Autoren die kulturelle Umstrukturierung der Nation in Hybriden und Rekombinationen betonen, heben andere die den Nationalstaat zersetzenden Kräfte der globalen Polit-Ökonomie hervor, die damit als Grundlage der Globalisierung verstanden werden.

In diesem Prozess der Skalenverschiebung gehen auch Städte und Regionen ein neues Wettbewerbsverhältnis mit Nationen ein, indem sie – ob des Rückzugs des Staates zum Teil auch gezwungenermaßen – den globalen Kapitalmarkt zum Antriebsmotor des eigenen Wachstums machen.[38] Auch untereinander stehen Städte und Regionen angesichts dieser Restrukturierungen in neuen Wettbewerbsverhältnissen. Wilhelm Amann, Georg Mein und Rolf Parr merken diesbezüglich an: »Zum einen verdichten sich Globalisierungsphänomene zunächst in den Metropolen und scheinen dabei deren Machtansprüche zu unterstützen, zum anderen erstarken auf ihrer Rückseite durch die informationstechnischen und medienkulturellen Entwicklungen die zwischenzeitlich als randständig angesehenen Regionen wieder neu.«[39]

---

35 Keating 2011, 382.

36 Ebd., 382.

37 Ebd., 382.

38 Jessop/Sum 2006, 283; auch Keating 2011. Dies aber keineswegs ohne die Unterstützung des Staates. Vielmals ist seit den 1970er Jahren die Rollenverteilung bei Private-Public-Partnerships in der Stadt- und Regionalentwicklung klar gewesen. Die des Staates belief sich zumeist darauf, business-freundliche Bedingungen zu schaffen und bei Scheitern der Projekte den Scherbenhaufen zusammenzukehren – was folglich nicht selten zu risikobehafteten Unternehmungen auf privater Seite geführt hat.

39 Amann et al. 2008, 7. Zur Skalenverschiebung und zur neuen Rolle des Staates, insbesondere mit Blick auf die lokale Ebene, vgl. überblicksweise Sassen 2007, Brenner 2004 und den Sammelband von Brenner/Theodore 2008.

In Ermangelung einer neuen privilegierten Skala – der Rolle, die einst die Nation und der Nationalstaat eingenommen haben, wie sie aber nun von globalen Foren oder lokalen und regionalen Entscheidungszentren nicht übernommen worden sind – bleibt im Kontext dieser Skalenverschiebungen, wie Bob Jessop anmerkt, die (neoliberale Form der) Globalisierung selbst der »inklusivste strukturelle Kontext, in dem Prozesse auf anderen ökonomischen Skalen identifiziert und miteinander in Zusammenhang gebracht werden können«; die Globalisierung ist der »breiteste Handlungshorizont, auf den Akkumulationsstrategien und ökonomische Projekte ausgerichtet werden können« – und in diesem Sinne ein Vehikel der Gleichförmigkeit.[40]

Was hier schon in der Idee des Handlungshorizonts anklingt, sollte uns, ungeachtet der Frage, ob wir uns auf der Seite des materiell oder des ideell argumentierenden Lagers wähnen, auf den konstruierten Charakter der Globalisierung aufmerksam machen. Auch Philip G. Cerny warnt diesbezüglich, dass es weniger die politischen, wirtschaftlichen oder kulturellen Gegebenheiten, als vielmehr der Diskurs der Globalisierung selbst ist, der Handlungsmöglichkeiten vorbestimmt und einschränkt:

> Die Globalisierung kann nicht einfach empirisch anhand messbarer Kriterien nachgewiesen werden, die etwa die Konvergenz (oder ihr Fehlen) von Unternehmensformen und gesellschaftlichen Strukturen bemessen. Das vielleicht entscheidendste Charakteristikum der Globalisierung liegt darin, dass sie einen Diskurs darstellt – und, immer mehr, einen hegemonialen Diskurs [...]. In diesem Sinne ist es die Verbreitung dieses Diskurses selbst, die a priori Ideen und Wahrnehmungen verändert, die Menschen von empirischen Phänomenen haben, denen sie begegnen; damit erzeugt die Globalisierung Strategien und Taktiken, die wiederum den Fortgang der Globalisierung strukturell beeinflussen. Mit der Erosion alter Axiome beeinflusst das Konzept der Globalisierung zunehmend die Bedingungen der Debatte.[41]

Dieser Diskurs, der die Nation sowohl materiell als auch ideell in ihrer Auflösung begriffen sieht, erinnert paradoxerweise selbst an die Nationenbildung des 18. und 19. Jahrhunderts. Analog war auch dort die Nation der absolute Horizont kollektiver Kultur, Wirtschaft und Politik. Die Totalität der Nation stellte einen hegemonialen Diskurs

---

40 Jessop/Sum 2006, 280; im Original: the »[...] most inclusive structural context in which processes on other economic scales can be identified and interrelated«; it is »the broadest *horizon of action* to which accumulation strategies and economic projects can be directed.« Saskia Sassen gibt ein einleuchtendes Beispiel für dieses Konzept, wenn sie argumentiert, dass als national dargestellte politische Strategien seit den 1980er und 1990er Jahren zunehmend einer tatsächlichen Anpassung an ökonomische Globalisierungsprozesse gedient haben. So auch zum Beispiel in Bereichen, in denen man es zunächst nicht vermuten würde, beispielsweise im Schulsystem: »For example, larger public investing into raising school standards in the United States may now be connected to shaping a ›competitive‹ labor force for a global world. This would be a different project and purpose from the original concept of educating one's population as a matter of civil and social rights.« Sassen 2006, 228.

41 Cerny 1997, 256; Kursivierungen im Original: »Globalization cannot simply be verified empirically according to measurable criteria such as the convergence (or not) of corporate forms or social structures. Perhaps its most crucial feature is that it constitutes *a discourse* - and, increasingly, a hegemonic discourse [...]. In this sense, the spread of the discourse itself alters the *a priori* ideas and perceptions which people have of the empirical phenomena which they encounter; in so doing, it engenders strategies and tactics which in turn may restructure the game itself. With the erosion of old axioms, the concept of globalization is coming increasingly to shape the terms of the debate.«

dar – wir haben ihn bisher mit Bourdieu als starken Diskurs bezeichnet – der »*a priori* Ideen und Wahrnehmungen verändert« hat; sie erzeugte »Strategien und Taktiken«, die wiederum den Fortgang der Nation strukturell beeinflussten. Auch hier gilt, dass mit der »Erosion alter [in diesem Fall feudaler] Axiome« das Konzept der Nation zunehmend die Bedingungen gesellschaftlicher Debatten veränderte.[42]

Was passiert also mit Staat, Nation und Identität im 21. Jahrhundert, nachdem sich der Nationalstaat seit den 1980er Jahren auf dem Rückzug befindet und von der Globalisierung zersetzt wird – ob nun ›reell‹, diskursiv, oder in beiderlei Hinsicht? Formt sich durch die nun globalisierte Mobilität eine Art Weltnation? Wir haben ja gesehen, dass sich nationale Diskurse der gegenwärtigen Situation selektiv anpassen können, warum nicht auch globale Diskurse? Ist nicht in der rasant wachsenden Literatur der transnationalen Studien und der Geschichtsschreibung aus globaler Vogelperspektive eine Parallele zur Nationalisierung der Historiographie im 19. Jahrhundert zu erkennen?[43] Wir wollen das Wagnis eingehen, einige vorsichtige Hypothesen zu skizzieren und kritisch zu beleuchten.

In Analogie zu Gellner, der, wir erinnern uns, den Nationalismus als politisches Prinzip definiert hat, das nach einer Kongruenz von politischer und nationaler Einheit strebt, ließe sich in der Tat ein hypothetischer ›Globalismus‹ als die Forderung nach einer Übereinstimmung einer politischen und einer globalen Einheit bestimmen.[44] Fraglos ist dieser Vergleich problematisch, vergegenwärtigt man sich, dass weder *eine* politische Einheit auf globaler Ebene existiert, noch, dass in der Zivilgesellschaft die vielbeschworene Hybridisierung der Kulturen stattfindet und eine einheitliche Globalisierungsbewegung zu erkennen wäre.[45] Aber nehmen wir eine derartige Entwicklung an: Welche Schlüsse lassen sich angesichts dieser ineinander verwobenen Diskurse aus den hier untersuchten Variablen ziehen? Wie wirken sich die Entwicklungen in Handel und Macht, Kommunikation und Technologie, Gedächtnis und Gesellschaft in der Gegenwart aus? Lassen sich damit Fragen stellen, die bisher vernachlässigt wurden? Sind Parallelen zwischen Nationalismus und Globalisierung tatsächlich zulässig?

Wenn sich die Geburt der Nation mit machtpolitischen und wirtschaftlichen Verschiebungen im industriellen Zeitalter in Verbindung bringen lässt (*Handel & Macht*), welche Konsequenzen haben dann die Entstehung neuer supranationaler Handelsabkommen seit dem zweiten Weltkrieg und insbesondere seit Ende des Kalten Krieges für die Struktur der Gesellschaft und ihre Identität? Wer sind die Akteure in dieser

42 Ähnlich wie Cerny argumentieren auch Coe et al. 2010, dass der internationale Markt seit dem 19. Jahrhundert als der Gesellschaft externes und in sich selbst naturalisiertes System verstanden wird, das man zwar versucht mit einer gewissen Reihe politischer Strategien milde zu stimmen, dessen Wege aber letztlich unergründlich sind. Ein Blick auf die Börsenberichte und die ›Reaktionen der Märkte‹ reicht, um dies zu veranschaulichen. Zur neoliberalen Globalisierung als sich selbst bestätigendes System vgl. auch Bourdieu 1998.

43 Vgl. beispielsweise Pomeranz/Topik 2006 sowie McNeillMcNeill 2003.

44 Gellner 1983, 1. Joseph Nye hingegen definiert ›globalism‹ als »the reality of being interconnected«, während »globalization captures the speed at which these connections increase — or decrease.« Nye 2002.

45 Vielmehr zeichnen sich soziale Bewegungen der »Antiglobalisierung« ab, die in einem hochdiversen Netzwerk zwar nicht die Globalisierungstendenzen an sich anprangern (im Gegenteil, diese Bewegung nutzt ausgiebig und mit Expertise moderne Kommunikationstechnologien), sondern eher das demokratische Defizit der Finanz- und Wirtschaftsglobalisierung und der regionalen und internationalen Handelsabkommen. Lemire 2004, 247.

Wirtschaftsglobalisierung und wem ist an sozialer Kohäsion gelegen? Wenn es zu einer Neudimensionierung der Identitäten im territorialen Sinne kommen sollte, regionale Wirtschaftsabkommen also das Terrain für neue soziale Gruppen abstecken, dann zeigt die Europäische Union bereits, wie ein solcher Prozess aussehen könnte und mit welchen Problemen er behaftet ist. Die Konstruktion einer europäischen Identität scheitert bisweilen nicht zuletzt am Gewicht der nationalen Identitäten und nationalstaatlicher Institutionen. Die nach dem Ende des Kalten Kriegs losgetretene Debatte über das Ende des Nationalstaats hat sich also zumindest im Hinblick auf neue Bedrohungsszenarien, wenn überhaupt, dann nur in Ansätzen bewahrheitet. Dies gilt auch außerhalb der Europäischen Union. Die politischen Reaktionen auf den internationalen Terrorismus, die Finanzkrisen des 21. Jahrhunderts und den Klimawandel – (permanente) Krisensituationen, die eigentlich internationaler Koordination bedürften – zeichnen sich eher durch nationale Alleingänge als durch multilaterale Bündnisse auf globaler Ebene aus.[46] Das vermeintliche Residuum der Nation, als innergesellschaftliches Organisationsprinzip, bleibt demnach politisch handlungsfähig und bestimmend.

Gleichzeitig zeigt sich auch, dass in Fragen des internationalen Handels keineswegs von einer Auflösung nationalstaatlicher Macht die Rede sein kann. Das internationale System ist nicht etwa *flach* und Nationalstaaten pendeln sich nicht in einer gleichberechtigten Balance ein, in der sie in einer Weltregierung aufgehen könnten, sondern sie stehen in hierarchischen Verbindungen zueinander. Anders ausgedrückt: Das Funktionieren der bestehenden internationalen Arbeitsteilung in globalen Produktionsnetzwerken ist nicht, wie innerhalb der Nation der Fall gewesen, durch die steigende Gleichheit innerhalb eines Bezugssystems charakterisiert, sondern funktioniert eben genau durch die Ungleichheiten dieses globalen Systems.[47] Nun könnte man argumentieren, dass es auch im Falle der Nation Eliten waren, die Forderungen nach Gleichheit zunächst rhetorisch durchsetzten. Dasselbe könnte ja nun statt auf nationaler, auf globaler Ebene gelten. Für eine entsprechende Entwicklung gibt es zumindest momentan nur wenige Anzeichen. Darüber hinaus aber würde dies auch ein völlig neu gedachtes internationales System der Politik und Wirtschaft voraussetzen.

Wie verhält es sich mit globalen Kommunikationsnetzwerken? Sind das Internet und das Flugzeug nicht das Pendant zum Telegraphen und zur Eisenbahn? Sind Arbeiter nicht heute noch flexibler und daher noch einheitlicher? Neue Transport- und Kommunikationstechnologien haben zweifelsohne die Mobilität von Menschen, Gütern, Informationen und Kapital erhöht (*Kommunikation & Technologie*). Menschen können sich über das Internet mehr oder weniger unkompliziert über weite Distanzen unterhalten, Telefonpreise sind seit den 1990er Jahren in den meisten Ländern deutlich gefallen und der globale Tourismus eröffnet uns (im ›globalen Norden‹) weltweit jeden Ort, den wir besuchen wollen. Und genau darin liegt der Punkt. Über Internet und Telefon kommunizieren wir nicht mit wildfremden Menschen fremder Nationen, wir bewegen uns in den kulturellen Bahnen, die uns durch unsere Sozialisation und durch unseren Lebensalltag vorgegeben sind. Ebenso verhält es sich mit dem globalen Tourismus, der uns überdacht und sicher von unserem alltäglichen Schaffensbereich in exotische Erlebniswelten eintauchen lässt, immer mit dem Kitzel des Abenteuers und mit dem faden

46 Dass nationale Diskurse, im Gegenteil, von der Finanzkrise sogar gestärkt wurden, argumentiert mit Blick auf die Europäische Union auch Brubaker 2011.

47 Vgl. für eine exzellente Zusammenfassung dieser Position Coe et al. 2010.

Beigeschmack des Reproduzierten. In dieser Art des globalen Miteinanders suchen wir im Fremden vor allem die Bestärkung des Eigenen.

Globale Ungleichheiten, die unser Leben in Dienstleistungsgesellschaften tragen, treten immer stärker zu Tage, innerhalb und zwischen den Gesellschaften. So sind auch Flextime-Ansätze in Unternehmen, wie sie seit den 1980er Jahren vermehrt eingesetzt worden sind, nicht das funktionale Äquivalent zur industriellen Flexibilisierung. Denn in Letzterer sorgte der Staat für die Ausbildung der industriellen Arbeiterschaft, die sich in sozialen Bewegungen emanzipierte und kollektiv organisieren konnte. Flextime hingegen bedeutet heute auf hoher Ebene, bei den ›Entscheidungsträgern‹, etwas anderes als im Niedriglohnbereich. Wir bewegen uns in einer Vielzahl von Wirklichkeiten, die durch sehr unterschiedliche Parameter bestimmt sind. Wenn wir uns also über neue Medien besser verständigen und über neue Transportmittel besser erreichen können, bedeutet das keineswegs eine flache Verteilung globalistischer Ideale. Auch deshalb, weil die Annahme einer globalen Vereinheitlichung eine drastische Vereinfachung der tatsächlichen Entwicklungen ist. In Wirklichkeit ist der Verschiebungsprozess, der durch den Mobilitätszuwachs ausgelöst wird, deutlich komplexer: Diasporakulturen entstehen, kulturelle (Interessens-)Enklaven grenzen sich auf engstem Raum voneinander ab, Authentizität gewinnt in einer Zeit der *Ent-ortung* und *Ent-grenzung* an Bedeutung und kehrt die Hybridisierungs-Prozesse um.[48]

Sicherlich ließe sich auch hier ins Feld führen, dass der Nationalisierungsprozess des 19. Jahrhunderts ebenso zu keinem Zeitpunkt so einheitlich und vereinheitlichend war, wie er später dargestellt wurde. Auch an dieser Stelle wird also das *Konstruierte* der nationalen oder globalen Gemeinschaft entscheidend (*Gesellschaft & Gedächtnis*): Wer konnte und kann behaupten, es gäbe eine französische, englische, US-amerikanische Nation? Wer bestimmte die Quellen, die wir heute studieren? Und wer hat heute die Deutungshoheit? Die Stärke des Konzepts der Nation lag ebenso wie in dessen Flexibilität auch gerade darin, ungeachtet der Meinung von Einzelnen in einem hegemonialen Prozess als gegeben wahrgenommen zu werden. Wie wir bereits angedeutet haben, wird also eine globale Kultur auch erst dann existieren, wenn genug Menschen sie zu erfahren glauben und sich eine Art globales kollektives Gedächtnis etabliert. Es zeichnet sich mit der hypothetischen Frage nach einem neuen Globalismus aber in mehrerlei Hinsicht ein schwerwiegendes Problem ab. Eine globale Kultur würde ihr Menschenbild vermutlich auf universellen (Menschen-)Rechten fußen lassen. Jene würden wohl auf der *Allgemeinen Erklärung der Menschenrechte* der Vereinten Nationen beruhen und weitere Ideale der *europäischen* Aufklärung einbegreifen. Doch wie universell sind diese Werte? In Afrika, China und Indien sind die Narben der Kolonialisierung keineswegs verheilt. Die Menschenrechte, wie sie in ihren eigenen Verfassungen festgeschrieben stehen, werden zum Beispiel von einigen afrikanischen Präsidenten (zu Recht) als von den Kolonialherren oktroyiert empfunden und sollen neu ausgehandelt werden. Lassen sich »universelle Rechte« neu aushandeln? Jene von der UN 1948 fixierten Rechte, die ja zweifelsohne ein egalitäres Menschenbild postulieren, können daher nur dann weltweite Gültigkeit haben, wenn die Institution der Vereinten Nationen selbst und ihre völkerrechtlichen Institutionen international anerkannt werden und an Geltung gewinnen. Auch dies scheint, bis auf weiteres, eine Utopie zu bleiben.

48 Han 2005.

Es zeigt sich auch in diesem Kontext: Der große Widerspruch der Aufklärung, Gleichheit und Freiheit im Rahmen der Nation zu fordern, also durch die Ungleichheit und Unfreiheit des Anderen, hat sich bis heute nicht aufgelöst. Neben nationalstaatlichen Machtkämpfen kann ein weiterer Grund hierfür in der Frage gefunden werden, wie sich denn ein globales Gedächtnis und eine globale Gesellschaft überhaupt bilden könnten, wenn zur Selbsterkennung die Abgrenzung vom Fremden notwendig ist. Oder können neue Bedrohungen wie der Klimawandel und globale Pandemien oder etwa ein globales Terrornetzwerk ein die Menschheit einendes Abgrenzungsmoment schaffen und eine Formulierung von Werten allein aus einer dem Menschen gemeinen *Condition humaine* heraus veranlassen?[49] Neue Ansätze in den Geistes- und Sozialwissenschaften zeugen zumindest davon, Geschichte aus ihrem nationalen Kontext lösen zu wollen und Einzelereignisse und historische Entwicklungen aus einer globalen Vogelperspektive zu untersuchen.[50] Eine nicht zu leugnende Abschottung der »westlichen Zivilisation« vom »globalen Süden«, die wirtschaftlich, politisch aber auch kulturell geschieht, lässt jedoch ebenso wie jene zentrale Frage nach universellen Werten und Rechten (die mancher schon vor gut 200 Jahren beantwortet glaubte) deutlich weniger optimistisch in die Zukunft blicken.

Ungeachtet der Betrachtungsebene kann jedoch festgestellt werden, dass die jetzige Globalisierungswelle mit einer Restrukturierung einhergeht. Dies betrifft die Reorganisierung des Handels, der Macht und Kommunikation, aber auch der Loyalitäten.[51] Ebenso wie die Nation nicht die vollständige Beseitigung anderer Identitätsstrukturen (Religion, Regionalismus, Lokalismus, etc.) mit sich gebracht hat, sondern jene eher absorbiert oder überlagert hat, werden auch Globalisierungsprozesse nicht das Ende der Nation bedeuten. Die Frage ist daher nicht so sehr: Was kommt nach der Nation? Sondern: Was passiert mit der Nation? Wird eine globale Identität die partikularen Identitäten absorbieren (ähnlich der nationalen Identität in Frankreich, England und den Vereinigten Staaten des 19. Jahrhunderts) und die Nation zum folkloristischen Detail machen? Oder wird sie (wie die kanadische nationale Identität) die Partikularismen lediglich institutionell überdachen? Ist eine nationale Identität in der Zukunft im Kontext globaler Märkte und Finanzströme abträglich für wirtschaftliches Wachstum? Oder trägt sie zur notwendigen sozialen Kohäsion bei, die für nachhaltiges Wirtschaften benötigt wird?[52]

Vielleicht sitzen wir aber trotz aller gebotenen Vorsicht bei derlei Fragen einem anderen Problem auf. Einem Problem, das wir in der Analyse der Nationalstaaten bereits erkannt und gebannt zu haben glaubten. Nämlich jenem der vermuteten Linearität von Geschichte: der konstanten Aufwärtsbewegung, der Neuanordnung unserer Vergangenheit auf neuen, höheren Ebenen. Wenn wir also die Nationenbildung rückblickend als strukturellen, vielgestaltigen und doch in eine gewisse Richtung tendierenden Prozess untersuchen konnten, dann ist uns ein ähnlicher Blick auf die Zukunft verwehrt. Zum einen, weil wir es mit multiplen Akteuren zu tun haben, die keineswegs passiv das Geschehen der Globalisierung über sich ergehen lassen, sondern aktiv handeln.

49 Genau das ist die Argumentation von Ulrich Beck (2007) in seiner Analyse der ›Weltrisikogesellschaft‹.

50 Vgl. zum Beispiel McNeill/McNeill 2003.

51 Habermas 2008.

52 Dieser Frage widmen sich mit Blick auf Québec auch Graefe 2011 und Keating 2011.

Weil Individuen und Gruppen ihre Bedeutungssysteme selbst anpassen und neue Identitätsräume, auch im Kleinen, im lokal und regional Begrenzten entstehen lassen.[53] Zum anderen, weil wir auch tatsächliche Gegentendenzen zur Globalisierung erkennen können. Globalisierung sollte, wie Bob Jessop uns erinnert, nie als Singular sondern immer als Plural verstanden werden – und diese Globalisierungs*prozesse* bestehen auch aus solchen Entwicklungen, die der Globalisierung zuwiderlaufen. Das ständige Sinken der Transportkosten beispielsweise, welches unmittelbar mit der erhöhten Mobilität zusammenhängt, scheint einen Scheitelpunkt erreicht zu haben. Die Renationalisierung bestimmter wirtschaftlicher Sektoren nach Krisen, die steigende Notwendigkeit (national)staatlicher Intervention in freidrehenden internationalen Finanzmärkten, der ständige Rückbezug auf nationale Identitäten und nationale Symbolik in den revolutionären Bewegungen des ›arabischen Frühlings‹ und der kapitalismuskritischen Occupy Wall Street-Bewegung sind andere Beispiele für diese Gegentendenzen (oder Alternativen), die uns auf vielen Ebenen und in vielen Kontexten begegnen.

Anders ausgedrückt: Die Geschichte der Welt bleibt von Menschen gemacht. Sie wird erst nach ihrem Vollzug teleologisch. Oder, wie Andrew Abbott es ausdrückt: »Erst nachdem die Handlung passiert ist, die den Schlüssel im Schloss dreht, können wir von einem Wendepunkt sprechen.«[54] Das heißt nicht, dass wir, statt uns linear nach vorne zu bewegen, nun umkehren und rückwärts gehen – um bei dem gängigen unidirektionalen Geschichtsbild zu bleiben. Es heißt aber, dass das Kontinuum, auf dem wir uns zu bewegen glauben, komplexer ist als wir zugeben. Dass die stetige Ausweitung des Marktes als Prinzip der Global Governance womöglich an seine Grenzen gestoßen ist. Dass wir neu verhandeln müssen, ob Kapitalismus und Demokratie tatsächlich Hand in Hand gehen oder ob es der kollektiven Organisation bedarf, um gemeinsame Güter vor den Kräften eines nur scheinbar externen internationalen Marktes zu schützen. Dieser kritische Blick sollte auch auf einen möglichen Globalismus und die Idee des Kosmopolitismus gerichtet werden. Letzterer ist als Prämisse für den interpersonellen und zwischengemeinschaftlichen Dialog sicher wünschenswert, darf aber nicht als Freifahrtsschein für eine ultraliberale Wirtschaftspolitik verstanden werden, welche Ungleichheiten weiter verschärfen würde.

Es bleiben, wie so oft, mehr Fragen als Antworten. Ob es also zu einer multilateralen Koordination zur Bewältigung der dringendsten Krisen kommt? Ob jene über die Kurzfristigkeit anderer Arrangements hinausdenkt? Ob der Nationalstaat im Zuge dessen an Einfluss zurückgewinnt oder verliert? Und ob die Nation als identitärer Anker vielleicht inmitten neuer Ungewissheiten festeren Halt gibt als andere Affinitätsstrukturen und Formen der Gruppenloyalität?[55] Vielleicht müssen wir uns damit abfinden,

---

53 Die imperialistische Verbreitung westlicher Bedeutungssysteme und die Entstehung homogener Konsum-Monokulturen (vgl. Inda/Rosaldo 2002, 14 und Tomlinson 1997, 144) sind also in dem Sinne »alarmistische« Dystopien (Hannerz 2002, 41), als wir ›ungleiche Entwicklungen‹ in Betracht ziehen müssen, als (kulturelle) Konsumenten aktiv Entscheidungen treffen und zwischen den Identitäten neue Räume entstehen; vgl. auch Bhabha 2004.

54 Abbott 2001, 257; im Original: »Only after the action has been taken that turns the key can we speak of the turning point as having occurred. It is in this dialogue of structural possibility and action that turning points are defined.«

55 Ähnlich fragen auch Craig Calhoun und Georgi Derluguian: »Will World powers learn to work together to create a new world order, or will they be locked in new patterns of global conflict? How strong will attempts to create international regulatory systems be? How readily

dass wir die Zukunft nicht vorhersehen können. Wir sollten in der Zwischenzeit aber versuchen, die Diskussion offenzuhalten – und damit meine ich einen qualitativen Diskurs über die Möglichkeiten der Demokratie, der über die Grenzen der akademischen Welt hinausreicht.[56]

Dass die Zukunft ungewiss bleibt, ist ebenso verunsichernd wie befreiend. Sicher, die Nation war auch ein Weg, die eigene Bedeutungslosigkeit zu überbrücken; der ultimativen Indifferenz des Universums gegenüber unserem Schicksal, in deren Abgrund wir mit dem Bedeutungsverlust der Religion blickten, ein Schnippchen zu schlagen und neue Orientierungshilfen zu finden. Sie bot auch ein Forum, gesellschaftliche Ungleichheiten neu zu verhandeln. Doch diese Entwicklung der Nation folgte keiner unanfechtbaren Logik oder Essenz der Geschichte. Die zunehmende Gleichheit innerhalb westlicher Gesellschaften, wie sie auch Alexis de Tocqueville feststellte, war die Konsequenz politischer Forderungen und neuer Legitimationsmechanismen. Wie in jenen Emanzipationsprozessen haben wir also auch heute die Wahl. Auch das Zusammenleben in einer Welt, in der sich unser Schicksal unmittelbarer mit dem anderer Menschen auf allen Erdteilen berührt und von ihnen abhängt, bleibt Folge vieler Willensentscheidungen. Geschichte ist immer noch das Resultat aktiver Handlung und nicht die Konsequenz von anonymen Märkten, die als stumme Masse Kapital aus Ländern abziehen und deren metaphysisches Urteil über den Fortbestand von Ländern, Regionen und Städten richtet. Um mit Ernest Renans Worten zu schließen und dessen hoffnungsfrohen Blick auf eine änderbare, zivile Nation in die Gegenwart zu übersetzen: Der zivile Globalismus bleibt ein tägliches Plebiszit für eine globale Solidargemeinschaft, mit dem der Wille, das gemeinsame menschliche Erbe zu erhalten, stets neu eingegangen wird.

---

will nation-states evade them? Can the numerous other actors be more effectively organized?« Calhoun/Derluguian 2011, 10.

56 Denn auch die Tendenz vieler akademischer Disziplinen zur Mathematisierung; ihre Hoffnung in der Spieltheorie und der ökonometrischen Modellierung von Gesellschaften, den Naturwissenschaften näher zu sein und damit der Wiederholbarkeit gesellschaftlicher Experimente, hat uns die Krisen des frühen 21. Jahrhunderts nicht vorhergesagt. Wir dürfen nicht vergessen, dass Wirtschaft, Kultur und Politik immer miteinander verbunden sind. Auch Craig Calhoun und Georgi Derluguian erinnern uns: »Nur unter dem Einfluss von Ideologien« vergessen wir, dass Wirtschaft und Politik voneinander nicht zu trennen sind und immer auch innerhalb des sozialen und kulturellen Raums organisiert sind; nur durch »Denkgewohnheiten, die von der Spezialisierung akademischer Disziplinen unterstützt werden« vergessen wir diese Zusammenhänge. Wenn uns also in neoliberalen Denkkategorien glauben gemacht wird, der Markt sei eine Einheit, die am besten losgelöst von Kultur und Politik funktioniert, dann beweist wohl die Finanzkrise am besten, dass diese Trennung ein Trugschluss ist: »Die Krise ist nicht nur auf den Finanzsektor beschränkt, auch nicht auf bestimmte Märkte und ebensowenig ein Irrgang eines an sich geschmeidg funktionierenden kapitalistischen Wachstumsystems.« Schlimmer noch, sie engt uns grundsätzlich in unseren Denk- und Handlungsmustern ein. Calhoun/Derluguian 2011, 8; im Original: »It is only under ideological influence – and through mental habits encouraged by the divisions of academic disciplines – that we ever forget this. [...] The crisis is not merely financial, nor confined to markets, and not just an aberration within otherwise smooth capitalist growth.«

Literatur

Abbott, Andrew (2001): Time Matters. On Theory and Method. Chicago: The University of Chicago Press.

Académie Française (2011): La langue française. Académie Française. 21.10.2011 (zuletzt besucht) [www.academie-francaise.fr/langue/index.html].

Adloff, Frank (2005): Zivilgesellschaft: Theorie und politische Praxis. Frankfurt am Main: Campus.

Agulhon, Maurice (2001): Marianne au combat: L'imagerie et la symbolique républicaines de 1789 à 1880. Paris: Flammarion.

— (2000): Symbolik der Französischen Republik. In: Bizeul, Yves (Hrsg.): Politische Mythen und Rituale in Deutschland, Frankreich und Polen. Berlin: Duncker & Humblot, 153–160.

Althoff, Gerd (2003): Inszenierte Herrschaft. Geschichtsschreibung und politisches Handeln im Mittelalter. Darmstadt: Wissenschaftliche Buchgesellschaft.

Altrichter, Helmut (Hrsg.) (1995): Bilder erzählen Geschichte. Freiburg im Breisgau: Rombach.

Amann, Wilhelm/Mein, Georg/Parr, Rolf (2008): Räume im Fluss: Lokal, global, regional. In: dies. (Hrsg.): Zentren oder zentrale Peripherien? Kulturen und Regionen Europas zwischen Globalisierung und Regionalität. Heidelberg: Synchron, 7–11.

Amenda, Lars/Fuhrmann, Malte (Hrsg.) (2007): Hafenstädte: Mobilität, Migration, Globalisierung. Leipzig: Leipziger Universitätsverlag.

Amerikanischer Dienst (1983): Die deutsche Sprache in Amerika. Embassy of the United States of America. 07.09.1983. [http://usa.usembassy.de/etexts/ga-ad090783.htm].

Anderson, Benedict (2006): Imagined Communities: Reflections on the Origin and Spread of Nationalism. London: Verso Books.

— (2000): The Origins of National Consciousness. In: Hutchinson, John/Smith, Anthony (Hrsg.): Nationalism: Critical Concepts in Political Science. London: Routledge, 316–323.

— (1988): Die Erfindung der Nation. Zur Karriere eines folgenreichen Konzepts. Frankfurt am Main: Campus.

Angers, Stéphanie/Fabre, Gérard (2005): Échanges intellectuels entre la France et le Québec (1930–2000). Les réseaux de la revue Esprit avec La Relève, Cité libre, Parti pris et Possibles. Québec: Presses de L'Université Laval.

Appadurai, Arjun (2000): Modernity at Large. Cultural Dimensions of Globalization. Minneapolis: University of Minnesota Press.

Aranowitz, Stanley/Gautney, Heather (Hrsg.) (2003): Implicating Empire. Globalization & Resistance in the 21st Century World Order. New York: Basic Books.

Armony, Victor (2010): Leben in Québec. Soziokulturelle Betrachtungen eines Zugewanderten. Heidelberg: Synchron.

— (2002): Des Latins du Nord? L'identité culturelle québécoise dans le contexte panaméricain. Recherches sociographiques. Revue pluridisciplinaire d'études sur le Québec et le Canada français 43, 1, 19–48.

Bei Internetadressen erfolgte der letzte Zugriff zwecks Überprüfung, wenn nicht anders angemerkt, am 20. November 2011; daher sind Vermerke in der Bibliographie in der Regel nicht mit den jeweiligen Zugriffsdaten versehen.

Armstrong, John A. (2004): Definitions, Periodization, and Prospects for the Longue Durée. Nations and Nationalism 10, 1/2, 2004, 9–18.

— (1982): Nations before Nationalism. Chapel Hill: University of North Carolina Press.

Arnason, Johann (2006): Nations and Nationalism: Between General Theory and Comparative History. In: Delanty, Gerard/Kumar, Krishan (Hrsg.): The SAGE Handbook of Nations and Nationalism. London: Sage, 44–56.

Assemblée Nationale (2011): Ordonnance 188 d'août 1539. Assemblée Nationale. 21.10.2011 (zuletzt besucht) [www.assemblee-nationale.fr/histoire/villers-cotterets.asp].

Assmann, Aleida (2008a): Kollektives Gedächtnis. Dossier Geschichte und Erinnerung. Bundesagentur für politische Bildung. 26.08.2008. [www.bpb.de/themen/6B59ZU.html].

— (2008b): Gedächtnis-Formen. 26.08.2008. [www.bpb.de/themen/JSP0OK.html].

— (1995): Funktionsgedächtnis und Speichergedächtnis – Zwei Modi der Erinnerung. In: Platt, Kristin/Dabag, Mihran (Hrsg.): Generation und Gedächtnis. Erinnerungen und kollektive Identitäten. Opladen: Leske+Budrich, 169–185.

Assmann, Jan (2000): Religion und kulturelles Gedächtnis. München: Beck.

Azzi, Stephen (1999): Walter Gordon and the Rise of Canadian Nationalism. Montréal: McGill-Queen's University Press.

Babel, Rainer (2008): Frankreich von den Anfängen bis 1789. In: Kolboom, Ingo/Kotschi, Thomas/Reichel, Edward (Hrsg.): Handbuch Französisch: Sprache - Literatur - Kultur - Gesellschaft. 2., neu bearbeitete u. erweiterte Aufl. Berlin: Erich-Schmidt, 417–431.

Bartels, Larry M. (2008): Unequal Democracy. The Political Economy of the New Gilded Age. New York und Princeton: Princeton University Press.

Bashevkin, Sylvia B. (1991): True Patriot Love. The Politics of Canadian Nationalism. Toronto: Oxford University Press.

Baugh, Albert C./Cable, Thomas (1993): A History of the English Language. London: Routledge.

Bauhn, Per (1995): Multiculturalism and Nationhood in Canada: The Cases of First Nations and Quebec. Lund, Sweden: Lund University Press.

Baycroft, Timothy/Hewitson, Mark (2006): What is a Nation?: Europe: 1789–1914. Oxford: Oxford University Press.

Bayly, Christopher Alan (2006): Die Entstehung der modernen Welt. Eurozine/Le Monde diplomatique, deutsche Ausgabe. 23.05.2006. [www.eurozine.com/articles/2006-05-23-bayly-de.html].

Beauchemin, Jacques (2011): Was bedeutet es, Quebecer zu sein? Zwischen Selbstbewahrung und Offenheit für das Andere. In: Gagnon, Alain-G./Kolboom, Ingo/Vormann, Boris (Hrsg.): Québec. Staat und Gesellschaft. Heidelberg: Synchron, 167–186.

Beck, Glenn (2011): The Original Argument. The Federalists' Case for the Constitution, Adapted for the 21st Century. New York: Simon & Schuster.

Beck, Thomas/Menninger, Annerose/Schleich, Thomas (1992): Kolumbus' Erben. Europäische Expansion und überseeische Ethnien im ersten Kolonialzeitalter, 1415–1815. Darmstadt: Wissenschaftliche Buchgesellschaft.

Beck, Ulrich (2007): Weltrisikogesellschaft. Auf der Suche nach der verlorenen Sicherheit. Frankfurt am Main: Suhrkamp.

Behdad, Ali (2005): A Forgetful Nation. On Immigration and Cultural Identity in the United States. Durham und London: Duke University Press.

Bélanger, Claude (2005): The National Policy and Canadian Federalism. Department of History, Marianopolis College. April 2005. [http://faculty.marianopolis.edu/c.belanger/quebechistory/federal/npolicy.htm].

— (2000): Report of Lord Durham on the Affairs of British North America [1839]. Marianopolis College. 23.08.2000. [http://faculty.marianopolis.edu/c.belanger/quebechistory/docs/durham/4.htm].

Bélanger, Yves/Comeau, Robert/Métivier, Céline (2000): La révolution tranquille: 40 ans plus tard: un bilan. Montréal: VLB.

Bell, David A. (2001): The Cult of the Nation in France: Inventing Nationalism, 1680–1800. Cambridge: Harvard University Press.

Bellah, Robert N. (1972): Civil Religion in America. In: Levine, Lawrence W./Middlekauff, Robert: The National Temper. Readings in American Culture and Society Since 1865. New York u.a.: Harcourt Brace Jovanovich, 420–436.

—/Madsen, Richard/Sullivan, William M./Swidler, Ann/Tipton, Steven M. (1985): Habits of the Heart. Individualism and Commitment in American Life. New York u.a.: Harper & Row.

Bender, Thomas (2006): A Nation Among Nations. America's Place in World History. New York: Hill and Wang.

Bercovitch, Sacvan (1981): The Rites of Assent: Rhetoric, Ritual, and the Ideology of American Consensus. In: Girgus, Sam B. (Hrsg.): The American Self. Myth, Ideology, and Popular Culture. Albuquerque: University of New Mexico Press, 5–42.

Berg, Bruce (2004): Qualitative Research Methods for the Social Sciences. New York: Pearson.

Berger, Carl (1969): Imperialism and Nationalism, 1884–1914: A Conflict in Canadian Thought. Toronto: Copp Clark.

Berger, Stefan (2008): Narrating the Nation: Die Macht der Vergangenheit. Bundeszentrale für politische Bildung, Aus Politik und Zeitgeschichte 1–2.

Berman, Marshall (1988): All that is Solid Melts into Air. The Experience of Modernity. London: Penguin Books.

Bernard, André (2005): La vie politique au Québec et au Canada. Sainte-Foy und Montréal: Presses de l'Université du Québec.

— (1995): Les institutions politiques au Québec et au Canada. Montréal: Boréal.

Bernard, Jean-Paul (Hrsg.) (1983): Les rébellions de 1837–1838. Les patriotes du Bas-Canada dans la mémoire collective et chez les historiens. Montréal: Boréal.

Bernier, Robert (Hrsg.) (2005): L'État québécois au XXIe siècle. Québec: Presses de l'Universite du Québec.

Berry, John W./Poortinga, Ype H./Segall, Marshall H./Dasen, Pierre R. (1992): Cross-cultural psychology: Research and applications. Cambridge: Cambridge University Press.

Bertier de Sauvigny, Guillaume-André de (1980): Die Geschichte der Franzosen. Hamburg: Hoffmann und Campe.

Beumann, Helmut (1986): Zur Nationenbildung im Mittelalter. In: Dann, Otto (Hrsg.): Nationalismus in vorindustrieller Zeit. München: R. Oldenbourg, 21–34.

Bhabha, Homi K. (2004): The Location of Culture. London und New York: Routledge.

Bitterli, Urs (1992): Alte Welt – Neue Welt. Formen des europäisch-überseeischen Kulturkontaktes vom 15. bis zum 18. Jahrhundert. München: Deutscher Taschenbuch Verlag.

Bizeul, Yves (Hrsg.) (2000): Politische Mythen und Rituale in Deutschland, Frankreich und Polen. Berlin: Duncker & Humblot.

Blackhawk, Ned (2008): Violence over the Land: Indians and Empires in the Early American West. Cambridge.: Harvard University Press.

Blaich, Fritz (1973): Die Epoche des Merkantilismus. Wiesbaden: Franz Steiner.

Blanke, Gustav H. (1983): Puritan Contributions to the Rhetoric of America's World Mission. In: Herget, Winfried (Hrsg.): Studies in New England Puritanism. Frankfurt am Main: Lang, 199–231.

Blaschka-Eick, Simone (2010): In die Neue Welt! Deutsche Auswanderer in drei Jahrhunderten. Reinbek bei Hamburg: Rowohlt.

Blight, David W. (2001): Race and Reunion: The Civil War in American Memory. Cambridge: Belknap Press of Harvard University Press.

Bloch, Marc (1998): Die wundertätigen Könige. München: Beck.

Blum, Edward J. (2005): Reforging the White Republic: Race, Religion, and American Nationalism, 1865–1898. Baton Rouge: Louisiana State University Press.

Blumrosen, A.W./Blumrosen, R. G. (2005): Slave Nation. How Slavery United the Colonies and Sparked the American Revolution. New York: Barnes and Noble.

Bock-Côté, Mathieu (2007): La dénationalisation tranquille. Montréal: Boréal.

Bodin, Jean (2007): On Sovereignty. Cambridge: Cambridge University Press.

— (2005): Über den Staat. Stuttgart: Reclam.

Boismenu, Gérard (1983): Le Duplessisme: Politique économique et rapports de force. Montréal: Presses de l'Université de Montréal.

Bond, Ross/McCrone, David/Browne, Alice (2003): National Identity and Economic Development: Reiteration, Recapture, Reinterpretation and Repudiation. ASEN, Nations and Nationalism 9, 3, 371–391.

Bories-Sawala, Helga Elisabeth (2010): Die »heimgeholte« kanadische Verfassung von 1982 und warum Québec sie immer noch nicht unterschrieben hat. Zeitschrift für Kanada-Studien 56, 1, 113–139.

Bouchard, Gérard (2004): La pensée impuissante. Échecs et mythes nationaux canadiens-français (1850–1960). Montréal: Boréal.

— (2001) Genèse des nations et cultures du nouveau monde. Essai d'histoire comparée. Montréal: Boréal.

—/Lamonde, Yvan (Hrsg.) (1995): Québécois et Américains. La culture québécoise au XIXe et XXe siècles. Montréal: Fides.

Bourdieu, Pierre (1998): The Essence of Neoliberalism. Le Monde Diplomatique, December 1998. [http://mondediplo.com/1998/12/08bourdieu].

Bourque, Gilles/Duchastel, Jules/Beauchemin, Jacques (1994): La société libérale duplessiste, 1944–1960. Montréal: Presses de l'Université de Montréal.

Boussard, Jacques (1957): Atlas historique et culturel de la France. Paris: Elsevier.

Braudel, Fernand (1990a): L'identité de la France. Espace et Histoire. Paris: Arthaud-Flammarion.

— (1990b): L'identité de la France. Les hommes et les choses 1&2. Paris: Arthaud-Flammarion.

—/Labrousse E. (Hrsg.) (1986): Wirtschaft und Gesellschaft in Frankreich im Zeitalter der Industrialisierung. 1789–1880. Band 1. Frankfurt am Main: Athenäum.

Braun, Hans/Klooß, Wolfgang (Hrsg.) (1994): Kanada. Eine interdisziplinäre Einführung. Trier: Wissenschaftlicher Verlag Trier.

Bredow, Wilfried von (2003): Der rasante Aufstieg einer Mittelmacht. Kanadas Außenpolitik seit dem Zweiten Weltkrieg. In: ders. (Hrsg.): Die Außenpolitik Kanadas. Wiesbaden: VS-Verlag, 13–36.

Bremer, Francis J. (2003): John Winthrop. America's Forgotten Founding Father. New York: Oxford University Press.

Brenner, Neil (2004): New State Spaces. Urban Governance and the Rescaling of Statehood. Oxford und New York: Oxford University Press.

—/Theodore, Nik (2008): Spaces of Neoliberalism. Urban Restructuring in North America and Western Europe. Malden: Blackwell.

Breuilly, John (1993): Nationalism and the State. Manchester: Manchester University Press.

Brookhiser, Richard (2006): What Would the Founders Do? Our Questions, Their Answers. New York: Basic Books.

Brown, Michael (Hrsg.) (1993): Ethnic Conflict and International Security. Princeton: Princeton University Press.

Brown, Robert Craig (2009): National Policy. The Canadian Encyclopedia 2009. [www.thecanadianencyclopedia.com/index.cfm?PgNm=TCE&Params=A1ARTA0005632].

Brubaker, Rogers (2011): Economic Crisis, Nationalism, and Politicized Ethnicity. In: Calhoun, Craig/Derluguian, Georgi (Hrsg.): The Deepening Crisis. Governance Challenges after Neoliberalism. New York und London: New York University Press, 93–108.

— (1992): Citizenship and Nationhood in France and Germany. Cambridge: Harvard University Press.

Brunner, Bernd (2009): Nach Amerika. Die Geschichte der deutschen Auswanderung. München: Beck.

Bulst, Neithard (2008): Das Scheitern einer Institution? Die französischen mittelalterlichen Generalstände. In: Kolboom, Ingo/Ruppert, Andreas (Hrsg.): Zeit-Geschichten aus Deutschland, Frankreich, Europa und der Welt. Lothar Albertin zu Ehren. Lage: Jacobs, 111–120.

Butler, Jon (2001): Becoming America. The Revolution before 1776. Cambridge, und London: Harvard University Press.

Cairns, Alan C. (2000): Citizens Plus: Aboriginal Peoples and the Canadian State. Vancouver und Toronto: University of British Columbia Press.

Calhoun, Craig (2012): The Roots of Radicalism. Tradition, the Public Sphere, and Early Nineteenth-Century Social Movements. Chicago: The University of Chicago Press.

— (2007): Nations Matter: Culture, History, and the Cosmopolitan Dream. New York: Routledge.

— (1997): Nationalism. Minneapolis: University of Minnesota Press.

—/Derluguian, Georgi (Hrsg.) (2011): The Deepening Crisis. Governance Challenges after Neoliberalism. New York und London: New York University Press.

—/— (2011): Introduction. In: dies. (Hrsg.): The Deepening Crisis. Governance Challenges after Neoliberalism. New York und London: New York University Press, 7–18.

Calloway, Colin G. (1997): New Worlds for All. Indians, Europeans, and the Remaking of Early America. Baltimore und London: The Johns Hopkins University Press.

Cannadine, David (2007): The Context, Performance and Meaning of Ritual: The British Monarchy and the ›Invention of Tradition‹, c. 1820–1977. In: Hobsbawm, Eric/Ranger, Terence (Hrsg.): The Invention of Tradition. Cambridge: Cambridge University Press, 43–100.

Carey, Henry Charles (1870): Lehrbuch der Volkswirthschaft und Socialwissenschaft. Wien: Wilhelm Braumüller.

Carpin, Gervais (1995): Histoire d'un mot. L'ethnonyme Canadien de 1535 à 1691. Sillery: Septentrion.

Cavanna (1991): Nos ancêtres les Gaulois ou l'histoire de France redédouverte par Cavanna. Iconographie réalisée par Hélène Kouza et Geneviève de Tarragon. Paris: Albin Michel.

Cassirer, Ernst (1958): Philosophie der symbolischen Form. Bd. 2: Das mythische Denken. Darmstadt: Wissenschaftliche Buchgesellschaft.

Cerny, Philip G. (1997): Paradoxes of the Competition State: the Dynamic of Political Globalisation, Government and Opposition. Government and Opposition 32, 2, 251–271.

Charland, Jean-Pierre (2007): Une histoire du Canada contemporain de 1850 à nos jours. Sillery: Septentrion.

Charpentier, Louise/Durocher, René/Laville, Christian/Linteau, Paul-André (1990): Nouvelle histoire du Québec et du Canada. Montréal: Boréal.

Charpentier, Michel und Jeanne (1993): Lettres Persanes. Montesquieu. Paris: Editions Nathan.

Chatterjee, Partha (1993): The Nation and its Fragments. Colonial and Postcolonial Histories. Princeton: Princeton University Press.

Cheng, Eileen Ka-May (2008): The Plain and Noble Garb of Truth. Nationalism and Impartiality in American Historical Writing, 1784–1860. Athens: University of Georgia Press.

Chervel, André (1977): Et il fallut apprendre à écrire à tous les petits Français, Histoire de la grammaire scolaire. Paris: Payot.

Church, Forrest (2002): The American Creed. The Nation. 29.08.2002. [www.thenation.com/doc/20020916/church].

Citron, Suzanne (2000): Der Nationalmythos in Frankreich. In: Bizeul, Yves (Hrsg.): Politische Mythen und Rituale in Deutschland, Frankreich und Polen. Berlin: Duncker & Humblot, 43–57.

Cobabus, Norbert (1997): Vertrautheit und Fremdheit. Das Eigene und das Andere im Spiegel unterschiedlicher Untersuchungsansätze: eine kulturanthropologische Kritik. Aachen: Shaker.

Coe, Neil M./Kelly, Philip F./Wai-Chung Yeung, Henry (2010): Economic Geography. A Contemporary Introduction. Malden: Blackwell.

Cohen, Norman S. (1993): The American Colonies through 1700. In: Cayton, Mary K./Gorn, Elliot J./Williams, Peter W. (Hrsg.): Encyclopedia of American Social History. Vol. I. New York: Charles Scribher's Sons.

Colley, Linda (1992): Britons: Forging the Nation 1707–1837. New Haven and London: Yale University Press.

Conley, Dalton (2009): Elsewhere U.S.A. How We Got from the Company Man, Family Dinners, and the Affluent Society to the Home Office, Blackberry Moms, and Economic Anxiety. New York: Vintage Books.

Connor, Walker (1994): Ethnonationalism: the Quest for Understanding. Princeton: Princeton University Press.

— (1993): Beyond Reason: The Nature of the Ethnonational Bond. Ethnic and Racial Studies 16, 3, 373–389.

Conrad, Margaret/Finkel, Alvin (2003): Canada: A National History. Toronto: Longman.

Conway, John F. (1995): Des comptes à rendre. Le Canada anglais et le Québec, de la conquête à l'accord de Charlottetown. Montréal: VLB.

Cook, Ramsay (1995): Canada, Québec and the Uses of Nationalism. Second Edition. Toronto: McClelland & Stewart Inc..

—/Brown, R. Craig/Linteau, Paul-André (Hrsg.) (1993): Histoire générale du Canada. Montréal: Boréal.

Cook, Robert (2003): Civil War America: Making a Nation, 1848–1877. New York und London: Longman.

Corse, Sarah M. (1997): Nationalism and Literature: The Politics of Culture in Canada and the United States. Cambridge: Cambridge University Press.

Courville, Serge (2000): Le Québec. Genèses et mutations du territoire. Synthèse de géographie historique. Sainte-Foy: L'Harmattan.

Couture, Claude (1998): Paddling with the Current: Pierre Elliott Trudeau, Étienne Parent, Liberalism, and Nationalism in Canada. Edmonton: University of Alberta Press.

Craven, Avery (1942): Democracy in American Life. A Historical Review. Chicago: The University of Chicago Press.

Creagh, Roland (1988): Nos cousins d'Amérique. Histoire des Français aux États-Unis. Paris: Payot.

Croucher, Sheila L. (2001): North America. In: Motyl, Alexander J. (Hrsg.): Encyclopedia of Nationalism. Fundamental Themes. Volume 1. San Diego: Academic Press, 551–574.

C-Span (1998): In Search of Tocqueville's Democracy in America. C-Span 1998. [www.tocqueville.org/chap4.htm].

Cunliffe, Marcus (1969): The Nation Takes Shape. 1789–1837. Chicago: The University of Chicago Press.

Dales, John H. (2009): Protectionism. The Canadian Encyclopedia 2009. [www.thecanadianencyclopedia.com/index.cfm?PgNm=TCE&Params=A1ARTA0006522]

Daniel, Marcus (2009): Scandal & Civility. Journalism and the Birth of American Democracy. Oxford u.a.: Oxford University Press.

Dann, Otto (1986): Nationalismus in vorindustrieller Zeit. Einleitung des Herausgebers. In: ders. (Hrsg.): Nationalismus in vorindustrieller Zeit. München: R. Oldenbourg, 7–10.

Davis, William C. (1996): The Cause Lost. Myths and Realities of the Confederacy. Lawrence: University Press of Kansas.

Dawson, Michael (1998): The Mountie from Dime Novel to Disney. Toronto: Between the Lines.

Deburg, William Van (1996): Modern Black Nationalism: From Marcus Garvey to Louis Farrakhan. New York: New York University Press.

Delanty, Gerard/Kumar, Krishan (Hrsg.) (2006): The SAGE Handbook of Nations and Nationalism. London, Thousand Oaks und New Delhi: Sage.

Denis, Claude (1997): We Are Not You: First Nations and Canadian Modernity. Peterborough: Broadview Press.

Depkat, Volker (2008): Geschichte Nordamerikas. Eine Einführung. Köln, Weimar und Wien: Böhlau.

Deutsch, Karl (1953): The Growth of Nations: Some Recurrent Patterns of Political and Social Integration. The Johns Hopkins University Press, World politics 5, 2, 168–195.

Dogan, Mattei (2004): Conceptions of Legitimacy. In: Hawkesworth, Mary E./Kogan, Maurice: Encyclopedia of Government and Politics. London: Routledge, 110–119.

Dörr, Dieter (1993): »Savages« and International Law. Law and State. A Biannual Collection of Recent German Contributions to these Fields, 47, 7–27.

Dreyfus, Hubert/Kelly, Sean Dorrance (2011): All Things Shining. Reading the Western Classics to Find Meaning in a Secular Age. New York u.a.: Free Press.

Dumont, Fernand/Falardeau, Jean-Charles (Hrsg.) (1964): Littérature et société canadiennes-françaises. Québec: Les Presses de l'Université Laval.

Dunning, William A. (1896): Jean Bodin on Sovereignty. Political Science Quarterly 11, 1, 82–104.

Eccles, W. J. (1990): France in America. Markham: Michigan State University Press.

Eisenstadt, Shmuel Noah (1991): Die Konstruktion nationaler Identitäten in vergleichender Perspektive. In: Giesen, Bernhard (Hrsg.): Nationale und kulturelle Identität. Studien zur Entwicklung des kollektiven Bewusstseins in der Neuzeit. Frankfurt am Main: Suhrkamp, 21–38.

Elkins, Stanley/McKitrick, Eric (1993): The Age of Federalism. The Early American Republic, 1788–1800. New York: Oxford University Press.

Elton, Geoffrey R. (1986): English National Selfconsciousness and the Parliament in the 16th Century. In: Dann, Otto (Hrsg.): Nationalismus in vorindustrieller Zeit. München: R. Oldenbourg, 73–82.

Épinette, Françoise (1998): La question nationale au Québec. Paris: Presses Universitaires de France.

Emmerich, Alexander (2010): Die Geschichte der Deutschen in Amerika: Von 1680 bis zur Gegenwart. Köln: Fackelträger.

Émont, Bernard (2009) (Hrsg.): »Ils l'appellaient Nouvelle-France...« Introduction à la Nouvelle-France et Actes des Journées d'études sur les Mythes et rêves fondateurs de l'Amérique française. Paris: Le Bretteur.

Fanger, Ulrich (1988): Kanadas Außenpolitik der 80er Jahre: Kontinentalismus und Internationalismus. Außenpolitik. Zeitschrift für internationale Fragen, 39, 89–104.

Faust, Drew Gilpin (2009): This Republic of Suffering: Death and the American Civil War. New York: Random House.

Featherstone, Mike (Hrsg.) (1991): Global Culture. Nationalism, Globalization and Modernity. London: Sage.

Ferguson, Adam (1980): An Essay on the History of Civil Society. New Brunswick, N.J.: Transaction Books.

Ferguson, Niall (2010): Der Aufstieg des Geldes: Die Währung der Geschichte. Berlin: List Taschenbuch.

Ferretti, Lucia (1999): Brève histoire de l'Eglise catholique au Québec. Montréal: Boréal.

Fisch, Jörg (1984): Die europäische Expansion und das Völkerrecht. Die Auseinandersetzungen um den Status der überseeischen Gebiete vom 15. Jahrhundert bis zur Gegenwart. Stuttgart: Steiner.

Fisher, Hervé (2008): Québec imaginaire et Canada réel. L'avenir en suspens. Montréal: VLB.

Fisher, John H. (1996): The Emergence of Standard English. Lexington, Kentucky: The University Press of Kentucky.

Flacke, Monika (Hrsg.) (2001): Mythen der Nationen: Ein europäisches Panorama. München und Berlin: Koehler & Amelang.

Flick, Uwe (2007): Konstruktivismus. In: ders./von Kardorff, Ernst/Steinke, Ines (Hrsg.): Qualitative Forschung. Ein Handbuch. Reinbek bei Hamburg: Rowohlt, 150–163.

— (2004): Triangulation. Eine Einführung. Wiesbaden: VS Verlag für Sozialforschung.

Fowler, James H./Dawes, Christopher T. (2008): Two Genes Predict Voter Turnout. The Journal of Politics 70, 3, 579–594.

Francis, Daniel (1997): National Dreams. Myth, Memory, and Canadian History. Vancouver: Arsenal Pulp Press.

Friedman, Thomas L. (2008): Hot, Flat, and Crowded. Why We Need a Green Revolution – And How It Can Renew America. New York: Farrar, Straus and Giroux.

— (2007): Die Welt ist flach: Eine kurze Geschichte des 21. Jahrhunderts. Frankfurt am Main: Suhrkamp.

— (1999): The Lexus and the Olive Tree. New York: Farrar, Straus & Giroux.

Friesen, Gerald (2000): Citizens and Nation. An Essay on History, Communication, and Canada. Toronto, Buffalo und London: University of Toronto Press.

Fukuyama, Francis (2006): The End of History and the Last Man. New York: Free Press.

Furstenberg, François (2006): In the Name of the Father. Washington's Legacy, Slavery, and the Making of a Nation. New York: Penguin.

Gagnon, Alain-G. (2011a): Québec-Kanada: Eine endlose Verfassungsgeschichte? In: Gagnon, Alain-G./Kolboom, Ingo/Vormann, Boris (Hrsg.). Québec. Staat und Gesellschaft. Heidelberg: Synchron, 31–62.

— (2011b): L'Âge des incertitudes. Essais sur le fédéralisme et la diversité nationale. Montréal: Presses de l'Université Laval

— (2008): La raison du plus fort. Plaidoyer pour le fédéralisme multinational. Montréal: Les Éditions Québec/Amérique.

— (Hrsg.) (2004): Québec. State & Society. Third Edition. Peterborough: Broadview Press.

—/Kolboom, Ingo/Vormann, Boris (Hrsg.) (2011): Québec. Staat und Gesellschaft. Heidelberg: Synchron.

—/Sarra-Bournet, Michel (Hrsg.) (1997): Duplessis. Entre la Grande Noirceur et la société libérale. Montréal: Les Éditions Québec/Amérique.

Gagnon, André/Bourhis, Richard Y. (1996): Discrimination in the Minimal Group Paradigm: Social Identity or Self-Interest? Personality and Social Psychology Bulletin 1289, 22, 1289–1301.

Galbraith, John Kenneth (1983): The Anatomy of Power. Boston: Houghton Mifflin Company.

Gall, Lothar (1989): Europa auf dem Weg in die Moderne. 1850–1890. München: R. Oldenbourg.

Gallagher, Gary W./Nolan, Alan T. (2000): The Myth of the Lost Cause and Civil War History. Bloomington und Indianapolis: Indiana University Press.

Gambino, Ferruccio (1996): Kritik am Begriff des Fordismus, wie ihn die Regulationsschule benutzt. Wildcat-Zirkular 28/29, 139–160.

Gauvin, Lise (2004): La fabrique de la langue. De François Rabelais à Réjean Ducharme. Paris: Seuil.

Geary, Patrick (2002): Europäische Völker im frühen Mittelalter. Zur Legende vom Werden der Nationen. Frankfurt am Main: Fischer.

Gelfert, Hans-Dieter (1997): Kleine Geschichte der englischen Literatur. München: Beck.

Gellner, Ernest (1992): Nations and Nationalism. Ithaca: Cornell University Press.

Georgi-Findlay, Brigitte (1996): The Frontiers of Women's Writing. Women's Narratives and the Rhetoric of Westward Expansion. Tucson, Arizona: University of Arizona Press.

Germer, Stefan (2001): Retrovision: Die rückblickende Erfindung der Nationen durch die Kunst. In: Flacke, Monika (Hrsg.): Mythen der Nationen: Ein europäisches Panorama. 2. Auflage. München und Berlin: Koehler & Amelang, 33–52.

Geyer, Carl-Friedrich (1996): Mythos. Formen, Beispiele, Deutungen. München: Beck.

Goldstone, Lawrence (2005): Dark Bargain. Slavery, Profits and the Struggle for the Constitution. New York: Walker.

Grabb, Edward/Curtis, James (2005): Regions Apart. The Four Societies of Canada and the United States. Don Mills und Toronto: Oxford University Press.

Grabbe, Hans-Jürgen (2001): Vor der großen Flut. Die europäische Migration in die Vereinigten Staaten von Amerika 1783–1820. Stuttgart: Franz Steiner.

Graefe, Peter (2011): Nationalismus und Wettbewerb: Kann Québec gewinnen, wenn die Quebecer verlieren? In: Gagnon, Alain-G./Kolboom, Ingo/Vormann, Boris (Hrsg.): Québec. Staat und Gesellschaft. Heidelberg: Synchron, 323–348.

Grant, George (2005): Lament for a Nation. The Defeat of Canadian Nationalism. 40th anniversary ed. Montréal und Ithaca: McGill-Queen's University Press.

Grant, Susan Mary (2006): A Nation before Nationalism: The Civic and Ethnic Construction of America. In: Delanty, Gerard/Kumar, Krishan (Hrsg.): The SAGE Handbook of Nations and Nationalism. London, Thousand Oaks und New Delhi: Sage, 527–540.

— (2005): Raising the Dead: War, Memory and American National Identity. ASEN, Nations and Nationalism 11, 4, 509–529.

— (1997): Myth and the Construction of American Nationhood. In: Hosking, Geoffrey/Schöpflin, George (Hrsg.): Myths & Nationhood. London: Hurst & Company, 88–106.

Greene, Jack P. (1988): Pursuits of Happiness. The Social Development of Early Modern British Colonies and the Formation of American Culture. Chapel Hill und London: University of North Carolina Press.

— (1983): The Intellectual Construction of America. Exceptionalism and Identity from 1492 to 1800. Chapel Hill und London: University of North Carolina Press.

Greenfeld, Liah (2006): Nationalism and the Mind. Essays on Modern Culture. Oxford: Oneworld.

— (2003): Nationalism. Five Roads to Modernity. London und Cambrigde: Harvard University Press.

— (2001): The Spirit of Capitalism: Nationalism and Economic Growth. Cambridge: Harvard University Press.

— (1997): The Origins and Nature of American Nationalism in Comparative Perspective. In: Krakau, Knud (Hrsg.): The American Nation – National Identity – Nationalism. Münster: LIT, 17–52.

Greer, Allan (1998): Brève histoire des peuples de la Nouvelle France. Montréal: Boréal.

— (1997): Habitants et patriotes: la Rébellion de 1837 dans les campagnes du Bas-Canada. Montréal: Boréal.

Grescoe, Taras (2002): Sacré Blues. Portrait iconoclaste du Québec. Montréal: VLB.

Groß, Konrad (1994): Zum Problem der kanadischen Identität. In: Braun, Hans/Klooß, Wolfgang (Hrsg.): Kanada. Eine interdisziplinäre Einführung. Trier: Wissenschaftlicher Verlag Trier, 194–206.

Guillén, Mauro F. (2010): Is Globalization Civilizing, Destructive or Feeble? A Critique of Five Key Debates in the Social Science Literature. In: Ritzer, George/Atalay, Zeynep (Hrsg.): Readings in Globalization. Key Concepts and Major Debates. Oxford: Wiley-Blackwell, 4–18.

Habermas, Jürgen (2008): Nach dem Bankrott. Die ZEIT 46. 06.11.2008 [www.zeit.de/2008/46/Habermas].

Hall, John A. (2006): Structural Approaches to Nations and Nationalism. In: Delanty, Gerard/Kumar, Krishan (Hrsg.): The SAGE Handbook of Nations and Nationalism. London: Sage, 33–43.

Hall, Stuart (1997): Cultural Representations and Signifying Practices. London: Sage.

Han, Byung-Chul (2005): Hyperkulturalität. Kultur und Globalisierung. Berlin: Merve.

Hanauske-Abel, Hartmut M. (2011): Das Martyrium des Lyndon Harris. Die ZEIT 34. 18.08.2011 [www.zeit.de/2011/34/WOS-St-Pauls-New-York].

Hannerz, Ulf (2002): Notes on the Global Ecumene. In: Inda, Jonathan Xavier/Rosaldo, Renato (Hrsg.): The Anthropology of Globalization. Malden: Blackwell, 37–45.

Harper, Russell J. (2011): Painting: 19th and Early 20th Century. The Canadian Encyclopedia [www.thecanadianencyclopedia.com/index.cfm?PgNm=TCE&Params=A1ARTA0009092].

Hartz, Louis (Hrsg.) (1964): The Founding of New Societies. Studies in the History of the United States, Latin America, South Africa, and Canada. New York: Harcourt, Brace, and World.

— (1955): The Liberal Tradition in America. New York: Harcourt, Brace, and World.

Haugaard, Mark (2006): Nationalism and Liberalism. In: Delanty, Gerard/Kumar, Krishan (Hrsg.): The SAGE Handbook of Nations and Nationalism. London u.a.: Sage, 345–357.

Haupt, Heinz-Gerhard (1989): Sozialgeschichte Frankreichs seit 1789. Frankfurt am Main: Suhrkamp.

Hearn, Jonathan (2006): Rethinking Nationalism. A Critical Introduction. Basingstoke: Palgrave Macmillan.

Helbich, Wolfgang J. (1994): Die geschichtliche Entwicklung. In: Braun, Hans/Klooß, Wolfgang (Hrsg.): Kanada. Eine interdisziplinäre Einführung. Trier: Wissenschaftlicher Verlag Trier, 43–59.

Hereth, Michael (2001): Die Freiheit in der Republik. Tocqueville zur Einführung. Hamburg: Junius.

Higham, John (1990): History: Professional Scholarship in America. Baltimore: The Johns Hopkins University Press.

Hillstrom, Kevin/Hillstrom, Laurie Collier (2005): Industrial Revolution in America. Santa Barbara: ABC-CLIO.

Hines, Richard (1999): The European Enlightenment. The Case of England. Washington State University [www.wsu.edu/~dee/ENLIGHT/ENGLAND.HTM].

Hinrichs, Ernst (2000): Fürsten und Mächte. Zum Problem des europäischen Absolutismus. Göttingen: Vandenhoeck & Ruprecht.

Hintze, Hedwig (1989): Staatseinheit und Föderalismus im alten Frankreich. Frankfurt am Main: Suhrkamp.

Hirschi, Caspar (2005): Wettkampf der Nationen. Konstruktionen einer deutschen Ehrgemeinschaft an der Wende vom Mittelalter zur Neuzeit. Göttingen: Wallstein.

Hobsbawm, Eric (2007a): Introduction: Inventing Traditions. In: Hobsbawm, Eric/Ranger, Terence (Hrsg.): The Invention of Tradition. Cambridge: Cambridge University Press, 1–14.

— (2007b): Mass-Producing Traditions: Europe, 1870–1914. In: Hobsbawm, Eric/Ranger, Terence (Hrsg.): The Invention of Tradition. Cambridge: Cambridge University Press, 263–308.

— (1992): Nationen und Nationalismus. Mythos und Realität seit 1780. Frankfurt am Main: Büchergilde Gutenberg.

— (1962): The Age of Revolution 1789–1848. New York: Mentor.

Hochbruck, Wolfgang/Bachteler, Ulrich/Zimmermann, Henning (2000): Achtundvierziger/Forty-Eighters. Die deutsche Revolution von 1848/49, die Vereinigten Staaten und der amerikanische Bürgerkrieg. Münster: Verlag Westfälisches Dampfboot.

Höfer, Anja (1999): Johann Wolfgang von Goethe. München: Deutscher Taschenbuch Verlag.

Horowitz, Gad (1966): Conservatism, liberalism, and socialism in Canada: an interpretation. Canadian Journal of Economics and Political Science 32, 2, 143–171.

Hosking, Geoffrey/Schöpflin, George (Hrsg.) (1997): Myths & Nationhood. London: Hurst & Company.

Hroch, Miroslav (2005): Das Europa der Nationen. Die moderne Nationsbildung im europäischen Vergleich. Göttingen: Vandenhoeck & Ruprecht.

— (1996): From National Movement to the Fully-formed Nation: The Nation-building Process in Europe. In: Balakrishnan, Gopal (Hrsg.): Mapping the Nation. New York und London: Verso, 78–97.

Huntington, Samuel P. (2008): The Clash of Civilizations? In: Betts, Richard K.: Conflict after the Cold War. Arguments on Causes of War and Peace. New York: Pearson Education.

Hutchinson, John / Smith, Anthony (Hrsg.) (2000): Nationalism: Critical Concepts in Political Science. London: Routledge.

Immerman, Richard H. (2010): Empire for Liberty. A History of American Imperialism from Benjamin Franklin to Paul Wolfowitz. Princeton: Princeton University Press.

Inda, Jonathan Xavier / Rosaldo, Renato (2002): Introduction: A World in Motion. In: dies. (Hrsg.): The Anthropology of Globalization. Malden: Blackwell, 1–34.

Israel, Jonathan (2006): Enlightenment! Which Enlightenment? Journal of the History of Ideas 67, 3, 523–545.

Jackson, Robert (2010): The Southern Disaster Complex. Mississippi Quarterly 63, 3–4, 555–571.

Jacob, Margaret C. (1994): The Mental Landscape of the Public Sphere: A European Perspective. Eighteenth-Century Studies 28, 1, 95–113.

Janis, Mark (2003): An Introduction to International Law. New York: Aspen.

Jenson, Jane (1989): ›Different‹ but not ›exceptional‹: Canada's permeable fordism. Canad. Rev. Soc. & Anth. / Rev. canad. Soc. & Anth. 26, 1, 69–94.

Jeismann, Karl-Ernst (2002): Geschichtsbilder: Zeitdeutung und Zukunftsperspektive. Aus Politik und Zeitgeschichte, B 51–52 [www.bpb.de/themen/0E5XD2.html].

Jeismann, Michael (Hrsg.) (1993): Grenzfälle. Über neuen und alten Nationalismus. Leipzig: Reclam.

Jessop, Bob / Sum, Ngai-Ling (2006): Beyond the Regulation Approach. Putting Capitalist Economies in their Place. Cheltenham und Northampton: Edward Elgarm.

— (1992): Fordism and Post-fordism: A Critical Reformulation. In: Storper, M. / Scott, A. J.: Pathways to Industrialization and Regional Development. London: Routledge, 42–62.

Karmis, Dimitrios (2011): Pluralismus und nationale Identität(en) im gegenwärtigen Québec: Konzeptuelle Erläuterungen, Typologie und Diskursanalyse. In: Gagnon, Alain-G. / Kolboom, Ingo / Vormann, Boris (Hrsg.): Québec. Staat und Gesellschaft. Heidelberg: Synchron, 111–144.

Kaufmann, Eric (2004): Ethnic or Civic Nation? Theorizing the American Case. In: Leoussi, Athena S. / Grosby, Steven (Hrsg.): Nationality and Nationalism. Vol. III. Area and Period Studies – Modern Middle East, Asia, Africa, the Americas, Australia. London und New York: I.B. Tauris, 324–349.

Keating, Michael (2011): Staatenlose Nationen oder Regionalstaaten? Territorialität und Macht im Zeitalter der Globalisierung. In: Gagnon, Alain-G. / Kolboom, Ingo / Vormann, Boris (Hrsg.): Québec. Staat und Gesellschaft. Heidelberg: Synchron, 381–402.

Kedourie, Elie (2000): Nationalism. Oxford: Blackwell.

Kimmel, Adolf (2008): Staat-Nation-Republik in Frankreich. In: Kolboom, Ingo / Kotschi, Thomas / Reichel, Edward (Hrsg.): Handbuch Französisch. Sprache – Literatur – Kultur – Gesellschaft. Für Studium, Lehre, Praxis. 2., neu bearbeitete u. erweiterte Aufl. Berlin: Erich Schmidt, 549–553.

Kluger, Jeffrey (2011): The Sibling Effect. What the Bonds between Brothers and Sisters Reveal about Us. Riverhead Books: Riverhead.

Kohn, Hans (1962): Die Idee des Nationalismus. Ursprung und Geschichte bis zur Französischen Revolution. Frankfurt am Main: Fischer.

Kolboom, Ingo (2011): Québec-Allemagne: une comparaison insolite? In: Französisch heute 4/42, 169–177.

— (2010a): Le »merveilleux malheur«: lecture de quelques oxymorons québécois et acadiens. In: Boehringer, Monika/Bell, Kirsty/Runte, Hans R. (Hrsg.): Entre textes et images. Constructions identitaires en Acadie et au Québec. Moncton: Université de Moncton, Institut d'études acadiennes, 83–104.

— (2010b): »Et maintenant que vais-je faire avec ma blessure?« Essai sur la résilience acadienne. In: Grenzgänge 15 (2008), Leipzig 2010, 119–145.

— (2008): Lacrimae rerum. Die Bewältigung kollektiver Traumata am Beispiel der Akadier in Nordamerika. In: In: Kolboom, Ingo/Ruppert, Andreas (Hrsg.): Zeit-Geschichten aus Deutschland, Frankreich, Europa und der Welt. Lothar Albertin zu Ehren. Lage: Jacobs, 189–205.

— (2005): Die Akadier – Frankreichs vergessene Kinder. Der lange Weg zu einer Nation ohne Grenzen. In: Kolboom, Ingo/Mann, Roberto (2005): Akadien, ein französischer Traum in Amerika. Vier Jahrhunderte Geschichte und Literatur der Aladier. Heidelberg: Synchron, 5–322.

— (2002): L'invention de la nation canadienne-française. Réflexions à partir du Drapeau de Carillon d'Octave Crémazie. In: Kolboom, Ingo/Grzonka, Sabine Alice (Hrsg.): Gedächtnisorte im anderen Amerika. Tradition und Moderne in Québec. Heidelberg: Synchron, 55–82.

— (1998): En guise d'introduction. Le Québec : lignes de force et enjeux majeurs. In: Kolboom, Ingo/Lieber, Maria/Reichel, Edward (Hrsg.): Le Québec: société et cultures. Les enjeux d'une Francophonie lointaine. Dresden und München: Dresden University Press, 13-26.

— (1992): »Hell sind nur die Dunkelheiten«. Die Kanadier stimmen am Montag über die künftige Form ihres staatlichen Zusammenlebens ab. In: Die Zeit 44, 23.10.1992 [http://www.zeit.de/1992/44/hell-sind-nur-die-dunkelheiten].

—/Vormann, Boris (2011): Québec – ein Land zwischen nationaler Selbstbehauptung und Globalisierung. Einleitung zur deutschen Ausgabe. In: Gagnon, Alain-G./Kolboom, Ingo/Vormann, Boris (Hrsg.): Québec. Staat und Gesellschaft. Heidelberg: Synchron, 11–30.

—/Kotschi, Thomas/Reichel, Edward (Hrsg.) (2008): Handbuch Französisch. Sprache – Literatur – Kultur – Gesellschaft. Für Studium, Lehre, Praxis. 2., neu bearbeitete u. erweiterte Aufl. Berlin: Erich Schmidt.

—/Mann, Roberto (2005): Akadien, ein französischer Traum in Amerika. Vier Jahrhunderte Geschichte und Literatur der Akadier. Heidelberg: Synchron.

—/Létourneau, Paul (1992): Kanada quo vadis? Neue Parameter kanadischer Innen- und Außenpolitik. Europa-Archiv. Zeitschrift für internationale Politik 24, 718–726.

Kotte, Eugen (2001): USA. Konsens und Mission. In: Flacke, Monika (Hrsg.): Mythen der Nationen: Ein europäisches Panorama. München und Berlin: Koehler & Amelang, 557–577.

Krakau, Knud (Hrsg.) (1997): The American Nation – National Identity – Nationalism. Münster: LIT.

Kristol, William/Kagan, Robert (1996): Toward a Neo-Reaganite Foreign Policy. Foreign Affairs July/August.

Krugman, Paul (2009): The Conscience of a Liberal. New York: W.W. Norton & Co.

Krumeich, Gerd (2008): Geschichte Frankreichs im 19. Jahrhundert. In: Kolboom, Ingo/Kotschi, Thomas/Reichel, Edward (Hrsg.): Handbuch Französisch. Sprache – Literatur – Kultur – Gesellschaft. Für Studium, Lehre, Praxis. 2., neu bearbeitete u. erweiterte Aufl. Berlin: Erich Schmidt, 431–438.

Kupperman, Karen Ordahl (1995): America in European Consciousness, 1493–1750. Chapel Hill und London: University of North Carolina Press.

Kymlicka, Will (1999): Multikulturalismus und Demokratie. Über Minderheiten in Staaten und Nationen. Hamburg: Rotbuch.

Labaree, Benjamin Woods (1964): The Boston Tea Party. New York: Oxford University Press.

Lammert, Christian (2004): Nationale Bewegungen in Québec und Korsika 1960–2000. Frankfurt am Main u.a.: Campus.

Lamprecht, Karl (1988): Alternative zu Ranke. Schriften zur Geschichtstheorie. Leipzig: Phillip Reclam junior.

Laporte, Gilles (2004): Patriotes et Loyaux. Leadership régional et mobilisation politique en 1837 et 1838. Sillery: Septentrion.

Laurendeau, André (1970): Ces choses qui nous arrivent: chronique des années 1961–1966. Préface de Fernand Dumont. Montréal: Éditions HMH.

Lears, Jackson (2010): Re-Birth of a Nation. The Making of Modern America 1877–1920. New York u.a.: Harper Perennial.

Lemire, Marc (2004): Anti-Market Globalization Social Movements. In: Gagnon, Alain, G. (Hrsg.): Québec. State & Society. Peterborough: Broadview Press.

Lenz, Karl (2001): Kanada. Geographie, Geschichte, Wirtschaft, Politik. Darmstadt: Wissenschaftliche Buchgesellschaft.

Leonhard, Jörn (2008): Bellizismus und Nation. Kriegsdeutung und Nationsbestimmung in Europa und den Vereinigten Staaten 1750–1914. München: Oldenbourg.

Levitt, Joseph (2011): Henri Bourassa. Canadian Encyclopedia 2011 [www.thecanadianencyclopedia.com/index.cfm?PgNm=TCE&Params=A1ARTA0000912].

Levy, Andrew (2005): The First Emancipator: The Forgotten Story of Robert Carter, The Founding Father Who Freed His Slaves. New York: Random House.

Library of Congress(2011a): America During the Age of Revolution, 1764–1775. The Library of Congress. 21.10.2011 (zuletzt besucht) [http://memory.loc.gov/ammem/collections/continental/timeline.html].

— (2011b): To Form a more Perfect Union. The Library of Congress. 21.10.2011 (zuletzt besucht) [http://memory.loc.gov/ammem/collections/continental/flames.html].

— (2003): Destroying the Native American Cultures. The Library of Congress. 08.04.2003 [http://memory.loc.gov/ammem/ndlpedu/features/immig/native_american.html].

Lipset, Seymour Martin (1996): American Exceptionalism: A Double-Edged Sword. New York: W.W. Norton.

— (1991): Continental Divide. The Values and Institutions of the United States and Canada. New York: Routledge.

— (1983): Political Man. The Social Bases of Politics. London: Heinemann.

MacLaren, Roy (2006): Commissions High: Canada in London, 1870–1971. Montréal: McGill-Queen's University Press.

Macleod, R.C. (2011): Royal Canadian Mounted Police. The Canadian Encyclopedia [www.thecanadianencyclopedia.com/index.cfm?PgNm=TCE&Params=A1ARTA0006981].

Maclure, Jocelyn (2011): Nationalgeschichte und narrative Gegen-Entwürfe der Identität in Québec. In: Gagnon, Alain-G./Kolboom, Ingo/Vormann, Boris (Hrsg.): Québec. Staat und Gesellschaft. Heidelberg: Synchron, 85–110.

Madison, Gary Brent (2000): Is there a Canadian Philosophy? Reflections on the Canadian Identity. Ottawa: University of Ottawa Press.

Mandeville, Bernard (1970): The Fable of the Bees. Baltimore: Penguin Books.

Manning, Erin (2003): Ephemeral Territories: Representing Nation, Home, and Identity in Canada. Minneapolis: University of Minnesota Press.

Margarita, Felix (1905): La souveraineté nationale depuis 1789. Paris: Barreau.

Marsh, James (2011): Louis-Joseph Papineau. The Canadian Encyclopedia [www.thecanadianencyclopedia.com/index.cfm?PgNm=TCE&Params=A1ARTA0006069].

Martel, Marcel (1998): Le Canada français: récit de sa formulation et de son éclatement, 1850–1967. Ottawa: La société historique du Canada.

McDonald, Forrest (2000): States' Rights and the Union: Imperium in Imperio, 1776–1876. Lawrence, Kansas: University Press of Kansas.

McKay, Marylin Jean (2002): A National Soul. Canadian Mural Painting, 1860s–1930s. Montréal: McGill-Queen's University Press.

McNeill, William Hardy (1984): Krieg und Macht. Militär, Wirtschaft und Gesellschaft vom Altertum bis heute. München: Beck.

—/McNeill, J. R. (2003): The Human Web. A Bird's-Eye View of World History. New York: Norton.

McRae, Kenneth (1964): The Structure of Canadian History. In: Hartz, Louis (Hrsg.): The Founding of New Societies. Studies in the History of the United States, Latin America, South Africa, and Canada. New York: Harcourt, Brace, and World, 219–274.

Menand, Louis (2002): The Metaphysical Club. A Story of Ideas in America. New York: Farrar, Straus and Giroux.

Merriam-Webster (2011): Nation. Merriam Webster 21.10.2011 (zuletzt besucht) [www.merriam-webster.com/dictionary/nation].

Miller, Perry (1972): Errand into the Wilderness. In: Levine, Lawrence W./Middlekauff, Robert (Hrsg.): The Nation Temper: Readings in American culture and Society. New York: Harcourt.

Mönch, Walter (1972): Frankreichs Kultur. Tradition und Revolte von der Klassik bis zum Surrealismus. Berlin und New York: Walter de Gruyter.

Montesquieu (1973): Lettres Persanes. Paris: Editions Gallimard.

— (1908): De l'Esprit des Lois. Auswahl mit Einleitung und Anmerkungen von Dr Karl Schewe. Heidelberg: Carl Winter's Universitätsbuchhandlung.

Moreau, Joseph (2003): Schoolbook Nation: Conflicts over American History Textbooks from the Civil War to the Present. Ann Arbor: University of Michigan Press.

Morgan, Robert (2011): Lions of the West. Heroes and Villains of the Westward Expansion. Chapel Hill: Algonquin Books of Chapel Hill.

Morrison, William R. (1985): Showing the Flag: The Mounted Police and Canadian Sovereignty in the North, 1894–1925. Vancouver: University of British Columbia Press.

Moses, Wilson J. (1988): The Golden Age of Black Nationalism. New York: Oxford University Press.

Motyl, Alexander J. (Hrsg.) (2001a): Encyclopedia of Nationalism. Vol. 1. San Diego u.a.: Academic Press.

— (Hrsg.) (2001b): Encyclopedia of Nationalism. Vol. 2. San Diego u.a.: Academic Press.

Münkler, Herfried (2011): Ossis werdet eitler! Interview von Jana Hensel. Die ZEIT 45. 03.11.2011 [http://www.zeit.de/2011/45/S-Muenkler].

— (2008): Geschichtsmythen und Nationenbildung. Bundeszentrale für politische Bildung. 28.03.2008 [www.bpb.de/themen/IPFPLD.html].

Nakano, Takeshi (2004): Theorising Economic Nationalism. ASEN, Nations and Nationalism 10, 3, 211–229.

Nash, Gary B./Jeffrey, Julie Roy (Hrsg.) (2006): The American People. Creating a Nation and a Society. Seventh Edition. Vol. 1. New York u.a.: Pearson Longman.

Neaud, Pierrette M. (1995): Montesquieu: biographie; étude de l'œuvre. Paris: Albin Michel.

Nersessian, Mary (2007): Vimy Battle Marks Birth of Canadian Nationalism. CTV. 09.04.2007 [www.ctv.ca/servlet/ArticleNews/story/CTVNews/20070402/vimy_90years_070402].

Newman, Gerald (1997): The Rise of English Nationalism. A Cultural History 1740–1830. New York: St. Martin's.

Newman, Simon F. (1997): Parades and the Politics of the Street: Festive Culture in the Early American Republic. Philadelphia: University of Pennsylvania Press.

Nichols, Roger L. (1998): Indians in the United States and Canada: A Comparative History. Lincoln: University of Nebraska Press.

Nietzsche, Friedrich (2005): Vom Nutzen und Nachteil der Historie für das Leben. Stuttgart: Reclam.

Nora, Pierre (1989): Between Memory and History: Les Lieux de Mémoire. Representations 26, 7–24.

Nünning, Ansgar (1998): Mythentheorie und -kritik. & Mythos. In: Nünning, Ansgar (Hrsg.): Metzler Lexikon Literatur- und Kulturtheorie. Stuttgart: Metzler, 388–390.

Nugent, Walter (2008): Habits of Empire. A History of American Expansion. New York: Alfred A. Knopf.

Nurse, Andrew und Blake, Raymond Benjamin (Hrsg.) (2009): Beyond National Dreams. Essays on Canadian Citizenship and Nationalism. Markham, Ontario: Fitzhenry & Whiteside.

Nye, Joseph S. (2002): The Paradox of American Power. Why the World's only Superpower Can't Do it Alone. Oxford und New York: Oxford University Press, 2002.

— (2002): Globalism versus Globalization. The Globalist. 15.04.2002 [www.theglobalist.com/StoryId.aspx?StoryId=2392].

O'Brian, John und White, Peter (2007): Beyond Wilderness. The Group of Seven, Canadian Identity and Contemporary Art. Montréal: McGill-Queen's University Press.

O'Brien, Conor Cruise (2004): Nationalism and the French Revolution. In: Leoussi, Athena S./Grosby, Steven (Hrsg.): Nationality and Nationalism. New York: I.B. Tauris.

Olsen, James Stuart (2002): Encyclopedia of the Industrial Revolution in America. Westport, Connecticut: Greenwood Press.

Oyen, Else (Hrsg.) (1992): Comparative Methodology. Theory and Practice in International Social Research. London: Sage.

Pagden, Anthony (1993): European Encounters with the New World. From Renaissance to Romanticism. New Haven und London: Yale University Press.

Patrimoine Canadien (2009): Hymne national du Canada. Patrimoine Canadien. 07.05.2009 [www.pch.gc.ca/pgm/ceem-cced/symbl/anthem-fra.cfm].

Paulin, Marguerite (2005): Maurice Duplessis. Montréal: Dundurn.

Pearce, Roy Harvey (1967): Savagism and Civilization. A Study of the Indian and the American Mind. Baltimore: The Johns Hopkins University Press.

Pease, Donald (2009): The New American Exceptionalism. London und Minneapolis: University of Minnesota Press.

Pells, Richard (1997): Not Like Us. How Europeans have loved, hated, and transformed American culture since World War II. New York: Basic Books.

Phillips, Kevin (2002): Wealth and Democracy. A Political History of the American Rich. New York: Broadway Books.

Pinkert, Stephan (2000): Nationalismus und Globalisierung. St. Ingbert: Röhrig Universitätsverlag.

Pomeranz, Kenneth/Topik, Steven (2006): The World that Trade Created. Society, Culture, and the World Economy. New York: M.E. Sharpe.

Preston, Richard A. (2009): Military Service Act. The Canadian Encyclopedia 2009 [www.canadianencyclopedia.ca/index.cfm?PgNm=TCE&Params=A1ARTA0005288].

Pursell, Carroll, Jr. (Hrsg.) (1990): Technology in America. A History of Individuals and Ideas. Cambridge und London: The MIT Press.

Rawls, John (1975): Eine Theorie der Gerechtigkeit. Frankfurt am Main: Suhrkamp.

Reid, Dennis (2011): A Concise History of Canadian Painting. New York: Oxford University Press.

Reid, Stuart (2003): Quebec 1759. The Battle That Won Canada. Elms Court: Osprey.

Renan, Ernest (1996): What is a Nation? In: Eley, Geoff/Grigor Suny, Ronald (Hrsg.): Becoming National. A Reader. Oxford: Oxford University Press, 41–55.

Resnick, Philip (2005): The European Roots of Canadian Identity. Toronto: Broadview Press.

Rice, Stephen Patrick (2004): Minding the Machine: Languages of Class in Early Industrial America. Berkley und London: University of California Press.

Rippl, Susanne/Seipel, Christian (2008): Methoden kulturvergleichender Sozialforschung. Eine Einführung. Wiesbaden: VS Verlag für Sozialwissenschaften.

Robbins, William G. (1994): Colony & Empire. The Capitalist Transformation of the American West. Lawrence: The University Press of Kansas.

Robinson, Dean E. (2001): Black Nationalism in American Politics and Thought. Cambridge: Cambridge University Press.

Rosenstock, Eugen (1931): Die europäischen Revolutionen.Volkscharaktere und Staatenbildung. Jena: Eugen Diederichs.

Rothkopf, David (2008): Superclass. The Global Power Elite and the World They Are Making. New York: Farrar, Straus and Giroux.

Roy, Fernande (1993): Histoire des idéologies au Québec aux XIXe et XXe siècles. Boucherville: Boréal.

Roy, R.H. (2011): Vimy Ridge. The Canadian Encyclopedia [www.thecanadianencyclopedia.com/index.cfm?PgNm=TCE&Params=A1ARTA0008376].

Rubin, Anne Sarah (2005): A Shattered Nation: The Rise and Fall of the Confederacy, 1861–1868. Chapel Hill: University of North Carolina Press.

Russell, Victor L. (2011): William Lyon Mackenzie. The Canadian Encyclopedia. [www.thecanadianencyclopedia.com/index.cfm?PgNm=TCE&Params=A1ARTA0004947].

Russett, Bruce/Oneal, John (2001): Triangulating Peace. Democracy, Interdependence, and International Organizations. New York: Norton.

Salée, Daniel (2011): Der Staat und die autochthone Bevölkerung. In: Gagnon, Alain-G./Kolboom, Ingo/Vormann, Boris (Hrsg.): Québec. Staat und Gesellschaft. Heidelberg: Synchron, 213–242.

Sassen, Saskia (2007): A Sociology of Globalization. New York und London: W.W. Norton & Company.

— (2006): Territory, Authority, Rights: From Medieval to Global Assemblages. Princeton: Princeton University Press.

Schivelbusch, Wolfgang (2001): Die Kultur der Niederlage. Der amerikanische Süden 1865, Frankreich 1871, Deutschland 1918. Berlin: Alexander Fest Verlag (Lizenzausgabe Darmstadt: Wissenschaftliche Buchgesellschaft).

Schmale, Wolfgang (2008): Geschichte der europäischen Identität. Bundeszentrale für politische Bildung. Aus Politik und Zeitgeschichte 1–2.

— (2000): Geschichte Frankreichs. Stuttgart: Ulmer.

Schmidt, Hans (1990): Karl VI. (1711–1740). In: Schindling, Anton/Ziegler, Walter (Hrsg.): Die Kaiser der Neuzeit. 1519–1918. Heiliges Römisches Reich, Österreich, Deutschland. München: Beck, 200–214.

Schreiber, Hermann (1991): Die Neue Welt. Die Geschichte der Entdeckung Amerikas. Gernsbach: Casimir Katz.

Schulze, Hagen/Paul, Ina Ulrike (Hrsg.) (1994): Europäische Geschichte. Quellen und Materialien. München: Bayerischer Schulbuch Verlag.

Schulze, Hans (2000): Grundstrukturen der Verfassung im Mittelalter. Band 1&2. Stuttgart: Kohlhammer.

Schweidler, Walter (2004): Der gute Staat. Politische Ethik von Platon bis zur Gegenwart. Stuttgart: Reclam.

Schweikart, Larry (2011): What Would the Founders Say? A Patriot's Answers to America's Most Pressing Problems. New York: Sentinel.

Segal, Daniel A./Handler, Richard (2006): Cultural Approaches to Nationalism. In: Delanty, Gerard/Kumar, Krishan (Hrsg.): The SAGE Handbook of Nations and Nationalism. London u.a.: Sage, 57–65.

Selg, Anette/Wieland, Rainer (2001): Die Welt der Encyclopédie. Frankfurt am Main: Eichborn.

Sennett, Richard (2008): The Craftsman. New Haven und London: Yale University Press.

— (2006): Der flexible Mensch. Die Kultur des neuen Kapitalismus. Berlin: Bloomsbury Taschenbuch.

Seul, Jeffrey R. (1999): ›Ours Is the Way of God‹: Religion, Identity, and Intergroup Conflict. Journal of Peace Research 36, 5, 553–569.

Sewell, William H. Jr. (2005): Logics of History. Social Theory and Social Transformation. Chicago und London: The University of Chicago Press.

Shull, Steven A. (1993): A Kinder, Gentler Racism? The Reagan-Bush Civil-Rights Legacy. Armonk: M.E. Sharpe.

Slaughter, Anne-Marie (2007): The Idea that is America. Keeping Faith with Our Values in a Dangerous World. New York: Basic Books.

Sloterdijk, Peter (2008): Theorie der Nachkriegszeiten. Bemerkungen zu den deutsch-französischen Beziehungen seit 1945. Frankfurt am Main: Suhrkamp.

Smith, Adam (1976): An Inquiry into the Nature and Causes of the Wealth of Nation. Chicago: University of Chicago Press.

Smith, Allan (1994): Canada: An American Nation? Essays on Continentalism, Identity and the Canadian Frame of Mind. Montreal: McGill-Queen's University Press.

Smith, Anthony D. (2008): Special Feature Article: The Shifting Landscapes of ›Nationalism‹. Studies in Ethnicity and Nationalism 8, 2, 317–331.

— (1998): Nationalism and Modernism. London: Routledge.

— (1994): Gastronomy or Geology? The role of nationalism in the reconstruction of nations. Nations and Nationalism 1, 1, 3–23.

— (1993): The Ethnic Sources of Nationalism. In: Brown, Michael (Hrsg.). Ethnic Conflict and International Security. Princeton: Princeton University Press, 27–42.

— (1991): National Identity. Nevada: University of Nevada Press.

Smith, Denis (2009): Nationalism. The Canadian Encyclopedia 2009 [www.thecanadianencyclopedia.com/index.cfm?PgNm=TCE&Params=A1ARTA0005637].

Snyder, Louis L. (1990): Encyclopedia of Nationalism. Chicago: St. James Press.
Soboul, Albert (1986): Der revolutionäre Schock. In: Braudel, F./Labrousse E. (Hrsg.): Wirtschaft und Gesellschaft in Frankreich im Zeitalter der Industrialisierung. 1789–1880. Band 1. Frankfurt am Main: Athenäum, 19–62.
Socialist Labor Party (1901): Proceedings of the Tenth National Convention of the Socialist Labor Party. New York: New York Labor News Company.
Sokol, Monika (2001): Französische Sprachwissenschaft. Eine Einführung mit thematischem Reader. Tübingen: Gunter Narr.
Spahn, Hannah (2002): Jefferson und die Sklaverei. Berliner Beiträge zur Amerikanistik, Bd. 12, Berlin.
Spechler, Martin C. (2001): Economic History of Nationalism. In: Motyl, Alexander J. (Hrsg.): Encyclopedia of Nationalism. Vol. 1. San Diego u.a.: Academic Press, 197–217.
Speth, Rudolf (2000): Nation und Revolution. Politische Mythen im 19. Jahrhundert. Opladen: Leske + Budrich.
Staloff, Darren. Hamilton Adams, Jefferson (2005): The Politics of Enlightenment and the American Founding. New York: Hill and Wang.
Stanfield, Robert L. (1978): Nationalism: A Canadian Dilemma? Sackville: Mount Allison University.
Stanford Encyclopedia of Philosophy (2003): Sovereignty. Stanford University. 18.06.2003 [http://plato.stanford.edu/entries/sovereignty/#2].
— (2001): Nationalism. Stanford University. *29.11.2001* [http://plato.stanford.edu/entries/nationalism].
Steele, Joel Dorman (1885): A Brief History of the United States for Schools. New York u.a.: A. S. Barnes & Company.
Steger, Manfred (2007): Globalism. In: Scholte, Jan Aart/Robertson, Roland (Hrsg.): Encyclopedia of Globalization. Vol. 2. New York: Routledge.
Stern, Adolf (Hrsg.) (1866): Volksbibliothek der Literatur des achtzehnten Jahrhunderts. Vierter Theil: Montesquieu's Persische Briefe. Deutsch von Adolf Stradtmann. Berlin: Albert Eichhoff.
Streck, Bernhard (2000): Wörterbuch der Ethnologie. Wuppertal: Peter Hammer.
Strübing, Jörg/Schnettler, Bernt (Hrsg.) (2004): Methodologie interpretativer Sozialforschung. Klassische Grundlagentexte. Konstanz: UVK Verlagsgesellschaft mbH.
Syriatou, Athena (2001): Grossbritannien. Für König und Freiheit. In: Flacke, Monika (Hrsg.): Mythen der Nationen: Ein europäisches Panorama. München und Berlin: Koehler & Amelang, 174–198.
Tétu de Labsade, Françoise (2001): Le Québec. Un pays, une culture. Québec: Boréal.
Thomas, Sara (2009): Frankophonie im Hohen Norden Kanadas. Yukon, Nordwest-Territorien, Nunavut. Heidelberg: Synchron.
Thomas, William G. (2011): The Iron Way. Railroads, the Civil War, and the Making of Modern America: Yale University Press.
Thompson, John Herd (1998): Forging the Prairie West. The Illustrated History of Canada. Don Mills: Oxford University Press.
Thrift, Nigel (1997): ›Us‹ and ›Them‹: Re-imagining Places, Re-Imagining Identities. In: Mackay, Hugh (Hrsg.): Consumption and Everyday Life. London: Sage, 159–212.
Tocqueville, Alexis (2006): Über die Demokratie in Amerika. Stuttgart: Reclam.
— (1987): Über die Demokratie in Amerika. Erster Teil von 1835. Zürich: Manesse.
— (1969): Der alte Staat und die Revolution. Reinbek bei Hamburg: Rowohlt.

Tomlinson, John (1997): Internationalism, Globalization, and Cultural Imperialism. In: Thompson, Kenneth (Hrsg.): Media and Cultural Regulation. London: Sage, 117–162.

Tremblay, Gérard (1999): La révolution tranquille. Sainte-Anne-de-Beaupré (Québec): La Revue Sainte-Anne.

Trom, Danny (2001): Frankreich. Die gespaltene Erinnerung. In: Flacke, Monika (Hrsg.): Mythen der Nationen: Ein europäisches Panorama. München und Berlin: Koehler & Amelang, 129–151.

Trudel, Pierre (Hrsg.) (1995): Autochtones et Québécois: La rencontre des nationalismes. Montréal: Fides.

Turgeon, Luc (2011): Zur Interpretation des historischen Werdegangs Québecs: Zwischen ›société globale‹ und regionalem Raum. In: Gagnon, Alain, G./Kolboom, Ingo/Vormann, Boris (Hrsg.): Québec. Staat und Gesellschaft. Heidelberg: Synchron, 63–84.

Van Elteren, Mel (2004): Conceptualizing the Impact of US Popular Culture Globally. The Journal of Popular Culture 30, 1, 47–89.

Vincent, Sylvie/Arcand, Bernard (1979): L'image de l'Amérindien dans les manuels scolaires du Québec. Comment les Québécois ne sont pas des sauvages. Ville LaSalle: Hurtubise HMH.

Vorländer, Hans (1997): Hegemonialer Liberalismus - Politisches Denken und politische Kultur in den USA 1776–1920. Frankfurt am Main und New York: Campus.

Wagner, Bernd (Hrsg.) (2001): Kulturelle Globalisierung: zwischen Weltkultur und kultureller Fragmentierung. Essen: Klartext Verlag.

Wagner, Fritz (1968): Europa im Zeitalter des Absolutismus und der Aufklärung. Wirtschaft in Theorie und Praxis. In: Schieder, Theodor (Hrsg.): Handbuch der europäischen Geschichte 4. Stuttgart: Ernst Klett.

Walden, Keith (1982): Visions of Order: The Canadian Mounties in Symbol and Myth. Toronto: Butterworth.

Waldmann, Peter (1989): Ethnischer Radikalismus: Ursachen und Folgen gewaltsamer Minderheitenkonflikte am Beispiel des Baskenlandes, Nordirlands und Québecs. Opladen: Westdeutscher Verlag.

Waldstreicher, David (1997): In the Midst of Perpetual Fetes: The Making of American Nationalism, 1776–1820. Chapel Hill: University of North Carolina Press.

Wallerstein, Immanuel (2004): World-Systems Analysis. An Introduction. Durham und London: Duke University Press.

Wallisch, Robert (2002): Der Mundus novus des Amerigo Vespucci. Text, Übersetzung und Kommentar. Wien: Verlag der Österreichischen Akademie der Wissenschaften.

Washburn, Wilcomb E. (1995): Red Man's Land, White Man's Law. The Past and Present Status of the American Indian. Norman: University of Oklahoma Press.

Weber, Alfred (1925): Die Krise des modernen Staatsgedankens in Europa. Berlin und Leipzig: Deutsche Verlagsanstalt Stuttgart.

Weber, Eugen (1976): Peasants into Frenchmen: The Modernization of Rural France, 1870–1914. Stanford: Stanford University Press.

Weber, Max (2007): Politics as a Vocation. München: Duncker & Humblodt. 29.10.2007 [http://oldweb.uwp.edu/academic/sociology/schutte/soca%20301/PolVoc.html].

— (2005): Die protestantische Ethik und der Geist des Kapitalismus. Erftstadt: Area.

Weinmann, Hans (2008): Geschichte des frankophonen Nordamerika/Einzelaspekt: Das moderne Québec. In: Kolboom, Ingo/Kotschi, Thomas/Reichel, Edward (Hrsg.): Handbuch Französisch. Sprache – Literatur – Kultur – Gesellschaft. Für Studium, Lehre, Praxis. 2., neu bearbeitete u. erweiterte Aufl. Berlin: Erich Schmidt, 466–475/475–486.

Weis, Eberhard (1986): Die Bedeutung von Absolutismus und Revolution für den französischen Nationalstaat und das französische Nationalbewusstsein. In: Dann, Otto (Hrsg.): Nationalismus in vorindustrieller Zeit. München: R. Oldenbourg, 101–128.

White, E. Frances (1990): Africa on My Mind: Gender, Counter Discourse and African-American Nationalism. Journal of Women's History, 2, 1, 73–97.

Wiencek, Henry (2003): An Imperfect God. George Washington, His Slaves, and the Creation of America. New York: Farrar, Straus & Giroux.

Wierlacher, Alois (Hrsg.) (2000): Kulturthema Fremdheit. Leitbegriffe und Problemfelder kulturwissenschaftlicher Fremdheitsforschung. Mit einer Forschungsbibliographie. München: Iudicium.

Wills, Gary (2003): ›Negro President‹. Jefferson and the Slave Power. Boston: Houghton Mifflin.

Wood, Gordon S. (2011): Empire of Liberty. A History of the Early Republic, 1789–1815. New York: Oxford University Press.

— (2004): The Americanization of Benjamin Franklin. New York: Penguin.

Woodcock, George (1989): The Century that Made Us: Canada 1814–1914. Don Mills: Oxford University Press Canada.

Woodward, C. Vann (1960): The Burden of Southern History. Baton Rouge: Louisiana State University Press.

Woodworth, Steven E. (2010): Manifest Destinies. America's Westward Expansion and the Road to the Civil War. New York: Alfred A. Knopf.

Woronoff, Denis (1994): Histoire de l'industrie en France. Paris: Éditions du Seuil.

Wright, Robert W. (1993): Economics, Enlightenment, and Canadian Nationalism. Montreal: McGill-Queen's University Press.

Zientara, Benedykt (1986): Populus – Gens – Natio. Einige Probleme aus dem Bereich der ethnischen Terminologie des frühen Mittelalters. In: Dann, Otto (Hrsg.): Nationalismus in vorindustrieller Zeit. München: R. Oldenbourg, 11–20.

Zimmer, Oliver (2003): Nationalism in Europe, 1890–1940. New York: Palgrave.

Zinn, Howard (2005): A People's History of the United States. New York: Harper Perennial Modern Classics.

Zuelow, Eric (2011): The Nationalism Project. 21.10.2011 (zuletzt besucht) [www.nationalism-project.org/journals.htm].

Zukin, Sharon (2005): Point of Purchase. How Shopping Changed American Culture. New York und London: Routledge.

Summary

Still today, the nation-state constitutes the central unit of the international system. The nation continues to play a central role in questions of political and collective identity, not least because its narratives form a powerful discourse that absorbs other instances of identity. Hence, the question of whether the nation and the nation-state are disappearing and speculations about the future of the international system need to be posed with an acute awareness of the nation-state system that emerged in the 19th century. Yet, how does nation-building work? How do respective spaces of identity come into being? And how do they differ from one another?

Focusing on the examples of France and England as well as the United States and Canada, this book systematically compares processes of nation-building in the *Old* and the *New World*. In contrast to other works of this kind, it connects different explanations that have been discussed apart from one another in the field of nationalism research. By combining different disciplinary perspectives in its analytical categories – *Trade & State Power*, *Communications & Technological Development*, as well as *Society & Memory* – the book offers a more holistic understanding of dynamics related to the creation of nations and nation-states in Europe and North America. Contrary to other explanations of the formation of the modern idea of the nation, which locate its origin either in Europe *or* in America, the author argues that the concept of the nation emerged in the interstitial transatlantic space between the *Old* and the *New World*.

›Zwischen *Alter* und *Neuer Welt*‹ addresses students from a variety of fields, including historical sciences, political science, and cultural studies, but is purposefully accessible to a broader readership. With a focus on the 18th and 19th centuries, it offers a new take on structural similarities in the analysis of nationalism and carves out historical differences and mutual influences on nation-building processes between the *Old* and the *New World*.

Résumé

De nos jours, l'État-nation constitue l'entité centrale du système international. La nation joue un rôle crucial quant à son identité d'autant plus qu'elle a un effet sur d'autres modèles d'identité. Donc toute conclusion visant à suggérer la fin de la nation et de l'État-nation du fait de la mondialisation doit prendre en compte l'idée d'un système inter-*national* consolidé dans le 19ème siècle. Cependant, comment se forment les nations ? Comment s'établissent de tels espaces d'identités ? Comment se différencientelles les unes des autres ?

Le présent ouvrage compare systématiquement la formation des nations dans l'*Ancien* et le *Nouveau Monde* en utilisant comme exemple l'émergence de la France et de l'Angleterre, ainsi que celle des États-Unis et du Canada en tant que nations modernes. La particularité de cet ouvrage provient d'une combinaison de différentes explications sur l'étude du nationalisme et d'autres perspectives permettant de chercher à comprendre ces différentes dynamiques. Les catégories d'analyse qui sont utilisées – *Commerce & Pouvoir Étatique ; Communication & Technologie ; Société & Mémoire* – regroupent et prennent en compte des perspectives disciplinaires qui ont tendance à s'exclure. L'auteur nous démontre que contrairement à ceux qui prétendent que l'idée de la nation moderne est née en Europe et ceux qui affirment qu'elle provienne du ‹Nouveau Monde›, que, en fait, cette idée de nation prend racine *entre* l'Europe et l'Amérique.

‹Zwischen *Alter* und *Neuer Welt*› s'adresse aux chercheurs et aux étudiants des domaines les plus variés, entre autres en histoire, en politologie, en culture et civilisation, mais peut également intéresser un public plus large. Centré plus particulièrement sur le 18ème et 19ème siècle, l'ouvrage offre un nouveau regard sur les caractéristiques structurelles de la formation des nations ainsi que sur les différences historiques et l'influence réciproque entre *Ancien* et *Nouveau Monde*.

Publikationen des

CIFRAQS

Herausgegeben von
INGO KOLBOOM

Das **Centrum für interdisziplinäre franko-kanadische und franko-amerikanische Forschungen/Québec–Sachsen (CIFRAQS)** ist eine Einrichtung des Instituts für Romanistik an der Fakultät Sprach-, Literatur- und Kulturwissenschaften der Technischen Universität Dresden. 1994 gegründet, dient es der Erforschung und Vermittlung der kulturellen und soziohistorischen Eigenarten und Vielfalt des frankophonen Nordamerika in Geschichte und Gegenwart und zugleich als interregionale Mittlerinstanz zwischen Sachsen und Québec. Weitere Informationen unter *www.frankophonie.de*

Der Gründungsdirektor und Herausgeber der Schriftenreihe des CIFRAQS, **Prof. Dr. Dr. h.c. Ingo Kolboom,** Romanist, Historiker und Politikwissenschaftler, war von 1994 bis 2012 Professor für Frankreichstudien und Frankophonie an der TU Dresden und ist derzeit assoziierter Forscher an der Chaire de recherche du Canada en études québécoises et canadiennes (CRÉQC) der Université du Québec à Montréal (UQAM).

In der Reihe sind bisher folgende Bände erschienen:

Hans-Jürgen Greif/François Ouellet
Literatur in Québec 1960–2000. Eine Anthologie
2000, XII u. 328 Seiten, Brosch., € 34,80, ISBN 978-3-935025-02-7

Ingo Kolboom/Sabine A. Grzonka (Hg.)
Gedächtnisorte im anderen Amerika
2002, X u. 202 Seiten, Brosch., € 24,80, ISBN 978-3-935025-30-0

Manuel Feifel
Regionen als »Global Players«
Das Beispiel der interregionalen Kooperation Bayern – Québec
2003, 162 Seiten, mit Begleit-CD, Brosch., € 24,80, ISBN 978-3-935025-45-4

Ingo Kolboom/Roberto Mann (Hg.)
Akadien: ein französischer Traum in Amerika
Vier Jahrhunderte Geschichte und Literatur der Akadier
2005, XXVI u. 1014 Seiten, zahlr. Abb. u. Karten, Hardcover, Fadenheftung, mit Materialien-CD u. Film-DVD, € 58,00, ISBN 978-3-935025-54-6

Sara Thomas
Frankophonie im Hohen Norden Kanadas
Yukon, Nordwest-Territorien, Nunavut
2009, 136 Seiten, zahlr. Farbabb., Brosch., € 19,80, ISBN 978-3-939381-27-3

Victor Armony
Leben in Québec
Soziokulturelle Betrachtungen eines Zugewanderten
Aus dem Französischen von Regine Scheffer
2010, 232 Seiten, 3 Farbabb., Brosch., € 14,80, ISBN 978-3-939381-34-1

Alain-G. Gagnon (Hg.)
Québec: Staat und Gesellschaft.
Deutsche Erstausgabe bearbeitet und herausgegeben von Ingo Kolboom und Boris Vormann
2011, 500 Seiten, 10 Abb., 3 Farbkarten, Brosch., € 44,80, ISBN 978-3-939381-35-8